Benno Heussen/Ulrich Fraulob/Michael Th. Bachmann

Zwangsvollstreckung für Anfänger

KAY-THOMAS POHL
Rechtsanwalt und Notar
Giesebrechtstraße 7
10629 Berlin
Telefon: 884 20 60, Fax: 88 42 06 99
Postbank Berlin 2806 85-108

KAY THOMAS POHL
Rechtsanwalt und Notar

Zwangsvollstreckung für Anfänger

von

Dr. Benno Heussen
Rechtsanwalt

Ulrich Fraulob
Rechtsanwalt

und

Michael Th. Bachmann

5., überarbeitete und ergänzte Auflage

C. H. BECK'SCHE VERLAGSBUCHHANDLUNG
MÜNCHEN 1996

ISBN 3 406 40377 8
Satz und Druck: Appl, Wemding
Gedruckt auf säurefreiem, alterungsbeständigem
Papier (hergestellt aus chlorfrei gebleichtem Zellstoff)

Vorwort zur 5. Auflage

In der 5. Auflage sind die Neuerungen und Änderungen des Kostenrechtsänderungsgesetzes 1994 sowie die neu geregelte Pfändung von Sozialleistungen aufgenommen worden.

Durch die Mitarbeit von Herrn Bachmann konnte insbesondere das die Immobiliarvollstreckung betreffende Kapitel XX vollständig neu gefaßt werden. Punktuell eingearbeitet wurden schließlich zahlreiche aus der praktischen Anwendung heraus entstandene Verbesserungs- und Ergänzungsvorschläge.

Für die Neufassung der Formulare danken wir Frau Sabine Grubich.

München, im März 1996

Dr. Benno Heussen   Ulrich Fraulob   Michael Th. Bachmann

Vorwort zur 1. Auflage

Es gibt eine Menge hervorragender wissenschaftlicher und praxisorientierter Literatur über das Vollstreckungsrecht. Manche Darstellungen, wie die von *Haegele/David* oder von *Stöber* zeichnen sich durch eine besonders gelungene Verknüpfung beider Aspekte aus.

Eine Ergänzung erscheint da gerechtfertigt, wo es vor allem um die praktischen Abläufe in der Zwangsvollstreckung geht. Von ihnen soll der Anfänger eine bessere Vorstellung bekommen. Deshalb folgt die Darstellung nicht der gesetzlichen Systematik, sondern behandelt die Probleme dort, wo sie nach der Erfahrung erstmals im zeitlichen Ablauf der Vollstreckung auftauchen.

Dieser Schwerpunkt bedeutet den Verzicht auf komplizierte Fallgestaltungen, die Darstellung wissenschaftlicher Kontroversen und eine Beschränkung auf die Probleme, die am häufigsten vorkommen. Ich habe dabei bewußt die Perspektive des Gläubigers und seines Anwalts gewählt, weil das Verfahren von ihnen wesentlich bestimmt wird.

Das Buch wendet sich an ein breites Spektrum von Anfängern, das von den Auszubildenden über Studenten und Referendare bis zu den jüngeren Anwälten reicht. Deshalb können für die Anwaltsgehilfin manche praktischen Hinweise selbstverständlich, für den Anwalt die rechtlichen Darstellungen zu einfach geraten sein. Für kritische Hinweise hier und bei der Auswahl der behandelten Probleme bin ich besonders dankbar.

Die individuellen Formularvorschläge stammen weitgehend von Herrn Rechtspfleger Reinhard Prüske, der den Themenkreis bis in die Einzelhei-

Vorwort zur 1. Auflage

ten mitbestimmt hat. Er hat auch den wesentlichen Teil der Fundstellen erarbeitet, wertvolle Hinweise auf die Gerichtspraxis gegeben und mich auf Fehler aufmerksam gemacht.

Die Fälle und Namen sind frei erfunden, soweit sie nicht veröffentlichten Fallgestaltungen nachgebildet wurden.

Vollstreckungsrecht gilt als spröde Materie. Wenn man sich den Blick nicht von den juristischen Theorien verstellen läßt („was ist das Wesen der Verstrickung?"), lernt man es von einer ganz anderen Seite kennen: Jeder rechtlich mögliche Schritt muß immer wieder an den Kosten und an seinem praktischen Nutzen gemessen werden und die gegenläufigen Interessen von Gläubiger und Schuldner sind nicht die schlechteste Schulung für das taktische Denken, auf das es in allen rechtlichen Arbeitsfeldern ankommt.

München, im Oktober 1985   Dr. Benno Heussen

Inhaltsübersicht

	Rdnr.	Seite
Inhaltsverzeichnis		IX
Literaturhinweise		XIX
Abkürzungsverzeichnis		XXI
Grundideen der Vollstreckungspraxis	1	1
I. Informationssammlung	13	8
II. Der Titel	19	12
III. Die Klausel	45	29
IV. Die Zustellung (§§ 750, 166 f. ZPO)	54	32
V. Sonstige Voraussetzungen der Zwangsvollstreckung	61	35
VI. Vollstreckung gegen Sicherheitsleistung (§§ 708–720 ZPO)	63	36
VII. Vollstreckung bei Zug-um-Zug-Leistungen (§§ 756, 765, 726 II ZPO)	73	41
VIII. Kostenerstattung im Vollstreckungsverfahren (§§ 788, 91 ZPO)	77	43
IX. Rechtsmittel und Rechtsbehelfe	84	46
X. Berechnung der Forderung und Forderungsübersicht	96	51
XI. Zahlungen auf den Titel	103	57
XII. Vereinbarungen mit dem Schuldner	109	60
XIII. Einstellung und Rücknahme von Anträgen	124	67
XIV. Auswahl der richtigen Vollstreckungsmaßnahme	127	69
XV. Sachpfändung und Verwertung (§§ 808–827 ZPO)	134	71
XVI. Offenbarungsversicherung (§§ 807, 899–915 ZPO)	162	85
XVII. Forderungspfändung (§§ 828–863 ZPO)	188	97
XVIII. Vorpfändung (§ 845 ZPO)	238	131
XIX. Sicherungsvollstreckung (§ 720 a ZPO)	249	136
XX. Vollstreckung in Grundstücke (§§ 864–871 ZPO)	255	138
XXI. Herausgabe von Sachen, Grundstücken und Wohnungen (§§ 883–886, 846–849 ZPO)	327	159
XXII. Vollstreckung von Handlungen, Duldungen, Unterlassungen, Willenserklärungen (§§ 887–894 ZPO)	340	165
XXIII. Vollstreckung aus Arrest und einstweiliger Verfügung (§§ 929–945 ZPO)	351	169
XXIV. Konkurs-Vergleich (§ 14 I KO, § 13 VglO)	359	174
XXV. Das Ende der Vollstreckung	381	182
XXVI. Haftung bei unberechtigten Vollstreckungsmaßnahmen (§§ 717 II, 788 II ZPO)	382	183

Inhaltsübersicht

	Rdnr.	Seite
XXVII. Strafrecht in der Vollstreckung	390	186
XXVIII. Organisation	410	192
XXIX. Gesamtvollstreckung und Insolvenzordnung	418	195
Anhang: Gerichtsvollziehergeschäftsanweisung (Auszüge)		197
Pfändungsfreigrenzen		209
Stichwortverzeichnis		219

Inhaltsverzeichnis

	Rdnr.	Seite
Literaturhinweise		XIX
Abkürzungsverzeichnis		XXI
Grundideen der Vollstreckungspraxis	1	1
1. Funktion des Vollstreckungsrechts	1	1
2. Verfassungsrechtliche Aspekte	2	1
3. Rang	3	2
4. Schnelligkeit	4	2
5. Information	5	3
6. Vollstreckungsorgane	6	4
7. Nähe zum Schuldner	7	5
8. Kooperation	8	6
9. Konsequenz	9	6
10. Kosten	10	7
11. Kreativität	11	7
12. Taktik	12	7

I. Informationssammlung

	Rdnr.	Seite
1. Allgemein zugängliche Informationen	13	8
2. Standardanfragen	14	8
2.1 Meldeauskunft	14	8
2.2 Postauskunft	14	9
2.3 Gewerberegisterauskunft	14	9
2.4 Handelsregisterauskunft	14	9
2.5 Auskunft aus dem Schuldnerverzeichnis	14	10
2.6 Konkursgericht	14	10
2.7 KFZ-Halteranfrage	14	10
3. Weitere Auskunftsquellen	15	10
3.1 Auskunfteien	15	10
3.2 Auskunft bei der Schufa	16	11
3.3 Handwerkskammer/Industrie- und Handelskammer	17	11
3.4 Individuelle Auskunftsanträge	18	11

II. Der Titel

	Rdnr.	Seite
1. Funktion des Titels	19	12
1.1 Allgemeines	19	12
1.2 Verjährungsfristen	20	12
1.2.1 Prozeßverfahren nach der ZPO	21	14
1.2.2 Mahnbescheid/Vollstreckungsbescheid	22	14

Inhaltsverzeichnis

	Rdnr.	Seite
1.2.3 Kostenfestsetzungsbeschlüsse	28	23
1.2.4 Notarielle Urkunde	29	23
1.2.5 Eintrag in die Konkurstabelle, Teilnahme am Zwangsvergleich (§§ 64, 109 KO)	30	24
1.2.6 Ausländische Titel	31	24
1.2.7 Öffentlich-rechtliche Titel	32	24
1.2.8 Sonstige Titel	33	24
2. Probleme bei der Erwirkung des Titels	34	24
2.1 Richtige Parteibezeichnung	35	25
2.2 Genaue Sachbezeichnung	36	26
2.3 Berufungsurteile	36	26
2.4 Adressenermittlung	38	27
3. Mehrere Ausfertigungen des Titels	39	27
3.1 Gleichzeitige Vollstreckung in verschiedene Vermögenswerte	40	27
3.2 Mehrere Schuldner	41	28
4. Der Titel ist unleserlich	42	28
5. Der Titel geht verloren	43	28
6. Der Titel wird irrtümlich ausgehändigt	44	28

III. Die Klausel

	Rdnr.	Seite
1. Zweck der Erteilung der Klausel	45	29
1.1 Prüfungsumfang im Verfahren der Klauselerteilung	45	29
1.2 Qualifizierte Vollstreckungsklauseln	46	29
2. Antrag – Anlagen – Fehlerquellen	49	30
2.1 Einfache Vollstreckungsklausel	49	30
2.2 Qualifizierte Vollstreckungsklausel	50	31
3. Sachbehandlung	51	31
4. Verhalten des Schuldners, Rechtsbehelfe	52	31
5. Kosten	53	31

IV. Die Zustellung (§§ 750, 160 f. ZPO)

	Rdnr.	Seite
1. Zweck der Zustellung	54	32
2. Antrag – Anlagen – Fehlerquellen	55	32
3. Sachbehandlung	56	33
4. Verhalten des Schuldners – Rechtsbehelfe	57	33
5. Rechte Dritter	58	34
6. Taktik	59	34
7. Checkliste	60	35

V. Sonstige Voraussetzungen der Zwangsvollstreckung

	Rdnr.	Seite
1. Allgemeines	61	35
2. Checkliste	62	35

Inhaltsverzeichnis

Rdnr. Seite

VI. Vollstreckung gegen Sicherheitsleistung (§§ 708–720 ZPO)

1. Zweck der Sicherheitsleistung 63 36
  1.1 Vollstreckung ohne Sicherheitsleistung (§ 708) 64 36
  1.2 Vollstreckung gegen Sicherheitsleistung (§ 709) 65 37
  1.3 Art der Sicherheitsleistung (Hinterlegung, Bürgschaft) .. 66 37
2. Antrag – Formular – Fehlerquellen 67 37
  2.1 Hinterlegung beim Amtsgericht 67 37
  2.2 Sicherheit durch Bankbürgschaft (§ 232 II) 68 38
  2.3 Der Auszahlungsantrag 69 40
3. Kosten 71 40
4. Taktik 72 41

VII. Vollstreckung bei Zug-um-Zug-Leistungen (§§ 756, 765, 726 II ZPO)

1. Beispiele von Zug-um-Zug-Titeln 73 41
2. Das notwendige Angebot der Gegenleistung 74 41
3. Die tatsächliche Durchführung des Angebots 75 42
4. Kosten 76 43

VIII. Kostenerstattung im Vollstreckungsverfahren (§§ 788, 91 ZPO)

1. Die Kostenverteilung 77 43
  1.1 Unzulässige Maßnahmen 78 43
  1.2 Aussichtlose Maßnahmen 79 43
  1.3 Kosten außerhalb der Zwangsvollstreckung 80 44
2. Die Kostenfestsetzung 81 44
3. Umsatzsteuer in der Zwangsvollstreckung 81a 44
4. Häufige Fehler 82 45
5. Taktik 83 46

IX. Rechtsmittel und Rechtsbehelfe

1. Allgemeines 84 46
2. Die Rechtsbehelfe 85 46
  2.1 Allgemeines 85 46
  2.2 Maßnahmen des Gerichtsvollziehers 86 47
  2.3 Maßnahmen und Entscheidungen des Rechtspflegers .. 87 47
  2.4 Entscheidungen des Richters 88 48
  2.5 Entscheidungen des Grundbuchamts 89 48
3. Weiterer Rechtsmittelzug 90 48
4. Rangprobleme bei Rechtsmittelverfahren 91 48
5. Einstweilige Anordnungen 92 49
6. Besondere Klagearten 93 49
7. Dienstaufsichtsbeschwerde 94 50
8. Befangenheitsantrag 95 51

Inhaltsverzeichnis

                                               Rdnr. Seite

X. Berechnung der Forderung und Forderungsübersicht

1. Darstellung der Forderungshöhe 96   51
2. Forderungsübersicht im Formular 98   52
3. Zinsformel 101   55
4. Berechnung ausländischer Währungen 102   56

XI. Zahlungen auf den Titel

1. Rechtliche Wirkung der Zahlung 103   57
2. Tilgungsbestimmungen (§§ 366, 367 BGB) 104   58
3. Bagatellforderungen 105   58
4. Zustimmung zur Löschung aus dem Schuldnerverzeichnis .. 106   59
5. Kosten 107   59
6. Checkliste 108   59

XII. Vereinbarungen mit dem Schuldner

1. Wie verhandelt man mit dem Schuldner? 109   60
    1.1 Verbraucherkreditgesetz 110   60
    1.2 Vorgerichtliche Vergleiche 114   62
    1.3 Außergerichtliches Anerkenntnis 115   63
    1.4 Vereinbarung von Sicherheiten 118   63
    1.5 Vergleich nach Vorliegen des Titels 119   64
    1.6 Sofort zu zahlender Mindestbetrag 120   65
    1.7 Ratenhöhe 121   65
    1.8 Sicherheiten 122   66
2. Kosten des Teilzahlungsvergleiches 123   66

XIII. Einstellung und Rücknahme von Anträgen

1. Vereinbarungen mit dem Schuldner 124   67
2. Einstellung und Rangwahrung 125   68
3. Antragsformulierung 126   68

XIV. Auswahl der richtigen Vollstreckungsmaßnahme

1. Welche Maßnahme? 127   69
2. Zahlungsansprüche 128   69
    2.1 Keine Information über Schuldnervermögen 129   69
    2.2 Grundvermögen des Schuldners 130   69
    2.3 Forderungen des Schuldners 131   70
3. Mehrere Vollstreckungsmöglichkeiten 132   70
4. Außergerichtliche Abmahnung 133   70

XV. Sachpfändung und Verwertung (§§ 808–827 ZPO)

1. Zweck der Sachpfändung 134   71
2. Antrag – Anlagen – Fehlerquellen 135   72
3. Sachbehandlung 141   75

Inhaltsverzeichnis

	Rdnr.	Seite
3.1 Durchführung der Pfändung (§ 808)	141	75
3.2 Durchsuchungsbefehl	143	76
3.3 Taschenpfändung	144	77
3.4 Durchsuchung	145	77
3.5 Austauschpfändung (§ 811 a)	147	79
3.6 Pfändung zur Nachtzeit (§§ 761, 188)	148	79
3.7 Verwertung	150	80
4. Verhalten des Schuldners/Rechtsmittel	153	81
4.1 Verhalten des Schuldners bei der Pfändung	153	81
4.2 Verhalten des Schuldners bei der Verwertung	154	81
5. Rechte Dritter	155	82
5.1 Mitbewohner von Räumen	156	82
5.2 Dritteigentum und Sicherungsrechte Dritter	157	82
5.3 Andere Gläubiger	158	82
6. Kosten	159	83
7. Taktik	160	84
8. Checkliste	161	84

XVI. Offenbarungsversicherung (§§ 807, 899–915 ZPO)

1. Zweck der Offenbarungsversicherung	162	85
2. Antrag – Anlagen – Fehlerquellen	165	86
2.1 Antrag auf Auskunft aus dem Schuldnerverzeichnis	165	86
2.2 Antrag auf Nachbesserung der Offenbarungsversicherung	167	87
2.3 Antrag auf Ergänzung der Offenbarungsversicherung	168	87
2.4 Schuldnerbezeichnung bei oHG/KG/GmbH	169	88
2.5 Unpfändbarkeitsbescheinigung (§ 807 I)	170	88
3. Sachbehandlung	171	90
3.1 Prüfung der Drei-Jahres-Frist	171	90
3.2 Durchführung des Termins	172	90
3.3 Schuldner mit „wechselnden Auftraggebern"	173	90
3.4 Anwesenheit im Termin	174	91
3.5 OV-Protokoll	175	91
3.6 Anfechtung von Rechtshandlungen	176	91
3.7 Nachbesserung der OV	177	92
3.8 Ergänzung der OV (§ 903)	178	92
4. Verhalten des Schuldners/Rechtsmittel	179	93
4.1 Nichterscheinen beim Termin	179	93
4.2 Bitten um Vertagung	180	93
4.3 Krankheit	181	93
4.4 Teilzahlungsangebot	182	93
5. Rechte Dritter	183	94
6. Kosten	184	94
7. Taktik	185	94
8. Checkliste	186	95
9. Der Haftbefehl	187	95

XVII. Forderungspfändung (§§ 828–863 ZPO)

	Rdnr.	Seite
1. Sinn und Zweck der Forderungspfändung	188	97
1.1 Ansprüche des Schuldners	188	97
1.2 Der Drittschuldner	189	97
1.3 Umfang der Pfändung	190	97
1.4 Der fiktive Charakter der Pfändung	191	98
1.5 Rangprobleme	192	98
1.6 Verwertung der Forderung	194	99
1.7 Hinterlegung und Verteilungsverfahren	195	99
1.8 Ruhenlassen der Pfändung	196	100
2. Einzelne Forderungspfändungen	197	100
2.1 Checkliste: Einzelne Möglichkeiten der Forderungspfändung	197	100
2.2 Pfändung von Arbeitseinkommen	198	103
2.3 Pfändung für Unterhaltsberechtigte	201	104
2.4 Pfändung von Bankkonten	202	105
2.5 Pfändung von Versicherungsansprüchen	206	108
2.6 Pfändung von Ansprüchen auf Rückübertragung von Sicherheiten	208	108
2.7 Pfändung von Gesellschaftsanteilen	209	109
2.8 Pfändung von Rechten an Grundstücken	213	111
2.9 Taschengeldpfändung	217	112
2.10 Besonderheiten bei sozial gesicherten Ansprüchen (§ 54 SGB)	218	112
2.11 Pfändung von Steuererstattungsansprüchen	219	113
3. Antrag – Anlagen – Fehlerquellen	220	115
3.1 Grundantrag für Pfändung und Überweisung von Forderungen	221	116
3.2 Lohnpfändungsantrag	222	118
3.3 Pfändung gegenüber Banken	223	120
3.4 Pfändung von Versicherungsleistungen	224	122
3.5 Pfändung für Unterhaltsleistungen	224	123
3.6 Pfändung von Steuererstattungsansprüchen	225	125
3.7 Anlagen	225	126
4. Sachbehandlung	226	126
4.1 Antragsprüfung	226	126
4.2 Drittschuldnerlose Rechte	227	126
4.3 Rechtliches Gehör	228	126
4.4 Wirkung der Beschlagnahme	229	126
4.5 Auskunftspflicht des Drittschuldners	230	127
4.6 Einklagbarkeit der Auskunft	231	127
5. Verhalten des Schuldners	232	128
6. Rechte Dritter	233	128
6.1 Drittschuldner	233	128
6.2 Andere Gläubiger	234	129

	Rdnr.	Seite
7. Kosten	235	129
8. Taktik	236	129
9. Checkliste	237	130

XVIII. Vorpfändung (§ 845 ZPO)

	Rdnr.	Seite
1. Zweck der Vorpfändung	238	131
1.1 Notwendige Voraussetzungen	239	131
1.2 Nicht erforderliche Voraussetzungen	240	131
1.3 Die Bedeutung der Monatsfrist	241	132
2. Antrag – Anlagen – Fehlerquellen	242	132
3. Sachbehandlung	243	135
4. Verhalten des Schuldners	244	135
5. Rechte Dritter	245	135
6. Kosten	246	135
7. Taktik	247	136
8. Checkliste	248	136

XIX. Sicherungsvollstreckung (§ 720a ZPO)

	Rdnr.	Seite
1. Schneller Zugriff	249	136
2. Antrag	250	137
3. Sachbehandlung	251	137
4. Kosten	252	137
5. Taktik	253	138
6. Checkliste	254	138

XX. Vollstreckung in Grundstücke (§§ 864–871 ZPO)

	Rdnr.	Seite
1. Allgemeines	255	138
2. Eintragung einer Zwangssicherungshypothek	258	139
2.1 Zweck, Wirkungen und Verhalten des Schuldners	258	139
2.2 Antrag	264	140
2.3 Ermittlung der notwendigen Grundstücksdaten	273	142
2.4 Rechte Dritter	274	142
2.5 Taktik	275	143
3. Zwangsversteigerung	276	144
3.1 Zweck	276	144
3.2 Grundsätzliches	277	144
3.2.1 Deckungsgrundsatz	277	144
3.2.2 Befriedigunsreihenfolge	278	144
3.2.3 Geringstes Gebot	279	145
3.3 Verfahren bis zum Versteigerungstermin	280	146
3.3.1 Antrag	280	146
3.3.2 Anordnungs-/Beitrittsbeschluß	282	147
3.3.3 Beschlagnahme	284	148
3.3.4 Vollstreckungsschutz	285	148

	Rdnr.	Seite
3.3.5 Festsetzung des Verkehrswertes 287		149
3.3.6 Terminsbestimmung 288		149
3.4 Der Versteigerungstermin 290		150
3.4.1 Grundsätzliches 290		150
3.4.2 Der erste Abschnitt des Versteigerungstermins 291		150
3.4.3 Der zweite Abschnitt des Versteigerungstermins 294		151
3.4.4 Der dritte Abschnitt des Versteigerungstermins 297		151
3.4.5 Versteigerung mehrerer Grundstücke in einem Verfahren (§§ 18, 63, 64, 112, 122 ZVG) und besonderer Objekte 302		152
3.5 Das Verteilungsverfahren 304		153
3.5.1 Grundsätzliches 304		153
3.5.2 Aufstellung des Teilungsplanes 305		153
3.5.3 Widerspruch gegen den Teilungsplan 309		154
3.5.4 Ausführung des Teilungsplanes 310		154
3.5.5 Abschließende Maßnahmen 311		154
3.6 Taktik 312		154
4. Zwangsverwaltung 320		157
4.1 Zweck 320		157
4.2 Verfahren 321		157
4.3 Taktik 325		159

XXI. Herausgabe von Sachen, Grundstücken und Wohnungen (§§ 883–886, 846–849 ZPO)

1. Gegenstand der Vollstreckung.....................327		159
1.1 Formulierung des Anspruchs....................328		159
1.2 Unpfändbarkeitsbestimmungen-Zubehör/Inventar 329		160
2. Antrag – Formular 330		160
3. Sachbehandlung 331		161
3.1 Räumen von Grundstücken und Häusern 332		161
3.2 Räumen von Wohnungen 333		161
4. Verhalten des Schuldners – Rechtsmittel 334		162
5. Rechte Dritter 335		162
5.1 Rechtsnachfolge durch Erbschaft oder Verkauf 335		162
5.2 Mitbesitz dritter Personen 336		163
5.3 Rechte Dritter bei Räumungstiteln 337		164
6. Kosten 338		164
7. Taktik 339		165

XXII. Vollstreckung von Handlungen, Duldungen, Unterlassungen, Willenserklärungen (§§ 887–894 ZPO)

1. Allgemeines 340		165
1.1 Titel auf Vornahme von Handlungen 341		166
1.2 Titel auf Vornahme von Unterlassungen 342		166
1.3 Titel auf Duldungen 343		167
1.4 Titel auf Willenserklärungen 344		167

	Rdnr.	Seite
2. Antrag	345	167
2.1 Anträge	345	167
2.2 Sachbehandlung	349	168
3. Taktik	350	168

XXIII. Vollstreckung aus Arrest und einstweiliger Verfügung (§§ 929–945 ZPO)

	Rdnr.	Seite
1. Besonderheiten des summarischen Verfahrens	351	169
2. Antrag – Formular	352	169
2.1 Allgemeine Voraussetzung der Zwangsvollstreckung	353	169
2.2 Zuständigkeit	354	170
3. Sachbehandlung	355	170
4. Verhalten des Schuldners	356	172
5. Rechte Dritter	357	173
6. Taktik	358	173

XXIV. Konkurs – Vergleich (§ 14 I KO – § 13 VglO)

	Rdnr.	Seite
1. Allgemeines	359	174
1.1 Zweck der Insolvenzverfahren	359	174
1.2 Unterschied zwischen Konkurs- und Vergleichsverfahren	359	175
1.3 Voraussetzungen der Insolvenzverfahren	360	175
1.4 Die Titel im Insolvenzverfahren	361	175
2. Antrag – Formular	364	177
3. Sachbehandlung	368	178
3.1 Durchführung des Verfahrens	368	178
3.2 Vollstreckungsverbot	372	179
3.3 Anfechtung von Rechtshandlungen	373	179
3.4 Fortsetzung der Einzelvollstreckung	374	180
4. Verhalten des Schuldners	378	180
5. Kosten	379	181
6. Taktik	380	181

XXV. Das Ende der Vollstreckung ... 381 ... 182

XXVI. Haftung bei unberechtigten Vollstreckungsmaßnahmen (§§ 717 II, 788 II ZPO)

	Rdnr.	Seite
1. Zweck der Haftungsregelung	382	183
1.1 Vorläufig vollstreckbare Titel	383	183
1.2 Rechtskräftige Titel	384	184
1.3 Haftung gegenüber dem Auftraggeber	387	185
2. Taktik	388	185
3. Checkliste	389	185

Inhaltsverzeichnis

	Rdnr.	Seite

XXVII. Strafrecht in der Vollstreckung

1. Funktion der Strafgesetze in der Vollstreckung .... 390 — 186
   1.1 Strafdrohungen gegenüber dem Gläubiger .... 391 — 186
   1.2 Gerichtsvollzieher .... 394 — 187
   1.3 Mögliche Straftaten des Schuldners .... 395 — 187
2. Antrag .... 405 — 190
3. Sachbehandlung .... 406 — 190
4. Kosten .... 407 — 191
5. Taktik .... 408 — 191
6. Checkliste .... 409 — 191

XXVIII. Organisation

1. Allgemeines .... 410 — 192
2. Formulare .... 411 — 192
   2.1 Vorgedruckte Anträge .... 411 — 192
   2.2 Vorformulierte Anträge .... 412 — 192
3. Zustellungsprobleme .... 413 — 193
4. Literatur, Kostentabellen .... 413 — 193
5. Forderungsberechnung .... 414 — 193
6. Computer .... 415 — 194
7. Rechenzentren .... 416 — 194
8. Fortbildung .... 417 — 194

XXIX. Gesamtvollstreckung und Insolvenzordnung ...... 418 — 195

Anhang: Gerichtsvollziehergeschäftsanweisung (Auszüge) 197

Pfändungsfreigrenzen 209

Stichwortverzeichnis 219

Literaturhinweise

1. Praktische Fragen der Zwangsvollstreckung werden vornehmlich in folgenden Zeitschriften dargestellt:
   DGVZ   Deutsche Gerichtsvollzieherzeitung
   Rpfl   Der Deutsche Rechtspfleger
   ZIP   Zeitschrift für Wirtschaftsrecht und Insolvenzpraxis
   JurBüro Das Juristische Büro
   MDR   Monatsschrift für Deutsches Recht
2. Die Literaturauswahl beschränkt sich auf praxisnahe Darstellungen. Eine ausführliche und übersichtliche Zusammenstellung der Kommentare und Lehrbücher gibt Zöller, vor § 1. Die einschlägige Aufsatzliteratur ist im gleichen Kommentar jeweils vor den einzelnen Kapiteln erfaßt.

Alisch, Aktuelle Rechtsfragen zur Forderungspfändung RWS-Skript Nr.166, 1986
Balser/Bögner/Ludwig, Vollstreckung im Grundbuch: Eine kurzgefaßte Darstellung für die Praxis der Anwälte, Notare und Grundbuchrechtspfleger mit Formularen und Eintragungsmustern, 8.Auflage 1987
Baumbach/Lauterbach/Albers/Hartmann, Zivilprozeßordnung, 52.Auflage 1992
Behr, Taktik in der Mobiliarvollstreckung RWS-Skript Nr.187, 1987
Borgmann, B./Haug, K. Anwaltspflichten – Anwaltshaftung: Ein Handbuch für die Praxis, 2.Auflage 1986
Commichau, G., Die anwaltliche Praxis in Zivilsachen: Vorgerichtliche, gerichtliche und außergerichtliche Tätigkeit des Anwalts im Beispiel des Zivilprozesses im Erkenntnis- und Vollstreckungsverfahren, 3.Auflage 1987
David, Zusammenarbeit mit Inkassounternehmen 1988
Ehlenz, H.D./Diefenbach, G., Pfändung in Bankkonten und anderen Vermögenswerten (Deutscher Genossenschafts-Verlag, Wiesbaden), 4.Aufl. 95
Enders H., Die BRAGO für Anfänger, 6.Auflage 1990
Gross, K./Waigel, H./Diepold, H., Musteranträge für Pfändung und Überweisung: Mit allgemeinverständlichen Erläuterungen und einer Kurzdarstellung der wichtigsten Vollstreckungsvoraussetzungen, 4.Auflage 1987
Haegele, K./David, P., Über den Umgang mit Schuldnern: Wegweiser von der Mahnung bis zur Vermögensoffenbarung, 11.Auflage 1987
Haegele/Hess, Konkurs, Vergleich, Gläubigeranfechtung, 4.Auflage 1983
Helwich, Pfändung des Arbeitseinkommens (mit/ohne Pfändungstabellen) 1987
Heussen, Beitreibung von Forderungen, Abwehr von Ansprüchen, in Schachner, Rechtsformularbuch für das Unternehmen, 3.Auflage 1995
Lüke, G., Prüfe Dein Wissen: Zwangsvollstreckungsrecht 1985

Literaturhinweise

Mewing, Mahnen – Klagen – Vollstrecken, 3. Auflage 1992
Peter, Zivilprozeß und Zwangsvollstreckung (Diktat- und Arbeitsbuch) 1989
Rosenberg/Gaul/Schilken, Zwangsvollstreckungsrecht, 10. Auflage 1987
Schmeckenbecher, M., Kostenübersichtstabellen, 11. Auflage 1992
Schmitz, Rechtsschutz bei Vollstreckungsmaßnahmen 1987
Stöber, K./Zeller, F., Zwangsvollstreckung in das unbewegliche Vermögen: Formularmuster mit Erläuterungen, Verfahrenspraxis, 6. Auflage 1992
Stöber, Zwangsversteigerungsgesetz, 13. Auflage 1989
Stöber, K., Forderungspfändung: Erläuterungsbuch für die Praxis mit Mustern und Beispielen, 11. Auflage 1996
Stöber, K., Aktuelle Fragen zur Praxis der Zwangsvollstreckung und des Mahnverfahrens, 2. Auflage 1983 (RWS-Skript)
Storz, K., Praxis des Zwangsversteigerungsverfahrens: Leitfaden mit taktischen Hinweisen sowie einem Aktenteil, 6. Auflage 1991
Stück, Hans-Hermann, „Pleite – was tun?", 5. Auflage 1986, Handbuch für Schuldner, Gläubiger und deren Berater
Thomas-Putzo, ZPO, 19. Auflage 1995
Uhlenbruck, W., Gläubigerberatung in der Insolvenz: Praxishandbuch zum wirksamen Gläubigerschutz 1983
Zöller, Kommentar zur ZPO, 19. Auflage 1995

Abkürzungsverzeichnis

AG	Amtsgericht
AGB	Allgemeine Geschäftsbedingungen
AnfG	Anfechtungsgesetz
AnwBl	Anwaltsblatt
ArbGG	Arbeitsgerichtsgesetz
BAG	Bundesarbeitsgericht
BayObLG	Bayerisches Oberstes Landesgericht
BGB	Bürgerliches Gesetzbuch
BGH	Bundesgerichtshof
BGHZ	Entscheidungen des BGH in Zivilsachen
BNotO	Bundesnotarordnung
BRAGO	Bundesrechtsanwaltsgebührenordnung
BVerfG	Bundesverfassungsgericht
DGVZ	Deutsche GVZ-Zeitung
EMA	Einwohnermeldeauskunft
FGG	Gesetz über Freiwillige Gerichtsbarkeit
GBO	Grundbuchordnung
GesO	Gesamtvollstreckungsordnung
GewO	Gewerbeordnung
GG	Grundgesetz
GKG	Gerichtskostengesetz
GmbH	Gesellschaft mit beschränkter Haftung
GVKostG	Gerichtsvollzieherkostengesetz
GVG	Gerichtsverfassungsgesetz
GVGA	Gerichtsvollziehergeschäftsanweisung
GVO	Gerichtsvollzieherordnung
GVZ	Gerichtsvollzieher
HGB	Handelsgesetzbuch
HRA	Handelsregister Abteilung A
HRB	Handelsregister Abteilung B
InsO	Insolvenzordnung
JurBüro	Das Juristische Büro
JR	Juristische Rundschau
KFB	Kostenfestsetzungsbeschluß
KG	Kommanditgesellschaft
KO	Konkursordnung
KostO	Kostenordnung
KVGKG	Kostenverzeichnis zum Gerichtskostengesetz
LG	Landgericht
MB	Mahnbescheid
MDR	Monatschrift für Deutsches Recht
NJW	Neue Juristische Wochenschrift

Abkürzungsverzeichnis

oHG	Offene Handelsgesellschaft
OLG	Oberlandesgericht
OV	Offenbarungsversicherung
OWiG	Ordnungswidrigkeitsgesetz
PA	Postanfrage
Pfüb	Pfändungs- und Überweisungsbeschluß
PStG	Personenstandsgesetz
RPfl	Der Deutsche Rechtspfleger
StGB	Strafgesetzbuch
VerbrKrG	Verbraucherkreditgesetz
VglO	Vergleichsordnung
VB	Vollstreckungsbescheid
VVG	Versicherungsvertragsgesetz
WM	Wertpapiermitteilungen
WVMBL	Ministerialblatt des bayer. Wirtschaftsministeriums
ZIP	Zeitschrift für Wirtschaftsrecht und Insolvenzpraxis
ZPO	Zivilprozeßordnung
ZVG	Zwangsversteigerungsgesetz

Paragraphen ohne Gesetzesangabe sind solche der ZPO.

Grundideen der Vollstreckungspraxis

1. Funktion des Vollstreckungsrechts

Zwangsvollstreckung – das sind alle Rechtsvorschriften, die die **tatsächliche Erfüllung** von bürgerlich-rechtlichen Ansprüchen durch den Eingriff staatlicher Gewalt regeln.
Welchen Inhalt diese Ansprüche im einzelnen haben, das wird in den meisten Fällen durch den Spruch des „erkennenden" Gerichts (Titel) festgelegt. In ihm wird genau beschrieben, was der Gläubiger von dem Schuldner verlangen darf. Damit ist gleichzeitig immer auch gesagt, was **nicht** verlangt werden kann.
Der Titel gibt dem Gläubiger aber nichts weiter als eine **abstrakte Beschreibung** dieses Anspruchs. Konkreter Rechtsfrieden entsteht erst,
– wenn der Anspruch des Gläubigers **tatsächlich** in der Vollstreckung **erfüllt ist**
oder
– wenn sich endgültig herausstellt, daß der Schuldner den Anspruch **nicht erfüllen kann**, so daß er schließlich nach 30 Jahren verjährt (§ 218 BGB).

2. Verfassungsrechtliche Aspekte

Auch wenn feststeht, daß der Schuldner den Anspruch erfüllen muß, ist er in der Vollstreckung nicht rechtlos gestellt. Die Zwangsvollstreckung greift in Rechte des Schuldners ein, die in der Verfassung geschützt sind, z.B. das Recht der Unverletzlichkeit der Wohnung (Art. 13 GG), das allgemeine Persönlichkeitsrecht etwa beim Datenschutz (Art. 2 I GG), andererseits beruft auch der Gläubiger sich auf die Verfassung (Schutz des Eigentums, Art. 14 GG), wenn er die Durchführung der Vollstreckung verlangt. Beide Positionen müssen im Einzelfall sorgfältig gegeneinander abgewogen werden.
Diese Aufgabe kann im modernen gewaltengeteilten Staat für zivilrechtliche Ansprüche nur die Justiz erfüllen, da sie aufgrund ihrer verfassungsrechtlich garantierten Unabhängigkeit zwischen Gläubiger und Schuldner als neutraler Dritter steht.

3. Rang

3 Dieser Begriff zieht sich wie ein roter Faden durch das gesamte Vollstreckungsrecht. Wenn mehrere Gläubiger gegen den Schuldner vollstrecken und mehr oder weniger gleichzeitig auf sein Vermögen zugreifen wollen, dann muß entschieden werden, wessen Forderung zuerst erfüllt werden soll.

Das Gesetz hat außerhalb des Konkurses eine sehr einfache Regel aufgestellt (§§ 804 Abs. 3, 830 II):

„Wer zuerst kommt, mahlt zuerst."

Der Gläubiger, der zuerst pfändet, besetzt also den besten „Rang".

In manchen Fällen hat der Schuldner Teile seines Vermögens Gläubigern, die ihm entweder die liebsten oder die lästigsten sind, schon früher freiwillig übertragen. Gelingt es einem der Gläubiger, durch Anfechtung (s. Rdnr. 176), Hinweis auf Formmängel oder Rechtsmittel die Position eines anderen Gläubigers zu zerstören, der früher gepfändet hat oder an den Vermögen übertragen wurde, dann kann er dessen Rang besetzen. Über den Rang, den ein Gläubiger hat, kann teilweise sogar vertraglich verfügt werden (Rangrücktrittsvereinbarungen). Vor allem bei der Verwertung von Grundstücken und bei der Forderungspfändung sind solche Rangfragen von hoher praktischer Bedeutung. Sie entscheiden in vielen Fällen darüber, ob der Gläubiger sein Geld bekommt.

4. Schnelligkeit

Die Möglichkeit, den besten Rang einzunehmen, hängt unmittelbar mit der Schnelligkeit zusammen, mit der der Gläubiger die Vollstreckung betreibt.

4 Der Gläubiger bestimmt das Tempo der Vollstreckung, es ist eines seiner wichtigsten taktischen Mittel.

Die Schnelligkeit ist allerdings keine absolute Größe. Sie hängt ab von
- den örtlichen Verhältnissen im Vollstreckungsbezirk
- der Auslastung von Gerichtsvollziehern und Gerichten
- der Schnelligkeit anderer Gläubiger
- dem Geschick des Schuldners, sich der Vollstreckung zu entziehen
- von einer leistungsfähigen Büroorganisation beim Gläubiger, seinem Anwalt oder den sonstigen Beauftragten (Inkassounternehmen).

Unter den konkurrierenden Gläubigern haben eine Reihe von Verwaltungsbehörden und die Notare einen deutlichen Platzvorteil. Während die anderen Gläubiger ihre zivilrechtlichen Ansprüche erst mühsam durch mehrere Instanzen bei Gericht durchkämpfen müssen, dürfen sie sich den Titel in den meisten Fällen selbst ausstellen und auch Vollstreckungsmaßnahmen selbständig durchführen.

Das Finanzamt, die Verwaltungsvollstreckungsbehörden und die Oberjustizkasse, denen man hier am häufigsten begegnet, sind also auch dann schneller, wenn sie den Vermögensverfall des Schuldners erheblich später als andere Gläubiger bemerkt haben (Hase-und-Igel-Prinzip).

5. Information

Die Zwangsvollstreckung ist um so erfolgreicher, je mehr Detailwissen der Gläubiger über den Schuldner hat. Dieses Wissen kann man sich nur selten ausreichend verschaffen, wenn man erst daran denkt, wenn der Schuldner schon in Verzug ist: Dann wird er freiwillig keine Auskünfte mehr geben. Man muß daher versuchen, sich möglichst schon vor den Vertragsverhandlungen oder spätestens während einer laufenden Geschäftsverbindung weitere Informationen über den Schuldner zu verschaffen. Anwälte müssen ihre Mandanten immer wieder auf diese Notwendigkeit hinweisen und geeignete Tips geben. Oft steht in den eigenen Kundenakten eines Unternehmens mehr über den Schuldner, als man glaubt. Man kann auch sicherstellen, daß keine Ware an Kunden verschickt wird, deren Vornamen oder Rechtsform man nicht kennt.

Folgende Informationen über den Schuldner können im Rahmen der Zwangsvollstreckung von Bedeutung sein:
- Geburtsdatum (zur sicheren Identifizierung des Schuldners)
- Wohnsitz/Zweitwohnsitz (Ferienhäuser etc.)
- Aufenthaltsorte, ständige oder zeitweilige (Arbeitsplatz, Sportverein etc.; lokaler Auftritt eines verschuldeten Schlagersängers)
- Familienstand, Kinderzahl; auch Freund/Freundin mit Wohnadresse
- Erwerbsquellen
- Ausgeübter Beruf
- Arbeitgeber mit Zustellungsadresse
- Anschriften von Kunden oder Auftraggebern
- Kraftfahrzeuge
- Grundbesitz
- Bankverbindungen, auch private
- Informationen über frühere Geschäftstätigkeiten (War Schuldner Inhaber, Geschäftsführer oder Gesellschafter einer zusammengebrochenen Firma?)
- Informationen über aktuelle Zahlungsschwierigkeiten
- Bei Firmen: Rechtsform (GmbH, oHG, KG etc.), Sitz, Geschäftsführer (Vorname/Name)

Die Informationssammlung sollte sich **nicht nur** auf den **Schuldner** direkt beziehen, **sondern auch** die Frage im Auge behalten, ob **andere Personen** für die Forderung haften, wenn der Schuldner sie nicht bezahlen kann. Das gilt z.B. für den Geschäftsführer der bankrotten GmbH, wie für den Gesellschafter, der die Stammeinlage nicht bezahlt hat. Der Anfänger muß auf solche Fragen keine Antwort bereit haben, er sollte aber wissen, daß es sie gibt. Bei Informationen, die man von Dritten erhält, darf man niemals vergessen, die Richtigkeit selbst nachzuprüfen, soweit das möglich ist. Unterläßt man das, entstehen Haftungsrisiken.

6. Vollstreckungsorgane

6 An die Vollstreckungsorgane kann und muß sich der Gläubiger wenden, um seinen titulierten Anspruch gegenüber dem Schuldner durchsetzen zu lassen. Die Vollstreckung erfolgt also nicht von Amts wegen.

6.1 Gerichtsvollzieher (GVZ)

Der GVZ nimmt die Zustellung von Schriftstücken vor und führt die Vollstreckungsmaßnahmen durch, die nicht den Gerichten übertragen sind. Als Beamter unterliegt der GVZ der Aufsicht durch das Gericht, er arbeitet aber selbständig. Der GVZ unterhält ein eigenes Büro, meist auch mit eigener Adresse und eigenem Telefonanschluß, über den er oft nur zu festgelegten Zeiten (Sprechzeiten) erreichbar ist. Größere Amtsgerichtsbezirke sind nach einem Geschäftsplan unter mehreren GVZ aufgeteilt, der auch deren jeweiligen Vertreter bezeichnet. Für besonders dringende Sachen (z.B. Arrest und einstweilige Verfügung) sind manchmal zusätzlich sog. Eilgerichtsvollzieher vorgesehen, die sich zeitlich abwechselnd bereithalten, falls der zuständige GVZ oder sein Vertreter gerade nicht erreichbar sind. Es ist für einen Gläubiger also gar nicht so einfach, in der Eile einen für seinen Schuldner zuständigen GVZ zu finden, insbesondere dann, wenn der Schuldner in einem auswärtigen Gerichtsbezirk wohnt.

Ausgangspunkt ist das Amtsgericht, in dessen Bezirk der Schuldner seinen Wohnsitz hat. Dort ist eine Verteilungsstelle für Gerichtsvollzieher-Aufträge eingerichtet, die die Posteingänge anhand der angegebenen Schuldneradresse an den zuständigen GVZ weiterleitet. Normale GVZ-Aufträge können also an die Adresse des Amtsgerichts geschickt werden.

Dieser Weg läßt sich (um 1 bis 2 Tage) abkürzen, wenn sich der Gläubiger telefonisch die Adresse des zuständigen GVZ (zweckmäßig: auch Telefon und Sprechzeit) durchgeben läßt und seinen Auftrag direkt dorthin schickt. In ganz eiligen Fällen und wenn der zuständige GVZ gerade nicht zu erreichen ist, kann der Gläubiger auch nach dem Eilgerichtsvollzieher fragen, der allerdings nur in größeren Gerichtsbezirken für Notfälle bereitsteht. Hierbei muß der Gläubiger dann aber die besondere Eilbedürftigkeit begründen und nachweisen können. Dies lohnt natürlich nur dann, wenn der Eilauftrag direkt und sofort zu dem Eil-GVZ gebracht wird.

Der Gläubiger kann die Eilbedürftigkeit auch in seinem schriftlichen Auftrag begründen. Nach der Geschäftsanweisung für Gerichtsvollzieher (GVGA) sind erwiesenermaßen oder naturgemäß eilbedürftige Aufträge vorrangig zu erledigen.

Die sofortige Erledigung eines Eilauftrages wird dem GVZ manchmal erst dadurch ermöglicht, daß der Gläubiger ihm anbietet, ihn mit eigenem PKW oder Taxi zu befördern. Ein schnell erledigter Auftrag ohne lange Wege und Parkplatzsuche läßt sich eher zwischen normalen Aufträgen einschieben.

Dem Gläubiger bzw. seinem Anwalt sei zum besseren Verständnis der

Tätigkeit des GVZ die gelegentliche Lektüre der GVGA empfohlen, die im Anhang teilweise abgedruckt ist.

In größeren Amtsgerichtsbezirken gibt es die Möglichkeit, sich gegen eine Schutzgebühr eine Liste aller Gerichtsvollzieher mit Anschriften, Telefon und Sprechzeiten schicken zu lassen (Ggfs telefonisch beim AG erfragen).

6.2 Vollstreckungsgericht

Als Abteilung des Amtsgerichts ist das Vollstreckungsgericht für die Zwangsvollstreckung in Forderungen und ähnliche Ansprüche sowie in das unbewegliche Vermögen des Schuldners zuständig. Das Verfahren auf Abgabe der eidesstattlichen Versicherung wird dort durchgeführt, schließlich ist das Vollstreckungsgericht auch zuständig, wenn während der Zwangsvollstreckung gerichtliche Entscheidungen notwendig sind (z.B. Durchsuchungsbeschluß oder Schutzanträge des Schuldners).

Örtlich zuständig ist das Amtsgericht als Vollstreckungsgericht, bei dem der Schuldner im Inland seinen allgemeinen Gerichtsstand hat (§ 828), ausnahmsweise ist das Amtsgericht (oder das Landgericht) als Prozeßgericht zuständiges Vollstreckungsgericht (§ 930 I S.3).

6.3 Grundbuchamt

Das Grundbuchamt ist für die Eintragung von Zwangssicherungshypotheken zuständig (§§ 866, 867).

6.4 Kreisgericht

Hierbei handelt es sich um eine Kompetenzzuweisung in den neuen Bundesländern, nicht um ein weiteres Vollstreckungsorgan. Dem Kreisgericht sind dort die Aufgaben des Amtsgerichts zugewiesen.

7. Nähe zum Schuldner

Entscheidende Informationen, ohne die taktische Überlegungen gar nicht richtig angestellt werden können, gewinnt man durch die Nähe zum Schuldner. Man muß wissen, ob der Schuldner vom Typ her
- arbeitsam ist und bloß Pech gehabt hat, oder
- zur Gattung der Hochstapler gehört
- seine Situation realistisch einschätzen kann, oder
- von einem Phantasieprojekt ins andere stolpert
- sich um Ehrlichkeit bemüht, oder
- besonders geschickt die Unwahrheit sagt – nicht selten ohne es selbst zu bemerken.

Es gibt Schuldner, die wortreich die Nähe des gegnerischen Anwalts suchen, ja ihn geradezu als ihren eigenen verwenden wollen, andere wiederum, die sich äußerst aggressiv verhalten. Man muß ein paar Mal erlebt haben, daß der erste Typ jeden Teilzahlungsvergleich unterschreibt, aber nicht einhält, der zweite hingegen alles rundweg ablehnt und trotzdem Raten zahlt, bevor man sieht, wie sehr sich Wort und Wirklichkeit unterscheiden können.

Nur die Nähe zum Schuldner sagt dem Gläubiger, welche Vollstreckungsmaßnahme besonders wirkungsvoll (weil für den Schuldner schmerzhaft) ist.

Vor Beginn der Vollstreckung sollte man beim eigenen Mandanten auf jeden Fall ermitteln, ob dort Kunden nach bestimmten Bonitätskriterien eingeteilt werden. Man kann dann außergerichtliche Mahnungen an Schuldner mit guten Bonitätskriterien höflicher ausfallen lassen (Textbausteine im Textsystem!) als bei anderen Kunden, bei denen wegen der gebotenen Schnelligkeit im Einzelfall nur die eine gesetzliche erforderliche Mahnung verschickt wird (vgl. die Übersicht und Textvorschläge bei Schachner/Heussen).

8. Kooperation

8   Man sollte bei der Vollstreckung auch die anderen Beteiligten im Auge behalten und, vor allem, wenn der Wettlauf um den Rang beendet ist, mit anderen Gläubigern und dem Gericht kooperieren.

Andere Gläubiger vollstrecken oft schon viel länger gegen den Schuldner und können manche Hintergrundinformationen geben. Wenn man sie nicht ungeprüft hinnimmt, stecken darin gelegentlich wertvolle Details, die der andere Gläubiger als Vollstreckungsmöglichkeit gar nicht gesehen hat und die man sich selbst zunutze machen kann.

Ähnlich ist es bei Gericht und GVZ. Der GVZ kennt den Teil seiner Kunden, die immer „bei ihm arbeiten lassen", manchmal über Jahre, und der Rechtspfleger kann über das Ausmaß von Pfändungsanträgen, die über seinen Tisch gelaufen sind, etwas sagen. Dieses Wissen muß der Gläubiger nutzen können.

9. Konsequenz

9   Konsequenz sollte man nicht mit Härte verwechseln. Man erlebt nicht selten, daß eine kompromißlos harte Vollstreckung den Schuldner erst zur Ausnutzung von Rechtsmitteln oder zu anderen Einfällen zwingt, die dem Gläubiger seine Situation erschweren: Hätte man ihm mehr Luft gelassen und einen fairen Tilgungsvorschlag gemacht, wäre man leichter zum Ziel gekommen.

Allerdings ist es ein Grundlagenfehler, zwischen nachgiebiger und harter Verhaltensweise zu schwanken. Einmal besetzte Rangpositionen oder geplante Vollstreckungsmaßnahmen soll man grundsätzlich nicht ohne Gegenleistung des Schuldners aufgeben, wobei anstatt der Rücknahme einer Pfändungsmaßnahme auch eine nur einstweilige, d. h. vorübergehende Einstellung verhandelt werden kann (vgl. Rdnr. 124 ff.). Diese Gegenleistung kann im Einzelfall sehr gering sein, wie etwa eine Ratenzahlung von DM 50,– im Monat, die kaum die Zinsen deckt. Trotzdem sollte man darauf bestehen, denn jede Unterbrechung der Ratenzahlung signalisiert die erneute Gefährdung der Forderung, eine wichtige Information, die man sonst nicht an der Hand hätte.

10. Kosten

Konsequenz ist nicht billig. Der Gläubiger muß die Kosten der Vollstreckung immer verauslagen. Ob er sie je wieder bekommt, hängt vom Erfolg der Maßnahmen ab. Die meisten Schuldner vertrauen darauf, daß der Gläubiger sein gutes Geld nicht dem schlechten hinterherwerfen werde. Das gilt vor allem dann, wenn der Erfolg davon abhängt, weitere Prozesse (etwa gegen den Drittschuldner) zu führen oder wenn neben den reinen Vollstreckungskosten noch Kosten für die Beibringung von Beweismaterial (z.B. durch Detektive) anfallen. Die Entscheidung, ob eine bestimmte Maßnahme noch im Verhältnis zu den aufzuwendenden Kosten steht, stellt sich in der Vollstreckung jeden Tag. Man wird nicht selten einen Vollstreckungsversuch schon deshalb unternehmen, damit der Schuldner erkennt, daß man ihn nicht aus dem Auge verloren hat. Das zeigt vor allem langfristig Wirkung.

11. Kreativität

Von der Phantasie, mit der der Gläubiger das Vollstreckungsverfahren betreibt, hängt der Erfolg ganz wesentlich ab.

Sie ist allerdings auch nur von relativem Wert: Je geübter der Schuldner darin ist, sich der Vollstreckung zu entziehen, desto mehr wird sich der Gläubiger einfallen lassen müssen.

Bei manchen Schuldnern hat man den Eindruck, sie könnten reiche Leute sein, wenn sie den Erfindungsreichtum, den sie bei ihren Fluchtversuchen vor dem Gläubiger aufbringen, auf anderen Gebieten anwenden würden.

12. Taktik

Taktisches Verhalten ist die richtige Abwägung aller Aspekte, die im Rahmen der Vollstreckung zu bedenken sind. Die wesentlichen Fragen sind:
- Welche Vermögenswerte sind erkennbar?
- Führt die Verwertung voraussichtlich zum Erfolg?
- Wie sichert man wirksam die erste Rangstelle?
- Welche Maßnahme ist am schnellsten zu verwirklichen?
- Welche Kosten werden entstehen?

Letztlich soll der Titel
- so **vollständig** wie möglich
- so **schnell** wie möglich
- so **billig** wie möglich

realisiert werden. Jeden dieser Gesichtspunkte angemessen zu berücksichtigen: Das ist eine taktische Aufgabe, an der man sich von Anfang an schulen muß.

I. Informationssammlung

Das Informationsbedürfnis des Gläubigers kollidiert zwangsläufig mit dem Gedanken des Datenschutzes zugunsten des Schuldners. Nachdem es in unserer Gesellschaft kaum möglich ist, ohne Spuren am täglichen Leben teilzunehmen, gibt es relativ viele zulässige Quellen, aus denen direkte oder nur weiterführende Informationen über den Schuldner zu beziehen sind. Für jede Art von Zustellungen steht dabei die Aufenthaltsermittlung im Vordergrund.

1. Allgemein zugängliche Informationen

13 In diesem Bereich ist die Phantasie des Gläubigers gefragt nach dem Motto: „Fragen kostet ja nichts." Die wichtigsten Quellen sind:
- Amtliches Fernsprechbuch (Adresse?) und Telefonauskunft
- Branchenverzeichnisse der Bundespost und privater Herausgeber
- Eigenes Briefpapier oder Prospekt des Schuldners
- Eigene Kontounterlagen des Gläubigers (Hat Schuldner schon einmal etwas überwiesen? Von welchem Konto?)
- Persönliche Kontakte (Eigener Außendienst des Gläubigers, Geschäftspartner des Schuldners, Vermieter oder Hausmeister am letzten bekannten Wohnsitz des Schuldners, Wirtschaftsverband der Branche des Schuldners)
- Vertrauliche Anfrage bei Banken über die eigene Hausbank
- Auswertung von Fachzeitschriften der Branche des Schuldners (Inserate? Werbung?)
- Allgemeine Presseberichte
- Auskünfte aus dem Grundbuch (auch ohne Titel zulässig).

2. Standardanfragen

14 Für diese gängigen Auskunftsersuchen können über Fachverlage (vgl. Rz 357) Formulare bezogen werden, selbst entwickelte Texte haben den Vorteil der größeren Übersicht (bei Textbausteinen enthält die Anfrage keinen überflüssigen Text: „Nichtzutreffendes ist zu streichen, Zutreffendes ist angekreuzt").

2.1 Meldeauskunft

An das Einwohnermeldeamt des letzten bekannten Wohnsitzes des Schuldners zu richten, außer dieser Adresse ist möglichst Geburtsdatum zu nennen, gefragt wird, ob Schuldner dort wohnhaft ist oder wohin er

I. Informationssammlung

sich ggfs. abgemeldet hat. Kosten zwischen DM 4.– und DM 8.– (nur Inland), vorher telefonisch erfragen und gleich bezahlen.

Ebenfalls bei den Kreisverwaltungsbehörden wird das sog. Ausländerzentralregister geführt, Auskünfte kosten zw. DM 10.– und DM 20.–.

2.2 Postauskunft

An das Zustellpostamt des Schuldners mit der Bitte, die angegebene Schuldneradresse zu überprüfen unter Hinzuziehung des jeweiligen Zustellbeamten. Nach Nachsendeantrag fragen! Kostenlos.

2.3 Gewerberegisterauskunft

Adressat ist Gemeinde- oder Stadtverwaltung, Zweck des Ersuchens sind Auskünfte über etwaige Eintragungen eines Gewerbes des Schuldners mit Geschäftsadresse und Bezeichnung des Gewerbetreibenden und dessen Privatadresse.
Auskunftsgebühren zwischen DM 5.– und DM 10.–.

2.4 Handelsregisterauskunft

Adressat ist das Amtsgericht, bei dem das Handelsregister für den Schuldnerwohnsitz geführt wird. (Oft werden bei dem HReg eines Amtsgerichts mehrere Bezirke konzentriert!)

Beim Handelsregister sind die Vollkaufleute, die offene Handelsgesellschaft (oHG), die Kommanditgesellschaft (KG), die Gesellschaft mit beschränkter Haftung (GmbH) und die Aktiengesellschaft (AG) registriert.

Da die Abgrenzung zwischen **Vollkaufleuten** und **Minderkaufleuten** in der Praxis aber schwierig ist, sind eine ganze Reihe von Kaufleuten, die eigentlich im Handelsregister erfaßt sein müßten, dort nicht eingetragen. Trotzdem sollte man immer eine Auskunft aus dem Handelsregister einholen. Aus Kostengründen verlangt man eine „unbeglaubigte Abschrift". Bei der GmbH & Co. KG ist darauf zu achten, daß der Auszug sowohl für die GmbH (Abteilung HRB) als auch für die KG (Abteilung HRA) angefordert wird. Das Handelsregister für die KG enthält nämlich nur den Hinweis, persönliche haftende Gesellschafterin sei die GmbH. Einen Titel kann man aber nur erwirken, wenn man den Vor- und Nachnamen des Geschäftsführers der GmbH erfährt, der sich aus dem Registerauszug für die KG nicht ergibt.

Der Handelsregisterauszug enthält nicht alle Informationen über den Schuldner. Eine Reihe weiterer **interessanter Details** erfährt man aus den **Beiakten.** Dazu gehört vor allem die **Gesellschafterliste,** die manchmal die Privatadressen der Gesellschafter, sowie die Privatadresse des Geschäftsführers der GmbH enthält, die unter manchen Gesichtspunkten nützlich sein kann: Wenn das Geschäftslokal der GmbH geschlossen ist, kann man rechtswirksam immer noch dem Geschäftsführer persönlich unter dessen Privatadresse zustellen, außerdem kann es sein, daß der Geschäftsführer der GmbH auch persönlich für Schulden der Gesellschaft haftbar gemacht werden kann (z.B. Konkursverschleppung). Auch die Gesellschafterliste kann man in Kopie erhalten (§ 9 Abs. 2 HGB).

I. Informationssammlung

Seit Januar 1987 können Gläubiger, die EDV einsetzen, sämtliche Handelsregistereintragungen der Bundesrepublik über das Mailbox-System ALEXIS direkt abfragen. Das ist eine ganz bedeutende Erleichterung und bedeutet vor allem viel Zeitgewinn, denn in der Regel muß man eine Woche bis 10 Tage auf die Rücksendung der Handelsregisterauskunft warten. Nähere Auskünfte zum Mailbox-System ALEXIS gibt die Hans Soldan-Stiftung (s. unten Rdnr. 359).

2.5 Auskunft aus dem Schuldnerverzeichnis

Hier ist eingetragen, ob der Schuldner im Bezirk dieses Amtsgerichtes die Offenbarungsversicherung (§ 915) abgegeben hat und ob andere Gläubiger bereits Haftbefehle gegen den Schuldner erwirkt haben. Auskunft kann meist telefonisch eingeholt werden.

2.6 Konkursgericht

Bei dem Amtsgericht – Konkursgericht – wird ein Verzeichnis darüber geführt, ob der Schuldner einen eigenen Antrag auf Eröffnung des Konkurses über sein Vermögen gestellt hat, ob der Konkurs eröffnet oder mangels Masse abgelehnt wurde. Auskunft kann meist telefonisch eingeholt werden.

2.7 KFZ-Halteranfrage

Adressat ist die Zulassungsstelle, die das Kennzeichen eines (möglicherweise im Eigentum des Schuldners stehenden) KFZ erteilt hat. Die Auskunft, die DM 5.– bis DM 10.– kosten kann, besagt aber nur, ob der Schuldner Halter des KFZ ist, Eigentümer kann trotzdem eine Leasinggesellschaft oder die Hausbank des Schuldners sein.

Bei den Auskunftsersuchen gegenüber den Gerichten und Verwaltungsbehörden empfiehlt es sich, darauf hinzuweisen, daß die erbetenen Daten benötigt werden, um privatrechtliche Ansprüche zu verfolgen und durchzusetzen.

3. Weitere Auskunftsquellen

Diese Möglichkeiten erfordern teilweise einen höheren Kostenaufwand:

3.1 Auskunfteien

Es gibt eine ganze Anzahl von Auskunfteien (z.B. Schimmelpfeng, Creditreform, Bürgel, um nur einige der größeren zu nennen). Der Informationsstand der Auskunfteien wird oft unterschätzt. Sie beziehen ihre Kenntnisse einmal aus den oben genannten öffentlich zugänglichen Quellen, soweit ihnen diese ohne den Nachweis eines konkreten rechtlichen Interesses offensteht.

Daneben bekommen sie von ihren eigenen Mitgliedern Informationen, die öffentlichen Quellen nicht zugänglich sind, also z.B. über den Umsatz

I. Informationssammlung

eines Schuldners, das beschäftigte Personal, ja sogar aus Bilanzen, die der Schuldner in früheren Zeiten, als es ihm noch gut ging, freiwillig vorgelegt hat, um z.b. bei der Verhandlung über ein Bankdarlehen „eine gute Auskunft zu haben". Für spätere Vollstreckungsmöglichkeiten kann das große Bedeutung haben.

Von Bedeutung ist auch, daß die meisten **Auskunfteien bundesweit** arbeiten, während z.b. das Schuldnerverzeichnis nur die Eintragungen an einem bestimmten Amtsgerichtsort enthält. Eine Auskunft kostet zwischen 50,00 und 100,00 DM.

3.2 Auskunft bei der Schufa

Die SCHUFA ist eine Schutzorganisation, der nur Banken angeschlossen sind. Sie erteilt daher auch nur an Banken Auskünfte (BGH NJW 86, 49). Die angeschlossenen Banken melden der SCHUFA notleidend gewordene Kredite, Wechselproteste, geplatzte Schecks, die Beantragung des Mahnbescheids, die Offenbarungsversicherung und einzelne Pfändungen, soweit sie bekannt werden. **16**

Wenn der Gläubiger guten Kontakt zu seiner Bank hat, wird diese bei der Bank des Schuldners oder der SCHUFA anfragen, wie es um den Schuldner steht. Wegen der damit für die Bank verbundenen Haftungsrisiken bekommt man meist nur eine allgemein gehaltene Auskunft, die aber manchmal schon ausreicht.

3.3 Handwerkskammer/Industrie- und Handelskammer

Alle handwerklich oder gewerblich Tätigen sind entweder bei der Handwerkskammer oder der Industrie- und Handelskammer registriert. Auch dort müssen alle Adressenänderungen mitgeteilt werden. Beide Kammern sind schon wegen ihrer eigenen Beiträge daran interessiert, die Adressen der Mitglieder auf dem laufenden zu haben. Wenn man daher den Kammern mitteilt, daß die Adresse des Schuldners nicht bekannt oder nicht vollständig ist, ermitteln die Kammern die richtige Adresse und teilen diese wiederum dem Gewerbeaufsichtsamt mit, wo der Gläubiger sie dann abfragen kann. **17**

Hohe Schulden eines gewerblich tätigen Schuldners können auch dessen gewerberechtliche Unzuverlässigkeit begründen, was wiederum dem Schuldner für weiteres Tätigwerden „das Handwerk" legt.

3.4 Auskunftei/Detektiv

Individuelle Auskunftsaufträge bei Auskunfteien oder Detekteien können zwar sehr gute Ergebnisse bringen, die Kosten hierfür sind allerdings sehr hoch. (Für schwierigste Fälle verlangen Detektive Stundensätze!) **18**

Die Kosten können u.U. erstattungsfähig sein, im Einzelfall ist auf die Kommentare zu § 788 zu verweisen.

II. Der Titel

1. Funktion des Titels

1.1 Allgemeines

19 Die Zwangsvollstreckung ist ein stark formalisiertes Verfahren. Die Vollstreckungsorgane prüfen nicht, ob der Anspruch gegen den Schuldner den Gläubiger tatsächlich zusteht.

Bevor der Gläubiger gegen den Schuldner die Zwangsvollstreckung betreiben kann, muß in den meisten Fällen ein neutraler Dritter – in der Regel das Gericht – den Anspruch auf seine Berechtigung hin überprüfen: Das wird vom Rechtsstaatsgebot der Verfassung (Art. 20 III GG) verlangt. Die formellen und materiellen Verfahrensarten, in denen diese Überprüfung stattfindet, sind vielfältig. Ihr Ergebnis besteht in der Titulierung des Anspruchs. Die häufigsten Titel sind:
- die Endurteile der Zivilgerichte (§§ 300, 313)
- die Mahn-/Vollstreckungsbescheide (§§ 688, 699; zum Prüfungsumfang unten Rdnr. 15)
- die Kostenfestsetzungsbeschlüsse (§ 103)
- die Prozeßvergleiche (§ 794 I Nr. 1)
- die Anerkennung des Regelunterhalts des nichtehelichen Kindes (§ 794 I Nr. 2a)
- die notariellen Urkunden (§ 794 I Nr. 5)

Daneben gibt es noch einige weitere, in § 794 und in anderen Gesetzen bezeichnete Titel (s. unten Rdnr. 33 f.).

1.2 Verjährungsfristen

20 Wenn der **Auftrag**, einen Titel zu erwirken, im Anwaltsbüro **eingeht**, muß unverzüglich geprüft werden, ob im konkreten Fall **Verjährung** droht. Besondere Aufmerksamkeit ist in der Zeit nach dem 15.12. eines jeden Jahres geboten, weil viele Forderungen zum 31.12. eines jeden Jahres verjähren (§ 201 BGB).

Die **Berechnung** von Verjährungsfristen ist nicht einfach, da sie von unterschiedlichen Bedingungen des Fristbeginns, der Hemmung, der Unterbrechung und des Fristendes abhängt.

So kann die sehr wichtige „zweijährige" Verjährungsfrist des § 196 BGB tatsächlich zwischen 2 und 3 Jahren liegen, da hier der Fristbeginn erst am Jahresende erfolgt (§ 201 BGB).

V liefert K am 4.1.1988 einen Kühlschrank. Die Verjährungsfrist beginnt am 31.12.1988 und endet am 31.12.1990.
Erfolgt die Lieferung am 28.12.1988, so endet die Frist **ebenfalls** *am 31.12.1990, weil sie in diesem Fall schon drei Tage nach der Lieferung beginnt.*

II. Der Titel

Sehr schwierig ist auch die Berechnung der 6-monatigen Gewährleistungsfrist beim Mietvertrag (§ 638 BGB), weil sie an die Abnahme geknüpft ist (§ 640 BGB), über deren Voraussetzungen viel Streit entstehen kann.

Man sollte daher vorsorglich die Fristberechnung auf den frühest denkbaren Fristbeginn abstellen und mögliche Hemmungen oder Unterbrechung einstweilen außer acht lassen, damit Mahnbescheide auf jeden Fall vor dem Fristende beantragt werden. Es kommt auf den Zeitpunkt des **Antrags**, nicht auf die Zustellung an, wenn diese **demnächst** erfolgt (§ 270 Abs. 3, 207, 209).

Die wichtigsten Verjährungsfristen sind folgende:
a) 6-Monatsfristen
   - Gewährleistungsansprüche im Kauf- und Werkvertragsrecht (§§ 477, 638 BGB).
   - Verjährung von Ersatzansprüchen des Vermieters (vor allem wegen unterlassener Schönheitsreparaturen) (§ 558 BGB).
b) 2-Jahresfristen (§ 196 BGB)
   - Zahlungsansprüche wegen Lieferung von Waren, Ausführung von Arbeiten und Besorgung fremder Geschäfte der Kaufleute, Fabrikanten, Handwerker etc. gegenüber den Endabnehmern, die **nicht** Gewerbetreibende sind.
   - Die Ansprüche der Arbeitnehmer wegen Gehalts, Lohnes und anderer Dienstbezüge, soweit sie nicht tarifvertraglich verkürzt sind.
   - Die Zahlungsansprüche der Freiberufler (vor allem Ärzte, Rechtsanwälte etc.) wegen der Honorare. (S. auch in § 196 BGB die weiteren Ansprüche, die der 2-jährigen Verjährungsfrist unterliegen).
c) 4-jährige Verjährungsfrist (§ 197 BGB)
   - Die Zinsansprüche sowohl für private wie für gewerblich genutzte Darlehen (Ausnahme: § 11 III VerbrKrG).
   - Ansprüche auf Zahlung von Miete für Wohnungen und gewerbliche Räume sowie Pachten.
   - Ansprüche auf Unterhalt und andere regelmäßig wiederkehrende Leistungen.
d) 30-jährige Verjährung (§ 195 BGB)
   Alle übrigen Ansprüche verjähren spätestens in 30 Jahren.

Die Verjährung wird durch den Mahnbescheid (und die Klage) allerdings nur dann unterbrochen, „sofern die Zustellung demnächst erfolgt" (§ 270) und wenn im Falle des Widerspruchs die Klagebegründung so schnell vorgelegt wird, daß die Sache „alsbald nach der Erhebung des Widerspruchs" an das Streitgericht verwiesen werden kann (§ 696 Abs. 3).

Die Zustellung ist „demnächst" erfolgt, wenn der Kläger alles, was ihm im Rahmen des Verfahrens obliegt, unternimmt, um die Zustellung zu ermöglichen (BGHZ 86, 322); er muß also insbesondere Gerichtskostenvorschüsse rechtzeitig einzahlen, Zwischenverfügungen des Gerichts sofort beantworten. Eine rein gerichtsinterne Verzögerung wird ihm nicht zugerechnet (BGH NJW 1982, 172).

Die Vorlage der Klagebegründung nach Einlegung des Widerspruchs hat der Kläger ohnehin weitgehend selbst in der Hand. Eine Vorlage nach 4 Monaten ist in jedem Fall zu spät (LG Köln NJW 1978, 650).

II. Der Titel

1.2.1 Prozeßverfahren nach der ZPO (Urteile und Vergleiche)

21 Hier muß der Kläger entweder beim Amtsgericht oder beim Landgericht Klage erheben (§ 253 I), die Mindestanforderungen hat (§ 253 II), es müssen Beweismittel benannt und Urkunden vorgelegt werden (§ 130 Nr. 5). Darauf muß der Beklagte mit gleicher Anforderung erwidern. Mündliche Verhandlung ist die Regel (§ 128), in der auch Zeugen vernommen werden können. Hat das Gericht die angebotenen Beweise erhoben oder festgestellt, daß Beweis nicht erhoben werden muß, wird durch Endurteil (§ 300) entschieden. Gegen das Urteil ist meistens Berufung, gegen das Berufungsurteil manchmal Revision möglich.

Wenn die Parteien sich vor dem Gericht vergleichen (§ 794 Abs. 1 Nr. 1), wird in dem Vergleich die Verpflichtung des Schuldners ebenso festgesetzt, als wenn das Gericht durch Urteil entschieden hätte.

1.2.2 Mahnbescheid/Vollstreckungsbescheid (MB/VB)

Die Zahl der im Mahnverfahren titulierten Forderungen übersteigt alle anderen ganz erheblich. Es sind überwiegend die Fälle, in denen der Schuldner gegenüber der Forderung keine Einwendungen erhebt.

22 Beim Mahnbescheid (MB) behauptet der Gläubiger, einen bestimmten Zahlungsanspruch in Geld zu haben (§ 688 I), den er nur kurz begründet. Das Gericht prüft die Berechtigung des Anspruches nur in engen Grenzen auf formelle Richtigkeit, Vorliegen der Prozeßvoraussetzungen und offensichtliche Unbegründetheit (BGH WM 1983, 1006: MWSt auf Verzugszinsen; LG Krefeld MDR 1986, 418 – im Umfang sehr str). Gemäß § 692 Abs. 1 Nr. 2 prüft das Gericht nicht, „ob dem Antragsteller der geltend gemachte Anspruch zusteht". Die Rechtsprechung hat gleichwohl ein solches Prüfungsrecht für offensichtlich unbegründete Forderungen entwickelt.

23 Eine weitere Einschränkung der Zulässigkeit des Mahnverfahrens ergibt sich für die Geldendmachung von Ansprüchen aus Verbraucherkreditverträgen. Der Gesetzgeber wollte mit dem Gesetz über Verbraucherkredite (BGBl 1990 Teil I, 2840) verhindern, daß sittenwidrige Kreditforderungen gegenüber schutzwürdigen Kreditschuldnern im Wege des Mahnverfahrens – also gerade ohne gerichtliche Schlüssigkeitsprüfung – geltend gemacht werden, wo zumindest eine große Chance besteht, daß sich der Schuldner nicht durch Widerspruch oder Einspruch gegen die Titulierung der in dieser Höhe gar nicht bestehenden Forderung zur Wehr setzt.

Die Beschränkungen des Mahnverfahrens sind kurz zusammenzufassen; kein Mahnverfahren findet statt
- wenn die Forderung von einer noch nicht erbrachten Gegenleistung des Gläubigers abhängt;
- wenn der Mahnbescheid öffentlich zugestellt werden müßte (§ 203);
- für Ansprüche des Kreditgebers (Gläubigers), wenn der nach dem Verbraucherkreditgesetz anzugebende effektive oder anfängliche effektive Jahreszins den bei Vertragsabschluß geltenden Diskontsatz der Deutschen Bundesbank zuzüglich 12% übersteigt.

II. Der Titel

Vgl. hierzu § 688 II ZPO! Der letztgenannte Fall überfordert den Anfänger, da vor Antragstellung zu prüfen ist, ob überhaupt eine Forderung im Sinne des VerbrKrG vorliegt (Persönlicher und sachlicher Anwendungsbereich mit Ausnahmeregelungen) und wie sich dieses zwingende Gesetz auf die Höhe der Forderung einschließlich Vertrags- und Verzugszinsen auswirkt. Nach § 690 I Nr. 3 i. V. m. Art. 1 der Verordnung zur Änderung von Vordrucken für gerichtliche Verfahren vom 18.7. 1991 (BGBl 1991, Teil I, 1547) muß der Gläubiger in dem Mahnbescheidsantrag ausdrücklich darauf hinweisen, daß der genau mit Datum und Zinssatz zu bezeichnende Kreditvertrag dem VerbrKrG unterfällt.

In Zweifelsfällen über die Anwendbarkeit muß auf die bereits umfangreiche Literatur zum VerbrKrG verwiesen werden, weitere Hinweise finden sich in Kap. XII.

Wenn keine Bedenken gegen den Antrag erkennbar sind, stellt das Gericht den **Mahnbescheid** (MB) dem Schuldner zu. Erhebt dieser nicht binnen zwei Wochen **Widerspruch** (§§ 692 I Nr. 3, 694 I), ergeht auf Antrag (§ 699 I) der **Vollstreckungsbescheid** (VB), gegen den wiederum innerhalb zwei Wochen **Einspruch** eingelegt werden kann (§§ 339 I, 700 I). Ein verspäteter Widerspruch des Schuldners wird als Einspruch angesehen. Im arbeitsgerichtlichen Verfahren betragen die jeweiligen Fristen eine Woche (§§ 46 Abs. II, 59, 46a Abs. III ArbGG). Auch der schlampige Schuldner hat also mindestens zwei Möglichkeiten, seine Rechte wahrzunehmen. Danach allerdings gibt es keine Rechtsbehelfe mehr.

1.2.2.1 Antrag – Fehlerquellen

Der MB/VB muß auf einem bundeseinheitlichen Formular ausgefüllt werden. In Ländern, die Mahnbescheidssachen mit EDV bearbeiten (Bitte im Zweifelsfall immer bei dem betreffenden Amtsgericht nach dem erforderlichen Formular fragen!) muß ein anderes EDV-gerechtes Formular verwendet werden (dazu unten Rdnr. 27). Der vollständige Formularsatz enthält eine ausführliche Anleitung bei jeder einzelnen Ziffer, auf die ich verweisen kann. Zu beachten ist daneben die Angabe des **eigenen Aktenzeichens** und der **Bankverbindung** des **Gläubigers**. Beides erleichtert die mit Schuldnerzahlungen verbundene Abwicklung. Zu besonderen Problemen z. B. bei der Bezeichnung des Antragsgegners oder des Anspruchs siehe Rdnr. 35, 36.

Das Formular wird bei dem **Amtsgericht** eingereicht, in dessen Bezirk der **Gläubiger** seinen **Wohn-/Firmensitz** hat. Für Gläubiger mit Sitz im **Ausland** ist zentral das AG Berlin-Schöneberg zuständig.

Wenn ein MB gegen **mehrere Schuldner** beantragt werden muß, ist für jeden von ihnen ein einzelner Formularsatz zu verwenden. In jedem Formularsatz ist dann auf die Existenz mehrerer Schuldner hinzuweisen, die Kosten fallen aber nur einmal an.

Neben den amtlichen Erläuterungen sind noch folgende Hinweise nützlich:
– Bei Ziffer 3 ist dringend zu empfehlen, die Bankverbindung des Gläubigeranwalts aufzunehmen. Wird später ihre Angabe im Vollstreckungs-

24

II. Der Titel

verfahren einmal vergessen, kann der Gerichtsvollzieher oder der Drittschuldner die Bankverbindung immer auch auf dem Titel erkennen.
– Bei Ziffer 5 sollte das „Geschäftszeichen des Antragstellers" immer ausgefüllt sein, da es dann von dem Vollstreckungsgericht und dem Gerichtsvollzieher bei Überweisungen häufig angegeben wird. Dadurch wird die Zuordnung von Zahlungen für die Buchhaltung des Gläubigers oder seines Anwaltes vereinfacht.
– Bei der Darstellung der Zinsen kommt es häufiger vor, daß nicht nur ein einziger Zinsbetrag und nicht nur eine einzige Hauptsache zu berechnen sind.

Der Ivan Goll GmbH stehen gegen einen Kunden aufgrund verschiedener, zeitlich gestaffelter Lieferungen folgende Beträge zu:
DM 3.000,– nebst 8% Zinsen seit 01.02. 86
weitere DM 2.500,– nebst 7,5% Zinsen seit 01.03. 86
weitere DM 5.000,– nebst 9% Zinsen seit 01.04. 1986.
Der Mahnbescheid über den Gesamtbetrag von 10.500,– soll am 1.9. 1986 beantragt werden.

Wenn der Gläubiger für die Gesamtforderung ab 1.9. 1986 9% Zinsen bei seiner Bank zahlen muß, dann ist es zweckmäßig, die Zinsen vorher auszurechnen und den Antrag folgendermaßen zu formulieren:

„9% Zinsen aus DM 10.500,– seit 1.9. 1986 sowie DM 421,25 rückständige Zinsen aus der Zeit vom 1.2. 86 bis 30.8. 86."

Als Rechenhilfe: Der Betrag von DM 421,25 errechnet sich folgendermaßen:

8% Zinsen aus DM 3.000,– vom 1.2. 86 bis 30.8. 86	DM 140,–
7,5% Zinsen aus DM 2.500,– vom 1.3. 86 bis 30.8. 86	DM 93,75
9% Zinsen aus DM 5.000,– vom 1.4. 86 bis 30.8. 86	DM 187,50
	DM 421,25

Einige Gerichte wollen diese Zinsrechnung aufgeschlüsselt haben. Wenn der Platz auf dem Mahnbescheidsformular nicht ausreicht, kann man ein Beiblatt „Zinsberechnung" beifügen.
Die Zusammenfassung von Zinsen ist allerdings nur möglich, wenn der Gesamtbetrag (z.B. DM 10.500,–) ab 1.9. gleichmäßig (mit z.B. 9%) verzinst wird. Bei mehreren Teilforderungen mit unterschiedlichen Zinshöhen ist eine Zusammenfassung nicht möglich.
– Der Platz bei Ziffer 5 für die Anspruchsbegründung reicht bei vielen Teillieferungen oft nicht aus. In einem solchen Fall kann auf ein dem Mahnbescheid beigefügtes Anlagenblatt verwiesen werden, und zwar wie folgt:

„Anspruch auf Kaufpreis für Lieferung von Büromaterial in der Zeit vom 1.1. 86 bis 30.4. 86 (vgl. anliegende Übersicht über Rechnungs- und Lieferscheindaten)."

Das Beiblatt ist dann Bestandteil des Titels und wird vom Rechtspfleger mit diesem verbunden. Der Antrag bei Ziffer 12 sollte freibleiben, um den Gläubiger nach Widerspruch des Schuldners nicht unter Zeitdruck zu setzen.
– Wenn die Widerspruchsnachricht kommt, wird sowohl im konventionellen wie im automatisierten Mahnverfahren die Sache erst dann an das zu-

II. Der Titel

ständige Gericht weiter-verwiesen, wenn ein weiterer, in der amtsgerichtlichen Mitteilung bezeichneter Gerichtskostenverschluß einbezahlt wird. Diese Zahlung sollte man erst **zusammen** mit der Klagebegründung durchführen, da sonst die Sache auch ohne Begründung verwiesen wird und das Streitgericht dem Antragsteller dann eine Frist zur Klagebegründung setzt, die ihn unter Zeitdruck bringen kann.

In Eilfällen (Verjährung!) wird die Frist auch gewahrt, wenn ausnahmsweise die Kostenmarken nicht aufgeklebt oder aufgestempelt sind und binnen 14 Tagen bezahlt werden (BGH, WM 85, 36). Bei Gericht dauert die Bearbeitung ca. 3–7 Tage. Sobald die Zustellungsurkunde beim Gericht angelangt ist, wird das Datum des MB und seiner Zustellung vermerkt und das gelbe Formular, auf welchem der VB beantragt werden kann, dem Gläubiger zugeschickt. **Zwei Wochen** (§ 699 I 1, 2) **nach** der **Zustellung** darf der Gläubiger damit den **VB beantragen.** Geht der Antrag früher ein, wird er postwendend zurückgewiesen und muß nochmals nach Fristablauf gestellt werden. Um den VB-Antrag zu prüfen, braucht das Gericht wiederum ca. 3–7 Tage, dann wird der VB dem Schuldner zugestellt. Ist der Zustellungsnachweis wieder beim Gericht angekommen, vermerkt der Rechtspfleger das Zustellungsdatum, unterschreibt den Titel und schickt ihn an den Gläubiger. Nach Ablauf der Einspruchsfrist (§ 339 I – 2 Wochen) ist über den Anspruch rechtskräftig entschieden.

Wird Widerspruch **nicht** eingelegt, dann muß der VB-Antrag spätestens innerhalb von 6 Monaten nach Zustellung des MB gestellt werden, da sonst die Wirkung des Mahnbescheids wegfällt (§ 701). Es kann dann zwar ein neuer Mahnbescheid erwirkt oder Klage erhoben werden, es entfällt aber z.B. die Unterbrechung der Verjährung (§ 213 BGB).

Die Bearbeitung von Mahnbescheidsanträgen im **automatisierten** 25 Mahnverfahren ist erheblich komplizierter als bei den bisher noch weitgehend üblichen Mahnbescheidsanträgen. (Zur Umstellung allgemein Keller NJW 1981, 1184).

Erläuterungsbroschüren über das Verfahren können an folgenden Stellen bezogen werden:
– Justizministerium Baden-Württemberg, Schillerplatz 4, 70173 Stuttgart
– Justizministerium Nordrhein-Westfalen, Martin-Luther-Platz 40, 40212 Düsseldorf
– Für Berlin: Amtsgericht Wedding – Zentrales Mahngericht – Postfach 65 05 80, 13305 Berlin

Die dort gegebenen ausführlichen Erläuterungen müssen hier nicht wiederholt werden. Um die wesentlichen Unterschiede erkennen zu können, vergleicht man am besten die beiden hier beispielhaft ausgefüllten Musterformulare miteinander.

Die wesentlichen Unterschiede zum herkömmlichen Verfahren sind:
– Der Antrag ist nur in **einfacher** Ausfertigung einzureichen und nicht wie bisher für jeden Schuldner ein eigener Antrag.
– Das Erfordernis, Gerichts- und Anwaltskosten vorab auszurechnen, entfällt, weil sie automatisch aus dem Streitwert berechnet werden. Nur wenn die Auslagen ausnahmsweise höher sein sollten als die in § 26 BRAGO genannte Pauschale, sind sie anzugeben.

II. Der Titel

- Die **Vorschußpflicht** für die Gerichtskosten **entfällt:** Für sie wird mit dem Erlaß des Mahnbescheides eine Kostenrechnung erstellt.
- Die Zwischenverfügungen bei formellen Mängeln sind ebenfalls automatisiert.
- Der **Antrag** auf **Neuzustellung** des Mahnbescheides, wenn der erste Antrag (z.B. wegen Wohnsitzänderung) nicht zugestellt werden konnte, muß zwingend auf **vorgeschriebenem Formular** erfolgen.
- Für Zahlungen an das Gericht werden Zahlungsverkehrsvordrucke zur Verfügung gestellt (für Großgläubiger sind Einzugsermächtigungen möglich).
- Der Vollstreckungsbescheid wird ebenfalls maschinell erstellt (die Ausfertigung gemäß § 703 b entfällt).

Das maschinelle Mahnverfahren ist ein **aktenloses** Verfahren: Das ist der wesentliche Unterschied zur herkömmlichen Organisation. Nur zum Zwecke der Verfahrenskontrolle, oder wenn das aus technischen Gründen im Einzelfall nicht anders möglich ist, werden Akten angelegt.

Großgläubiger können Kennziffern erhalten, über die auch automatisierter Datenträgeraustausch möglich ist.

1.2.2.2 Besonderheiten beim Urkunden-, Wechsel- und Scheckmahnbescheid, § 703 a

26 Die häufigste Form des Wechsel- und Scheckmahnbescheides ist der Antrag auf Zahlung der im Wechsel/Scheck versprochenen Summe, der sich gegen den Zahlungsverpflichteten richtet (Art. 44 Abs. 1 WG, 40. Abs. 1 SchG). In beiden Fällen ist die Wechsel-/Scheck-Klage und der Wechsel-/Scheckmahnbescheid nur zulässig, wenn die **Protestfrist** eingehalten ist:
- Ist der **Wechsel**, wie meist, an einem bestimmten Tag zahlbar, so muß der Protest spätestens „an einem der beiden auf den Zahlungstag folgenden Werktage erhoben werden" (Art. 44 Abs. 3 S 1 WG).
- Bei **Schecks** muß der Protest „vor Ablauf der Vorlegungsfrist vorgenommen werden" (§ 41 SchG), d.h. (Art. 29 SchG):
  - Bei einem Inlandsscheck binnen 8 Tagen seit dem angegebenen Tag der Ausstellung.
  - Bei einem innerhalb Europas ausgestellten Scheck (Definition: Art. 29 Abs. 2 SchG) binnen 20 Tagen.
  - Bei einem Scheck außerhalb Europas binnen 70 Tagen.

Diese Fristen beginnen an dem Tage zu laufen, der in dem Scheck als Ausstellungstag angegeben ist (Art. 29 Abs. 4 SchG). Wenn die Protestfrist nicht eingehalten worden ist, kann kein Scheck-/Wechsel-Mahnbescheid, sondern nur ein Urkunden-Mahnbescheid beantragt werden. Das hat später einen Einfluß auf die Einwendungen, die der Schuldner gegen den Scheck oder Wechsel erheben kann.

1.2.2.3 Mahnbescheid gegen Schuldner im Ausland

27 Gegen den Schuldner, der im Ausland wohnt, kann in der Regel kein Mahnbescheid beantragt werden (Ausnahmen: s. Haegele/David, S. 49 – z.B. Frankreich, Italien, Benelux).

II. Der Titel

① Der Antrag wird gerichtet an das
Amtsgericht
Plz, Ort 80315 München

15 B 12717/93
Geschäftsnummer des Gerichts
Bei Schreiben an das Gericht stets angeben

② **Antragsgegner**/ges. Vertreter
Frau
Theresia Ellert
Residenzstraße 14

80333 München
Plz   Ort

– Graue Felder bitte nicht beschriften! –

Mahnbescheid 04.10.1993 ← Datum des Mahnbescheids

③ **Antragsteller**, ges. Vertreter, Prozeßbevollmächtigter; Bankverbindung
TuV Teilzahlungsbank AG, ges. vertr.d.d. Vorstand Dipl.-Kaufmann Horst Henze
Parkstraße 10, 80333 München
vertr.d.d. Rechtsanwalt Dr. Hugo Klutz, Theodorstraße 12, 80333 München
Überweisung bitte auf Konto-Nr.: 382778-809 Postgiroamt München

④ **macht gegen Sie**   ☐ als Gesamtschuldner

⑤ **folgenden Anspruch geltend** (genaue Bezeichnung, insbes. mit Zeitangabe): Geschäftszeichen des Antragstellers: 93/00303/Gr

Anspruch auf Rückzahlung des Darlehens vom 01.04.1992,
fällig seit dem 01.01.1993. Die Zinsen von 12% jährlich
sind vertraglich vereinbart.

		Zinsen, Bezeichnung der Nebenforderung	% ab Zustellung dieses Mahnbescheids
⑥ Hauptforderung	DM 10.000,00	zu Ziffer 6): 12 % Zinsen aus DM 10.000,00 seit dem 01.01.1993	
⑦ Nebenforderung	DM 20,00	zu Ziffer 7): Mahnkosten	

		1) Gerichtskosten	2) Auslagen d. Antragst.	3) Gebühr d. Prozeßbev.	4) Auslagen d. Prozeßbev.	5) MwSt. d. Prozeßbev.
⑧ Kosten dieses Verfahrens (Summe 1 bis 5)	DM 699,00	120,00 DM	0,00 DM	539,00 DM	40,00 DM	DM
⑨ Gesamtbetrag	DM 10.719,00	zuzüglich der laufenden Zinsen	Der Antragsteller hat erklärt, daß der Anspruch von einer Gegenleistung nicht abhänge. XX abhänge, diese aber erbracht sei.			

Das Gericht hat nicht geprüft, ob dem Antragsteller der Anspruch zusteht.
Es fordert Sie hiermit auf, innerhalb von **z w e i   W o c h e n** seit der Zustellung dieses Bescheids **e n t w e d e r** die vorstehend bezeichneten Beträge, soweit Sie den geltend gemachten Anspruch als begründet ansehen, zu begleichen **o d e r** dem Gericht auf dem beigefügten Vordruck mitzuteilen, ob und in welchem Umfang Sie den Anspruch widersprechen.
Wenn Sie die geforderten Beträge nicht begleichen und wenn Sie auch nicht Widerspruch erheben, kann der Antragsteller nach Ablauf der Frist einen **Vollstreckungsbescheid** erwirken und aus diesem die Zwangsvollstreckung betreiben.
Der Antragsteller hat angegeben, daß ein streitiges Verfahren sei durchzuführen vor dem

⑩ Landgericht München I, 80315 München

An dieses Gericht, dem eine Prüfung seiner Zuständigkeit vorbehalten bleibt, wird die Sache im Falle Ihres Widerspruchs abgegeben.

Rechtspfleger

Anschrift des Antragstellers/Vertreters/Prozeßbevollmächtigten

Antrag Ort, Datum München den, 03.10.1993

Eingangsstempel des Gerichts

Ich beantrage, aufgrund der vorstehenden Angaben einen Mahnbescheid zu erlassen.

⑪ Herrn Rechtsanwalt
Dr. Hugo Klutz
Theodorstraße 12

⑫ XX Im Falle des Widerspruchs beantrage ich die Durchführung des streitigen Verfahrens.

⑬ X Ordnungsgemäße Bevollmächtigung versichere ich.   Antragsteller ist nicht zum Vorsteuerabzug berechtigt.

⑭ Hier die Zahl der ausgefüllten Vordrucke angeben, falls sich der Antrag gegen mehrere Antragsgegner richtet.

80333 München
Plz   Ort

Blatt 1: Antrag und Urschrift

Unterschrift des Antragstellers/Vertreters/Prozeßbevollmächtigten

19

II. Der Titel

Amtsgericht
Plz, Ort
80315 München

15 B 12717/93
Geschäftsnummer des Gerichts
Bei Schreiben an das Gericht stets angeben

Antragsgegner/ges. Vertreter

Frau
Theresia Ellert
Residenzstraße 14

80315 München
Plz   Ort

Datum des Vollstreckungsbescheids

Zustellungsnachricht an den Antragsteller.
In Ihrer Mahnsache ist dem Antragsgegner der Mahnbescheid an dem aus dem folgenden Vordruckteil ersichtlichen Tag zugestellt worden.
Prüfen Sie, nachdem die mit dem darauffolgenden Tag beginnende Zwei-Wochen-Frist abgelaufen ist, ob der Antragsgegner die Schuld beglichen hat.
Sollte das nicht der Fall sein und sollte auch nicht Widerspruch erhoben sein, können Sie den Erlaß des Vollstreckungsbescheids beantragen.
Verwenden Sie dazu bitte nur diesen Vordruck und beachten Sie die Hinweise auf der Rückseite.

Die Geschäftsstelle des Amtsgerichts

Vollstreckungsbescheid zum Mahnbescheid vom 04.10.1993 zuge- stellt am 09.10.1993

Antragsteller, ges. Vertreter, Prozeßbevollmächtigter; Bankverbindung
TuV Teilzahlungsbank AG, ges.vert.d.d. Vorstand Dipl.-Kaufmann Horst Henze
Parkstraße 10,80333 München
vertr.d.d. Rechtsanwalt Dr. Hugo Klutz, Theodorstraße 12, 80315 München
Überweisung bitte auf Konto-Nr.:   382778÷809   Postgiroamt München

macht gegen Sie
folgenden Anspruch geltend: Geschäftszeichen des Antragstellers: 93/00303/Gr
☐ als Gesamtschuldner
Anspruch auf Rückzahlung des Darlehens vom 01.04.1992, fällig seit dem 01.01.1993. Die Zinsen von 12% jährlich sind vertraglich vereinbart.

Hauptforderung DM	10.000,00	Zinsen, Bezeichnung der Nebenforderung		% ab Zustellung dieses Mahnbescheids
		zu Ziffer 6): 12 % Zinsen aus DM 10.000,00	seit dem	
Nebenforderung DM	20,00	zu Ziffer 7): Mahnkosten	01.01.1993	
Bisherige Kosten des Verfahrens (Summe ① bis ⑤) DM	699,00	①Gerichtskosten 120,00 DM	②Auslagen d. Antragst. 0,00 DM	③Gebühr d. Prozßbev. 539,00 DM	④Auslagen d. Prozßbev. 40,00 DM	⑤MwSt. d. Prozßbev. DM
Gesamtbetrag DM	10.719,00	zuzüglich der laufenden Zinsen	Der Antragsteller hat erklärt, daß der Anspruch von einer Gegenleistung ☐ nicht abhänge. ☒ abhänge, diese aber erbracht sei.	

Auf der Grundlage des Mahnbescheids ergeht Vollstreckungsbescheid
② wegen vorste-   wegen ③
☒ hender Beträge
abzüglich gezahlter ④

Hinzu kommen folgende weitere Kostenbeträge ⑤
① Auslagen d. Antragst. 0,00 DM   ② Gebühr d. Prozßbev. 269,50 DM   ③ Auslagen d. Prozßbev. 0,00 DM   ④ MwSt. d. Prozßbev. DM   insgesamt (Summe von ① bis ④) 269,50 DM
Die Kosten des Verfahrens sind ab Erlaß dieses Bescheids mit 4% zu verzinsen. ☒

Dieser Bescheid wurde dem Antragsgegner zugestellt am:

Rechtspfleger

☐Antragst. ☐ges. Vertr. ☐Prozßbev.
wurde VS-Ausf. erteilt am:

Herrn Rechtsanwalt
Dr. Hugo Klutz
Theodorstraße 12
80333 München

Antrag ① Ort, Datum
München den, 19.10.1993

Eingangsstempel des Gerichts

Ich beantrage, aufgrund der vorstehenden Angaben einen Vollstreckungsbescheid zu erlassen.
Der Antragsgegner hat geleistet
☒ keine Zahlungen. ☐ nur die oben angegebenen Zahlungen.
⑥
⑦ ☒ Die Zustellung des Bescheids soll vom Gericht veranlaßt werden.
⑧ ☐ Ich beantrage, mir den Bescheid in Ausfertigung zur Zustellung im Parteibetrieb zu übergeben.

Dr. Hugo Klutz
Unterschrift des Antragstellers/Vertreters/Prozßbevollmächtigten

Blatt 3: Zustellungsnachricht, Antrag und Urschrift

II. Der Titel

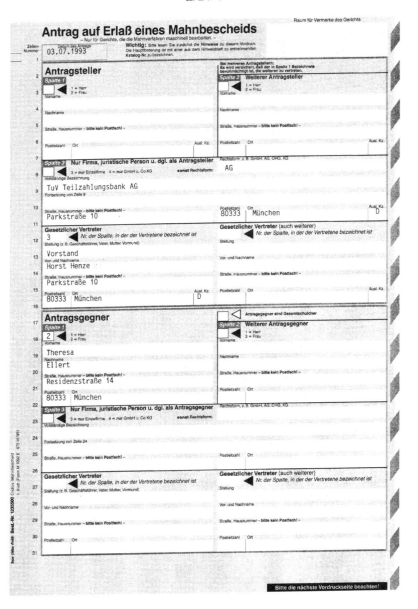

II. Der Titel

Bezeichnung des Anspruchs

I. Hauptforderung – siehe Katalog in den Hinweisen –

Zeilen-Nummer	Katalog-Nr.	Rechnung/Aufstellung/Vertrag oder ähnliche Bezeichnung	Nr. der Rechng./des Kontos u. dgl.	Datum bzw. Zeitraum vom	bis	Betrag DM
32	4	Vertrag		01.04.1992		10.000,00
33						
34						

	Postleitzahl	Ort als Zusatz bei Katalog-Nr. 19, 20, 90	Ausl. Kz.	Vertragsart als Zusatz bei Katalog-Nr. 28	
35					-Vertrag

Sonstiger Anspruch – nur ausfüllen, wenn im Katalog nicht vorhanden – mit Vertrags-/Lieferdatum/Zeitraum vom ... bis ...

Zeile	Fortsetzung von Zeile 36		Betrag DM
36			
37			

Nur bei Abtretung oder Forderungsübergang:
Früherer Gläubiger – Vor- und Nachname, Firma (Kurzbezeichnung)

38		Datum	Seit diesem Datum ist die Forderung an den Antragsteller abgetreten/auf ihn übergegangen.
39		Postleitzahl Ort	Ausl. Kz.

IIa. Laufende Zinsen

Zeilen-Nr. der Hauptforderung	Zinssatz %	oder % über Diskontsatz	1 = jährl. 2 = mtl. 3 = tägl.	Nur angeben, wenn abweichend vom Hauptforderungsbetrag aus DM	Ab Zustellung des Mahnbescheids, wenn kein Datum angegeben. ab oder vom	bis
40	32	12%				01.01.1993	
41							
42							

IIb. Ausgerechnete Zinsen
Gemäß dem Antragsgegner mitgeteilter Berechnung für die Zeit
vom bis Betrag DM

III. Auslagen des Antragstellers für dieses Verfahren
Vordruck/Porto Betrag DM Sonstige Auslagen Betrag DM Bezeichnung

43						

IV. Andere Nebenforderungen

	Mahnkosten Betrag DM	Auskünfte Betrag DM	Bankrücklastkosten Betrag DM	Inkassokosten Betrag DM	Sonstige Nebenforderung Betrag DM	Bezeichnung
44	20,00					

Ein streitiges Verfahren wäre durchzuführen vor dem

		1 = Amtsgericht 2 = Landgericht 3 = Landgericht – KfH 6 = Amtsgericht – Familiengericht	Postleitzahl	Ort		Im Falle eines Widerspruchs beantrage ich die Durchführung des streitigen Verfahrens.
45	2		80315	München		X

Prozeßbevollmächtigter des Antragstellers

		1 = Rechtsanwalt 2 = Rechtsanwälte 3 = Rechtsbeistand 4 = Herr, Frau 5 = Rechtsanwältin 6 = Rechtsanwältinnen	Betrag DM	**Ordnungsgemäße Bevollmächtigung versichere ich.** Bei Rechtsanwalt oder Rechtsbeistand Anstelle der Auslagenpauschale § 26 BRAGO werden die nebenstehenden Auslagen verlangt, deren Richtigkeit versichert wird.		Der Antragsteller ist nicht zum Vorsteuerabzug berechtigt.
46	1					

Vor- und Nachname
47 Dr. Hugo Klutz

Straße, Hausnummer – bitte kein Postfach! –
48 Theodorstraße 10 Postleitzahl 80315 Ort München Ausl. Kz.

	Bankleitzahl	Konto-Nr.	bei der/dem
49	70010080	382778-809	Postgiroamt München

Von Kreditgebern (auch Zessionar) zusätzlich zu machende Angaben bei Anspruch aus Vertrag, für den das Verbraucherkreditgesetz gilt:

Zeilen-Nr. der Hauptforderung	Vertragsdatum	Effektiver Jahreszins	Zeilen-Nr. der Hauptforderung	Vertragsdatum	Effektiver Jahreszins	Zeilen-Nr. der Hauptforderung	Vertragsdatum	Effektiver Jahreszins
50								

Geschäftszeichen des Antragstellers/Prozeßbevollmächtigten
51 . ZV 93/00303/Gr

An das Amtsgericht
– Mahnabteilung –
52 Postfach 65 05 80

Ich beantrage, einen Mahnbescheid zu erlassen und in diesen die Kosten des Verfahrens aufzunehmen. Ich erkläre, daß der Anspruch von einer Gegenleistung XX ◁ abhängt, diese aber bereits erbracht ist. ☐ ◁ nicht abhängt.

Unterschrift des Antragstellers/Vertreters/Prozeßbevollmächtigten

53 Berlin-Schöneberg
Postleitzahl, Ort

Dr. Hugo Klutz

II. Der Titel

1.2.3 Kostenfestsetzungsbeschlüsse (§§ 103 Abs. 1, 104 Abs. 1, 794 I Nr. 2 i. V. m. 795 a, 798)

Nach Erlaß des Urteils setzt das Prozeßgericht die entstandenen Kosten gegen die Partei fest, die unterlegen ist. Aus diesem Beschluß (KFB) kann ohne Vorlage des Urteils selbständig vollstreckt werden. Es hängt von der örtlichen Gerichtspraxis und davon ab, wie schnell der Gläubiger seinen Kostenfestsetzungsantrag stellt, ob der Kostenfestsetzungsbeschluß schon auf die Urteilsausfertigung gesetzt wird, oder nicht. 28

Wird er, wie wohl überwiegend, getrennt ausgefertigt, dann darf frühestens zwei Wochen nach Zustellung vollstreckt werden (§ 798). Wenn im Urteil Sicherheitsleistung angeordnet wurde, ist das im KFB zu vermerken: Sie muß dann zuerst nachgewiesen werden (Rdnr. 66).

1.2.4 Notarielle Urkunde (§§ 794 I Nr. 5, 795)

Wenn der Schuldner seine Schuld vor einem Notar anerkennt und sich dort der Zwangsvollstreckung unterwirft, hat diese Urkunde dieselbe Wirkung wie ein rechtskräftiges Urteil. Aus der notariellen Urkunde darf, ähnlich wie beim Kostenfestsetzungsbeschluß, auch erst zwei Wochen nach Zustellung vollstreckt werden (§ 798). Der Gläubiger kann den Schuldner nicht zwingen, zum Notar zu gehen. Notarielle Urkunden entstehen daher in der Regel nur im Zusammenhang mit Verträgen, vor allem mit Grundstückskaufverträgen, Erbauseinandersetzungen, Unternehmenskaufverträgen, etc. Die meisten Schuldner scheuen das Anerkenntnis durch notarielle Urkunde, weil sie dann nicht die Rechtsmittel des Zivilprozesses haben, mit denen man das Verfahren verzögern oder erschweren kann. Manchmal (leider zu selten) sieht der Schuldner aber ein, daß er keine wirklichen Einwendungen gegen die Forderung hat. Dann ist die notarielle Urkunde ein billiger und diskreter Weg, die Schuld anzuerkennen. 29

Für den Gläubiger ist es wichtig, diese Urkunde *sofort* zustellen zu lassen, da er erst zwei Wochen nach Zustellung vollstrecken kann (§ 798).

Damit die Urkunde einen vollstreckungsfähigen Inhalt hat, muß sie den Anspruch genau so eindeutig beschreiben wie das Urteil (s. dazu unten 2.2). Daneben muß sie die Unterwerfungsklausel enthalten. Diese lautet:

„Herr Werner Müller übernimmt die persönliche Haftung für die Zahlung aller in dieser Urkunde genannten Ansprüche und unterwirft sich persönlich der sofortigen Zwangsvollstreckung aus dieser Urkunde in sein gesamtes Vermögen."

Wird die Unterwerfungsklausel – wie oft – im Zusammenhang mit Hypotheken- oder Grundschuldbestellungen entworfen, muß sie außerdem dahingehend lauten, *„daß die Zwangsvollstreckung aus dieser Urkunde gegen den jeweiligen Eigentümer zulässig ist"* (siehe näher dazu § 800). Die meisten Formulartexte für Grundschuldbestellungen enthalten auch ein Schuldanerkenntnis, mit dem der Gläubiger (i. d. R. eine Bank) über das belastete Grundstück hinaus auch auf das sonstige Vermögen des Schuldners zugreifen kann.

II. Der Titel

1.2.5 Eintrag in die Konkurstabelle, Teilnahme am Zwangsvergleich (§§ 144, 164 KO)

30 Wenn im Konkursverfahren eine Forderung nicht bestritten und in die Konkurstabelle eingetragen wird, entsteht daraus ein Vollstreckungstitel für den Gläubiger, der ihn berechtigt, seinen Anteil an der Quote zu erhalten. Nach Abschluß des Konkurses kann gegen natürliche Personen weiter vollstreckt werden, beim Zwangsvergleich hingegen sind die von ihm erfaßten Forderungen mit Zahlung der Quote endgültig erledigt (§ 193 KO).

1.2.6 Ausländische Titel

31 Einen ausländischen Titel kann man in der Bundesrepublik Deutschland nur vollstrecken, wenn das Urteil zuvor durch ein deutsches Gericht anerkannt worden ist (§ 328 i.V. mit §§ 722, 723).

In diesem Verfahren wird die Einhaltung internationaler Völkerrechtsregeln geprüft, die von einzelnen Staaten unterschiedlich gehandhabt werden. § 328 legt in Abs.1 Ziffern 1–5 fest, wann eine Anerkennung ausgeschlossen ist.

In zwischenstaatlichen Verträgen sind die Anerkennungsvoraussetzungen vielfach weiter ausdetailliert. Zwischen den EG-Ländern besteht ein vereinfachtes EG-Abkommen, bilaterale Abkommen bestehen mit Österreich, der Schweiz und einer Reihe von anderen Ländern (Übersicht bei Zöller in den Anmerkungen zu § 328 sowie im Anhang I und II).

1.2.7 Öffentlich-rechtliche Titel

32 Finanzämter und Verwaltungsbehörden haben den Vorzug, ihre **Forderungen selbst titulieren** zu können. Der Betroffene hat zwar Rechtsmittel, muß aber einstweilen zahlen. Für den Gläubiger ist das wichtig zu wissen, weil die öffentlichen Vollstrecker damit einen ganz erheblichen **Zeitvorsprung** gewinnen.

1.2.8 Sonstige Titel

33 In verschiedenen Einzelgesetzen ist die Entstehung von Titeln geregelt, so etwa die Herausgabeansprüche nach erfolgter Hausratsteilung (§ 16 Hausratsverordnung), die Kostenrechnung der Notare (§ 155 KostO), die Entscheidungen des Seemannsamtes (§ 131 Seemannsordnung) oder der Zuschlagsbeschluß im Zwangsversteigerungsverfahren (vgl. Rdnr. 314). Eine Übersicht gibt Zöller in Rdz. 35 zu § 794.

2. Probleme bei der Erwirkung des Titels, die für die Vollstreckung von Bedeutung sind

34 **Unklarheiten** bei der **Beantragung** des **Titels** gehen grundsätzlich zu Lasten des Gläubigers (KG Berlin, Rpfl. 82, 191). Im schlimmsten Fall kann der Titel dann nicht vollstreckt werden, der Gläubiger hat die Ge-

II. Der Titel

richtskosten umsonst investiert und möglicherweise ist der Anspruch bis zu einem neuen Antrag schon verjährt. Der Anfänger, der oft selbständig den MB/VB beantragt, muß dieses **Haftungsrisiko** immer im Auge behalten!

2.1 Richtige Parteibezeichnung

Wenn Gläubiger oder Schuldner im Titel nicht richtig bezeichnet sind, darf aus ihm nicht vollstreckt werden. Es sind also zu ermitteln:
- Vorname und Nachname des Gläubigers und Schuldners in richtiger Schreibweise. Heißt der Schuldner **Mayer,** lautet der Titel aber auf **Maier,** kann er wertlos sein, wenn der Schuldner nicht klar identifizierbar ist. Gleiches gilt für Rainer statt Reinhard, Hans statt Johann, bei Namensgleichheit von Vater und Sohn (Zusatz: sen./jun. erforderlich). In diesem Fall gibt es normalerweise keinen Anspruch auf Titelberichtigung!
- Gleiches gilt für die Firmenbezeichnungen. Ist die **Firma** im **Handelsregister** eingetragen, müssen **Schreibweise** und Bezeichnung dort nachgeprüft werden.
- Wird eine offene Handelsgesellschaft (**oHG**) oder eine Kommanditgesellschaft (**KG**) verklagt, so sollten **immer gleichzeitig** der oder die **persönlich haftenden Gesellschafter mitverklagt** werden, damit auch in deren Vermögen vollstreckt werden kann. Wenn man das vergißt, kann es leicht geschehen, daß die Vollstreckung in das Firmenvermögen ergebnislos bleibt und zwischenzeitlich andere Gläubiger schon in das Privatvermögen vollstreckt haben oder die Forderung schon verjährt ist. Titelumschreibung ist nicht möglich (§§ 124 II, 129 IV, 161 HGB).
- Bei der Einzelfirma kann zwar aufgrund des Titels gegen die Firma auch gegen den Kaufmann persönlich vollstreckt werden. In der Praxis stößt das aber auf Schwierigkeiten, wenn nicht Vor- und Nachname des Inhabers genau angegeben sind. Die richtige Formulierung lautet:

„*Werner Müller, Inhaber des Feinkosthauses August Huber, Rosenheimer Str. 12, 8000 München 80".*

- Bei BGB-Gesellschaften (Arbeitsgemeinschaften im Bauwesen, Ärztegemeinschaften, Wohnungseigentümergemeinschaften, Kapitalanlagegemeinschaften, Anwaltssozietäten) müssen sämtliche Beteiligte mit Vor- und Nachnamen und Privatadressen genannt werden. Das gilt auch auf der Gläubigerseite! **Nicht vollstreckungsfähig** daher:

„*Rechtsanwälte Maier und Kollegen"*

Richtig hingegen:

„*Rechtsanwälte Adolf Maier, Werner Finke, Thomas Holz, sämtlich: Kapuzinerstraße 13, 8000 München 2"!*

- Bei der **GmbH** muß der **Geschäftsführer** mit **Vor-** und **Nachnamen** genannt sein.
- Werden Minderjährige oder Entmündigte verklagt, so muß der gesetzliche Vertreter (Eltern, Vormund) mit Vor- und Nachnamen und der Privatadresse ermittelt werden.

II. Der Titel

- Ist durch Eheschließung ein Namenswechsel eingetreten, gibt das **Standesamt** Auskunft (§§ 792 ZPO, 61 PStG).

2.2 Genaue Sachbezeichnung

Auch der **Inhalt** des Titels, der das bezeichnet, was vollstreckt werden soll, muß **genau formuliert** werden.
Folgende Titel kommen am häufigsten vor:
- **Zahlung von Geld:**

„Der Beklagte wird verurteilt, an den Kläger DM 10785,00 nebst 10% Zinsen hieraus seit 1.2.85 zu bezahlen."

Beim Mahnbescheid lautet es sinngemäß, und zum Anspruchsgrund detaillierter: „Anspruch auf Zahlung von Werklohn für die am 10.1.95 auftragsgemäß reparierte und abgenommene Garagentür lt. Rechnung v. ...." Die (übliche) bloße **Bezugnahme** auf ein **Rechnungsdatum** reicht in vielen Fällen **nicht aus**.

- **Herausgabe von Sachen:**

„Herr Ferdinand Weißhaupt verpflichtet sich, am 1.10.95 den PKW, amtliches Kennzeichen M-CT 2795, BMW 328 TI, Baujahr 1982, silbermetallic, Fahrzeugidentifizierungsnummer WBMWZZZ17ZDWO99367 herauszugeben."

- **Abgabe von Willenserklärungen:**

„Der Beklagte wird verurteilt, in die Löschung der für ihn an dem Grundstück, eingetragen im Grundbuch von München, Grundbuchbezirk Maxvorstadt, Bd. III, Bl. 728, Flurstück Nr. 1200 vorgetragenen Auflassungsvormerkung einzuwilligen."

- **Vornahme von Handlungen:**

„Der Beklagte wird verurteilt, die Reklametafel an dem Anwesen Wasserburger Landstraße 36, 80539 München, zu entfernen."

- **Urteil auf Unterlassung:**

„Der Beklagte wird bei Meidung von Erzwingungshaft bis zu 6 Monaten oder Geldbuße bis zu DM 500 000 verurteilt, es zu unterlassen, das Warenzeichen (Wortzeichen) Milotty im kaufmännischen Verkehr zu benutzen."

Wenn Anwälte und Gerichte nicht genügend Erfahrung im Vollstreckungsrecht haben, wird ein **Klageanspruch ungenau** gefaßt und vom Gericht ungenau übernommen. Das passiert vor allem bei Vergleichsformulierungen. Dann stellt sich erst in der Vollstreckung heraus, daß der **Titel wertlos** ist, weil der Gerichtsvollzieher ihn mangels Bestimmbarkeit gar nicht vollstrecken kann.

2.3 Berufungsurteile

Es ist örtlich sehr unterschiedlich, wie die Berufungsgerichte ihre Titel abfassen. Zum Teil hängt das auch davon ab, wie die jeweiligen Anwälte im Berufungsverfahren ihre Anträge stellen. In der Vollstreckung führt das zu Problemen, wenn das Urteil der I. Instanz nur teilweise aufgehoben

II. Der Titel

wird. Dann kann es nämlich passieren, daß der **Inhalt** des Titels sich nur aus **beiden Urteilen** zusammen ergibt.

Das Urteil I. Instanz des Landgerichts Düsseldorf lautet:
„Die Beklagte wird verurteilt, an den Kläger DM 15.357,– nebst 9% Zinsen hieraus seit 1.4.1986 und DM 30,– vorgerichtliche Mahnauslagen zu bezahlen."
Das Berufungsurteil des Oberlandesgerichts Düsseldorf könnte lauten:
„Das Endurteil des Landgerichts Düsseldorf vom 1.7.1986 wird insoweit aufgehoben, als die Beklagte verurteilt worden ist, DM 30,– Mahnauslagen und mehr als 5% Zinsen seit 1.4.1986 zu bezahlen."

In diesem Fall benötigt der Gerichtsvollzieher beide Urteile, weil die Höhe der Hauptsacheforderung im Berufungsurteil nicht genannt ist. 37
Vorzuziehen wäre folgende Fassung, die nur die Vorlage des Berufungsurteils erfordert:

„Das Endurteil des Landgerichts Düsseldorf vom 1.7.1986 (Aktenzeichen 3 O 158/86) wird abgeändert und neu gefaßt wie folgt:
Die Beklagte wird verurteilt, an den Kläger DM 15.000,– nebst 5% Zinsen hieraus seit 1.4.1986 zu bezahlen."
Der Anwalt des Klägers sollte also schon im Verfahren darauf achten, einen für die Zwecke der Vollstreckung möglichst klar definierten Titel des Berufungsgerichts zu erhalten.

2.4 Adressenermittlung

Probleme bei der Ermittlung der Schuldneradresse wirken sich immer 38
im Bereich der Zustellung aus. Sie sind daher dort (Rdnr. 13 ff.) besonders eingehend behandelt. Wenn Zweifel daran auftauchen, ob die Schuldneradresse zustellfähig ist, muß man sich mit diesen Problemen schon bei Beantragung des Titels beschäftigen, da sonst wertvolle Ermittlungszeit verlorengeht.

3. Mehrere Ausfertigungen des Titels (§ 733 I)

Der Titel wird üblicherweise in **einer** Ausfertigung erteilt, aus der die 39
Vollstreckung betrieben wird. In Ausnahmefällen ist es jedoch zulässig und empfehlenswert, **mehrere** Ausfertigungen zu beantragen oder verbundene Titel (Gesamtschuld) zu trennen:

3.1 Gleichzeitige Vollstreckung in verschiedene Vermögenswerte

Da die Vollstreckung immer nur mit dem Originaltitel betrieben werden 40
darf, kann normalerweise ein Vollstreckungsantrag erst gestellt werden, wenn ein anderer erledigt und dem Gläubiger der Titel wieder zurückgesandt wurde. Die Zeit, die dabei verstreicht, kann zu Rangverlusten führen, weil andere Gläubiger ebenfalls vollstrecken. Wenn der Gläubiger glaubhaft machen kann, daß er **mehrere Vollstreckungsmöglichkeiten** hat, kann er sich eine weitere vollstreckbare Ausfertigung bestellen, damit gleichzeitig z.B. eine Sachpfändung und eine Vollstreckung in Grundstücke stattfindet. Darin steckt für den Schuldner die Gefahr, daß wegen der gleichen Forderung zweimal vollstreckt wird. Er wird daher vor Ertei-

lung einer weiteren vollstreckbaren Ausfertigung rechtliches Gehör erhalten. Ist die Vollstreckung beendet, muß der Gläubiger den weiteren vollstreckbaren Titel zurückgeben, damit er **entwertet** werden kann.

3.2 Mehrere Schuldner

41 Das gleiche Problem taucht auf, wenn der Gläubiger gegen **mehrere Schuldner gleichzeitig** vollstrecken will, die an verschiedenen Orten wohnen: Hier kann er je eine Ausfertigung für jeden Schuldner beantragen (OLG Karlsruhe, Rpfl. 77, 453).

4. Der unleserliche Titel

42 Es kann vorkommen, daß der Titel beim Postversand (z.B. durch Nässe) unleserlich wird. Dann hat der Gläubiger einen Anspruch, gegen Rückgabe des unleserlichen Titels eine **neue** leserliche **Ausfertigung** zu erhalten.

5. Der Titel geht verloren

Gelegentlich kommt es vor, daß der Titel beim Postversand zum Vollstreckungsgericht oder zum GVZ oder bei der Rücksendung verloren geht. Hier muß der Gläubiger den Verlust an Eides statt versichern. Der Antrag lautet:

43 „Hiermit wird an Eides statt versichert, daß der Titel am 21.5. 85 an das Amtsgericht Aichach versandt wurde. Ausweislich der beigefügten Mitteilung des Amtsgerichts ist der Titel dort nicht angekommen. Er ist also auf dem Postwege verloren gegangen. Ich beantrage die Erteilung einer Zweitausfertigung."

Der Gläubiger erhält in diesem Fall einen **Ersatztitel**. Taucht der verloren gegangene Titel wieder auf, muß er ihn zum Zweck der Entwertung zurückgeben.

6. Der irrtümlich ausgehändigte Titel

44 Wenn der Schuldner die Schuldsumme an den GVZ in bar bezahlt, quittiert dieser den Titel und händigt ihn aus (§ 757 I ZPO). Dabei kann es vorkommen, daß weitere Kosten durch andere Vollstreckungsmaßnahmen (z.B. aufgrund eines weiteren Titels oder aufgrund paralleler Vollstreckungen) entstanden sind, die der GVZ nicht berücksichtigt hat. Wegen solcher Restbeträge kann ebenfalls ein weiterer Titel beantragt werden, wobei der Gläubiger allerdings glaubhaft machen muß, daß der Vorgang **nicht** auf seiner eigenen **Fahrlässigkeit** beruht (AG Frankfurt, Rpfl 78, 104).

III. Die Klausel

1. Zweck der Erteilung der Klausel (§ 724)

Vor Einleitung von konkreten Vollstreckungsmaßnahmen muß der Gläubiger den Titel vom Gericht des ersten Rechtszuges in einem besonderen Verfahren darauf überprüfen lassen, ob er zur Vollstreckung geeignet ist. Wenn das – wie meistens – der Fall ist, wird die Vollstreckungsklausel auf eine Ausfertigung des Urteils erteilt (§§ 724, 725). 45

In folgenden Fällen ist die Klausel **nicht erforderlich**, es sei denn, in diesen Fällen läge ein Fall der Rechtsnachfolge vor (unten Rdnr. 48):
– Vollstreckungsbescheid (§ 796 Abs. 1)
– Arrest (§§ 929 Abs. 1, 936)
– Kostenfestsetzungsbeschluß (§§ 105, 795 a)

1.1 Prüfungsumfang im Verfahren der Klauselerteilung

Der Zweck der Prüfung ist die **formelle** Eignung des Titels für die Vollstreckung. Es werden daher geprüft:
– ob die im Urteil genannten Richter das Urteil unterschrieben haben oder die Ersatzunterschriften formell richtig erfolgt sind;
– ob der Titel vorläufig vollstreckbar oder rechtskräftig ist;
– ob der Antragsteller mit demjenigen identisch ist, dem der Titel ein Recht zuspricht: Anderenfalls müssen die besonderen Voraussetzungen der Rechtsnachfolge nachgewiesen werden;
– ob der Titel überhaupt einen vollstreckungsfähigen Inhalt hat. Wenn er etwa feststellt: *„Das Testament des am 10.12. 1982 verstorbenen Kaufmanns Karl Bietlingmeier ist unwirksam",* so kann diese Feststellung niemals Grundlage für eine Zwangsvollstreckung werden.

Da die Prüfung lediglich formeller Natur ist, werden **nicht geprüft:**
– Einwendungen gegen das Urteil selbst (z.B. Zahlung nach Erlaß des Titels);
– sonstige Unzulässigkeit der Zwangsvollstreckung (etwa wegen Eröffnung des Konkursverfahrens).

1.2 Qualifizierte Vollstreckungsklauseln

In einigen Fällen werden noch weitere Umstände geprüft. Dies sind: 46
– Urteile, die erst vollstreckt werden dürfen, wenn bestimmte Tatsachen eingetreten sind (z.B. die Abhängigkeit von einer Bedingung) (§ 726 Abs. 1);
– die Rechtsnachfolge (z.B. durch Erbschaft) (§ 727 Abs. 1);
– die Nacherbschaft (§ 728 Abs. 1);
– die Vermögens- oder Firmenübernahme (§ 729 Abs. 1).

III. Die Klausel

In diesen Fällen muß das Recht am Titel nachgewiesen werden. Das geschieht in der Regel durch öffentliche oder öffentlich-beglaubigte Urkunden, notfalls durch Klage auf die Vollstreckungsklausel (§ 731).

1.2.1 Erwerb eines Titels durch Abtretung (§ 727)

Pelzhändler Peter Stange hat seinem Geschäftsfreund Dr. Boden ein Darlehen über DM 50000,00 gegeben und darüber einen vollstreckbaren Titel in Händen. Als er in Geldschwierigkeiten kommt, tritt er diesen Titel an den Pelzhändler Max König ab (§ 398 BGB) und zwar in notarieller Urkunde.

47   Herr König muß dem Gericht lediglich diese Urkunde zusammen mit dem Titel vorlegen, das Gericht wird dann die Vollstreckungsklausel von Peter Stange auf Max König umschreiben (§ 727). Wenn Max König dem Gerichtsvollzieher den Vollstreckungsauftrag gäbe, ohne daß er zuvor auf ihn umgeschrieben wäre, würde dieser ihn zu Recht fragen, wie er in den Besitz des Titels komme, der nicht auf ihn lautet. Im Klauselerteilungsverfahren wird also die Richtigkeit der Rechtsnachfolge überprüft und kann in diesem Verfahren auch nur durch öffentliche oder öffentlich beglaubigte Urkunden bewiesen werden.

Ausnahme: Sie ist bei Gericht offenkundig oder wird vom Schuldner zugestanden (§§ 415ff., 288 I ZPO). Das kommt sehr selten vor.

1.2.2 Rechtsnachfolge durch Erbschaft (§§ 727, 792)

48   Herr König beauftragt seinen Anwalt, Rechtsanwalt Leutloff, nun aus dem Urteil zu vollstrecken. Der beauftragte Gerichtsvollzieher Gronau teilt binnen kurzem mit, der Schuldner sei verstorben, eine Pfändung daher vorerst unzulässig.

Rechtsanwalt Leutloff besorgt sich beim Nachlaßgericht eine Ausfertigung des Erbscheins, aus welchem sich ergibt, daß alleiniger Erbe der Sohn Max Boden ist (§§ 792 ZPO, 85 FGG). Mit dem Erbschein, der eine öffentliche Urkunde ist, beantragt nun Rechtsanwalt Leutloff die Umschreibung des Titels gegen den Alleinerben, gegen den die Vollstreckung nun zulässig ist.

2. Antrag – Anlagen – Fehlerquellen

2.1 Einfache Vollstreckungsklausel

49   Der Antrag zur Erteilung der einfachen Vollstreckungsklausel lautet:

„... *bitten wir um Erteilung einer vollstreckbaren Ausfertigung des Endurteils vom (Datum)*".

Er wird beim Prozeßgericht erster Instanz gestellt. Bei notariellen Urkunden erteilt sie der Notar (§ 797 Abs. 2). Werden Zweitausfertigungen von notariellen Urkunden benötigt, muß der Rechtspfleger entscheiden (§§ 797 III, 20 Ziff. 13 RPflG).

III. Die Klausel

2.2 Qualifizierte Vollstreckungsklausel

Wird eine qualifizierte Vollstreckungsklausel benötigt, so lautet der Antrag etwa im Fall der Erbschaft (§ 727):

„... bitten wir um Erteilung einer vollstreckbaren Ausfertigung des Endurteils vom (Datum) gegen Max Boden, Traunsteiner Straße 37, 80855 München. Wie wir mit dem beigefügten Erbschein nachweisen, ist der nunmehrige Schuldner alleiniger Erbe des im Titel genannten Dr. Alex Boden."

3. Sachbehandlung

Im Verfahren der Klauselerteilung wird niemals geprüft, ob der jeweilige Rechtsnachfolger den Anspruch wirksam erworben hat oder für die Schuld unbeschränkt haftet.

Der Rechtspfleger wird also **nicht prüfen,** ob die vorgelegte Abtretungsurkunde gefälscht ist und auch nicht, ob der Erbe sich auf die beschränkte Erbenhaftung (§§ 1975 ff. BGB) berufen kann. Er prüft nur, ob die formellen Anforderungen (öffentlich/beglaubigte Urkunde) erfüllt sind, alle anderen Einwendungen muß der Schuldner außerhalb des Klauselerteilungsverfahrens geltend machen (§§ 732 I, 768, 769). Der Text der Vollstreckungsklausel lautet (§ 725 ZPO):

„*Vorstehende Ausfertigung wird dem ... zum Zwecke der Zwangsvollstreckung erteilt. Die Rechtsnachfolge ist nachgewiesen durch Erbschein des AG München vom 12.5. 1985 – VI 675/85 –.*"

4. Verhalten des Schuldners, Rechtsbehelfe

Bei dem Antrag auf Erteilung einer einfachen Vollstreckungsklausel wird der Schuldner in der Regel nicht gehört, er erfährt von ihr erst durch die Zustellung. Wird eine qualifizierte Vollstreckungsklausel beantragt, so ist die Anhörung zwar nicht Pflicht, findet aber regelmäßig statt (§ 730).

Über die Einwendungen des Schuldners, die die Zulässigkeit der Vollstreckungsklausel betreffen, entscheidet nach § 732 das Gericht, von dessen Geschäftsstelle die Vollstreckungsklausel erteilt wurde.

5. Kosten

Für die Erteilung der Klausel entstehen weder Gerichtskosten noch Anwaltskosten, es sei denn, der Anwalt ist nur damit beauftragt, die Klausel zu beantragen.

IV. Die Zustellung (§§ 750, 166 f.)

1. Zweck der Zustellung

54 Grundsätzlich muß jeder Titel vor Beginn der Zwangsvollstreckung zugestellt werden (§ 750 I). Das hat den Zweck, den Schuldner auf die drohende Vollstreckung aufmerksam zu machen und gibt ihm Gelegenheit, zu überprüfen, ob der Titel formell richtig ist, und gegebenenfalls Rechtsmittel zu ergreifen. Zu diesem Zweck wird eine Abschrift des Titels beglaubigt und dem Schuldner – in den meisten Fällen durch die Post (§§ 170, 193) – zugeschickt. Ist der Schuldner durch einen Anwalt vertreten, **muß** dem Anwalt zugestellt werden (§ 176). Das geschieht
- beim VB und im Prozeßverfahren von Amts wegen (§§ 208, 213 a, 270 I, 317 I, 329, 699 IV 1) durch die Geschäftsstelle;
- vor allem bei den notariellen Urkunden auf Antrag des Gläubigers durch den GVZ. Dieser stellt in den allermeisten Fällen durch die Post (§ 193) zu, er kann die Zustellung aber selbst auch an Ort und Stelle vornehmen, z.B. bei gleichzeitiger Sachpfändung (s.u. Rdnr. 135) und bei schwierigen und eiligen Fällen (§ 166);
- sind beide Parteien von Anwälten vertreten, können diese sich gegenseitig von Anwalt zu Anwalt dadurch zustellen, daß eine beglaubigte Abschrift einfach brieflich versandt und der Empfang bestätigt wird (näher dazu Rdnr. 55 und § 198).

2. Antrag – Anlagen – Fehlerquellen

55 Der Zustellungsantrag ist formlos. Er könnte auch mündlich erteilt werden. Man kann jeden GVZ damit beauftragen. Deshalb sollte man aus Beschleunigungsgründen einen GVZ am eigenen Wohnsitz, mit dem man häufiger zusammenarbeitet, damit beauftragen, dem man in Eilfällen den Antrag direkt unter Umgehung der Verteilerstelle ins Büro bringt. Er lautet:

„In Sachen Senkel/Hans Maier sen. überreiche ich die vollstreckbare Ausfertigung der notariellen Urkunde vom 13.10.1984 nebst beglaubigter Abschrift mit dem
ANTRAG
den Titel dem Schuldner zuzustellen".

Beigefügt wird der Originaltitel samt einer Abschrift, die vom GVZ beglaubigt wird (§§ 169 I, 170 II ZPO).
Die häufigsten Fehlerquellen sind:
- es wird nicht überprüft, ob der Schuldnername und die Adresse vollständig und richtig geschrieben sind. Bei Zweifeln über die Schuldneridentität darf der Gerichtsvollzieher nicht zustellen;

IV. Die Zustellung

- im Anwaltsprozeß wird dem Schuldner direkt zugestellt;
- nach Rückkunft des Zustellnachweises wird nicht überprüft, ob die Zustellung formell richtig erfolgt ist (z. B. bei Ersatzzustellung).

3. Sachbehandlung

Der GVZ verschickt die beglaubigte Kopie des Titels mit der Post und erhält von dort die graublaue Zustellurkunde zurück. Diese klebt er mit dem Originaltitel (Vollstreckbare Ausfertigung) zusammen und sendet ihn per Nachnahme (Zustellkosten!) dem Gläubiger. Bei Zustellung von Anwalt zu Anwalt wird die (gelbe) Zustellbescheinigung vom Anwalt des Gläubigers ausgefüllt und mit der beglaubigten Abschrift des Titels an den Gegenanwalt verschickt. Dieser ist aus Standesgründen verpflichtet, die Zustellbescheinigung unverzüglich zurückzuschicken. Sie wird dann mit dem Titel verbunden.

Der GVZ kann auch durch persönliche Übergabe an den Schuldner zustellen (§ 180). Das kommt vor allem dann vor, wenn der Schuldner zu Hause nicht angetroffen wird, man aber weiß, wo er sich ständig aufhält.

Ist der Schuldner eine Firma, so wird im Geschäftslokal der Firma zugestellt. Dem Inhaber der Einzelfirma oder dem persönlich haftenden Gesellschafter der oHG/KG kann aber überall persönlich zugestellt werden, wo er angetroffen wird. Gleiches gilt für den Geschäftsführer der GmbH.

Die Till GmbH, Geschäftsführer Hans Till betrieb eine Modeboutique. Als der Postbeamte den Titel zustellen will, findet er das Geschäftslokal leer. Er vermerkt: „Geschäftslokal geschlossen".

In dieser Situation ist weder Ersatzzustellung noch Zustellung durch Niederlegung möglich. Der Gläubiger ermittelt die Privatadresse von Uwe Till und beauftragt den Gerichtsvollzieher erneut, dem Geschäftsführer persönlich (§§ 184, 181, 182) zuzustellen. Hat der Geschäftsführer sein Amt niedergelegt, dann wird es für den Gläubiger ganz bitter: Er muß beim Registergericht gegen hohe Vorschußzahlung die Bestellung des Notgeschäftsführers beantragen, dem er dann zustellen kann. Bei vermögenslosen Gesellschaften unterbleibt das meistens.

4. Verhalten des Schuldners – Rechtsbehelfe

Der Schuldner wird versuchen, die Zustellung zu verhindern. So lange er einen Wohnsitz hat, kann ihm das nicht gelingen. Der Postbeamte darf den Hausgenossen den Brief übergeben, er kann ihn auch beim zuständigen Postamt niederlegen (Ersatzzustellung).

Trifft der Postbeamte oder der Gerichtsvollzieher eine Person an, nützt auch die Annahmeverweigerung nichts (§ 186).

IV. Die Zustellung

Der Gläubiger hat die Privatwohnung von Uwe Till nicht ausfindig machen können, hört aber, dieser sei jeden Abend in der Nachtbar Monique (geöffnet von 22.00 bis 5.00 Uhr) anzutreffen.

Hier holt sich der Gläubiger den Nachtzeitbeschluß (§ 188) und beauftragt den Gerichtsvollzieher persönlich zuzustellen. Das hat sicher nur Erfolg, wenn der Gerichtsvollzieher von einer Person begleitet wird, die Herrn Till kennt.

Läßt sich der Aufenthalt des Schuldners gar nicht ermitteln (wozu die Auskunft des Einwohnermeldeamtes „unbekannt verzogen" in der Regel ausreicht), ist **öffentliche Zustellung** möglich (§ 203 f.). Das gilt allerdings **nicht** für die Zustellung des **Mahnbescheides** (§ 688 II). Im Mahnverfahren ist öffentliche Zustellung unzulässig, der Gläubiger kann dann nur die Abgabe des Mahnverfahrens an das Streitgericht beantragen. Dort kann dann die öffentliche Zustellung der Anspruchsbegründung und der gerichtlichen Terminsverfügung beantragt werden. Für die öffentliche Zustellung muß glaubhaft gemacht werden, daß alle Ermittlungsmöglichkeiten ausgeschöpft sind. Wenn ein Gläubiger die Unwahrheit sagt, riskiert er den Vorwurf, er habe sich den Titel erschlichen (§ 826 BGB) – dann ist der Titel wertlos, auch wenn die Schuld wirklich besteht.

Der Schauspieler Hans Meier ist unter seinem Künstlernamen Jack Moron bekannt, sodaß dieser Name auf seinem Briefkasten und der Haustür steht. Der Postbeamte weiß das. Ein Gläubiger hat Herrn Meier unter seinem bürgerlichen Namen verklagt. Besser wäre es gewesen, er hätte den Schuldner als „Hans Meier, genannt Jack Moron" verklagt. Wird der Postbeamte Herrn Meier zustellen?

Wenn er weiß, daß es sein Künstlername ist, muß er das sogar. Gleiches gilt, wenn Herr Meier Frau Moron geheiratet und ihren Namen übernommen hat.

Besteht Unsicherheit über die Identität der Person, dann allerdings muß der Gläubiger für Klarheit sorgen: Er kann beantragen, daß die Vollstreckungsklausel auf den nunmehr geführten Namen „beigeschrieben" oder um den Künstlernamen ergänzt wird.

Dazu müssen das Einwohnermeldeamt und das Standesamt Auskünfte geben (§§ 792 ZPO, 34 FGG, 61 I PStG).

5. Rechte Dritter

58   Dritte sind von der Zustellung in erster Linie betroffen, wenn sie Hausgenossen des Schuldners sind. Diese „Ersatzpersonen" sind zur Entgegennahme verpflichtet. Weigern sie sich grundlos, wird das Schriftstück am Ort der Zustellung zurückgelassen (§ 186). Erfolgt die Weigerung zu Recht, dann ist die Zustellung unwirksam, ein eigenes Rechtsmittel Dritter gibt es nicht.

6. Taktik

59   Wird die Sachpfändung wie häufig als erste Vollstreckungsmaßnahme durchgeführt, ist zu überlegen, ob man den Zustellungsauftrag mit dem Pfändungsauftrag verbindet. Obgleich das möglich ist, empfehle ich, zu-

V. Sonstige Voraussetzungen der Zwangsvollstreckung

nächst ohne Sachpfändungsauftrag zuzustellen: Die Zustellung wird vom Postbeamten durchgeführt (§ 193), der dem Schuldner nichts pfänden will. Da viele Schuldner alles, was amtlich aussieht, in den Papierkorb werfen, geschieht das auch oft mit den Zustellungen. In den meisten Fällen, so vor allem bei Vollstreckungsbescheid und beim Versäumnisurteil, ist nach der Zustellung noch 14 Tage Gelegenheit, ein Rechtsmittel einzulegen. Erscheint der Gerichtsvollzieher mit der Zustellung und will gleichzeitig pfänden, dann wird der Schuldner eher Rechtsmittel einlegen als bei der einfachen Zustellung. Auch ein aussichtsloses Rechtsmittel verzögert und macht dem Gläubiger mehr Arbeit.

Darum also: Isoliert zustellen.

Ausnahmen von dieser Regel gibt es nur, wenn man schnell vor anderen Gläubigern pfänden muß.

7. Checkliste

- Liegt das Original des Titels vor? 60
- Ist für jeden Schuldner eine Abschrift beigefügt?
- Ist der Schuldnerwohnsitz ordentlich ermittelt?
- Nach Vorliegen der Zustellurkunde:
  - Wer hat die Zustellung angenommen?
  - Gibt es Bedenken gegen die Richtigkeit? (Wenn ja – Mängel **sofort heilen**, ggfs. durch erneute Zustellung).

V. Sonstige Voraussetzungen der Zwangsvollstreckung

1. Allgemeines

Die allgemeinen Prozeßvoraussetzungen gelten auch im Bereich der Zwangsvollstreckung. Sie werden im Regelfall vorliegen, falls sich nicht zwischen dem Erlaß des Urteils und dem Beginn der Vollstreckung etwas geändert hat. Solche Änderungen können eintreten, wenn Gläubiger oder Schuldner versterben, ein Gegenstand, der herausgegeben werden soll, zwischenzeitlich verkauft wurde etc. Wenn solche Probleme auftauchen, ist der Anfänger überfordert. Die nachfolgende Übersicht gibt daher nur einen Hinweis zum Prüfungsumfang. 61

2. Checkliste

1. Liegt der Titel vor? 62
   (Urteil/notarielle Urkunde/MB-VB/KFB/andere Titel) (Rdnr. 19 ff.)
2. Ist die Klausel auf dem Titel erteilt? (Rdnr. 45 ff.) (außer bei MB/VB)
3. Ist der Titel formell richtig zugestellt? (Rdnr. 54 ff.)
4. Sind erforderliche Sicherheitsleistungen erbracht? (Rdnr. 63 ff.)

VI. Vollstreckung gegen Sicherheitsleistung

5. Ist das Urteil nur Zug um Zug gegen eine Leistung des Gläubigers vollstreckbar? (Rdnr. 73 ff.)
6. Ist die Wartefrist des § 751 abgelaufen?
7. Ist beim KFB und der not. Urkunde die Wartefrist des § 798 abgelaufen?
8. Ist beim Unterhaltstitel die Frist des § 798a abgelaufen?
9. Ist bei der Neufestsetzung von Regelunterhalt (§ 794 I Nr. 2 a) die Frist von zwei Wochen abgelaufen?
10. Ist aufgrund einer Vereinbarung zwischen Gläubiger und Schuldner (z.B. durch einen Teilzahlungsvergleich) die Vollstreckung beschränkt? (Rdnr. 109 ff.)
11. Ist das Konkursverfahren oder das Vergleichsverfahren gegen den Schuldner eröffnet (nicht: beantragt!) (Rdnr. 359 ff.)
12. Gibt es Zweifel an allgemeinen Prozeßvoraussetzungen, also z.B.
    - Parteifähigkeit (§§ 1 ff. BGB, 50 ZPO)
    - Prozeßfähigkeit (§ 51 ZPO) (ist der Gläubiger minderjährig?)
13. Erstreckt sich die Vollmacht auch auf die Vollstreckung? Ist der RA nicht im Titel als Prozeßbevollmächtigter des Gläubigers genannt, braucht er eine schriftliche Vollmacht!

VI. Vollstreckung gegen Sicherheitsleistung
(§§ 708–720 ZPO)

1. Zweck der Sicherheitsleistung

63 Gegen die meisten Urteile kann der Beklagte Berufung einlegen, in manchen Fällen auch Revision. Bis zum Urteil erster Instanz dauert es nicht selten einige Monate, ein komplizierter Rechtsstreit kann sich durch alle Instanzen über Jahre hinziehen. Um zu verhindern, daß der Beklagte Berufung nur zum Zeitgewinn einlegt, hat das Gesetz die Möglichkeit eingeräumt, ein noch nicht rechtskräftiges Urteil für **vorläufig vollstreckbar** zu erklären: Dann kann schon während des laufenden Berufungsverfahrens vollstreckt werden. In der Regel darf der Gläubiger das nur, wenn er vorher Sicherheit leistet, damit dem Beklagten der Schaden ersetzt werden kann, der ihm durch eine ungerechtfertigte Vollstreckung entsteht. Ausnahmen: § 708! Ich gehe auf die Einzelheiten nicht ein, da das Prozeßgericht die Prüfung, ob und gegebenenfalls in welcher Höhe Sicherheit geleistet werden muß, vorzunehmen hat (§§ 709–714). Im Rahmen der Vollstreckung ist aber von Bedeutung, **welche Entscheidung** das Gericht getroffen hat.

1.1 Vollstreckung ohne Sicherheitsleistung (§ 708)

64 Ist das Urteil ohne Sicherheitsleistung vollstreckbar, dann lautet die Formel:

„*Das Urteil ist vorläufig vollstreckbar*".

VI. Vollstreckung gegen Sicherheitsleistung

Im Verfahren vor dem **Arbeitsgericht** sind vermögensrechtliche Titel **immer vorläufig vollstreckbar**, auch ohne daß die Formel im Titel auftaucht (§ 62 I 1 ArbGG). Gemäß § 711 muß das Gericht in den Fällen des § 708 Ziffer 4 bis 11 festlegen, mit welchem Betrag der Schuldner die Vollstreckung abwenden kann. Der Gläubiger hat dann wiederum das Recht, durch eigene Sicherheitsleistung (zu der er an sich ja nicht verpflichtet ist) die Vollstreckung trotzdem zu erzwingen. Die entsprechende Feststellung lautet:

„*Der Beklagte kann die Vollstreckung durch Sicherheitsleistung in Höhe von DM 25 800,00 abwenden, falls nicht der Kläger Sicherheit in der gleichen Höhe leistet.*"

1.2 Vollstreckung gegen Sicherheitsleistung (§ 709)

Ist das Urteil nur gegen Sicherheitsleistung vorläufig vollstreckbar, dann lautet die Formel:

„*Das Urteil ist gegen Sicherheitsleistung in Höhe von DM 18 500,00 vorläufig vollstreckbar.*"

In diesem Fall darf die Vollstreckung erst beginnen, wenn die Sicherheitsleistung dem Schuldner nachgewiesen ist (Ausnahme: § 720 a).

1.3 Art der Sicherheitsleistung (Hinterlegung, Bürgschaft)

Sicherheit wird üblicherweise durch **Hinterlegung** (§ 108 in Verb. mit der HinterlO, Schönfelder Nr. 121) des Betrages, den das Gericht festgesetzt hat, bei der Hinterlegungsstelle des Amtsgerichts geleistet. Der Gläubiger kann aber auch beim Prozeßgericht beantragen, die Sicherheit durch eine **Bankbürgschaft** (§ 232 II BGB) leisten zu dürfen. Ausländische Banken werden nicht als Bürgen zugelassen, weil der Zugriff auf die Bürgschaft im Ausland erfolgen müßte.

2. Antrag – Formular – Fehlerquellen

2.1 Hinterlegung beim Amtsgericht

Das **Hinterlegungsverfahren** ist sehr **formstreng**. Der Rechtspfleger bei der Hinterlegungsstelle akzeptiert daher nur ein bestimmtes Formblatt, das man bei ihm erhält.
An **Unterlagen** ist eine beglaubigte Abschrift des Titels vorzulegen, damit das Recht zur Hinterlegung glaubhaft gemacht wird.
Wenn Rechtsanwälte für den Gläubiger hinterlegen, ist darauf zu achten, daß die **normale Prozeßvollmacht** für die Hinterlegung **nicht** ausreicht. Der Gläubiger muß daher eine besondere Vollmacht „für das Hinterlegungsverfahren" ausstellen.
Die Hinterlegungsstelle erteilt dem Gläubiger eine Ausfertigung des Hinterlegungsscheins. Abschrift davon ist dem Schuldner oder in Anwaltsprozessen dem gegnerischen Rechtsanwalt zuzustellen. Mit dem Zustellungsnachweis wird bewiesen, daß die Hinterlegung erfolgt ist.

2.2 Sicherheit durch Bankbürgschaft (§ 232 II BGB)

2.2.1 Antragstellung

68 Der Antrag, die Sicherheit durch Bankbürgschaft leisten zu dürfen, ist an das Prozeßgericht zu richten, welches das Urteil erlassen hat bzw. erlassen wird. Er lautet:

"Es wird beantragt, (eine etwaige, durch das Gericht anzuordnende/die angeordnete) Sicherheit durch unbedingte, unbefristete, selbstschuldnerische Bürgschaft der (deutschen) Bank in (München) leisten zu dürfen."

Es steht im Ermessen des Prozeßgerichts, Art und Höhe der zu stellenden Sicherheit zu bestimmen. Es sollte zwar ausreichen, wenn in dem Antrag die Bürgschaft einer „deutschen Großbank" angeboten wird, zum Schutze des Prozeßgegners muß das Gericht aber die Bonität des Bürgen prüfen. Auch eine nur örtlich tätige Sparkasse oder Raiffeisenbank kann tauglicher Bürge sein. Es empfiehlt sich deshalb in jedem Falle, die für die Stellung der Prozeßbürgschaft vorgesehene Bank namentlich bereits im Antrag zu bezeichnen.

2.2.2 Inhalt der Bürgschaft

68a Der Inhalt der Bürgschaftserklärung auf Übereinstimmung mit der gerichtlichen Anordnung zu überprüfen. Entspricht sie nicht den gerichtlichen Erfordernissen, so kann die Annahme der Bürgschaftserklärung vom Begünstigten verweigert werden.

Vielfach ist in banküblichen Formularen noch der Vorbehalt enthalten, daß die Bank berechtigt ist, sich durch Hinterlegung bei dem zuständigen Amtsgericht von der Bürgenverpflichtung zu befreien. Diese Hinterlegungsklausel wird von vielen Gerichten als unzulässig angesehen (z.B. OLG Düsseldorf, DGVZ 90, 156), weil hierdurch unnötige Rechtsunsicherheit geschaffen wird.

In den meisten Fällen ist der Text der Bürgschaft so abgefaßt, daß die Bank nur gegen Vorlage des Originals zahlen muß. Oft findet sich auch die Klausel, daß die Bürgschaft erlischt, wenn das Original (egal von welcher Seite !) an die Bank zurückgegeben wird. Eine solche auflösende Bedingung ist zulässig (BGH MDR 71, 388), in den genannten Fällen muß darauf geachtet werden, daß dem Begünstigten das **Original der Bürgschaft** zugestellt wird.

2.2.3 Zustellung der Bürgschaft

68b Die Prozeßbürgschaft wird in jedem Falle schriftlich abgegeben werden. Im Regelfall muß dem Sicherungsberechtigten das Original der Bürgschaft zugehen (siehe oben), in den anderen Fällen reicht es, wenn eine vom Gerichtsvollzieher beglaubigte Abschrift zugestellt wird (§ 132 Abs.1 BGB i.V.m. §§ 166 ff.). Es ist zweckmäßig, Prozeßbürgschaften stets **über den Gerichtsvollzieher** zuzustellen:
– Vom Gerichtsvollzieher erhält man den Zustellungsnachweis häufig schneller zurück als vom Gegenanwalt, der zwar standesrechtlich zu unverzüglicher Rücksendung verpflichtet ist, es aber manchmal doch nicht tut.

VI. Vollstreckung gegen Sicherheitsleistung

Bitte Antrag dreifach einreichen.

An das
Amtsgericht
— Hinterlegungsstelle —
80315 München

Antrag auf Annahme von gesetzlichen oder gesetzlich zugelassenen Zahlungsmitteln zur

Hinterlegung

Hinterleger
(Name, Vorname bzw. Firma, Anschrift)
TuV Teilzahlungsbank AG, vertr.d.d.
Vorstand Dipl.-Kaufmann Horst Henze,
Parkstraße 10, 80315 München

Vertreter des Hinterlegers
(Name, Vorname, Anschrift; b. jurist. Personen u. Handelsgesellschaften Name, Vorname, Anschrift d. gesetzl. Vertreter)
Rechtsanwalt Dr. Hugo Klutz,
Theodorstraße 12, 80315 München
Überweisung bitte auf Konto:
Postgiroamt München Kto-Nr.: 3827 78- 809

Betrag / Geldsorten (in Ziffern und Buchstaben)
11.500,00 (i.w.: Elftausendfünfhundert Deutsche Mark)

Die Hinterlegung wird durch folgende bestimmte Tatsachen gerechtfertigt:
Angeordnete Sicherheitsleistung der Kläger gemäß Ziffer III des vorläufig vollstreckbaren Endurteils des Landgerichts München I vom 04.01.1985
- Aktenzeichen 13 O 1250/85 -

Ggf. sind die dem Antrag beigefügten Schriftstücke und, wenn die Angelegenheit bei einer Behörde anhängig ist, die Sache, die Behörde und das Aktenzeichen anzugeben.

Als **Empfangsberechtigte** für den hinterlegten Betrag kommen in Betracht:
(Namen, Vornamen bzw. Firma, Anschrift, Bankverbindung):
1. TuV Teilzahlungsbank AG, vertr.d.d.Vorstand Dipl.-Kaufmann Horst Henze, Parkstraße 10, 80315 München
2. Theresa Ellert, Residenzstraße 14, 80315 München

Der Schuldner kann aus folgenden Gründen seine Verbindlichkeit nicht bzw. nicht mit Sicherheit erfüllen:

Nur auszufüllen, wenn der Schuldner zur Befreiung von einer Verbindlichkeit hinterlegt!

Der Gläubiger ist zu folgender Gegenleistung verpflichtet:

Den Gläubiger habe ich gemäß § 374 Abs. 2 BGB von der Hinterlegung
— benachrichtigt. Ein Nachweis darüber liegt bei.
— nicht benachrichtigt.
Auf das Recht der Rücknahme — verzichte ich. —XXXXXXXXXXX

Ort und Tag:
München den, 07.01.1993   Dr. Hugo Klutz, Rechtsanwalt
                              Unterschrift

HS 1: Antrag auf Annahme von Geldhinterlegungen (§§ 8 ff. AVHO) mit Annahmeanordnung (§§ 13 ff. AVHO) — Blatt 1 — (3.94)
Arbeitsverwaltung Straubing

VI. Vollstreckung gegen Sicherheitsleistung

– Will man später in Grundeigentum vollstrecken, müssen die Voraussetzungen der Zwangsvollstreckung, also auch Zustellung der Sicherheitsleistung in der Form des § 29 GBO nachgewiesen werden, also durch öffentliche oder öffentlich beglaubigte Urkunden. Das anwaltliche Empfangsbekenntnis nach § 198 genügt diesen Anforderungen nicht (Baumbach/Hartmann, Rdnr.3 zu § 415).

– Auch im Anwaltsprozeß sollte die Zustellung der Bürgschaftsurkunde an den Sicherungsberechtigten selbst, also nicht an dessen Anwalt erfolgen. Dies dürfte zwar auch zulässig sein, die Frage ist jedoch umstritten. Auf der anderen Seite ist § 176 auf die Zustellung der Bürgschaftsurkunde nicht anwendbar. (OLG Düsseldorf, MDR 1978, 484).

Mit dem Zustellungsnachweis hat der Gläubiger die Sicherheitsleistung bewiesen, die Vollstreckung kann beginnen.

2.3 Der Auszahlungsantrag

2.3.1 Auszahlung an den Gläubiger

69 Ist der Grund für die Sicherheitsleistung weggefallen (z.B. weil das Urteil nunmehr rechtskräftig geworden ist) kann der Gläubiger beim Prozeßgericht die Freigabe der Sicherheitsleistung verlangen (§ 109).

Um diesen formellen Weg zu vermeiden, wird meistens der Schuldner aufgefordert, freiwillig die Zustimmung zur Freigabe zu erklären. Dabei muß man darauf achten, daß die Hinterlegungsstelle nur **übereinstimmende** Erklärungen beider Parteien als formell genügend ansieht. Sicherheitshalber wird der Gläubiger zunächst die Unterschrift des Schuldners unter folgenden Antrag einholen:

„Hiermit beantragen wir die Freigabe des hinterlegten Betrages zuzüglich Hinterlegungszinsen abzüglich Kosten an den Hinterleger.
gez. Gläubiger   *gez. Schuldner"*

Danach reicht er den, von beiden unterschriebenen, **einheitlichen** Antrag an die Hinterlegungsstelle.

2.3.2 Freigabe an den Schuldner

70 Ist dem Schuldner durch die Vollstreckung Schaden entstanden, wird er den Schaden beziffern und den Gläubiger zur Freigabe an ihn auffordern. Weigert er sich, muß der Schuldner gegen den Kläger Klage auf Freigabe erheben (§ 109 I).

3. Kosten

Beschafft der Anwalt seinem Mandanten die Bürgschaft bei der Bank, so erhält er die 7,5/10 Gebühr nach § 118 BRAGO ebenso wie für seine Tätigkeit gegenüber der Hinterlegungsstelle.

71 Die Zinsen, die der Gläubiger für die Bürgschaft aufwenden muß (Avalzinsen) sind Kosten der Zwangsvollstreckung (§ 788) und erstattungsfähig.

VII. Vollstreckung bei Zug-um-Zug-Leistungen

Dem Schuldner ist deshalb zu empfehlen, unmittelbar nach Rechtskraft des Titels die Bürgschaft dem Gläubiger wieder zurückzugeben, um nicht weitere überflüssige Zinsen zu verursachen. Die Bank stellt dem Gläubiger die Zinsen in Rechnung, der sie über den Gerichtsvollzieher wieder beitreiben und ggfs. festsetzen (Rdnr. 82) lassen kann.

4. Taktik

Der Gläubiger muß sich rechtzeitig vor Ende des Prozesses Gedanken darüber machen, ob das voraussichtlich ergehende Urteil nur gegen Sicherheitsleistung vollstreckbar ist oder nicht. Muß er Sicherheit leisten, will das Geld aber nicht in bar hinterlegen, um nicht zuviele Zinsen zu verlieren, dann muß der **Antrag,** Sicherheit durch Bankbürgschaft leisten zu können, **unbedingt schon im Prozeßverfahren** gestellt werden. Dann kann das Gericht **schon zusammen mit dem Urteil** darüber entscheiden. 72

VII. Vollstreckung bei Zug-um-Zug-Leistungen (§§ 756, 765, 726 II)

1. Beispiele von Zug-um-Zug-Titeln

In manchen Titeln wird der Schuldner nur verurteilt, wenn der Gläubiger zuvor Zug um Zug gegen die Leistung des Schuldners selbst eine eigene Leistung erbringt. Gerade bei Lieferungsklagen ist das häufig der Fall (§§ 322 I, 322 II BGB). In diesen Fällen kann der Gläubiger nur „auf Leistung nach Empfang der Gegenleistung" klagen (§ 322 II BGB). Der Herausgabetitel lautet etwa: 73

„Der Beklagte wird verurteilt, an den Kläger 100 000,– DM zu bezahlen, Zug um Zug gegen Herausgabe der Werkzeugmaschine vom Typ ‚Wotan' (Leistung 478 kW)."

Bei Verurteilung zu einer Willenserklärung lautet der Titel:

„Der Beklagte wird verurteilt, an den Kläger DM 78 500,– zu bezahlen, Zug um Zug gegen Bewilligung des Klägers, die im Grundbuch des Amtsgerichts München, Gemarkung Schwabing, Band 73, Blatt 15, eingetragene Auflassungsvormerkung zu löschen."

2. Das notwendige Angebot der Gegenleistung

§§ 756, 765 bestimmen, daß „die Zwangsvollstreckung nicht beginnen darf", bevor der Gläubiger dem GVZ oder dem Vollstreckungsgericht nachgewiesen hat, daß er seine Leistung angeboten hat. (Ausführlich dazu: Schneider, Jur Büro 66, 817). 74

VII. Vollstreckung bei Zug-um-Zug-Leistungen

Zuvor wird er in der Regel die Klausel einholen, die ihm ohne diesen Nachweis erteilt wird. Einzige Ausnahme: Bei Titeln auf Abgabe einer Willenserklärung muß das Angebot vor Klauselerteilung erfolgen (§ 894 I 2), da damit schon die vollständige Vollstreckungswirkung eintritt (§ 726 II).

3. Die tatsächliche Durchführung des Angebots

Der Gläubiger beauftragt den Gerichtsvollzieher Kurz mit der Vollstreckung der DM 100 000,00.
Als der Gerichtsvollzieher erfährt, daß die Maschine, die der Gläubiger liefern soll, 12 Tonnen wiegt, ruft er den Schuldner an und fragt, ob dieser am 18.6. das Geld bereithalten wird. Der Schuldner, über den verlorenen Prozeß sehr verärgert, äußert sich dazu nicht und meint, wenn die Maschine vor seinem Tor stehe, werde der Gerichtsvollzieher schon sehen, ob er einen Scheck bekomme. Daraufhin fordert der Gerichtsvollzieher beim Gläubiger DM 8000.– Vorschuß für einen Tieflader an.

75 Der Gerichtsvollzieher muß streng nach den Regeln des Zivilrechts die Maschine **tatsächlich** anbieten (LG Düsseldorf DGVZ 80, 187). Wenn der Gläubiger wie üblich die Maschine anliefern mußte, dann nützt ein wörtliches Angebot nichts, es sei denn, der Schuldner lehnt die Leistung klar ab (§ 294, 295 BGB) LG Bonn, DGVZ 81, 188. Das ist hier nicht geschehen.

Der Gerichtsvollzieher darf also nur vollstrecken, wenn er die Maschine auf einen Tieflader lädt und dem Schuldner vor die Fabrik stellt. Erhält er jetzt kein Bargeld, dann befindet sich der Schuldner in Verzug. Dann muß nicht nochmals angeboten werden.

Um diese praktischen Schwierigkeiten und vor allem uneinbringliche Kosten zu vermeiden, ist dem Gläubiger **unbedingt zu empfehlen,** schon im Prozeßverfahren im Wege der Zwischenfeststellungsklage folgenden Antrag zu stellen:

„Es wird festgestellt, daß sich der Beklagte mit der Annahme der an ihn herauszugebenden Werkzeugmaschine Typ ‚Wotan' in Verzug befindet."

In den meisten Fällen befand sich der Schuldner schon vor Beginn des Prozesses aufgrund seiner Weigerung, die Sache abzunehmen, in Verzug. Der Beweis dazu muß jedoch gemäß § 756 „durch öffentliche Urkunden" geführt werden. Das Urteil ist eine solche öffentliche Urkunde (LG Berlin, DGVZ 78, 25). Wenn der Kläger es nicht besonders beantragt, hat das Gericht aber keinen Anlaß, diesen Annahmeverzug im Tenor besonders festzustellen. Ergibt es sich nur aus den Gründen, dann weigert sich der GVZ nicht selten, den Nachweis als geführt anzusehen.

Die DESY GmbH hat gegen die Firma SOFTWARE 200 AG einen Zahlungstitel über 30 000,00 DM Zug um Zug gegen Lieferung von 20 Computer-Disketten. Als das Urteil rechtskräftig wird, schickt die Gläubigerin am nächsten Tag die Disketten per Minicar an die Schuldnerin und läßt sich die Übergabe quittieren. Sodann wird der Gerichtsvollzieher mit der Vollstreckung beauftragt. Dieser weigert sich den Auftrag auszuführen, weil die Quittung keine „öffentliche Urkunde" ist.

Damit hat der GVZ leider recht: Öffentliche Urkunden sind gemäß § 415 nur solche, die „von einer öffentlichen Behörde" abgegeben werden, eine private Quittung fällt nicht darunter. Hier hat der Gläubiger den Feh-

ler gemacht, seine Vorleistung nicht dem GVZ mitzugeben: Denn das Gesetz verlangt die Überwachung des Angebots durch den GVZ, so daß es auf die **tatsächliche Erfüllung** allein **nicht ankommt**.
Wenn der Gläubiger ein Zahlungsurteil nur Zug um Zug gegen Vornahme eigener Handlungen erstritten hat (z.b. Mängelbeseitigung an einem Bauwerk), sollte er zweckmäßig den Termin zur beabsichtigten Mängelbeseitigung durch den Gerichtsvollzieher ankündigen lassen und den Gerichtsvollzieher zum vorgesehenen Mängelbeseitigungstermin mitnehmen. Wenn der Schuldner sich dann weigert, die angebotene Mängelbeseitigung zu akzeptieren, kann der Gerichtsvollzieher das protokollieren. Auch damit ist die erforderliche öffentliche Urkunde hergestellt (OLG Köln DGVZ 1986, 117).

4. Kosten

Besondere Gebühren für die Durchführung des Angebots entstehen weder beim Anwalt des Gläubigers noch beim GVZ. Wohl aber kann das Angebot selbst Kosten verursachen, im Beispielsfall etwa die Miete für den Tieflader. Einwendungen des Schuldners bei der möglichen Kostenbeschwerde, der Gläubiger sei an sich verpflichtet gewesen, die Kosten für die Abholung der Maschine selbst zu tragen, sind hier unbeachtlich, weil sie nicht im Titel erfaßt sind (OLG Hamburg NJW 71/387). 76

VIII. Kostenerstattung im Vollstreckungsverfahren (§§ 788, 91)

1. Die Kostenverteilung

Das Gesetz geht grundsätzlich davon aus, daß der Schuldner die Kosten der Vollstreckung zu tragen hat, denn es liegt ja in seiner Hand, durch Zahlung die Kosten zu vermeiden. Der Gläubiger erhält aber nur solche Kosten erstattet, die jeweils „notwendig" waren. 77
Folgende Kosten werden demnach nicht erstattet:

1.1 Unzulässige Maßnahmen, z.B.

– die Pfändung von unpfändbaren Forderungen (z.B. Sozialhilfeansprüche) 78
– Einzelvollstreckung gegen den Schuldner im Konkurs (LG Berlin, MDR 83, 587)

1.2 Maßnahmen, die zwar grundsätzlich zulässig, konkret aber aussichtslos sind (OLG München, NJW 58, 1687), z.B.

– die Mehrkosten getrennter Pfändungen (LG Aschaffenburg, Rpfl 74, 204)
– Kosten, die erheblich höher sind, als der Wert von Gegenständen in die vollstreckt wird (LG Münster, MDR 64, 683)

VIII. Kostenerstattung im Vollstreckungsverfahren

79 – Zwecklose Vollstreckungsmaßnahmen wie z.B. eine Sachpfändung, obgleich kurz zuvor schon Pfandabstand erklärt wurde und sich keine neuen Gesichtspunkte für pfändbare Sachen ergeben haben (LG Osnabrück, DGVZ 77, 126).

1.3 Kosten außerhalb der Zwangsvollstreckung:

80   Hierunter fällt in erster Linie der eigene Ermittlungsaufwand des Gläubigers (z.B. für Detektivkosten, Einschaltung eines Inkassobüros), soweit dieses höhere Gebühren verlangt als ein Anwalt (Erfolgsprovision).
Eine sehr brauchbare **alphabetische Übersicht** findet sich bei Baumbach-Lauterbach, Anm. 5 zu § 788 ZPO.

2. Die Kostenfestsetzung

Die in der Zwangsvollstreckung erwachsenen Kosten werden nicht wie im Erkenntnisverfahren (§ 103) besonders festgesetzt. Der Gläubiger macht sie vielmehr in seiner Forderungsübersicht geltend und muß sie im einzelnen nur rechtfertigen, wenn der Schuldner, der Gerichtsvollzieher oder der Rechtspfleger Zweifel an der Angemessenheit haben.
81   Wird der Kostenansatz bestritten, kann der Gläubiger Kostenfestsetzungsantrag stellen (BGH Rpfl. 82, 235).
Die früher umstrittene Zuständigkeit für den Kostenfestsetzungsantrag hat der BGH zwischenzeitlich geklärt: Es ist das Prozeßgericht I. Instanz zuständig (BGH NJW 1986, 2438 mit weiteren Nachweisen).

3. Umsatzsteuer auf Vollstreckungskosten

81a   Die von dem Gläubiger zu verauslagenden Vollstreckungskosten enthalten oft Mehrwertsteuerbeträge, die z.B. der Gläubigeranwalt seinem Mandanten berechnet oder wenn der Gläubiger ein Dedektivbüro beauftragen muß. Ist der Gläubiger seinerseits vorsteuerabzugsberechtigt, kann er die bezahlte Mehrwertsteuer gegenüber seinem Finanzamt geltend machen. Durch die Verweisung des § 788 auf § 91 stellt sich damit dieselbe Frage wie im Prozeß, nämlich ob der Schuldner im Rahmen der Kostenerstattung auch dann noch die von dem Gläubiger verauslagte Mehrwertsteuer zu bezahlen hat, wenn dieser vorsteuerabzugsberechtigt ist.
Die Entscheidung des Bundesfinanzhofs (NJW 1991, 1702), die die Mehrwertsteuererstattung ablehnt, wenn der Gläubiger vorsteuerabzugsberechtigt ist, hatte oftmals zur Folge, daß das prozessuale Kostenerstattungsverfahren (§§ 103 ff.) mit steuerrechtlichen Fragen belastet wurde. Damit die obsiegende Prozeßpartei die nach §§ 91 ff. im Kostenfestsetzungsverfahren schnell in einen konkreten Erstattungsbetrag umsetzen kann, ist § 104 Abs. II Satz 3 eingefügt worden, wonach die bloße Erklärung des Antragstellers genügt, daß er geltend gemachte Mehrwertsteuerbeträge nicht als Vorsteuer abziehen kann.

VIII. Kostenerstattung im Vollstreckungsverfahren

Parallel hierzu muß sich nun auch der Antragsteller im Mahnverfahren durch entsprechendes Ausfüllen des Formulars (vgl. Rdnr. 22 ff.) dazu äußern, ob er vorsteuerabzugsberechtigt ist.
Im Bereich des Vollstreckungsverfahrens gibt es derartige Erklärungspflichten nicht. Zur Vermeidung unnötiger Rechtsmittel durch den Schuldner sollte ein korrekter Gläubiger aber auch hierauf achten, nicht versehentlich auch Mehrwertsteuerbeträge gegenüber dem Schuldner geltend zu machen, die sein Finanzamt ohnehin erstattet.

4. Häufige Fehler

Bei der Geltendmachung der eigenen Kosten gibt es drei häufige Fehlerquellen: **82**
- Erhöhungsgebühr
Nach § 6 I 2 BRAGO kann der Anwalt, der für mehrere Gläubiger tätig ist, eine Erhöhungsgebühr verlangen. Diese gilt auch in der Vollstreckung! (OLG Hamm, Jur. Büro 1978, 699)

RA Guth vollstreckt für Theo und Frieda Senkel eine Forderung in Höhe von DM 4000,00. Eine $^3/_{10}$ Gebühr (§ 57 I BRAGO) beträgt DM 79,50. Da zwei Gläubiger beteiligt sind, erhöht sie sich um $^3/_{10}$ von 68,10 = 23,85 gerundet auf DM 23,90 (§ 11 BRAGO), insgesamt also 103,40, bei mehr als zwei Gläubigern aber höchstens bis auf $^6/_{10}$ = 127,20 DM.

- Hebegebühr (§ 22 BRAGO)
Die Hebegebühr muß der Schuldner in der Regel nicht erstatten, wenn er auf das Konto des Anwalts zahlt, denn dazu ist er ja ausdrücklich aufgefordert worden. Zahlt er aber **ohne Aufforderung** freiwillig **an den Anwalt** statt an den Gläubiger, dann kann der Anwalt auch die **Hebegebühr** verlangen.
- Kostenverteilung bei mehreren Gesamtschuldnern
Bei Gesamtschuldnern ist darauf zu achten, daß jeder Gesamtschuldner nur für diejenigen Kosten und Auslagen haftet, die er selbst verursacht, oder die durch Vollstreckungsmaßnahmen gegen alle Gesamtschuldner gemeinsam entstehen (§ 425 I BGB) (LG Berlin, MDR 83, 140).
Der Gläubiger muß deshalb **gegenüber jedem Gesamtschuldner** eine **eigene Forderungsübersicht** aufstellen, da der Endsaldo, für den jeder Gesamtschuldner haftet, unterschiedlich ist.

Theo Senkel hat ein Urteil gegen die Brüder Hans und Ulrich Klein als Gesamtschuldner über insgesamt DM 3000,00 erstritten. Er läßt sich zwei Ausfertigungen erteilen und pfändet den Arbeitslohn von Hans Klein (Kosten: DM 68,56). Bei Ulrich Klein beauftragt er den GVZ (Kosten: DM 133,20). Aufgrund der Pfändung zahlt Hans Klein DM 3068,86. Ihm gegenüber ist der Titel verbraucht und der Hauptsacheanspruch auch gegenüber Ulrich Klein erloschen. Den noch offenen Kostenbetrag von DM 133,20 kann der Gläubiger nur von Ulrich Klein verlangen.

5. Taktik

Da der Gläubiger Kosten immer verauslagen muß, wird er sich bei jeder Maßnahme überlegen, ob sie erforderlich ist.

Wenn man Anhaltspunkte dafür hat, daß der Schuldner vermögenslos ist, kann man zur Kostenersparnis auch **Teilbeträge vollstrecken.** Das
83 kann riskant werden, da man einen **Rang auch nur in Höhe der Teilforderung** besetzt: Wenn der Schuldner wider Erwarten doch Vermögen hat und ein weiterer Gläubiger kurz danach pfändet, fällt die Restforderung womöglich aus.

Die TuV Bank vollstreckt gegen die VIP GmbH, von der bekannt ist, daß es ihr finanziell sehr schlecht geht, DM 100 000,00. Aus Kostenersparnisgründen wird eine Forderung der VIP GmbH gegen Dr. Urstrom, die 200 000,00 DM beträgt nur in Höhe von DM 10 000,00 gepfändet: Man zweifelt, ob Dr. Urstrom wird zahlen können. Kurz danach pfändet ein anderer Gläubiger, der 300 000,00 DM zu bekommen hat. Dr. Urstrom zahlt wider Erwarten doch an die TuV-Bank nur DM 10 000,00 und an den anderen Gläubiger DM 190 000,00. Da dies der letzte Vermögenswert der VIP GmbH war, muß sie danach Konkurs anmelden. Die Bank hätte ihre volle Forderung bekommen, wenn in vollem Umfang gepfändet worden wäre.

IX. Rechtsmittel und Rechtsbehelfe

1. Allgemeines

Jeder, der am Vollstreckungsverfahren beteiligt ist, kann dabei Fehler machen. So kann es vorkommen, daß
- der Vollstreckungsrichter einen Haftbefehl zu Unrecht erläßt, weil der Schuldner zum OV-Termin zwar nicht erschienen ist, aber ein ausreichendes Attest vorgelegt hatte;
- der Rechtspfleger beim Erlaß des Pfüb die Pfändungsgrenzen des § 850c ZPO übersehen hat;
84 - der GVZ einen unpfändbaren Gegenstand fälschlicherweise pfändet;
- der Gläubiger eine Teilzahlung des Schuldners übersieht;
und ähnliche Fälle mehr. Um solche Fehler zu korrigieren, stehen den Beteiligten Rechtsbehelfe und Rechtsmittel zur Verfügung.

Der Anfänger wird mit diesem Verfahren überfordert sein; ich gebe daher nur einen allgemeinen Überblick, um zu zeigen, welche Maßnahmen überhaupt zur Verfügung stehen.

2. Die Rechtsbehelfe

2.1 Allgemeines

85 Das System der Rechtsbehelfe und Rechtsmittel in der Zwangsvollstreckung ist dadurch kompliziert, daß für den Schuldner, den Drittschuldner und den Dritten verschiedene Rechtsbehelfe gegeben sein können, je nach-

IX. Rechtsmittel und Rechtsbehelfe

dem, ob vor einer bestimmten Maßnahme rechtliches Gehör gewährt werden muß oder nicht.

Die Rechtsbehelfe, mit deren Hilfe das geschieht, gliedern sich auf in
- Erinnerung gegen Art und Weise der Zwangsvollstreckung (§ 766): Die Erinnerung wird eingelegt gegen **Maßnahmen** des Gerichtsvollziehers oder Vollstreckungsgerichts (in der Regel des Rechtspflegers). Das sind Beschlüsse oder Verfügungen, die ohne Anhörung der übrigen Beteiligten ergangen sind. Die Erinnerung ist **unbefristet**.
- Die befristete Erinnerung (§ 11 Abs.1 S 2 RPflG): Sie richtet sich gegen die **Entscheidungen** des Rechtspflegers (z.B. über einen Pfändungs- und Überweisungsbeschluß), die **nach Anhörung der Beteiligten** ergangen ist. Sie muß innerhalb einer **Notfrist von zwei Wochen** eingelegt werden.
- Die sofortige Beschwerde (§ 793): Sie richtet sich gegen **Entscheidungen** des Vollstreckungsgerichts, die **nach Anhörung der Beteiligten** ergehen können. Das sind in den meisten Fällen die Entscheidungen des Rechtspflegers, die er im Rahmen der befristeten Erinnerung getroffen hat. Die sofortige Beschwerde muß innerhalb einer Notfrist von 2 Wochen eingelegt werden (§ 577 Abs.2).

In den nachfolgenden Absätzen werden diese Rechtsbehelfe und Rechtsmittel den einzelnen Vollstreckungsorganen zugeordnet.

Welcher der oben kurz skizzierten Rechtsbehelfe im Einzelfall zulässig ist, hängt davon ab, welches Vollstreckungsorgan handelt und ob eine **Maßnahme** oder eine **Entscheidung** getroffen worden ist.

2.2 Maßnahmen des Gerichtsvollziehers

Gegen fehlerhafte Maßnahmen des GVZ's steht dem Gläubiger, dem Schuldner oder den beteiligten Dritten die Erinnerung nach § 766 I zu. Sie ist beim Vollstreckungsgericht (§ 766 I 1) einzulegen und wird vom Amtsrichter entschieden (§ 20 Nr.17 II a RpflG). Sie ist nicht an eine Frist gebunden, kann aber nur so lange eingelegt werden, bis die Vollstreckung beendet ist. Danach kann allenfalls Schadensersatz geltend gemacht werden.

2.3 Maßnahmen und Entscheidungen des Rechtspflegers

Wenn der Rechtspfleger eine **Maßnahme** trifft, also ohne Anhörung der Beteiligten einen Beschluß oder eine Verfügung erläßt, ist hiergegen die unbefristete Erinnerung nach § 766 Abs.1 zulässig.

Trifft der Rechtspfleger eine **Entscheidung,** erläßt er also einen Beschluß, für den eine Anhörung erforderlich ist, ist hiergegen die befristete Rechtspflegererinnerung zulässig (§ 11 RPflG, 793).

Da es im Einzelfall sehr streitig sein kann, ob eine **Maßnahme** oder eine **Entscheidung** getroffen worden ist, empfiehlt es sich, den Rechtsbehelf in jedem Fall innerhalb einer Frist von 2 Wochen einzulegen, da dann jedenfalls auch die Notfrist des § 577 Abs.2 gewahrt ist.

IX. Rechtsmittel und Rechtsbehelfe

2.4 Entscheidungen des Richters

88 Trifft der Vollstreckungsrichter eine Entscheidung, so ist diese mit der sofortigen Beschwerde (§ 793) innerhalb einer Frist von zwei Wochen (§ 577 II) bei dem Gericht einzulegen, das die Entscheidung erlassen hat.

2.5 Entscheidungen des Grundbuchamts

89 Entscheidet das Grundbuchamt im Zusammenhang mit Vollstreckungsakten, so ist dagegen die Beschwerde nach § 71 Grundbuchordnung (GBO) zulässig.

3. Weiterer Rechtsmittelzug

90 Wird die Erinnerung zurückgewiesen, kann der Betroffene Beschwerde einlegen, wird die Beschwerde zurückgewiesen, so kann weitere Beschwerde eingelegt werden, soweit ein **neuer** selbständiger Beschwerdegrund vorliegt (568 II).

4. Rangprobleme bei Rechtsmittelverfahren

Wenn mit der ersten Entscheidung eine **Vollstreckungsmaßnahme aufgehoben** worden ist, geht dem Gläubiger damit immer auch der **Pfändungsrang verloren**. Die ihm günstige weitere Entscheidung ändert daran nichts (BGH NJW 76, 1453; Stöber, Rdz. 741; Schneider in MDR 84, 371).

91 Die TuV-Bank pfändet am 1.5.1985 das Gehalt des Drehers Schmidt mit einem pfändbaren Teil von DM 300,00 je Monat. Hiergegen legt Schmidt Erinnerung ein. Am 1.6.1985 pfändet das Möbelhaus Beck ebenfalls das Gehalt in Höhe von DM 300,00.
Am 10.6. hebt das Amtsgericht die Pfändung der TuV-Bank auf, weil der Titel nicht richtig zugestellt sei. Hiergegen legt die TuV-Bank sofortige Beschwerde ein.
Am 1.8.1985 entscheidet das Landgericht, daß die TuV-Bank Recht hat: Die Zustellung des Titels war entgegen der Meinung des Amtsgerichts in Ordnung.

In diesem Fall erhält Herr Schmidt den Lohn für Monat Mai ohne Abzüge. Danach bekommt das Möbelhaus Beck den pfändbaren Lohnanteil so lange, bis die Forderung voll befriedigt ist. Erst danach wird an die TuV-Bank überwiesen. Grund: Die Pfändung war aufgrund der Erinnerung zwar zu Unrecht aufgehoben worden, trotzdem hat die **Aufhebung** den **Rang** des Gläubigers **vernichtet**, da der Rang **nicht** von der formellen Rechtskraft der aufhebenden Entscheidung abhängig gemacht wurde.

Dieses bedeutende Risiko für den Gläubiger wird von den Vollstreckungsgerichten nicht selten übersehen. Legt also der Schuldner Rechtsmittel ein, so sollte das Vollstreckungsgericht auf das Problem wie folgt hingewiesen werden:

IX. Rechtsmittel und Rechtsbehelfe

„*Sofern das Gericht die Aufhebung der Vollstreckungsmaßnahme erwägt, wird ausdrücklich beantragt, die Aufhebungswirkung von der Rechtskraft der Entscheidung abhängig zu machen*".

Nur wenn das Vollstreckungsgericht den Beschluß so abfaßt, bleibt der Rang gegenüber anderen Gläubigern gewahrt.

5. Einstweilige Anordnungen (§§ 719, 732 II, 771 III, 766, 769, 770, 775, 776, 924 III)

Durch die Einlegung eines Rechtsmittels wird der Lauf der Vollstreckung grundsätzlich nicht gehemmt. Dadurch können im Einzelfall für den Schuldner oder für beteiligte Dritte erhebliche Nachteile entstehen. Für sie besteht deshalb die Möglichkeit, **einstweiligen Vollstreckungsschutz** zu beantragen. Das ist in Ausnahmefällen auch ohne Sicherheitsleistung möglich. Die Anforderungen, die die Vollstreckungsgerichte bei diesen Anträgen stellen, sind örtlich sehr unterschiedlich, der Ermessensspielraum sehr breit. Der Gläubiger kann sich meistens nur dadurch wehren, daß er versucht, dem Schuldner falsche Angaben nachzuweisen.

92

6. Besondere Klagearten

Für besondere Ansprüche und Einwendungen, die im Bereich der Zwangsvollstreckung entstehen, sind besondere Klagearten vorgesehen.

93

6.1 Klage auf Vollstreckungsklausel (§ 731)

Wenn der Gläubiger eine qualifizierte Vollstreckungsklausel benötigt, aber die Voraussetzungen dazu nicht mit öffentlich oder öffentlich-beglaubigten Urkunden führen kann, muß er die Voraussetzungen für die Klauselerteilung vom Prozeßgericht des ersten Rechtszuges im Klagewege klären lassen.

6.2 Klage wegen Unzulässigkeit der Vollstreckungsklausel (§ 768)

Umgekehrt kann der Schuldner, wenn er endgültig festgestellt haben will, daß die Voraussetzungen für die Erteilung der Vollstreckungsklausel nicht vorliegen, Klage mit dem Ziel erheben, daß die Zwangsvollstreckung aus dem Titel für unzulässig erklärt wird.

6.3 Vollstreckungsgegenklage (§ 767)

Nach dem Schluß der mündlichen Verhandlung im Erkenntnisverfahren können sich neue Tatsachen ergeben, die das Prozeßgericht nicht mehr berücksichtigen durfte oder konnte. In diesen Fällen ist der Titel zwar formell richtig entstanden, der Gläubiger darf aber aus ihm nicht vollstrecken. Hauptanwendungsfall ist eine nach dem Schluß der mündlichen Verhandlung erfolgte **Erfüllung des Anspruchs** (BGH NJW 1984, 2827). Aber auch ein Vergleich im Rahmen der Zwangsvollstreckung, die Hinterlegung

IX. Rechtsmittel und Rechtsbehelfe

oder eine Aufrechnung gegen die titulierte Forderung mit später entstandenen Ansprüchen kann die weitere Zwangsvollstreckung unzulässig machen. In all diesen Fällen genügt es nicht, wenn der Schuldner seine Einwendungen den Vollstreckungsorganen einfach mitteilt, er muß ihre Berechtigung vielmehr vor dem Prozeßgericht des ersten Rechtszugs durch Klage geltend machen.

6.4 Dritt-Widerspruchsklage (§ 771)

Vollstreckungsmaßnahmen erfassen gelegentlich nicht nur das Vermögen des Schuldners, sondern auch das dritter Personen, gegen die der Gläubiger keinen Anspruch hat. So kommt es vor, daß der Gerichtsvollzieher einen geliehenen Gegenstand pfändet, der dem Schuldner nicht gehört. Der mündliche Hinweis des Schuldners darauf kann die Pfändung nicht verhindern, weil alles, was der Schuldner besitzt, der Vermutung unterliegt, daß es ihm auch gehört.

Für den Gläubiger, bei dem sich eine dritte Person mit der Behauptung meldet, die beim Schuldner gepfändete Sache gehöre ihr, ist die Entscheidung, ob er die Pfandsache wieder freigeben soll, nicht leicht. Jedenfalls sollte er sich Unterlagen und sonstige Beweise von dem Dritten vorlegen lassen, dasselbe müßte der Dritte nämlich auch im Falle einer Klage beim Streitgericht tun.

6.5 Klage auf vorzugsweise Befriedigung (§ 805)

Wenn ein Dritter nicht Eigentümer ist, sondern nur ein Pfand- oder Vorzugsrecht an einer Pfandsache hat, die Sache aber nicht in seinem Besitz ist, kann er nicht im Wege der Dritt-Widerspruchsklage vorgehen. In diesem Fall muß er die Verwertung der Sache zwar dulden, kann aber seine vorrangigen Rechte auf den Erlös durch Klage geltend machen.

7. Dienstaufsichtsbeschwerde

94 Wenn der GVZ oder das Vollstreckungsgericht einen Antrag nicht bearbeitet, so liegt das in der Regel an der Arbeitsüberlastung. Im großstädtischen Bereich kann die Bearbeitungszeit für einen Vollstreckungsauftrag zwei Monate betragen, ohne daß dies von der Dienstaufsichtsbehörde als unangemessen betrachtet würde. Auf dem Land hingegen kann eine Dienstaufsichtsbeschwerde schon berechtigt sein, wenn der Auftrag vier Wochen lang nicht bearbeitet wird. In den neuen Bundesländern muß eine Bearbeitungsdauer von sechs Monaten derzeit leider als normal gelten. Hier muß man sich mit den örtlichen Verhältnissen vertraut machen, um überflüssige Dienstaufsichtsbeschwerden zu vermeiden, die in 99% aller Fälle damit enden, daß festgestellt wird, der GVZ habe ordnungsgemäß gehandelt. Es gibt nur einen sicheren Effekt der Dienstaufsichtsbeschwerde: Der Auftrag bleibt erst einmal so lange liegen, bis über die Beschwerde entschieden wird. Trotzdem gibt es Fälle, in denen sie wirksam ist. In jedem Fall sollte man sparsam von ihr Gebrauch machen.

8. Befangenheitsantrag

Der GVZ kann nach § 155 GVG, der Rpfl. nach §§ 48 ZPO, 10 RpflG, der Richter nach §§ 41, 42 ZPO abgelehnt werden. Voraussetzung ist entweder eine der in § 41 ZPO genannten Interessenkollisionen oder die berechtigte Besorgnis der Befangenheit. Dieser Fall ist sehr selten.

95

X. Berechnung der Forderung und Forderungsübersicht

1. Darstellung der Forderungshöhe

1.1 Zusammensetzung der Forderung

Bei Zahlungsansprüchen muß der Gläubiger dem Gerichtsvollzieher oder dem Vollstreckungsgericht die genaue Höhe der Forderung angeben und belegen. Jedem Antrag ist also der Titel, ggf ein gesonderter KFB und die übrigen Vollstreckungskostennachweise (diese uU. in Fotokopie) beizufügen.

Dies gilt nicht für Teilzahlungen des Schuldners die ja zu dessen Gunsten von der Vollstreckungsforderung abgezogen werden. Diese setzt sich zusammen aus:
- Hauptsache
- Zinsen der Hauptsache
- Prozeßkosten
- Zinsen der Prozeßkosten
- Vollstreckungskosten

96

Leistet der Schuldner Teilzahlungen, muß der Gläubiger angeben, wie er diese Zahlungen verrechnet hat (§ 367 BGB und § 11 VerbrKrG).

Bei einer längerdauernden Vollstreckung ist die Berechnung der Zinsen und die Verrechnung von Teilzahlungen des Schuldners eine sehr mühsame Angelegenheit. Das immer neue Durchrechnen der Forderung, die noch vollstreckt werden kann, kostet viel Zeit.

1.2 Vollstreckung von Teilforderungen

Manche Gläubiger versuchen daher, sich auf die Vollstreckung von Teilforderungen zu beschränken (Stöber, Rdnr. 464). Manchmal geschieht das auch zum Zweck der Kostenersparnis. Dabei muß man darauf achten, im Antrag klar genug zum Ausdruck zu bringen, daß **nur eine Teilforderung** vollstreckt werden soll („Teil-Hauptsache in Höhe von 10 000.- nebst 8 % Zinsen hieraus seit dem 20. 8. 88"). Da der Titel ja immer die volle Forderung ausweist, aus der sich dann die Kosten berechnen, kann ein Mißverständnis für den Anwalt teuer werden, dessen Mandant ihn nur mit der Vollstreckung einer Teilforderung beauftragt hat.

X. Berechnung der Forderung und Forderungsübersicht

97 Bei Teilforderungen sehen manche Gerichte (Landgericht Bielefeld DGVZ 1984, 121) richtigerweise davon ab, eine vollständige Forderungsaufstellung zu verlangen, da es Sache des Schuldners ist, darzutun, in welchem Umfang er bezahlt hat (§ 775 Nr. 4, 5). Die meisten Gerichte sehen das anders: In Kassel, Hannover, Frankfurt, München, Aachen, Köln, Heiligenhafen, Mettmann, Gießen, Nürnberg und Bielefeld und wohl auch bei der Mehrzahl der anderen Vollstreckungsgerichte wird eine vollständige Übersicht über die Forderungsentwicklung ab Titulierung verlangt (kritisch dazu Stöber, Forderungspfändung, Anmerkung 6 zu Rdnr 464, zustimmend Christmann, DGVZ 85, 147).

Leichter hat es nur der Gläubiger, der aus einem notariellen Schuldanerkenntnis vollstreckt, weil hierbei ein abstrakter Betrag vom Schuldner anerkannt wird und zwar losgelöst von dem Schuldverhältnis, aus dem die Forderung ursprünglich stammt. Hier dürfen in dem zu vollstreckenden Betrag auch Zinsen und Kosten enthalten sein ohne gesonderte Aufschlüsselung.

Da der Gläubiger für seine **interne Abrechnung** ohnehin eine übersichtliche Forderungsaufstellung benötigt, sollte man sie erstellen und den Anträgen beifügen, um unnötige Auseinandersetzungen mit dem Vollstreckungsgericht zu vermeiden. Eine Entscheidung des Amtsgerichts Köln (DGVZ 85, 84) will sogar dem Gerichtsvollzieher ein Prüfungsrecht über die Vollstreckungskosten zubilligen. Das geht gewiß zu weit, entspricht aber der Tendenz, dem Gerichtsvollzieher Schutzaufgaben gegenüber dem Schuldner zuzuweisen. Auf gar keinen Fall hat der Schuldner nachträglich einen Anspruch auf die Aufschlüsselung der titulierten Forderung: Dazu ist das Prozeßverfahren vorgesehen (OLG Düsseldorf WM 1988, 743).

2. Forderungsübersicht im Formular

98 Es gibt einen einfachen Weg, die Forderungsberechnung klar und übersichtlich anzufertigen: Man entwickelt sie auf einem, vom Antragsformular getrennten Blatt und verweist im Antrag darauf. Das beigefügte Muster hat sich in vielen Jahren ausgezeichnet bewährt.

99 Ich erläutere den Aufbau wie folgt:
- **Gläubiger:**
Hier wird die Gläubigerbezeichnung so eingetragen, wie sie im Titel festgehalten ist.
- **AZ:**
Das ist das eigene Aktenzeichen entweder des Gläubigers oder seines Anwalts. Es ist besonders wichtig für die Zuordnung eingehender Zahlungen.
- **Schuldner:**
Hier ist die vollständige Schuldnerbezeichnung so anzugeben, wie sie im Titel erfaßt ist.
- **Aus vollstreckbarem Titel des:**
Hier ist das Gericht einzutragen, das den Titel erlassen hat.

X. Berechnung der Forderung und Forderungsübersicht

Gläubiger: TuV Teilzahlungsbank AG, ges. vertr. d. d.
Vorstand Dipl.-Kaufmann Horst Henze,
Parkstraße 10, 80315 München

AZ: ZV 92/00303/Gr (Bei Schriftverkehr und Zahlungen bitte unbedingt angeben)

vertreten durch den Unterfertigten gegen

Schuldner: Theresa Ellert
Residenzstraße 14
80315 München

aus vollstreckbarem Titel des Landgerichts München I
vom 20.08.1988   AZ: 12 O 1920/88

Forderungsübersicht

Hauptforderung DM 10.000,00 DM 20,00   DM 1.088,29 Festgesetzte Kosten
+ 12 % Zins aus 10.000,00 DM seit 01.01.1988   + Zins hieraus seit 20.07.1988

Vorgang	Datum	Betrag	Zw.Vollstrkost. Saldo	Zins + Nebenfdg	Kosten (Zins-Basis)	Hauptsache (Zins-Basis)	Ges. Forderung (Streitwert)
1) Hauptsache, Kosten, Nebenfdg.			20,00		1088,29	10.000,00	11.108,29
2) Zins Hauptsache per 30.07.1988		700,00		720,00			11.808,29
3) Zins Kosten per 30.07.1988		1,33		721,33			11.809,62
4) VA-RA-Geb. per 30.07.1988		236,44	236,44				12.046,06
5) Zins Hauptsache per 05.08.1988		16,67		738,00			12.062,73
6) Zins Kosten per 05.08.1988		0,60		738,60			12.063,33
7) Zahlung Schuldner 05.08.1988		1.000,00	--,--		324,73		11.063,33
8) Zins Hauptsache per 12.09.1988		126,67		865,27			11.190,00
9) Zins Kosten per 12.09.1988		1,30		866,57			11.191,30
10) Vorl.ZVB/Pfüb-RA-Geb. 12.9.88		236,44	236,44				11.427,74
Gerichtskosten		20,00	256,44				11.432,74
11) GVZ-Nachnahme zu 4) 13.09.1988		126,50	382,94				11.559,24
12) GVZ-Nachnahme zu 10) 20.09.1988		21,60	404,54				11.580,84
13) GVZ-Nachnahme zu 10) 20.09.1988		35,20	439,74				11.616,04
14) Zins Hauptsache per 21.09.1988		26,67		893,24			11.642,71
15) Zins-Kosten per 21.09.1988		0,29		893,53			11.643,00
16) Zahlung Drittschuldner 21.09.88		8.500,00	--,--	--,--		2.718,26	2.718,26
17) Zins Hauptsache per 10.10.88		16,31		16,31			2.734,57
18) Pfüb-RA-Geb. 10.10.1988		79,12	79,12				2.813,69
Gerichtskosten		20,00	99,12				2.833,69
19) GVZ-Nachnahme zu 18) 18.10.88		35,00	134,12				2.868,69
20) E.V.-Antrag-RA-GEb. 25.10.1988		57,11	186,23				2.925,80
21) Zins-Hauptsache per 01.11.1988		17,22		33,53			2.943,02
22) Zahlung Drittschuldner 01.11.88		2.943,02	--,--	--,--	--,--	--,--	---,--

X. Berechnung der Forderung und Forderungsübersicht

- **Vom:**
  Datum des Titels
- **AZ:**
  Gerichtliches Aktenzeichen.
- **Hauptforderung:**
  So wie im Titel einschließlich der Zinsen erfaßt.
- **Festgesetzte Kosten:**
  So wie im Titel einschließlich Zinsen ausgewiesen.
- **Vorgang:**
  Hier wird die jeweilige Maßnahme mit laufender Nummer erwähnt, die der Gläubiger vornimmt, wobei immer das Datum angegegen werden muß, um die Überprüfung zu erleichtern.
- **Betrag:**
  Das ist der jeweilige Einzelbetrag für jede Maßnahme.
- **Zwangsvollstreckungskostensaldo:**
  Hier werden die im Vollstreckungsverfahren entstehenden Kosten für Anwalt, Vollstreckungsgericht und Gerichtsvollzieher erfaßt und zur jeweils vorherigen Spalte aufsummiert (Beispiel: bei Ziff. 10)
  - bisheriger Saldo: 236,44 DM
  - zuzüglich Gerichtskosten vom 12. 9.   + 15,– DM
  - neuer Saldo   251,44 DM.
- **Zins- und Nebenforderung:**
  In diese Spalte werden die Zinsen eingetragen und aufsummiert (Beispiel):
- **Kosten (Zinsbasis):**
  Das sind die **vor** der Zwangsvollstreckung angefallenen Kosten, aus denen die Kostenzinsen berechnet werden können.
  - Zinsen (insgesamt) bis 12. 9. 1988   131,16 DM
  (Ziff. 9)
  - Zinsen (Hauptsache) vom 12. 9. 1988
  bis 21. 9. 1988 auf die
  Hauptsache (Ziff. 14)   + 30,– DM
  - neuer Saldo (Ziff. 14)   161,16 DM
- **Hauptsache (Zinsbasis):**
  Das ist der titulierte Hauptsachebetrag, aus dem die Hauptsachezinsen errechnet werden.
- **Gesamtforderung (Streitwert):**
  Das ist die zu vollstreckende Forderung zum Zeitpunkt des Antrags, die gleichzeitig den Streitwert für die nachfolgende Vollstreckungsmaßnahme angibt.
  Diese Aufteilung der Forderung führt dazu, daß eingehende Zahlungen in gesetzentsprechender Weise (§ 367 BGB) einfach verrechnet werden können.

100 Am 30. 7. 1988 (Ziff. 3) belief sich die Forderung einschließlich Hauptsache- und Kostenzinsen auf 11809,62 DM. Aus diesem Streitwert errechnet sich die Vollstreckungsauftragsgebühr für den Rechtsanwalt vom 30. 7. auf 236,44 DM. Zum Zeitpunkt des Antrags betrug die Forderung daher (Ziff. 4) 12 046,46 DM.

X. Berechnung der Forderung und Forderungsübersicht

Am 5.8. zahlt der Schuldner (Ziff. 7) darauf 1000,- DM.
Es werden zunächst die Zinsen vom 30.7. bis 5.8. nachgeführt. Dadurch erhöht sich die Zinsforderung von 721,33 DM um die Kostenzinsen von 0,60 DM und die Hauptsachezinsen von 16,67 DM auf nunmehr 738,60 DM.
Es wird daher wie folgt verrechnet:

Zahlung Schuldner (Ziff. 7)	1000,- DM
÷ bisherige Vollstreckungskosten (Ziff. 4)	− 236,44 DM
verbleibt zur Verrechnung auf Kosten (Spalte 2)	763,56 DM
÷ festgesetzte Kosten	− 1088,29 DM
Restkostenbetrag mithin (Ziff. 7),	324,73 DM.

in dieser Höhe ab 5.8. mit 4% verzinslich

Wie man sieht, hat diese Zahlung noch keine Tilgung auf die Hauptsache bewirkt. Diese erfolgt erst mit der zweiten Zahlung vom 21.9.

Um sich Platz und Arbeit zu sparen, kann man die Berechnung der Zinsen auf den Fall beschränken, daß der Schuldner Zahlungen leistet. Das kann aber einen Verlust von Anwaltsgebühren bedeuten, weil die Gesamtforderung dann nicht den richtigen Streitwert ausweist. Mit der Zeit bekommt man so viel Erfahrung, daß man auf den ersten Blick sieht, ob die Nachführung der Zinsen eine **neue Streitwertstufe** mit sich bringen wird oder nicht.

Wenn man EDV einsetzt, wird einem die gesamte Mühe mit der Forderungsübersicht automatisch abgenommen.

3. Zinsformel

Bei der Forderungsübersicht müssen immer wieder Zinsen berechnet werden. Da in fast allen Fällen die Gerichte die Zinsen jährlich titulieren („DM 4485,- nebst 6,75% Zinsen hieraus seit 1.4. 88"), bei Zahlungen aber immer genau auf den Tag der Zahlung abgerechnet werden muß, benutzt man zweckmäßig die Zinsformel:

$$\frac{\text{Hauptsache} \times \text{Zinstage} \times \text{Zinssatz (in \%)}}{36\,000}$$

Im Beispiel sind tituliert:

Hauptsache	10 000,- DM
Hauptsachezinsen	12%
Zinsbeginn	1.1. 1988
Tag der Zinsberechnung	30.7. 1988
Zinstage vom 1.1. bis 30.7. 85	210 Tage

(für die Zinsberechnung wird jeder Monat mit 30 Tagen angesetzt, ohne Rücksicht auf Schaltjahre oder Monate mit 31 Tagen).
Die vollständig ausgefüllte Formel lautet daher:

$$\frac{10\,000 \times 210 \times 12}{36\,000} = 700, - \text{DM}$$

Die Kostenzinsen errechnen sich entsprechend:

$$\frac{1088{,}29\,\text{DM} \times 11 \times 4}{36\,000} = 1{,}33\,\text{DM}$$

4. Berechnung ausländischer Währungen

102 Manche Titel lauten auf Österreichische Schillinge, Schweizer Franken, Englische Pfund oder US-Dollar, auch wenn sie von einem deutschen Gericht erlassen worden sind.
Ein solcher Titel lautet:

„Der Beklagte wird verurteilt, an den Kläger 43 785 US-Dollar nebst 10% Zinsen hieraus seit 4. 6. 88 zu bezahlen."

Wenn der Anwalt des Klägers oder das Gericht genügend Vollstreckungserfahrung hat, dann wird zur Klarstellung noch besser wie folgt tituliert:

„Der Beklagte wird verurteilt, an den Kläger 43 782 US-Dollar nebst 10% Zinsen hieraus seit 4. 6. 88 zu dem im Zeitpunkt wirksamer Vollstreckung gültigen Verkaufskurs des US-Dollar im Inland zu bezahlen."

Nur wenige wissen nämlich, daß es immer eine **Differenz** zwischen dem **Ankaufs-** und dem **Verkaufskurs** gibt, und mancher Gerichtsvollzieher ist sich nicht im klaren darüber, welchen Kurs er eigentlich nehmen muß. Es ist deshalb der Verkaufskurs der Banken, weil der Gläubiger sich für gezahltes deutsches Geld die Devisen im Inland besorgen muß.

Bei einem solchen Titel wird in der Forderungsübersicht lediglich vermerkt, daß es sich bei der Hauptsache um eine fremde Währung handelt, während die übrigen Bestandteile der Vollstreckungsforderung in DM errechnet sind. Aus diesem Grund dürfen in der Spalte „Gesamtforderung" vorerst auch nur die jeweiligen deutschen Forderungen eingetragen werden, die ausländischen erst, wenn es etwas zu verrechnen gibt.

Gläubiger: TuV Teilzahlungsbank AG, ges. vertr. d. d.
             Vorstand Dipl.-Kaufmann Horst Henze,
             Parkstraße 10, 80315 München

AZ: ZV 92/00303/Gr   (Bei Schriftverkehr und Zahlungen
                        bitte unbedingt angeben)

vertreten durch den Unterfertigten gegen

Schuldner: Theresa Ellert
             Residenzstraße 14
             80315 München

aus vollstreckbarem Titel des Landgerichts München I
vom   20. 08. 1988   AZ: 12 O 1920/88

XI. Zahlungen auf den Titel

Hauptforderung US$ 20.000,- DM + 10 % Zins aus US$ 20.000,- DM seit 20.08.1988		Forderungsübersicht		+	DM 1.350,00 4% Zins hieraus seit 02.09.1988		Festgesetzte Kosten
Vorgang	Datum	Betrag	ZwVollstrkost Saldo	Zins + Nebenfdg	Kosten (Zins-Basis)	Hauptsache (Zins-Basis)	Ges. Forderung (Streitwert)
Bezogene Währung		DM	DM	DM/US$	DM	US$	DM
1) Hauptsache in US-Dollar					1.350,00	20.000,00	
2) Festgesetzte Kosten							
3) VA-RA-Geb.	02.09.1988	424,88	424,88				
4) GVZ-Nachnahme zu 3)	25.09.1988	94,60	519,48				
5) Pfüb-RA-Geb.	30.09.1988	424,88	944,36				
Gerichtskosten		20,00	964,36				
6) GVZ-Nachnahme zu 5)	16.10.1988	120,00	1089,16				
7) Zahlung Schuldner	17.10.1988	1000,00	89,16				
8) Zins-Kosten in DM 02.09.1988-31.10.1988		9,00		9,00			
9) Zahlung Schuldner in DM 31.10.1988 (verbleiben DM 18.560,84)		20000,00	--,--	--,--		--,--	
10) Zins-Hauptsache in US-Dollar 20.08.1988-31.10.1988				405,56		405,56	
11) Verkaufsw. US$-DM 1,80 31.10.88 (DM 18.560,84=US$ 10311,58)							
12) Zahlung Schuldner 31.10.1988 in US$ 10.311,58				--,--		10.093,98	

XI. Zahlungen auf den Titel

1. Rechtliche Wirkung der Zahlung

Zahlungen an den Gläubiger können erfolgen
- durch den Schuldner selbst
- durch den Drittschuldner
- durch dritte Personen, gegen die der Titel nicht wirkt, z.B. einen Bürgen oder einen Familienangehörigen.

Die Zahlung führt **rechtlich** dazu, daß der Anspruch aus dem Titel ganz oder teilweise erlischt (§ 362 I BGB). Deshalb hat der Schuldner das Recht, für jede Zahlung eine Quittung zu fordern (§ 757 II), und, wenn der Titel vollständig bezahlt ist, dessen Herausgabe zu verlangen (§ 757 I). Würde der Gläubiger etwa eine zweite vollstreckbare Ausfertigung (§ 733) beim Vollstreckungsgericht beantragen, so muß der Schuldner in diesem Verfahren gehört werden. Er würde dann den quittierten Titel vorzeigen und damit am einfachsten beweisen können, daß die Forderung bezahlt ist.

Wenn der Gerichtsvollzieher Geld in Empfang nimmt, quittiert er das direkt auf dem Titel (§ 757 I). Zahlt der Schuldner an den Gläubiger, dessen Anwalt, oder erfolgt die Zahlung durch Dritte, dann kann aus praktischen Gründen nichts auf dem Titel quittiert werden. Deshalb ist jede Art, die Zahlung zu beweisen (§ 775), z.B. durch die Banküberweisung, die Barquittung oder sogar durch Zeugenbeweis möglich, falls der Gläubiger bestreiten sollte, eine Zahlung erhalten zu haben. Probleme können sich bei

103

XI. Zahlungen auf den Titel

der Zuordnung einer Zahlung ergeben, wenn dem Gläubiger neben der persönlichen Forderung gegen den Schuldner parallel noch ein dinglicher Titel zur Verfügung steht (Vgl. hierzu Rdnr. 97).

2. Tilgungsbestimmungen (§§ 366, 367 BGB)

Der Schuldner hat das Recht zu bestimmen, wie seine Zahlungen verrechnet werden (§ 366 I BGB), er muß davon aber auch Gebrauch machen!

104 Der WGR Verlag gibt ein Anzeigenblatt heraus, in welchem der Friseurladen TOP für ein Jahr Anzeigen zum Preis von jeweils 100,00 DM pro Monat geschaltet hat. Als im Mai nicht bezahlt wurde, läßt der Verlag DM 500,00 titulieren und beauftragt den Gerichtsvollzieher. Noch bevor der Gerichtsvollzieher erscheint, überweist die Fa. TOP im August DM 200,00 per Post ohne jeden Betreff. Als der Gerichtsvollzieher am 1.9. kommt, wird ihm der Beleg nachgewiesen und die „restlichen" 300,00 DM bezahlt. Der Verlag ist damit nicht zufrieden, weil er meint, die bezahlten DM 200,00 seien für die Monate Juni und Juli bestimmt gewesen.

Hier hat der Schuldner keine Bestimmung getroffen. § 366 II regelt für diesen Fall, daß zunächst die fällige Schuld und unter mehreren fälligen Schulden diejenige mit der geringeren Sicherheit getilgt wird. Die Monatsraten für Juni und Juli sind im August ebenso fällig, wie diejenigen für Januar bis Mai. Für Juni und Juli gibt es aber noch keinen Titel, hier hat der Gläubiger also die geringere Sicherheit. Folge: Die beiden Zahlungen sind für Juni und Juli zu verrechnen, die Firma TOP muß noch 200,00 DM nachzahlen, die Vollstreckung wird fortgesetzt.

Eine von § 367 Abs. I BGB abweichende Tilgungsreihenfolge kann sich aus § 11 VerbrKrG ergeben!

Außerhalb des nicht abdingbaren Verbraucherkreditgesetzes können sich die Beteiligten vor oder bei der Teilleistung auf eine Tilgungsreihenfolge einigen, die dann abweichend von § 367 I BGB gilt. Verschiedene Gläubiger versuchen diese Wirkung durch entsprechende Klauseln in ihren Allgemeinen Geschäftsbedingungen zu erreichen, dies ist zumindest fragwürdig (§ 9 AGBG).

3. Bagatellforderungen

105 Beim nächsten Besuch pfändet der Gerichtsvollzieher nach Geschäftsschluß die Ladenkasse, findet aber nur 198,00 DM vor (vor Geschäftsschluß dürfte er diesen Betrag nicht voll pfänden, sondern müßte handelsübliches Wechselgeld (ca. DM 50,00) zurücklassen).

Der WGR Verlag will seine restlichen DM 2,00 noch haben. Jetzt weigert sich der Gerichtsvollzieher, wegen dieses Bagatellbetrages noch zu vollstrecken.

Bei einer Gesamtforderung von DM 500,00 ist ein offener **Restbetrag** von 2,00 DM sicher so **geringfügig,** daß dem Antrag des Gläubigers das **Rechtsschutzbedürfnis fehlt** (AG Kamen, DGVZ 83, 190 und ausführlich Schneider in DGVZ 83, 132).

XI. Zahlungen auf den Titel

Es ist aber nicht so, daß Bagatellforderungen grundsätzlich am Rechtsschutzbedürfnis scheitern (Stöber, Rdnr. 488 a) Es muß sich schon um eine **ganz geringe Restforderung** handeln, wobei die Höhe des Titels keine Rolle spielt. Anderenfalls bekäme ein Gläubiger mit einem Titel über eine Million den letzten Tausender nicht.

4. Zustimmung zur Löschung aus dem Schuldnerverzeichnis

Wenn die Forderung bezahlt ist, kann der Schuldner beim Vollstreckungsgericht beantragen, aus dem Schuldnerverzeichnis gelöscht zu werden (§ 915 II). Wenn er den quittierten Titel nicht vorlegen kann, fragt das Gericht in der Regel den Gläubiger nach seiner Zustimmung, die dieser erteilen muß. Nicht selten bittet der Schuldner den Gläubiger, die Zahlung direkt dem Vollstreckungsgericht mitzuteilen. Wenn der Gläubiger das zusagt, es aber vergißt und dem Schuldner daraus Nachteile entstehen (z.B. eine Kreditkündigung), muß der Gläubiger ihm den Schaden ersetzen: BGH WM 85, 35! 106

Nicht selten ist der Schuldner auch
– in der Schufa
– bei den Auskunfteien wie Creditreform, Schimmelpfeng, Bürgel etc.

eingetragen. Hier kann er gem. § 35 Datenschutzgesetz selbst Löschung verlangen. Außer der Quittung kann er vom Gläubiger keine zusätzliche Bestätigung verlangen (OLG München, NJW 82/244).

5. Kosten

Wenn der Schuldner Geld überweist, muß er die Bankspesen zahlen. Der Antrag auf Löschung aus dem Schuldnerverzeichnis ist gebührenfrei (§ 1 I GKG). Für die Mitwirkung des Gläubigers an Löschungen kann dieser für die eigene Arbeitsleistung keine Vergütung beanspruchen, wohl aber die Erstattung von Auslagen wie z.B. notarieller Beglaubigungen (§ 369 BGB). Wird der Anwalt des Gläubigers eingeschaltet (z.B. wegen des rechtlichen Gehörs) entsteht eine 3/10 Gebühr nach § 58 III Ziff. 12 BRAGO. 107

6. Checkliste

Bei Zahlungen des Schuldners ist folgendes zu beachten:
– Ist ein Vollstreckungsauftrag unterwegs, muß das Vollstreckungsgericht bzw. der Gerichtsvollzieher davon unverzüglich unterrichtet werden, um Kostennachteile und Haftungsrisiken zu vermeiden. Der Rechtsanwalt muß den Gläubiger darauf immer wieder hinweisen. 108
– Bei jeder Zahlung ist zu prüfen, ob diese sich auf den Titel oder auf andere Forderungen bezieht.
– Teilzahlungen sind grundsätzlich nach § 366, 367 BGB zu verrechnen, falls keine Tilgungsbestimmung des Schuldners vorliegt.

- Freiwillige Zusagen gegenüber dem Schuldner, in dessen Interesse Zahlungen an das Vollstreckungsgericht oder Dritte mitzuteilen, sind riskant. Der Gläubiger sollte aber fairerweise freiwillig das Erforderliche tun.

XII. Vereinbarungen mit dem Schuldner

1. Wie verhandelt man mit dem Schuldner?

109 Nicht selten setzt sich der Schuldner mit dem Gläubiger in Verbindung und bittet um Ratenzahlung. Wie der Gläubiger darauf reagieren soll, ist eine – zum Teil nicht einfach zu entscheidende – taktische und rechtliche Frage.

1.1 Verbraucherkreditgesetz (VerbrKrG)

110 Die rechtlichen Probleme resultieren in erster Linie aus dem seit dem 1.1.1991 in Kraft getretenen Verbraucherkreditgesetz (vgl. Rdnr. 23) mit seinem weiten Anwendungsbereich und den einschneidenden Rechtsfolgen zu Lasten des Kreditgebers. Im Rahmen dieser Darstellung ist eine auf den Bereich der Ratenzahlungsvereinbarungen zwischen Gläubiger und Schuldner beschränkte Kommentierung dieses neuen Gesetzes nicht möglich, zumal einige Auslegungsfragen noch der Ausfüllung durch die Rechtsprechung bedürfen.

Dem Anfänger kann – so zweckmäßig dies aus wirtschaftlicher Sicht auch erscheinen mag – der Abschluß einer Ratenzahlungsvereinbarung mit dem Schuldner nur dann empfohlen werden, wenn das VerbrKrG gerade keine Anwendung findet.

111 Die Systematik des Gesetzes läßt sich kurz skizzieren:
- **Verbraucher** kann jede natürliche Person sein, also nicht juristische Personen (AG, GmbH).

Das VerbrKrG ist aber nicht anwendbar, wenn der Kredit nach dem Vertragsinhalt für eine bereits ausgeübte gewerbliche oder selbständige berufliche Tätigkeit des Kreditnehmers gewährt wird, ausgenommen sind also Kredite an Kaufleute, Handwerker, Landwirte und Angehörige der freien Berufe (Ärzte, Architekten, Rechtsanwälte, Steuerberater und Personenhandelsgesellschaften etc.). Vgl. hierzu § 1 VerbrKrG.

Gegenausnahme sind aber Existenzgründungsdarlehen unter DM 100 000,– (§ 3 I 2 VerbrKrG).
- **Kreditgeber** ist jede Person, die in Zusammenhang mit ihrer gewerblichen oder beruflichen Tätigkeit Kredit gewährt (§ 1 II VerbrKrG). Es sind also nicht nur die Kreditinstitute erfaßt, sondern jeder, der das Entgelt für seine gewerbliche oder berufliche Leistung kreditiert!
- Weitere Voraussetzung ist die **Entgeltlichkeit** des gewährten Kredits, wobei hierunter nicht nur ein Darlehen (§ 607 BGB), sondern bereits ein Zahlungsaufschub zu verstehen ist (§ 1 II VerbrKrG)! Dieses Merk-

XII. Vereinbarungen mit dem Schuldner

mal ist nun für Ratenzahlungsvereinbarungen – sei es vor oder nach Titulierung der Forderung – der springende Punkt:
Auch eine nachträglich vereinbarte Teilzahlung ist eine Stundung der Forderung und damit Zahlungsaufschub. Sofern die Stundung entgeltlich erfolgt, ist das VerbrKrG (natürlich bei Vorliegen der übrigen Voraussetzungen) auf die Teilzahlungsvereinbarung anwendbar. Eine Ausnahme gilt nur, wenn der Zahlungsaufschub für den Verbraucher nicht mehr als drei Monate beträgt (§ 3 I Nr. 3 VerbrKrG).
Entgelt ist jede Art von Gegenleistung für die Kreditgewährung. Wird nun im Rahmen der Vollstreckung einer titulierten Forderung (Hauptsache und Zinsen) ein Ratenzahlungsvergleich geschlossen und soll der Schuldner auch noch die Kosten des Gläubigeranwalts übernehmen, so stellt sich die (umstrittene) Frage, ob damit das Verbraucherkreditgesetz zur Anwendung kommen soll (Zum Meinungsstand Münchener Kommentar/Ulmer, BGB, 3. Aufl., Bd. 3, Rdnr. 71 zu § 1 VerbrKrG).
Den Vorzug verdient die Auffassung, daß ein Ratenzahlungsvergleich dann entgeltlich i. S. d. § 1 VerbrKrG ist, wenn dem Schuldner neue, zusätzliche Kosten aufgebürdet werden, wie z. B. erstmalige Verzinsung der bisher nicht verzinslich titulierten Hauptforderung. Haftet der Schuldner im Verzugsfall ohnehin für die Kosten des Gläubigeranwalts, so stellt die Gebühr nach § 23 BRAGO kein neues zusätzliches Entgelt für die Ratenzahlung dar (Mümmler JurBüro 1992, 299f.).

Das VerbrKrG will den Kreditnehmer **112**
– durch Formvorschriften (Schriftform) mit
– notwendigen Angaben über den Vertragsinhalt (§ 4 VerbrKrG; Nettokreditbetrag, Gesamtbetrag aller Zahlungen mit Zinsen und Kosten, Rückzahlungsmodus oder Regelung der Vertragsbeendigung, Zinssatz und alle sonstigen Kosten des Kredits, effektiven Jahreszins, zu bestellende Sicherheiten u. a.),
– eine ausdrückliche Belehrung des Kreditnehmers über sein
– Widerrufsrecht (§ 7 VerbrKrG) und
– zwingende Rechtsfolgen für „Zuwiderhandlungen" (z. B. Beschränkung auf den gesetzlichen Zinssatz von 4% oder Ausschluß ungenannter Vertragskosten; § 6 VerbrKrG) schützen.

Auch unabhängig von Formverstößen oder sonstigen Fehlern ist eine **113** dem VerbrKrG unterliegende Ratenzahlungsvereinbarung
– hinsichtlich der Kündigungsmöglichkeit bei Zahlungsverzug beschränkt (§ 12 VerbrKrG);
– Verzugszinsen sind nach § 11 I VerbrKrG grundsätzlich auf 5% über dem jeweiligen Diskontsatz der Bundesbank festgeschrieben (als Obergrenze);
– in Abweichung von § 367 I BGB sind unzureichende Zahlungen des Schuldners auf die Kosten der Rechtsverfolgung, den Hauptsachebetrag und zuletzt auf die Zinsen zu verrechnen, wobei der Kreditgeber Teilzahlungen nicht zurückweisen darf (§ 11 III VerbrKrG). Zinsen unterliegen dafür nur der 30-jährigen Verjährung.
Dies sind nur die wichtigsten Eingriffe des VerbrKrG in das bürgerliche Recht. Die praktische Anwendung dieses zum Schutz des Schuldners kon-

XII. Vereinbarungen mit dem Schuldner

zipierten Gesetzes wird möglicherweise zeigen, daß sich der Zweck im Bereich der Zwangsvollstreckung in sein Gegenteil verkehren kann. Um mögliche Einschränkungen des VerbrKrG zu vermeiden, wird mancher Gläubiger lieber seinen Titel kompromißlos vollstrecken, obwohl eine sinnvolle Ratenzahlungsvereinbarung beiden Beteiligten nützlicher sein kann oder gar die Beitreibung der Forderung erst ermöglicht.

Den nachfolgenden Ausführungen liegt ein Beispiel zugrunde, auf das das VerbrKrG keine Anwendung findet. (Bereits ausgeübte gewerbliche Tätigkeit.)

1.2 Vorgerichtliche Vergleiche

114 Das Mahnverfahren beginnt meistens mit einer außergerichtlichen Abmahnung.

Die DESY-Computer-Handels GmbH hat an den Büromaschinenhändler Willi Wietersheim zwei Kleincomputer für insgesamt DM 6380,00 geliefert. Nach der zweiten Mahnung bittet Herr Wietersheim um Stundung, weil das Geschäft gerade nicht besonders gut gehe. Einstweilen könne er DM 500,00 bezahlen. Der Lieferant ist einverstanden, die erste Zahlung geht ein, dann hört die DESY GmbH von Herrn Wietersheim nichts mehr. Nach weiteren sechs Wochen wird der Mahnbescheid beantragt, gegen den Herr Wietersheim Widerspruch einlegt. Nach Vorliegen der Klagebegründung wird eingewendet, die Computer seien mangelhaft. Das Gericht ordnet Beweisaufnahme an, die DESY GmbH muß neben den eigenen Anwaltskosten die Gerichtskosten und den Vorschuß für den Sachverständigen zahlen, der schließlich feststellt, daß die Mängelrüge unberechtigt ist. Die Verfahrenskosten belaufen sich inzwischen auf über 3500,00 DM.
Als die DESY GmbH aus dem Titel vollstrecken will, stellt sich heraus, daß Willi Wietersheim kurz nach Ende des Verfahrens Konkursantrag stellen mußte.

Dieser Fall ist weit häufiger als man denkt: Viele Gläubiger begnügen sich damit, der Bitte des Schuldners um Teilzahlungen zu entsprechen, ohne daran zu denken, daß ein Schuldner, der **jetzt nicht zahlen** kann, höchstwahrscheinlich **eine ganze Reihe anderer Gläubiger hat,** die nicht so nachsichtig sind. Jede Bewilligung von Teilzahlungen ist eine Verlängerung des Kredits, den der Schuldner durch die Warenlieferung schon bekommen hat. Dem darf man nur zustimmen, wenn der Schuldner eine Gegenleistung anbietet. Die **geringste Form** der Gegenleistung ist der **Titel.**

Liegt er einmal vor, kann der Schuldner nicht, wie hier, **nachträglich** irgendwelche Einwendungen machen, die oft das Verfahren nur verzögern sollen. Daneben entstehen dem Gläubiger auch ganz erhebliche Anwalts-, Gerichts- und Sachverständigenkosten, die der Schuldner gar nicht ersetzen kann.

Dazu kommt noch der **Zinsverlust,** denn wenn der Gläubiger für die Zeit der Teilzahlungen nicht ausdrücklich Zinsen vereinbart, erhält er nur die gesetzlichen Zinsen:

Die Gerichte stellen hohe Anforderungen daran, den Zinsaufwand des Gläubigers schlüssig darzustellen.

Die richtige Reaktion des Gläubigers wäre folgender Brief gewesen:

„*Eine Stundung der offenen Forderung können wir Ihnen gewähren, wenn Sie unsere Forderung entweder zu notarieller Urkunde anerkennen oder sich bereit erklären, gegen einen von uns beantragten Mahn- und*

XII. Vereinbarungen mit dem Schuldner

Vollstreckungsbescheid keinen Widerspruch bzw. Einspruch einzulegen. Wir verpflichten uns, aus dem Vollstreckungsbescheid so lange nicht zu vollstrecken, als die vereinbarten Ratenzahlungen eingehalten werden."

1.3 Außergerichtliches Anerkenntnis

In vielen Fällen wird der Gläubiger ein so konsequentes Vorgehen trotz der erkannten Risiken scheuen, weil er immer noch hofft, die Geschäftsverbindung aufrecht erhalten zu können. In diesem Fall muß aber **mindestens** gewährleistet sein, daß im Falle einer späteren gerichtlichen Auseinandersetzung der Kunde nicht Mängelrügen vorträgt, die das Verfahren verzögern und verteuern. Das kann nur durch ein **außergerichtliches Anerkenntnis** etwa in folgender Form geschehen: 115

„Mit der von Ihnen erbetenen Stundung sind wir grundsätzlich einverstanden, wenn Sie die Forderung in folgender Form anerkennen:

Anerkenntnis
1. Herr Willi Wietersheim anerkennt, der Firma DESY GmbH aus Rechnung Nr. 1123 vom 7.3. 1985 einen Betrag von 6380,00 DM zuzüglich 8,5% Zinsen seit 1.2. 1985 zu schulden.
2. Einwendungen gegen diese Forderung nach Grund und Höhe, insbesondere Mängelrügen, sind nicht gegeben.
3. Die DESY GmbH gestattet Herrn Wietersheim die Rückzahlung der Forderung in monatlichen Raten zu je DM 500,00, fällig jeweils am 1. eines jeden Monats, erstmals am 1.4. 1985. Gerät Herr Wietersheim mit einer Rate ganz oder teilweise länger als 10 Tage in Rückstand, so ist die gesamte offene Restforderung sofort zur Zahlung fällig.
4. Herr Wietersheim übernimmt die Kosten dieser Vereinbarung.
Bitte senden Sie uns ein Exemplar dieses Schreibens unterschrieben zurück, da wir nur dann die Vereinbarung als rechtswirksam anerkennen können".

Die **Verfallklausel** (Ziff. 3 Satz 2), die gerne vergessen wird, ist als **Druckmittel** ganz unerläßlich. Ohne sie kann der Schuldner bei Verzug die gesamte Restlaufzeit ausnutzen, der Gläubiger darf nur die jeweils fällige Rate eintreiben. 116

Geht die erste Zahlung nicht pünktlich ein, dann kann gestützt auf das Anerkenntnis eine Klage im **Urkundsprozeß** erhoben werden, aus der **ohne Sicherheitsleistung** sofort vollstreckt werden kann. In einem solchen Verfahren dürfen auch **keine Mängelrügen** geltend gemacht werden, weil sie nicht urkundlich bewiesen werden können. 117

1.4 Vereinbarung von Sicherheiten

Wenn es gelingt, vom Schuldner Sicherheiten zu erhalten (z.B. Abtretungen von Forderungen gegen andere Lieferanten oder des Arbeitslohns), ist das sehr zu empfehlen. In der Praxis gelingt es aber selten. Zudem ist die **Lohnabtretung** meistens **tarifvertraglich verboten** und damit **unwirksam**. 118

Der Gläubiger kann sich auch nie sicher sein, ob nicht der Schuldner dieselbe Forderung schon vorher (bewußt oder unbewußt z.B. durch AGB) anderen Gläubigern abgetreten hat. Auch strafrechtliche Aspekte sind zu bedenken (Gläubigerbenachteiligung, vgl. Rdnr. 337) sowie eine mögliche Anfechtbarkeit im anschließenden Konkurs des Schuldners (vgl. Rdnr. 319).

XII. Vereinbarungen mit dem Schuldner

1.5 Vergleich nach Vorliegen des Titels

119 Liegt ein Titel bereits vor, so wird neben dem Schuldner oft auch der beauftragte GVZ den Gläubiger um Zustimmung zu ratenweiser Tilgung bitten.

Bevor man hier seine Zustimmung gibt, sollte man sich kurz mit dem GVZ telefonisch in Verbindung setzen, um zu sehen, ob es sich um einen „alten Kunden" des GVZ handelt, wie etwa einen Gastwirt, den der GVZ alle zwei Wochen besucht, um aus der Barkasse für mehrere Gläubiger gleichzeitig die erforderlichen Ratenzahlungen zu bekommen. In einem solchen Fall kann man sich getrost auf das Augenmaß des GVZ verlassen. In anderen Fällen sollte man **ohne förmlichen Teilzahlungsvergleich** (Rdnr. 134) **keine Stundung** bewilligen:

Wer sich **formlos** mit **Ratenzahlungen** einverstanden erklärt, **verzichtet** damit **auf** weitere **Vollstreckungsmöglichkeiten**, weil er ja ein Stillhalteabkommen mit dem Schuldner getroffen hat. Das gibt dem erfahrenen Schuldner die gewünschte Gelegenheit, Vermögenswerte, die mit der Sachpfändung nicht erreicht werden können, anderweitig zu verwerten!

Der richtige Weg ist folgender:
1. Durchsuchungsanordnung für Geschäftsraum und privaten Wohnsitz des Schuldners beantragen;
2. Sachpfändung an der Privatadresse des Schuldners versuchen (dafür wird in der Regel ein anderer Gerichtsvollzieher zuständig sein!);
3. Andere Vollstreckungsmöglichkeiten (z.B. Pfändung der Bankkonten, Vorhandensein von Grundbesitz etc.) ermitteln;
4. Teilzahlungsvergleich entwerfen und dem Schuldner zur Unterschrift zusenden mit der gleichzeitigen Benachrichtigung, daß ein neuer Vollstreckungsversuch bevorsteht: Wenn der Schuldner sich weigert, einen förmlich ausgefertigten Teilzahlungsvergleich zu unterschreiben, ist es ihm mit der Einhaltung von Raten nicht ernst! Erfolgt keine Reaktion, neuer Vollstreckungsauftrag beim Gerichtsvollzieher unter Hinweis auf das Vorangegangene: Jetzt wird der Schuldner sich gegenüber dem Gerichtsvollzieher nicht mehr rechtfertigen können, er sei guten Willens.

Wenn der Auftrag an den Gerichtsvollzieher schon erteilt ist, muß man außerdem berücksichtigen, daß bei Rücknahme des Auftrags der Gerichtsvollzieher seine Kosten in Rechnung stellen wird.

Die Ziffer 4 des oben (Rdnr. 115) vorgeschlagenen Teilzahlungsvergleichs ändert sich in diesem Fall wie folgt:

„Herr Wietersheim übernimmt die Kosten dieser Vereinbarung. Die Vereinbarung wird außerdem nur wirksam, wenn die bei dem Gerichtsvollzieher bisher schon angefallenen Kosten unmittelbar beim Gerichtsvollzieher bezahlt werden."

Fehlt die Klausel, dann muß der Gläubiger Geld bezahlen, für das er unter anderen Umständen wenigstens über die Unpfändbarkeitsbescheinigung einen Zeitgewinn erreicht hätte.

XII. Vereinbarungen mit dem Schuldner

1.6 Mindestbetrag sofort verlangen!

Man sollte den Abschluß eines Teilzahlungsvergleiches grundsätzlich davon abhängig machen, daß ein **Mindestbetrag sofort** bezahlt wird. Darauf antworten viele Schuldner, sie hätten eben überhaupt kein Geld, was man schon daran sehe, daß sie um einen Vergleich bitten. Dieses Argument ist leicht zu zerstören:
Wer sich nicht einen gewissen Mindestbetrag als Zeichen seines guten Willens beschaffen kann, der wird auch keine Raten einhalten und dann ist der gesamte Vergleich zwecklos.

1.7 Ratenhöhe

Ein großes Problem ist auch die **Höhe der Raten**. Als Faustformel gilt, daß man Raten nicht länger als 12 Monate bewilligen sollte (Beispiel: Forderung 12 000,00 DM, Monatsrate DM 1000,00).
Es gibt nur wenige Fälle, in denen das möglich ist, und ein Teilzahlungsvergleich, den der Schuldner nach seinen wirtschaftlichen Verhältnissen offensichtlich nicht einhalten kann, ist ebenfalls sinnlos. Die richtige Lösung lautet:
Wenn der Schuldner nur erheblich geringere Raten bezahlen kann (z.B. DM 250,00), dann wird der Ratenzahlungsvergleich vorerst nur für sechs Monate abgeschlossen, damit man sehen kann, ob der Schuldner pünktlich zahlt. Vielleicht haben sich in sechs Monaten die wirtschaftlichen Verhältnisse verbessert, dann können die Raten erhöht werden. Damit hat der Gläubiger ein Druckmittel gegenüber dem Schuldner, höhere Raten zu verlangen, wenn er die Vollstreckung der gesamten Restforderung nach sechs Monaten (oder einem kürzeren Zeitraum) vermeiden will. Andererseits hat der Schuldner zunächst einmal Gelegenheit, seine wirtschaftlichen Verhältnisse zu ordnen. Gibt der Gläubiger sich aber ohne zeitliche Begrenzung mit viel zu kleinen Raten zufrieden, dann **benutzt** ihn der Schuldner **als Kreditgeber**, ohne daß der Gläubiger sich von dieser Vereinbarung später lösen kann.
Das gilt vor allem, wenn der Gläubiger keine angemessenen Zinsen im Teilzahlungsvergleich vereinbart. In vielen Fällen enthält der Titel nur die gesetzlichen Zinsen (4% bzw. unter Kaufleuten 5%). Wenn der Gläubiger sich nun mit einer erheblich längeren Zahlungsfrist zufrieden gibt, dann kann er als Gegenleistung auch eine freiwillige Erhöhung dieser Zinsen verlangen. Die Zinsen sind zwar nicht tituliert, können aber nach Bezahlung des Titels gestützt auf den Teilzahlungsvergleich im Urkundsverfahren geltend gemacht werden. Auch höhere als die titulierten Zinsen können als neues, zusätzliches Entgelt die Anwendung des Verbraucherkreditgesetzes begründen!
Jedenfalls sollte sich der Gläubiger von dem Schuldner dessen wirtschaftlichen Verhältnisse (Aktiva und Passiva) offenlegen lassen, dazu gehören auch etwaige Vergleichs- oder Ratenzahlungsvereinbarungen mit anderen Gläubigern.

XII. Vereinbarungen mit dem Schuldner

1.8 Sicherheiten

Die gängigste Sicherheit ist die Lohnabtretung.

122 Ihre **Offenlegung** ist **niemals** ein **Grund für** eine **Kündigung**, wie der Schuldner oft befürchtet. Trotzdem sollte der Gläubiger soweit als möglich Rücksicht auf betriebsinterne Spannungen nehmen, die der Schuldner zweifellos bekommt, wenn eine Abtretung offengelegt wird. Für den Gläubiger ist das **rechtlich nicht von Nachteil**, denn auch wenn von dritter Seite in den Arbeitslohn gepfändet wird, geht die zeitlich frühere Abtretung späteren Pfändungen vor. Der Pfandgläubiger muß das vom Arbeitgeber an ihn Bezahlte wieder herausgeben (§ 812 BGB) (BGH, NJW 82, 173).

Die stille Lohnabtretung hat aber ein anderes Problem: In vielen Tarifverträgen oder in Betriebsvereinbarungen ist ausdrücklich festgelegt, daß kein Arbeitnehmer seinen Lohn abtreten darf. In diesen Fällen ist nur die gerichtliche Pfändung ein wirksames Sicherungsmittel. Die meisten Arbeitnehmer wissen von diesen Bestimmungen nichts oder verschweigen sie absichtlich, Klarheit könnte nur die Rückfrage beim Arbeitgeber schaffen! Die aber will der Schuldner nicht, denn dann könnte man die Lohnabtretung gleich offenlegen. Dieses Risiko kann man nicht beseitigen.

Die Offenlegung einer unwirksamen Lohnabtretung kann auch eine Schadensersatzpflicht des Gläubigers gegenüber dem Schuldner begründen!

2. Kosten des Teilzahlungsvergleiches

123 Bei den **Kosten des Teilzahlungsvergleiches** ist zwischen der Entstehung der Vergleichsgebühr nach § 23 BRAGO und deren Erstattungsfähigkeit nach § 788 zu unterscheiden. Teile der Rechtsprechung (Übersicht bei LG Arnsberg, NJW 72, 1430 und Zöller Rdnr. 7 zu § 788) halten die 10/10 Vergleichsgebühr des Gläubigeranwalts auch dann nicht für „notwendige" Kosten der Zwangsvollstreckung, wenn z.B. durch zusätzliche Sicherheitsleistungen ein gegenseitiges Nachgeben offensichtlich ist. Da der Gläubiger für seine Nachgiebigkeit nicht auch noch mit den Kosten der Vollstreckung gestraft sein sollte, muß die Verpflichtung, diese Gebühr zu übernehmen, ausdrücklich vereinbart werden (§ 305 BGB) (KG Berlin, Rpfl. 81, 410; OLG Hamm, OLGZ 66, 557). (s. Ziff. 4 beim Formular Rdnr. 115). Nach Ansicht des Amtsgerichts Köln (DGVZ 85, 84) und des Landgerichts Bad Kreuznach (DGVZ 84, 27) soll der Gläubiger sogar darauf verwiesen werden, sich für die jeweils anfallenden Vergleichsgebühren einen gesonderten Titel zu holen. Dahinter steht der Gedanke, daß der Anwalt des Gläubigers diese Gebühr offenbar „umsonst" verdiene. Wer einmal gesehen hat, was für ein Aufwand für Aktensuche, Zahlungszuordnung, Buchung, Abrechnung mit Gerichtsvollzieher, Schuldner und Mandant durch eine Teilzahlungsvereinbarung entsteht, würde mehr Verständnis dafür haben, daß der Anwalt des Gläubigers dafür eine Kostenerstattung verlangt.

XIII. Einstellung und Rücknahme von Anträgen

„Der Gläubiger ist der Herr des Vollstreckungsverfahrens, aber der Gerichtsvollzieher ist nicht sein Knecht" (Wieser, NJW 1988, 665).
Das bedeutet: Der Gläubiger kann durch sein Antragsrecht (§ 753 Abs.1 (Sachpfändung), 807 Abs.1 (Offenbarungsversicherung) etc.) bestimmen, welche einzelnen Vollstreckungsmaßnahmen er ergreifen will.
Er hat aber nur begrenzte Möglichkeiten, auf das Verfahren selbst einzuwirken, denn dessen Ablauf ist durch die gesetzlichen Bestimmungen und die Ermessensspielräume von Gerichtsvollzieher und Vollstreckungsgericht weitgehend bestimmt.

1. Vereinbarungen mit dem Schuldner

Deshalb können auch **Vereinbarungen** des Gläubigers mit dem Schuldner, so vor allem der Teilzahlungsvergleich (oben Rdnr.109), nicht unmittelbar auf die gerade anhängige Vollstreckungsmaßnahme einwirken.

124

Die Thamm-KG hat dem Gerichtsvollzieher einen Sachpfändungsauftrag gegenüber der Firma Nußbaum gegeben. Der Gerichtsvollzieher hat den Auftrag, der bei ihm am 1.10. 1988 eingegangen ist, für den 23.10. eingeplant. Am 20.10. erhält er die Nachricht, es sei ein Teilzahlungsvergleich zustande gekommen, er möge den Auftrag einstweilen ruhen lassen.
Der Gerichtsvollzieher schickt Auftrag und Titel zurück, da der Antrag „zurückgenommen" worden sei.

Diese Ansicht ist nicht richtig, denn „die Zwangsvollstreckung ist einzustellen oder zu beschränken ..., wenn eine von dem Gläubiger ausgestellte Privaturkunde vorgelegt wird, aus der sich ergibt, daß der Gläubiger nach Erlaß des zu vollstreckenden Urteils ... Stundung bewilligt hat" (§ 775 Nr.4 ZPO).
Während die **Antragsrücknahme** (§ 111 Nr.1 GVGA) den Auftrag endgültig abschließt und er vollständig neu wieder aufgenommen werden muß, bedeutet die einstweilige Einstellung nach § 775 Nr.4 ZPO, daß der Gläubiger eine einfache Weisung an den Gerichtsvollzieher erteilen kann, das Verfahren fortzusetzen.
Das hat auch **kostenrechtliche Wirkungen:** Bei der Antragsrücknahme kann der Gerichtsvollzieher für einen neuen Auftrag auch neue Gebühren verlangen, während er bei der Einstellung die Gebühr nur einmal erhält.

Am 30.10. 1988 teilt die Thamm-KG dem Gerichtsvollzieher mit, der Schuldner habe die vereinbarte Rate nicht bezahlt, nunmehr solle vollstreckt werden. Der Gerichtsvollzieher plant den neuen Vollstreckungstermin auf den 15.11.
Am 10.11. teilt die Thamm-KG mit, nunmehr sei die Rate eingegangen, und die Vollstreckung solle erneut eingestellt werden.

XIII. Einstellung und Rücknahme von Anträgen

Obwohl der Gläubiger grundsätzlich die Einstellung verlangen darf, kann er das nicht unbegrenzt wiederholen. Das Beispiel zeigt, daß der Antrag auf die Organisation des Gerichtsvollziehers erheblichen Einfluß nimmt. Im Zwangsversteigerungsverfahren ist deshalb bestimmt, daß der Gläubiger das Verfahren höchstens zweimal ruhen lassen kann: Die dritte Einstellungsbewilligung gilt als Antragsrücknahme (§ 30 Abs.1 S 2, S 3 ZVG). Im **Offenbarungsversicherungsverfahren** ist von Gesetzes wegen die Möglichkeit eines Aufschubs vorgesehen (§ 900 Abs. 3 S 4 ZPO). Gerade daraus ergibt sich aber auch, daß ein Aufschub nur begrenzt möglich ist, denn der Gläubiger kann nicht ein Verfahren durch Antrag in Gang setzen und dann nach seinem Belieben festlegen, wann es fortgeführt werden soll: Das ist auch eine Frage der Rechtssicherheit, die es erfordert, daß der Schuldner über den Inhalt des Verfahrens nicht beliebig lange in Ungewißheit bleibt.

2. Einstellung und Rangwahrung

125 Der wesentliche Unterschied zwischen **Antragsrücknahme und einstweiliger Einstellung** (§ 775 Nr. 4) ist es, daß Vollstreckungsmaßnahmen, die zum Zeitpunkt der Rücknahme/Einstellung schon ergriffen worden sind, bei der Rücknahme des Antrages ersatzlos aufgehoben werden und insbesondere **ihren Rang** verlieren, während bei der Einstellung des Verfahrens der Rang erhalten bleibt.

Der Gerichtsvollzieher pfändet bei Herrn Nußbaum eines von zwei Fernsehgeräten. Drei Tage vor der Versteigerung erklärt sich Herr Nußbaum mit Ratenzahlung einverstanden und zahlt die erste Rate an den Gläubiger. Der Gerichtsvollzieher unterläßt daher die Versteigerung und stellt das Verfahren ein. 14 Tage später erhält er einen neuen Vollstreckungsauftrag der Schoeler GmbH gegen Herrn Nußbaum.

Da das Verfahren nur eingestellt worden ist, wird der Gerichtsvollzieher in diesem Fall eine **Anschlußpfändung** vornehmen, denn die erste Rangstelle und damit das vorrangige Recht auf Auszahlung des Versteigerungserlöses liegt nach wie vor bei der Thamm-KG. Hätte die Thamm-KG den Antrag **zurückgenommen**, wäre diese Rangstelle verlorengegangen und der Gerichtsvollzieher hätte für den nachfolgenden Gläubiger Schoeler GmbH erneut und an erster Rangstelle gepfändet.

3. Antragsformulierung

126 Bei der Antragsformulierung muß deshalb sorgfältig darauf geachtet werden, zwischen
– einstweiliger Einstellung
und
– Antragsrücknahme
zu unterscheiden. Die Antragseinstellung ist bei allen **Vollstreckungsmaßnahmen mindestens einmal** möglich, wie sich aus § 775 Nr. 4 für die Sachpfändung und aus § 900 Abs. 3 S 4 für die Offenbarungsversicherung ergibt.

XIV. Auswahl der richtigen Vollstreckungsmaßnahme

Ob Gerichtsvollzieher und Vollstreckungsgericht weitere Einstellungen akzeptieren müssen, muß im Einzelfall abgewogen werden, wobei sowohl die organisatorische Belastung des Gerichts als auch die Interessen des Schuldners eine Rolle spielen. Dem Schuldner wird zwar meist mit der Einstellung des Verfahrens gedient sein, sie kann sich aber im Einzelfall auch als unzulässige Druckmaßnahme erweisen (Wieser NJW 1988, 665 (670)).

XIV. Auswahl der richtigen Vollstreckungsmaßnahme

1. Bevor der Vollstreckungsauftrag erteilt wird, ist zu **entscheiden, welche Maßnahme** ergriffen wird.
Bei folgenden Titeln ist das einfach, weil es nur eine einzige Maßnahme 127 gibt:
- Herausgabeansprüche werden gemäß § 883 dadurch vollstreckt, daß der Gerichtsvollzieher die Sache dem Schuldner wegnimmt
- Handlungen, die ein Dritter statt des Schuldners vornehmen kann, werden auf Kosten des Schuldners durch einen Dritten vorgenommen (§ 887)
- Handlungen die der Schuldner nur selbst vornehmen kann, werden dadurch erzwungen, daß gegen den Schuldner ein Zwangsgeld oder die Zwangshaft angeordnet wird (§ 888)
- Unterlassungen oder Duldungen werden ebenfalls durch Ordnungshaft oder Ordnungsgeld erzwungen (§ 890)
- Willenserklärungen müssen nicht vollstreckt werden, weil der Titel sie ab Rechtskraft ersetzt (§ 894)

2. Zahlungsansprüche

Bei den weit häufigeren Zahlungsansprüchen hängt die Entscheidung davon ab, was man über das Vermögen des Schuldners zu Beginn der Vollstreckung weiß. 128

2.1 Keine Information über das Schuldnervermögen:
In diesem Fall wird Sachpfändung beantragt (Rdnr. 134 ff.), denn sie ist 129 die Voraussetzung für die Offenbarungsversicherung. Aus dem OV-Protokoll erfährt man spätestens, welches Vermögen der Schuldner hat.

2.2 Der Schuldner hat Grundvermögen:
Erste Maßnahme: **Zwangssicherungshypothek** (Rdnr. 258), um den 130 **Rang** zu sichern, dann Sachpfändung und Entscheidung, ob die Zwangsverwaltung oder gar Zwangsversteigerung betrieben werden muß.

2.3 Der Schuldner hat Forderungen aus Arbeitseinkommen, Bankguthaben, Lebensversicherung u. a.

131 Wenn Schnelligkeit geboten ist (wie fast immer) – Vorpfändung (Rdnr. 238 ff.) und gleichzeitig Pfüb-Antrag bezüglich der jeweiligen Forderung. Die Übersicht über die einzelnen Forderungsarten (Rdnr. 197 ff.) und die alphabetische Übersicht bei Stöber (S. 28 f.) können hier als Checkliste dienen.

3. Mehrere Vollstreckungsmöglichkeiten sind bekannt

132 Wenn man (z. B. aus dem OV-Protokoll) **mehrere Vollstreckungsmöglichkeiten** sieht, dann muß man sich entscheiden, **welche** man **zuerst** ergreifen will.

Bei **Forderungen** ist die Entscheidung einfach, denn man kann am gleichen Tage sämtliche bekannt gewordenen Forderungen mit der Vorpfändung blockieren und damit den Rang besetzen. Der nachfolgende **Pfüb** (ein Antrag kann sich auf beliebig viele Forderungen erstrecken) pfändet dann alle diese Forderungen **gleichzeitig**.

Da die Vorpfändung die Vorlage des Titels nicht erfordert, kann gleichzeitig beim Grundbuchamt die Sicherungshypothek beantragt werden, wenn Grundvermögen bekannt geworden ist. Wenn die Sachpfändung und die Pfändung ins Grundvermögen kollidieren, hilft in den meisten Fällen der Antrag, einen zweiten Titel auszustellen (Rdnr. 39 ff.).

Wirklich schwierig wird es allerdings, wenn in mehrere, an verschiedenen Orten gelegene Grundstücke vollstreckt werden muß: In diesen Fällen sind verschiedene Grundbuchämter und nicht, wie sonst üblich, das Vollstreckungsgericht am Wohnsitz des Schuldners zuständig. 5 oder 6 Titel gleichzeitig stellt das Gericht nur sehr ungern aus. Eine **Beschleunigung** kann man dadurch erreichen, daß man die **Anträge gleichzeitig** stellt und das erste Grundbuchamt darum bittet, den Titel an das zweite (und jeweils nächstfolgende) Grundbuchamt zu schicken, bei dem die Unterlagen im übrigen schon vorhanden sind.

Ähnlich kann man verfahren, wenn man die Sachpfändung beschleunigen will. Man schickt den Titel zunächst zum Vollstreckungsgericht für eine **Forderungspfändung**, stellt **gleichzeitig** aber den **Sachpfändungsantrag** und kündigt dem GVZ die Übersendung des Titels durch das Vollstreckungsgericht an. Die GVZ kann die Sache dann schon in seine Terminplanung aufnehmen, die meistens 3–4 Wochen hinausreicht.

4. Außergerichtliche Abmahnung

133 Bei Schuldnern mit guter Bonität wird der Gläubiger nicht selten vor Einleitung von Zwangsvollstreckungsmaßnahmen noch eine letzte außergerichtliche Abmahnung versuchen. Wenn der Schuldner zuvor – etwa im Prozeßverfahren – schon anwaltlich vertreten war, erfolgt diese Abmahnung von Anwalt zu Anwalt mit Zustellungsnachweis.

XV. Sachpfändung und Verwertung

Für die Abmahnung darf der Anwalt des Gläubigers eine 3/10-Gebühr gemäß § 57 I BRAGO berechnen, aber nur dann, wenn folgende Voraussetzungen erfüllt sind:
- Der Titel mit Rechtskraftvermerk muß vorliegen,
- evtl. erforderliche Sicherheiten müssen erbracht sein (LG Freiburg, AnwBl 80, 378),
- der Titel muß zugestellt sein (LG Tübingen, JurBüro 82, 244 – einige Gerichte, so u.a. Frankfurt, Hamburg, Mannheim setzen die Zustellung nicht voraus).

Wenn der Schuldner die Mahnung nicht beachtet und dann vollstreckt werden muß, muß sich der Gläubiger die schon entstandene 3/10 Gebühr auf den ersten folgenden Vollstreckungsauftrag anrechnen lassen. Die Erfahrung zeigt, daß die Androhung von Vollstreckungsmaßnahmen meist wirkungslos ist.

XV. Sachpfändung und Verwertung (§§ 808–827)

1. Zweck der Sachpfändung

Geld und Wertsachen des Schuldners werden vom GVZ mitgenommen. Andere Sachen werden durch Anbringung des Pfandsiegels in Besitz genommen (§ 808 I). Geld wird dem Gläubiger ausgehändigt, alles andere versteigert (§ 814), der Erlös wird an den Gläubiger nach Abzug der Kosten ausbezahlt (§ 819).

Dabei achtet das Gesetz unter **verfassungsrechtlichen** Gesichtspunkten (Art. 2 GG) auf den **sozialen Schuldnerschutz:** Die Mindestausstattung des Haushalts und höchst persönliche Gegenstände (z.B. Familienpapiere und Trauringe) sind ebenso unpfändbar, wie alles, was der Schuldner zur Erzielung seines Lebensunterhalts gewerblich benötigt (§ 811). Außerdem dürfen geringwertige Gegenstände nicht gepfändet werden (§§ 803 II, 812).

Die Anbringung der Pfandmarke hat **rechtlich** zur Folge, daß der **Gegenstand** durch staatliche Gewalt **beschlagnahmt** („verstrickt") wird. Der Schuldner als bisheriger Eigentümer darf mit ihm nicht mehr verfahren wie er will, ihn also nicht aus der Wohnung schaffen, die Pfandmarke entfernen etc. Zuwiderhandlungen sind strafbar. Damit will das Gesetz erreichen, daß die Verwertung gepfändeter Sachen auch tatsächlich stattfinden kann.

Die Sachpfändung richtet sich auf die **beweglichen Sachen,** insbesondere auf Geld und Wertsachen des Schuldners. Sie darf nicht auf wesentliche Bestandteile (§ 93 BGB) oder Zubehör (§§ 97, 98 BGB) eines Grundstücks erstreckt werden, da diese nur im Wege der Zwangsversteigerung und Zwangsverwaltung verwertet werden dürfen (§ 20 ZVG). Das kann z.B. streitig sein bei Teppichböden, Öfen, Einbauküchen, mehr noch aber im Bereich des Zubehörs, so etwa beim Klavier im Jazzclub, der Speiseeismaschine in der Conditorei, den Schreibmaschinen im Betrieb etc. (umfangreiche Beispiele bei Zeller/Stöber § 20 Rdnr. 3).

134

XV. Sachpfändung und Verwertung

Wie man statistisch festgestellt hat, haben heute Sachpfändungen nur noch in zwei bis drei Prozent der Fälle Erfolg (Behr RPfl. 1981, 422). Das liegt zum Teil an den umfangreichen Schutzvorschriften, im wesentlichen aber auch daran, daß gebrauchte Sachen nur noch einen geringen Verkehrswert haben. Dennoch ist die versuchte Sachpfändung Voraussetzung für die Offenbarungsversicherung.

2. Antrag – Anlagen – Fehlerquellen

135 Der Antrag ist an den GVZ (§ 753 I) zu richten, in dessen Bezirk der Schuldner wohnt oder ein Geschäftslokal hat (§ 764 II). Er kann mündlich gegeben werden, wird jedoch meistens schriftlich erteilt und an die GVZ-Verteilerstelle (§§ 62 I GVGA) gerichtet, die den Auftrag an den zuständigen GVZ (§§ 16, 20 GVGA, 17 GVO) weiterleitet. Dem Auftrag sind alle Vollstreckungsunterlagen (Forderungsübersicht, Kostennachweise) beizufügen.

In dem abgedruckten Muster sind die wichtigsten Anträge erfaßt, die zusammen mit dem Vollstreckungsauftrag gestellt werden sollten. An dem 2. Muster ist zu erkennen, wie sehr die Arbeit sich vereinfacht, wenn man eine Forderungsübersicht (s. Kapitel X) verwendet.

Amtsgericht München
– Gerichtsvollzieher-Verteilerstelle –
Postfach

80333 München

ZV 91/00303/Gr
30.05.96

ZWANGSVOLLSTRECKUNGSAUFTRAG

In Sachen

TuV Teilzahlungsbank AG, vertr. d. d. Vorstand
Dipl.-Kaufmann Horst Henze, Parkstraße 23, 80339 München

– Gläubigerin –

Prozeßbevollmächtigter: Dr. Hugo Klutz
Theodorstraße 10, 80805 München

XV. Sachpfändung und Verwertung

gegen

Theresa Ellert
Residenzstraße 14, 80333 München

– Schuldnerin –

werden Sie hiermit beauftragt, die Ansprüche der Gläubigerin aus Vollstreckungsbescheid des Amtsgerichts München vom 20.07.1991 – 15 B 12717/91 – im Wege der Zwangsvollstreckung von der Schuldnerin einzuziehen. Diese Ansprüche der Gläubigerin werden unter Bezugnahme auf anliegende, nach dem Stand vom 12.09.1992 berechneten Forderungsaufstellung wie folgt spezifiziert:

Hauptforderung (en)	DM 11.194,49
Zinsen auf die Hauptforderung (en)	DM 334,90
Verzinsliche Kosten	DM 1.193,80
Zinsen auf die verzinslichen Kosten	DM 109,69
Summe der Forderung	DM 12.832,88

Die nach dem Wert dieser Gesamtforderung berechneten Kosten dieses Auftrages werden wie folgt spezifiziert:

Gegenstandswert: DM 12.832,88

03/10 Vollstreckungsgebühr, §§ 11, 57, 58 BRAGO	DM 220,50
Auslagen (pauschale), § 26 BRAGO	DM 33,10
Mehrwertsteuer 15%	DM 38,04
Kosten insgesamt	DM 291,64
Forderung insgesamt	DM 13.124,52

Hinzuzusetzen sind Tageszinsen in Höhe von 0,7043 DM ab dem 13.09.1992.
Wir beauftragen Sie hiermit, wegen dieser Forderung die Zwangsvollstreckung in das bewegliche Vermögen der Schuldnerin zu betreiben sowie Taschen- bzw. Kassenpfändung zu versuchen.
Wir beantragen, uns eine vollständige Abschrift des Vollstreckungsprotokolls, die auch die Namen und Forderungen etwaiger anderer beteiligter Gläubiger enthält.
Ferner wird beantragt, ggf. die Anschrift des Arbeitgebers des Schuldners sowie etwa bekannt werdende Forderungen oder Grundbesitz des Schuldners mitzuteilen sowie ein Verzeichnis der ungepfändet belassenen Sachen zu erstellen.
Zahlungen erbitten wir unter Angabe unseres Aktenzeichens auf unser Konto Postgiroamt München-Nr.: 38 27 78-809, zu bewirken.
Wir bitten, uns eine Abschrift des Pfändungsprotokolls zu übersenden. Bei Unpfändbarkeit bitten wir, die Arbeitsstelle der Schuldnerin zu ermitteln.
Falls Ihnen seitens der Schuldnerin die Durchsuchung der Wohnung oder etwa vorhandener Geschäftsräume nicht gewährt wird,

XV. Sachpfändung und Verwertung

werden Sie hiermit b e a u f t r a g t, im Namen der Gläubigerin beim Vollstreckungsgericht einen Antrag auf richterliche Anordnung zur Durchsuchung gemäß § 758 ZPO zu stellen.

Sollten Ihnen zudem Ansprüche der Schuldnerin gegen Dritte, insbesondere aus einem bestehenden Arbeitsverhältnis, bekannt werden,

werden Sie hiermit b e a u f t r a g t, eine Vorpfändung gegen den Dritten sowie der Schuldnerin vorzunehmen (§ 845 Abs. 1 Satz 2 ZPO).

Rechtsanwalt

Anlage: Vollstreckungsunterlagen

136 Neben den im Formular genannten Anweisungen kann man dem GVZ auch konkrete Hinweise auf Vermögensgegenstände des Schuldners geben (z. B.: „Bitte pfänden Sie vor allem den wertvollen Zobelmantel der Schuldnerin").

137 Daneben kann man den GVZ ausdrücklich darauf hinweisen, daß man eine konsequente Vollstreckung wünscht. Das geschieht am besten durch Hinweise auf die GVZ-Geschäftsanweisung (GVGA). Sie werden etwa wie folgt formuliert:

- *„Bitte bezeichnen Sie nichtgepfändete Gegenstände so konkret, daß ich anhand des Protokolls entscheiden kann, ob die unterlassene Pfändung zu Recht unterblieben ist (§§ 135 VI GVGA)";*
- *„Sollten Dritte, insbesondere die Ehefrau, Rechte an Gegenständen behaupten, die Sie pfänden wollen, bitte ich gleichwohl, die Pfändung durchzuführen (§ 119 I GVGA); ein Gütertrennungsvertrag ohne Vermögensaufstellung genügt nicht.";*
- *„Sollten Sie Urkunden (Schuldscheine, Sparkassenbücher, Pfandscheine, Versicherungspolicen, Grundschuldbriefe, Wechsel oder sonstige indossable Papiere) vorfinden, beantrage ich ausdrücklich Hilfspfändung entsprechend § 156 GVGA";*
- *„Sollten Sie für andere Gläubiger schon vorgepfändet haben, bitte ich auch dann um Anschlußpfändung, wenn der Wert des Gegenstandes für beide Forderungen nicht auszureichen scheint (§ 167 V GVGA)";*
- *„Sollte der Schuldner Ratenzahlung anbieten, so besteht grundsätzlich Bereitschaft zur Stundung, wenn dadurch der Rang nicht leidet. Die endgültige Entscheidung behalte ich mir jedoch vor".*

Wird im Geschäftslokal des Schuldners gepfändet, so empfehlen sich noch folgende weitere Hinweise:

- *„Ich weise ausdrücklich darauf hin, daß vorgefundene Handelsware den Beschränkungen von § 811 ZPO nicht unterliegt".*
- *„Bitte führen Sie Ihre Vollstreckung, wenn möglich, kurz vor 18.00 Uhr durch und pfänden Sie dann die Barkasse".*

138 Der GVZ fühlt sich manchmal durch solche Hinweise gegängelt, weil er seine Geschäftsanweisung im Kopf hat und darauf nicht gern hingewiesen wird. Man sollte deshalb darauf achten, daß solche Hinweise
- höflich formuliert sind,
- sich auf den Einzelfall beziehen,
- nicht wahllos und zu häufig erteilt werden.

Die Gerichtsvollzieher-Geschäftsanweisung kann als **Textsammlung** beim Niedersächsischen Ministerium der Justiz JVA Wolfenbüttel, Ziegelmarkt 10, Postfach 15 49 (Loseblatt), bezogen werden.

XV. Sachpfändung und Verwertung

In der Sammlung sind auch die Gerichtsvollzieherordnung und die Durchführungsbestimmungen zum Gesetz über Kosten der Gerichtsvollzieher enthalten.

Die Gerichtsvollzieher-Geschäftsanweisung ist allerdings nur eine Richtlinie für die einzelnen Maßnahmen des Gerichtsvollziehers, so daß einzelne Vorschriften in ihr auch rechtswidrig sein können (LG Berlin DGVZ 1983, 10 (11) – dort zu § 62 Nr. 5 GVGA (Anwesenheitsrecht des Gläubigers); AG Düren DGVZ 1986, 45).

Sind neben dem Pfändungsauftrag **weitere** Vollstreckungsmaßnahmen 139 ergriffen worden, kann es sein, daß dort noch Kosten anfallen, die beim Sachpfändungsauftrag noch nicht berechnet werden können. In diesem Fall muß der Gerichtsvollzieher ausdrücklich darauf hingewiesen werden, daß er den Titel **trotz vollständiger Zahlung nicht herausgeben** darf.

Der Gläubiger kann den Gerichtsvollzieher auch anweisen, einen Voll- 140 streckungsauftrag **einstweilen ruhen** zu lassen, z.B. weil der Schuldner Teilzahlungen anbietet (AG Straubing, Rpfl. 79, 72). Ebenso kann er Verlegung eines schon angesetzten Versteigerungstermins verlangen. Viele Gerichtsvollzieher schicken dem Gläubiger in diesem Fall trotzdem wortlos den Titel zurück und rechnen ab, vermutlich, weil ein neuer Auftrag auch neue Gebühren auslöst. Das ist unzulässig.

3. Sachbehandlung

Wenn der Sachpfändungsauftrag der erste Vollstreckungsauftrag ist, müs- 141 sen die allgemeinen und besonderen Voraussetzungen der Zwangsvollstreckung besonders sorgfältig geprüft werden (Rdnrn. 19–76).

3.1 Durchführung der Pfändung (§ 808)

Nach seiner Arbeitseinteilung, die dem GVZ niemand vorschreiben kann (§ 58 GVGA) ergibt sich, wann er in der Straße, in der der Schuldner wohnt, pfändet. Je nach Größe und Struktur des Bezirks dauert das zwischen einer und acht Wochen.

Wird der Schuldner angetroffen, so fordert der GVZ den Schuldner zur Zahlung auf (§ 105, 131 GVGA). Wird voll bezahlt (ein äußerst seltenes Ereignis!), dann quittiert der GVZ die Zahlung auf dem Titel und händigt ihn dem Schuldner aus (§ 757 I).

Wird nur teilweise oder überhaupt nicht bezahlt, dann wird **die Pfändung durchgeführt** (siehe unten Rdnr. 145).

Wenn sich dabei **keine pfändbare Habe** vorfindet, wie in sehr vielen Fällen, dann fertigt der GVZ lediglich das **Pfandabstandsprotokoll,** indem er dem Gläubiger bescheinigt, daß pfändbare Habe nicht vorhanden war.

Wenn er in einem Zeitraum bis zu 2–3 Monaten für einen anderen Gläubiger schon den „Pfandabstand" erklärt hat, dann erhält der Gläubiger, der einen neuen Auftrag erteilt, lediglich die Mitteilung:

„Der Schuldner besitzt amtsbekannt keine pfändbare Habe"

XV. Sachpfändung und Verwertung

Diese Mitteilung bedeutet, daß der Gerichtsvollzieher zwar nicht in diesem konkreten Fall, wohl aber vor kurzem beim Schuldner gewesen ist und nichts Pfändbares gefunden hat. Trotzdem kann es im Einzelfall sinnvoll sein, ausdrücklich auf der Durchführung des Auftrags zu bestehen, der dann allerdings höhere Gebühren auslöst als es die bloße Pfandabstandsbescheinigung tun würde. Es ist immer notwendig, wenn man von konkreten Wertgegenständen erfahren hat, die der Schuldner vor kurzem erworben hat. Zweckmäßig ist es, beim GVZ dann telefonisch zu erfragen, was er bei dem letzten Pfändungsversuch vorgefunden hat.

142 Trifft der GVZ den Schuldner nicht an, hinterläßt er eine Nachricht, daß er beim nächsten Besuch die Wohnung gewaltsam ggf. mit Hilfe von Schlosser und Polizei öffnen wird. Um das zu vermeiden, möge der Schuldner sich mit ihm in Verbindung setzen. In den meisten Fällen geschieht das auch.

3.2 Durchsuchungsbefehl (BVerfG v. 3.4. 1979)

143 Seit der Entscheidung des Bundesverfassungsgerichts (NJW 79, 1539) darf der GVZ die Wohnung des Schuldners nur betreten, wenn dieser entweder einwilligt oder ein ausdrücklicher Gerichtsbeschluß vorliegt. Dieser Beschluß kann grundsätzlich nur nach vorherigem rechtlichen Gehör ergehen (BVerfG NJW 1981, 2111; LG Hannover DGVZ 1986, 62). Viele GVZ versenden jetzt vor dem ersten Vollstreckungsversuch ein Formular, in welchem sie den Schuldner bitten, sich mit ihm in Verbindung zu setzen. Geschehe dies nicht, werde zunächst der Durchsuchungsbeschluß eingeholt (dazu KG Berlin, NJW 82, 2326). Auch diese Praxis ist für den Gläubiger zweischneidig, denn die wenigen Erfolge in der Sachpfändung sind nur dem überraschenden Auftreten des GVZ's zu verdanken. Wer drei Wochen Zeit hat, um seine Wohnung leer zu räumen, muß schon sehr naiv sein, um diese Chance nicht wahrzunehmen. Das LG Hannover (DGVZ 1986, 62) meint dazu, der für den Gläubiger negative „Warneffekt (kann) ohnehin nach dem ersten Erscheinen des Gerichtsvollziehers vor der Wohnung des Schuldners nicht mehr verhindert werden". Das stimmt.

Der Durchsuchungsbeschluß kann auch verweigert werden, wenn der Gläubiger zeitlich kurz hintereinander mehrere Sachpfändungsaufträge gibt, ohne darzutun, warum auch die wiederholten Pfändungsversuche erfolgversprechend sein sollen (LG Berlin DGVZ 1983, 10).

Wenn der Gerichtsvollzieher für **mehrere Gläubiger** vollstreckt, benötigt er nur für einen von ihnen eine richterliche Durchsuchungsanordnung. Dieser Grundsatz wird aber durch Art. 13 GG insoweit eingeschränkt, als durch die Vollstreckung für mehrere Gläubiger „keine zusätzlichen, weitergehenden Maßnahmen... erfordert (werden), die zwangsläufig zu einem **längeren Verweilen** des Gerichtsvollziehers in den Räumen des Schuldners führen" (BVerfG, NJW 1987, 2499). Da der Gerichtsvollzieher das praktisch nicht voraussehen kann, müßte er sich wohl für jeden Gläubiger einen Durchsuchungsbefehl beschaffen. In der Praxis beobachtet man das aber selten.

XV. Sachpfändung und Verwertung

Mit dem Pfändungs-Einstellungsprotokoll des Gerichtsvollziehers und seinem Vollstreckungstitel muß der Gläubiger den Durchsuchungsbeschluß bei dem Vollstreckungsgericht beantragen. Dieses schickt er dann mit den Vollstreckungsunterlagen wieder an den GVZ zur Fortsetzung der Zwangsvollstreckung.

3.3 Taschenpfändung

Der GVZ kann eine Taschenpfändung auch außerhalb der Wohnräume des Schuldners ohne richterlichen Durchsuchungsbefehl durchführen (OLG Köln, NJW 80, 1531). Bei der Taschenpfändung fordert der GVZ den Schuldner auf, seine Taschen zu leeren und nimmt etwa gefundenes Geld an sich. Weigert sich der Schuldner, kann der GVZ notfalls die Polizei zuziehen.

144

3.4 Durchsuchung

Ist der GVZ mit Hilfe des richterlichen Durchsuchungsbefehls in der Wohnung, so kann er sich überall umsehen, verschlossene Schränke und Schubladen öffnen, Keller und Speicher durchsuchen. Seine wichtigste Aufgabe ist dabei, die nach § 811 unpfändbaren Gegenstände von pfändbaren zu trennen. Auf alles, was pfändbar ist, klebt er das Pfandsiegel, den „Kuckuck".

145

„Kuckuck" ist die unfreundliche Bezeichnung für den Reichsadler, der früher die Pfandmarke zierte. Das Pfandsiegel ist sichtbar anzubringen, also z.B. nicht auf der Schrankrückseite, andererseits aber auch nicht auf der Vorderseite des Videorecorders, denn bis zur Versteigerung darf der Schuldner ihn benutzen. Alles andere wäre Schikane.

Bei besonders schwierigen Schuldnern sollte man sich überlegen, ob nicht der Anwalt, die Anwaltsgehilfin oder der Gläubiger bei der Durchsuchung der Räume des Schuldners anwesend ist. Grundsätzlich hat er darauf einen Anspruch, wenn es darum geht, bestimmte Gegenstände zu identifizieren (Herausgabevollstreckung) oder wenn er dem Gerichtsvollzieher mit konkreten Hinweisen helfen kann, die nur anläßlich der Untersuchung

XV. Sachpfändung und Verwertung

gegeben werden können. § 62 Nr. 5 GVGA gibt ein uneingeschränktes Anwesenheitsrecht des Gläubigers, das aber aus verfassungsrechtlichen Gründen (Art. 13 Abs. 3 GG) nicht beliebig ausgeübt werden kann (LG Berlin DGVZ 1983, 10 (11); AG Düren DGVZ 1986, 45).

146 Ein Schuldner, der 10 Maßanzüge besitzt, benötigt zu einer „seiner Verschuldung angemessenen, bescheidenen Lebensführung" (§ 811) zwar sicherlich nur drei, der GVZ wird die restlichen 7 Anzüge gleichwohl nicht pfänden, denn gem. § 803 II, 812 dürfen Gegenstände nicht gepfändet werden, bei deren Verwertung „nur ein Erlös erzielt werden würde, der zu dem Wert außer allem Verhältnis steht".

Da kaum ein anderer diesen Maßanzug wird tragen können, steht das zu erwarten.

Stellt der GVZ fest, daß Pfandgegenstände bei weiterem Gebrauch durch den Schuldner eine bedeutende Wertminderung erleiden können (z.B. Kfz), können die Kfz-Schlüssel weggenommen und der Gebrauch untersagt werden.

Wenn Verderb von gepfändeten Gegenständen droht, muß der GVZ sie wegschaffen lassen und sofort versteigern.

Nicht selten wird dem Gerichtsvollzieher beim Pfändungsversuch eine Liste vorgelegt, auf der ein Verwandter oder guter Freund des Schuldners bestätigt, daß ihm der gesamte Hausrat gehört und der Schuldner somit nur in geliehenen Möbeln wohnt (Sicherungsübereignung).

Der Gerichtsvollzieher muß sich um solche Behauptungen nicht kümmern, denn es ist Sache des Sicherungsgläubigers, ggf. Dritt-Widerspruchsklage zu erheben (oben Rdnr. 93).

Der Gerichtsvollzieher wird die Pfändung auch meistens deshalb durchführen, weil er sonst ein Haftungsrisiko eingeht, wenn sich später herausstellt, daß die Urkunde rechtlich angreifbar war. Manchmal fragt er jedoch beim Gläubiger nach, ob dieser nicht aus Kostenersparnisgründen seinen Antrag zurücknehmen will.

Die Prüfung einer solchen Sicherungsübereignung ist nicht einfach. Folgende Grundregeln muß man in jedem Fall beherrschen:

- Eine Sicherungsübereignung ist nur dann rechtswirksam, wenn der Schuldner eine Gegenleistung für die Abtretung seines Hausrats etc. bekommen hat, üblicherweise ein Darlehen. Wenn dieses Darlehen in der Urkunde nicht erwähnt ist, bestehen erhebliche Zweifel an ihrer Wirksamkeit.

- Wenn das Datum der Urkunde einen Zeitpunkt ausweist, zu welchem der Schuldner offensichtlich schon vermögenslos war, kann die Sicherungsübereignung anfechtbar sein, vor allem, wenn sie mit einem Verwandten vorgenommen worden ist (Anfechtungsgesetz).

- Eine Sicherungsübereignung ist nur dann wirksam, wenn jeder einzelne Gegenstand so genau bezeichnet ist, daß man ihn anhand der Urkunde identifizieren kann (BGH NJW 1986, 1985). Die Übereignung „aller Möbel in meinem Wohnzimmer" ist deshalb nicht möglich.

- Auch andere Bestimmungen können unwirksam sein, so etwa die Bedingung, daß nur diejenigen Gegenstände übereignet sind, „die nicht der Unpfändbarkeit gemäß § 808 ff. ZPO unterliegen" (BGH WM 1988, 346).

XV. Sachpfändung und Verwertung

Wenn die Sicherungsübereignung rechtswirksam ist, darf man auf keinen Fall vergessen, die **Rückübertragungsansprüche** gegenüber dem Sicherungsgläubiger zu pfänden. Wenn der Wert der zur Sicherung übertragenen Gegenstände die noch offene Forderung übersteigt, kann man notfalls den Gläubiger befriedigen und auf wertvollen Hausrat zugreifen. Ist das nicht der Fall, so hindert man in jedem Fall den Schuldner daran, Gegenstände freihändig zu veräußern, wenn der Sicherungsgläubiger zustimmt.

3.5 Austauschpfändung (§ 811 a)

In unpfändbare Gegenstände kann der Gläubiger trotzdem vollstrecken, **147** wenn er Austauschpfändung anbietet. Hat der Schuldner eine Uhr, die 3000,00 DM kostet (Rolex etc.) oder eine wertvolle Kücheneinrichtung, dann wird man dem Gläubiger empfehlen, sich im Kaufhaus eine Uhr für DM 100,00 oder eine bescheidenere Küche zu beschaffen und sie gegen die wertvolle auszutauschen. Das geschieht durch folgenden Antrag, der beim Rechtspfleger des Vollstreckungsgerichts am Schuldnerwohnsitz zu stellen ist (§§ 811 a II, 802, 20 Ziff. 17 RpflG):

„Es wird beantragt, gem. § 811 a ZPO die Austauschpfändung der dem Schuldner gehörenden Küche „Poggenpohl", bestehend aus einem, vollelektronischen Backofen, einer Cerankochmulde, einem Mikrowellenherd, vier Unterschränken, drei Oberhängeschränken, einen Besenschrank, einer Gaggenau Hochleistungskühl-Gefrierkombination zuzulassen mit der Maßgabe, daß dem Schuldner der zur Ersatzbeschaffung erforderliche Geldbetrag von DM 2500,– aus dem Versteigerungserlös ausgehändigt wird.
Begründung:
Die im Antrag geschilderte Küche ist ca. 6 Monate alt und hat einen Anschaffungspreis von ca. 30 000 DM. Ein Versteigerungserlös von ca. 15 000 DM ist nach Auskunft des GVZ zu erwarten. Die Anschaffung eines einfachen Kochherdes, eines einfachen Kühlschrankes und einer einfachen Regalablage für das Küchengerät erfüllt die notwendigsten Bedürfnisse des Schuldners (§ 812 ZPO). Sie sind mit einem Ersatzaufwand von DM 2500,– zu beschaffen.
Beweis: Auszug aus dem Ikea-Katalog 1987, S. 24/26 in der Anlage
Es besteht Bereitschaft, den zur Anschaffung der Ersatzgegenstände erforderlichen Geldbetrag Zug um Zug gegen Pfändung der Gegenstände durch den GVZ zur Verfügung zu stellen."

Ähnlich kann auch mit einem wertvollen Fernseher oder mit Antiquitäten verfahren werden, die z.B. als einziger Eßtisch sonst nicht pfändbar sind. Die praktischen Schwierigkeiten der **Austauschpfändung** sind erheblich: Der GVZ muß prüfen, ob der angebotene Austauschgegenstand funktionsfähig ist, der Schuldner wird mit großer Sicherheit sämtliche Rechtsmittel ausschöpfen, die ihm zur Verfügung stehen, vor allem mit dem Hinweis, daß die Versteigerung nichts bringen wird. Der Versteigerungserlös bleibt bei gebrauchten Gegenständen fast immer gering. Beim Hochstapler, der nur von goldenen Tellern speist, zeigt sie aber gelegentlich große Wirkung. Von ihr wird **zu wenig Gebrauch** gemacht.

3.6 Pfändung zur Nachtzeit (§§ 761, 188)

Wird der Schuldner zur Tageszeit nicht angetroffen, kann der Gläubiger **148** beim Vollstreckungsgericht (§ 761) den Antrag stellen, die Pfändung zur Nachtzeit sowie an Sonn- und Feiertagen zuzulassen. Nachtzeit ist im

79

XV. Sachpfändung und Verwertung

Sommer (1.4. bis 30.9.) die Zeit von 21.00 Uhr bis 4.00 Uhr und im Winter (1.10. bis 31.3.) die Zeit von 21.00 Uhr bis 6.00 Uhr. (§ 188). Dazu muß er z.B. glaubhaft machen, daß

149 – der Schuldner ein Gewerbe betreibt, obgleich er angeblich zahlungsunfähig ist. Dieser Fall ist gegeben, wenn der Schuldner die Offenbarungsversicherung schon abgeleistet hat, trotzdem aber selbständig z.B. als Elektromonteur arbeitet und „wechselnde Auftraggeber" hat. Hier kann nur die Taschenpfändung zur Nachtzeit in der Stammkneipe helfen, in der der Schuldner natürlich jeden Abend zu finden ist.
– der Schuldner zu den Tageszeiten niemals angetroffen werden konnte, weil er etwa als Arbeitnehmer auswärts auf Montage, oder als Kaufmann oft auf Reisen ist.

Dann gestattet das Gericht dem Gerichtsvollzieher, die Pfändungen nach 21.00 Uhr durchzuführen.

Der Nachtzeitbeschluß ersetzt **nicht** den Durchsuchungsbefehl (oben Rdnr. 143). Er muß also immer **zusätzlich** beantragt werden (LG Frankfurt DGVZ 1980, 23; aA Behr DGVZ 1980, 49 (55)).

3.7 Verwertung

150 Nach der Pfändung bestimmt der GVZ einen Termin zur öffentlichen Versteigerung der gepfändeten Sachen (§ 814). Dazu erteilt er einem Speditionsunternehmen den Auftrag, die Pfandsachen unter seiner Aufsicht aus der Wohnung zum Versteigerungsort zu schaffen (Einschaffung), dort führt er selbst die Versteigerung durch. In größeren Städten (München, Hamburg) ist die Funktion des Einschaffungs- und des Versteigerungsgerichtsvollziehers getrennt. Es sind dann also für den Gläubiger insgesamt drei GVZ tätig. Mehr Gebühren entstehen dadurch nicht.

151 Bei der Versteigerung muß mindestens die Hälfte des gewöhnlichen Verkaufswertes der Sache erreicht werden (§ 817a, Mindestgebot). Gewöhnlicher Verkaufswert ist der Preis, der bei einem Verkauf außerhalb der Versteigerung erzielt werden könnte. Der Versteigerungsgerichtsvollzieher legt ihn nach seiner Erfahrung gegebenenfalls unter Zuziehung eines Sachverständigen fest.

152 Wird kein Mindestgebot abgegeben, muß sich der Gläubiger etwas einfallen lassen, denn die Einlagerung des eingeschafften Gegenstandes kostet täglich Standgeld! Die Möglichkeiten sind (§ 825):
– Der Gläubiger sucht sich ggf. durch Inserat einen Interessenten für das Pfandstück. Dann darf der Gerichtsvollzieher es an diesen Interessenten zum Mindestgebot veräußern;
– der Gläubiger übernimmt den Gegenstand selbst in Anrechnung auf seinen Wert, wobei wiederum das Mindestgebot zugrundezulegen ist. In beiden Fällen ist die Zustimmung des Vollstreckungsgerichts erforderlich, das im Einzelfall auch einen höheren Preis als das Mindestgebot als angemessen bezeichnen darf (Ermessensbestimmung);
– der Gläubiger hebt die Pfändung auf, was er notgedrungen tun muß, wenn er nicht die Kosten für die Aufbewahrung des unverkäuflichen Gegenstandes tragen will. Auf diese Art und Weise hat mancher Schuld-

XV. Sachpfändung und Verwertung

ner sein Eigentum wieder zurückbekommen, ohne seine Schulden zu bezahlen.

4. Verhalten des Schuldners/Rechtsmittel

4.1 Verhalten des Schuldners bei der Pfändung

Der Schuldner hat vielfältige Möglichkeiten, dem Gläubiger und dem Gerichtsvollzieher das Leben schwer zu machen. Das beginnt mit der unterlassenen Anmeldung beim Einwohnermeldeamt, dem falschen Namen am Briefkasten, der unrichtigen Auskunft durch Hausgenossen, der Schuldner sei verreist etc.
Der rechtskundige Schuldner wird keine Durchsuchung ohne richterlichen Durchsuchungsbefehl dulden. Bis der GVZ diesen beschafft hat, befindet sich die pfändbare Habe längst bei Freunden und Verwandten. Wenn diese den Zweck dieser Vermögensverteilung kennen (Scheingewahrsam), könnte der GVZ zwar trotzdem pfänden, aber er weiß ja nicht, daß die Sachen dem Schuldner gehören und wohin er sie geschafft hat. Aufklärung muß der Schuldner erst bei der OV-Versicherung geben!

153

4.2 Verhalten des Schuldners bei der Verwertung

Bei der Verwertung kann der Schuldner über Freunde sein Mobiliar wieder einsteigern und sich dann leihen lassen. Diese Konstruktion kann der Gläubiger im Prinzip nicht mehr angreifen: Zwar sind die Ansprüche des Schuldners gegenüber dem Verleiher pfändbar, sie haben aber für den Gläubiger überhaupt keinen Gegenwert. Nicht wenige Schuldner leben auf diese Weise in prächtigen geliehenen Möbeln oder aber in einer Wohnungseinrichtung, die für früher gegebene Darlehen sicherungsübereignet ist.
Ähnlich wird von Leuten verfahren, bei denen „alles der Frau oder der Freundin gehört". Ein konsequenter Gläubiger kann solche Konstruktionen **nur mit hohem Kostenaufwand** zerschlagen: Er muß die behauptete Sicherungsübereignung innerhalb der Fristen des Anfechtungsgesetzes anfechten oder den Zweck der Vermögensübertragung gerade zur Gläubigerbenachteiligung nachweisen (§ 826 BGB), wenn dem Schuldner tatsächlich Geld gegeben worden ist.
Umgekehrt hat der Gläubiger ein hohes Haftungsrisiko, wenn er bei verlangter Freigabe von Gegenständen (§ 771) nicht sofort die nötigen Überprüfungen anstellt und sich vergewissert, ob das behauptete Eigentum eines Dritten zu Recht besteht. Handelt er nicht ohne schuldhaftes Zögern (unverzüglich), dann treffen ihn die Kosten der erfolgreichen Drittwiderspruchsklage und daneben möglicherweise noch Schadensersatz für entgangene Nutzungen etc. (BGH NJW 72, 1048).

154

5. Rechte Dritter

155 Rechte Dritter sind bei der Sachpfändung in dreierlei Hinsicht zu beachten:

5.1 Mitbewohner von Räumen

156 Die Durchsuchung der Wohnräume des Schuldners trifft oft die Rechtssphäre von Mitbewohnern. Das ist vor allem bei Wohngemeinschaften zu beachten, bei denen ein Teil der Mitbewohner Alleingewahrsam an einzelnen Bereichen der Wohnung haben kann. Die hier zunächst unsichere Rechtsprechung wird in letzter Zeit deutlicher. Das Landgericht Hamburg (NJW 85, 72) hat entschieden, daß der Gerichtsvollzieher eine richterlich angeordnete **Durchsuchung** der Wohnung **auch gegen den Widerspruch** von in der Wohnung anwesenden, weiteren Personen durchführen darf, soweit sich feststellen läßt, daß der Schuldner an seinem eigenen Zimmer Alleingewahrsam hat. Das dürfte in der Regel der Fall sein.

5.2 Dritteigentum und Sicherungsrechte Dritter

157 Im übrigen sind Dritte betroffen, die Rechte an den gepfändeten Sachen haben. Das ist in erster Linie der Vermieter wegen seines Vermieterpfandrechts und dann die Eigentümer all jener Gegenstände, die der geübte Schuldner sich von anderen entweder geliehen oder ihnen zur Sicherung übertragen hat.

Viele Gerichtsvollzieher sehen von der Anbringung des Pfandsiegels schon dann ab, wenn der Schuldner nur behauptet, „das Fernsehgerät gehört meiner Freundin", obgleich § 119 der Gerichtsvollziehergeschäftsanweisung (s. Anhang) deutlich sagt: „Für ihn (den Gerichtsvollzieher) gilt als Vermögen des Schuldners alles, was sich in dessen Gewahrsam befindet."

Man muß sich trotzdem gut überlegen, ob man sich mit dritten Personen in einer langwierigen Drittwiderspruchsklage (§ 771) darum streitet, ob der Fernseher nun wirklich der Freundin gehört oder nicht. Manchmal ist es zweckmäßiger, auf die Pfändung zu verzichten, weil der Gerichtsvollzieher dann das Pfandabstandsprotokoll ausfüllen kann und man den Schuldner schneller zur Offenbarungsversicherung bringt.

5.3 Andere Gläubiger

158 Da der Gerichtsvollzieher häufig für mehrere Gläubiger pfändet, ist die Rangfrage unter diesen Gläubigern zu klären. Geschieht die Pfändung am gleichen Tage, so erhalten die Gläubiger den gleichen Rang, auch dann, wenn einer von ihnen den Auftrag früher erteilt hat. Es kann aber auch sein, daß ein antiker Schrank (Wert 10000,00 DM) für den Gläubiger A gepfändet wurde, der DM 5000,00 zu bekommen hat. Kommt der Gerichtsvollzieher eine Woche später wieder, so wird er

XV. Sachpfändung und Verwertung

denselben Schrank im Wege der Anschlußpfändung für den Gläubiger B pfänden, der 4000,00 DM zu bekommen hat. Wenn der Versteigerungserlös insgesamt nur 6000,00 DM erbringt (Mindestgebot: 5000,00 DM), dann erhält Gläubiger A 5000,00 DM und Gläubiger B die restlichen 1000,00 DM.

Wenn ein Gegenstand versteigert wird, der nicht dem Schuldner gehört, sondern einem Dritten, erwirbt derjenige, der den Zuschlag erhält, die Sache aufgrund des staatlichen Hoheitsaktes.

In diesen Fällen und wenn ein versteigerter Gegenstand mit Sicherungsrechten Dritter belastet war, muß der **Gläubiger** den **Versteigerungserlös** aber an denjenigen **herausgeben,** dessen Recht höherrangig ist als dasjenige, das aus der Pfändung entstanden ist (BGH NJW 1987, 1880).

6. Kosten

Der Rechtsanwalt erhält für den Vollstreckungsauftrag eine $3/10$ Gebühr (§ 57 BRAGO). Der Antrag auf richterlichen Durchsuchungsbeschluß löst keine besondere Gebühr aus, ebenso wenig, wie der Antrag auf Nachtzeitbeschluß oder Pfändung an Sonn- und Feiertagen.   **159**

Der GVZ bekommt für seine Tätigkeit eine Grundgebühr, Wegegeld und Schreibauslagen. Im Beispielsfall (Forderungsübersicht bei Rdnr. 100, dort Zeile 4) (Vollstreckungsstreitwert: 12 046,06 DM) berechnen sich seine Kosten wie folgt:

- $1/1$ Gebühr nach § 17 GVKostG   130,-- DM
- Wegegeld (Annahme 15 km Wegstrecke) nach § 37 Abs. 3 S. 1 GVKostG   4,50 DM
- Schreibauslagen (2 Fotokopien) nach § 36 Abs. 2 GVKostO   2,-- DM

SUMME   136,50 DM

Mußte Pfandabstand erklärt werden, so erhält der GVZ lediglich eine halbe Gebühr, also   65,-- DM.

Zahlt der Schuldner, beträgt die Gebühr DM 32,50 ($1/4$).

Wird gepfändet und nimmt die Durchführung der Pfändung mehr als eine Stunde in Anspruch, so erhöht sich die Gebühr für jede angefangene weitere Stunde um $1/2$ (das wären DM 65,--, jedoch höchstens um 20,-- DM, § 17 Abs. 3 GVKostO). Wenn der GVZ also 2 Stunden bleibt, kann er statt 130,-- DM 150,-- DM berechnen.

Streitig ist, ob nach Ermittlung des neuen Wohnsitzes des Schuldners der nächste Vollstreckungsauftrag eine neue Gebühr auslöst. Das wird jedenfalls dann bejaht, wenn geraume Zeit zwischen dem ersten und dem zweiten Vollstreckungsversuch verstrichen sind (ca. 3 Monate).

7. Taktik

160 Der Gläubiger nutzt oft sein eigenes Wissen um Vermögensgegenstände, die der Schuldner der Vollstreckung entziehen möchte, nicht genügend aus. Wenn er den Schuldner persönlich kennt, weiß er, daß dieser eine Rolex-Armbanduhr trägt oder ein echtes Bild besitzt. Da es nicht strafbar ist, den Gerichtsvollzieher anzulügen (das ist erst bei der Offenbarungsversicherung verboten!), wird der Schuldner immer versuchen, den Gerichtsvollzieher irrezuführen. Das kann der Gläubiger durch frühzeitige Detailinformation an den Gerichtsvollzieher verhindern.

Das Verhalten des Gläubigers ist durch die mannigfachen gesetzlichen Beschränkungen der Sachpfändung in erster Linie von **Kosten/Nutzen-Überlegungen** geprägt. Der Gläubiger und sein Anwalt können bei der Vollstreckung anwesend sein, der Anwalt erhält dafür aber keine besondere Vergütung. Der GVZ ist meist nicht glücklich darüber, denn er muß seinen sonst freien Zeitplan mit dem Gläubiger abstimmen. Er darf aber den Wunsch des Gläubigers, anwesend zu sein, nicht ablehnen (§ 62 V GVGA). Die Neigung des GVZ's, mit dem Schuldner ein auskömmliches Einvernehmen zu halten, wird durch die Anwesenheit des Gläubigers drastisch unterbunden (Lesenswert dazu: Koch, AnwBl. 83, 211; Borsbach, AnwBl. 83, 437). Der GVZ muß nämlich in dessen Anwesenheit im Einzelfall begründen, warum er einen Gegenstand für unpfändbar hält. Zwar ist mehrfach entschieden worden (zuletzt: OLG Frankfurt DGVZ 82, 116), daß der GVZ im Protokoll auch nicht gepfändete Gegenstände so beschreiben muß, daß ihre Eigenschaft als unpfändbar aus dem Protokoll hervorgeht. In der Praxis ist das aber die Ausnahme. Die GVGA (§ 135 Nr. 6) sieht vor, daß der Gerichtsvollzieher entsprechend protokollieren muß, wenn der Gläubiger es verlangt.

Bei der Durchführung der Vollstreckung hat der Gerichtsvollzieher immer die **Auswahl**, was er pfänden will.

Ein regelmäßig vollstreckender Gläubiger wird rechtzeitig dafür Sorge tragen, sich schon vor der Versteigerung zu überlegen, ob ein freihändiger Verkauf nicht mehr bringt und dem GVZ entsprechende Hinweise geben. Endlich wird er erwägen, ob es nicht zweckmäßig ist, selbst einzusteigern.

8. Checkliste

161 – Kann man dem Gerichtsvollzieher bei der Pfändung behilflich sein? Z.B. durch Hinweise auf den Aufenthalt des Schuldners, seinen Tätigkeitsbereich etc.
– Lohnt sich die Anwesenheit beim Pfändungstermin? In diesem Fall muß mit dem GVZ abgestimmt werden, ob die richterliche Durchsuchungsanordnung vorher eingeholt werden soll, weil sonst der erste Termin mit Sicherheit vergeblich ist.
– Hat der GVZ eine Pfändung unterlassen, weil Dritte interveniert haben, muß man konsequent bleiben und die Pfändung erzwingen. Nicht selten unterbleibt dann die Drittwiderspruchsklage. Der bloße Hinweis auf

XVI. Offenbarungsversicherung

„Gütertrennung" besagt für sich allein nichts. Es muß mindestens der Gütertrennungsvertrag samt Vermögensliste vorgelegt werden, damit man überprüfen kann, ob überhaupt gepfändete Gegenstände in der Liste erfaßt sind.
- Hat der GVZ neben der Wohnung auch Nebenräume wie Garagen, Lagerräume, Keller, Speicher, Mietplätze durchsucht? Hat er die Taschenpfändung vorgenommen?
- Wenn vier Wochen (in einigen Großstädten: sechs Wochen) ohne Nachricht verstrichen sind: Auftragserledigung beim GVZ anmahnen (§§ 6, 64 GVGA).
- Soll im Rahmen der Verwertung selbst eingesteigert werden?
- Welche Möglichkeit zur freihändigen Verwertung sind gegeben?
- Falls Dritte Rechte geltend machen: Kosten und Haftungsrisiko prüfen und im Zweifelsfall die Klage abwarten, die oft teils aus Kostengründen, teils weil die Beweislage nicht ausreicht, unterlassen wird. Notfalls nach Zustellung der Klage anerkennen, wenn man das Kostenrisiko vorher im Griff hat. Kein Thema für Anfänger!

XVI. Offenbarungsversicherung (§§ 807, 899–915 ZPO)

1. Zweck der Offenbarungsversicherung

Die Offenbarungsversicherung (OV) gibt dem Gläubiger das einzige Mittel, sich über das gesamte verwertbare Vermögen des Schuldners zu informieren, da der Schuldner persönlich (§§ 807 II, 478) sein Vermögen genau angeben und die Richtigkeit an Eides Statt versichern muß. Damit hat der Gläubiger die Möglichkeit, 162
- nach dem OV-Termin den GVZ mit der Pfändung bestimmter Sachen zu beauftragen, die im Protokoll enthalten sind,
- im OV-Protokoll aufgeführte Forderungen des Schuldners gegenüber Dritten zu pfänden,
- zu überprüfen, ob der Schuldner Vermögen ohne Gegenleistung aus der Hand gegeben hat: Solche Vorgänge kann der Gläubiger gemäß §§ 3 und 7 des AnfG anfechten und von dem Dritten Rückerstattung verlangen,
- überprüfen, ob der Schuldner sich im Zusammenhang mit dem Entstehen der Forderung z.B. durch einen Eingehungsbetrug strafbar gemacht hat.

Der Schuldner versucht mit allen Mitteln, der OV auszuweichen, weil sie 163 für ihn mit unangenehmen Folgen verbunden ist: Er wird für die nächsten drei Jahre in die **„schwarze Liste"** des Amtsgerichts aufgenommen. Die Auskunftsstelle der Banken (Schufa) erfährt davon und dadurch verliert er seine Kreditwürdigkeit, z.B. bekommt er keine Kreditkarte mehr für sein Konto und auf das Statussymbol eines Mobiltelefons muß er auch verzichten. Außerdem kann jeder künftige Gläubiger eine Kopie des OV-Protokolls anfordern und Anschlußpfändungen beantragen. Das Gesetz versucht den Schuldner trotzdem zu wahrheitsgemäßen Angaben zu zwingen, indem es eine falsche eidesstattliche Versicherung unter Strafe stellt (§ 156 StGB).

XVI. Offenbarungsversicherung

In der „Schwarzen Liste" des AG wird der Schuldner auch dann erfaßt, wenn er unentschuldigt zum Termin nicht erschienen ist oder die Abgabe der Offenbarungsversicherung verweigert hat, so daß die Haft angeordnet werden mußte (§ 901). In diese Liste hat **jedermann Einsichtsrecht** (§ 915 III). Die Eintragung wird nach drei Jahren gelöscht (§ 915 II).

164 Viele Schuldner versuchen, den Gläubiger zum Verzicht auf die Offenbarungsversicherung zu bewegen, mit dem Hinweis auf die erheblichen rechtlichen und wirtschaftlichen Nachteile, die die Aufnahme in die schwarze Liste mit sich bringt.

In einem solchen Fall gibt es die Kompromißlösung, den Schuldner freiwillig eine vollständige Vermögensübersicht vorlegen und deren Richtigkeit ggf. vor dem Notar eidesstattlich versichern zu lassen. Eine falsche eidesstattliche Versicherung ist in einem solchen Fall zwar nicht strafbar (§ 20 Abs. 1 BNotO), weil der Notar in diesem Fall keine eidesstattliche Versicherung nach § 22 BNotO abnehmen kann. Wenn aber der Gläubiger im Vertrauen auf die Richtigkeit und Vollständigkeit des vom Schuldner vorgelegten Vermögensverzeichnisses einen Ratenzahlungsvergleich eingeht, stellen unrichtige Angaben des Schuldners regelmäßig einen Betrug nach § 263 StGB (Vermögensgefährdung durch erschlichene Stundung) dar.

2. Antrag – Anlagen – Fehlerquellen

165 Der Antrag ist beim Vollstreckungsgericht am Schuldnerwohnsitz vorzulegen (§§ 764 II, 899). Bei Gesellschaften ist das Gericht zuständig, bei dem das Handelsregister geführt wird, nicht aber das Gericht, an dem die Gesellschaft ihre tatsächliche Verwaltung hat (OLG Stuttgart Rpfl. 1977, 220). Es kommt nicht selten vor, daß eine Gesellschaft ihre Hauptverwaltung in einem anderen Amtsgerichtsbezirk hat als in demjenigen, wo sie rechtlich (zulässig) nach wie vor ihren Sitz unterhält. Nur der Handelsregisterauszug sagt etwas über den Sitz der Gesellschaft aus. Er muß ggf. eingefordert werden. Der Wohnsitz des Geschäftsführers ist niemals entscheidend. Zum Antrag vergleiche im übrigen das Muster Rdnr. 170.

Ein besonderes Problem taucht auf, wenn die Gesellschaft, gegen die vollstreckt werden soll, gar keinen Geschäftsführer mehr hat oder wenn der amtierende Geschäftsführer aus tatsächlichen Gründen keine Erkenntnisse über die Vermögenslage der Gesellschaft besitzt. Die Rechtsprechung stellt hier auf den Zeitpunkt ab, zu welchem ein Geschäftsführer ausgeschieden ist, und verpflichtet in Einzelfällen auch den ausgeschiedenen zur Abgabe der eidesstattlichen Versicherung (OLG Hamm Rpfl. 1985, 121). Die Voraussetzungen dafür sind im Einzelfall aber oft schwer nachzuweisen.

2.1 Antrag auf Auskunft aus dem Schuldnerverzeichnis

Mit der Neufassung bzw. Erweiterung der Vorschriften über das bei jedem Vollstreckungsgericht zu führende Schuldnerverzeichnis (§§ 915–915h) bekommt ein privater („nicht öffentlicher") Gläubiger personenbezogene Auskünfte über den Schuldner nur noch zweckgebunden für die

XVI. Offenbarungsversicherung

Zwangsvollstreckung, das Vermögensverzeichnis nur nach „Darlegung" des Verwendungszwecks.

Bevor man den Antrag stellt, sollte man aus Kostenersparnisgründen beim Vollstreckungsgericht anfragen, ob der Schuldner innerhalb der letzten drei Jahre die OV schon abgeleistet hat und sich sodann das Protokoll bestellen. Der Antrag lautet:

„Zum Zwecke der Vollstreckung meiner Forderung (Kopie des Titels anbei) bitte ich um Mitteilung, ob der Schuldner die eidesstattliche Versicherung abgegeben hat oder ob gegen ihn in anderer Sache Haftbefehl erlassen wurde.
Sollte ein Vermögensverzeichnis schon vorliegen, bitte ich um Zusendung einer vollständigen Ablichtung. **166**
Dies gilt auch für alle Nachbesserungs und/oder Ergänzungsverfahren, die bisher gegen den Schuldner durchgeführt wurden."

Beizufügen ist als **Anlage** die beglaubigte Abschrift des Titels. Manche Gerichte verlangen das Original. Gerichtskosten: DM 35,–

Ist die Antwort positiv, schickt das Gericht eine Kopie des Vermögensverzeichnisses.

2.2 Antrag auf Nachbesserung der OV

Jetzt untersucht man das Protokoll, ob die Angaben vollständig und richtig sind.
Falls nein: OV-Nachbesserungsantrag. Er lautet: **167**

„Ich beantrage, den Schuldner wegen Nachbesserung der eidesstattlichen Versicherung vorzuladen. Zur Begründung verweise ich auf das OV-Protokoll vom 22.6.1985 (35 M 200/85): Der Schuldner hat dort als Arbeitgeber lediglich „Großhandlung Albert Stöhr" angegeben, nicht aber die Adresse. Diese ist für Pfändungsmaßnahmen erforderlich, da es nicht erkennbar ist, an welchem Ort der Betrieb des Arbeitgebers sich befindet. Sollte der Schuldner nicht erscheinen, beantrage ich schon jetzt vorsorglich Haftbefehl."

Den Nachbesserungsantrag kann **jeder** Gläubiger stellen, also nicht nur derjenige, der die ursprüngliche Offenbarungsversicherung beantragt hatte. Deshalb sollte man sich unbedingt das Offenbarungsversicherungsprotokoll in Fotokopie zuschicken lassen, wenn das Amtsgericht mitteilt, die Offenbarungsversicherung sei bereits abgelegt: In vielen Fällen kann man in dem Protokoll Lücken entdecken, die ein anderer Gläubiger nicht gesehen hat und kann deren Nachbesserung verlangen. Bei der Auswertung des Nachbesserungsprotokolls ist man dann der Erste, auch wenn der eigene Titel viel jünger als derjenige anderer Gläubiger ist.

Für die Nachbesserung fallen keine neuen Gerichtskosten an.

2.3 Antrag auf Ergänzung der OV

Sodann ist zu prüfen, ob sich zwischenzeitlich am Einkommen oder Arbeitsverhältnis des Schuldners etwas geändert hat.
Falls ja: Ergänzungs-OV-Antrag. Er lautet: **168**

„Ich beantrage, den Schuldner zur Ergänzung der eidesstattlichen Versicherung nach § 903 ZPO vorzuladen. Wie aus dem anliegenden Schreiben ersichtlich, ist der Schuldner bei seinem damaligen Arbeitgeber, Großhandlung Albert Stöhr, ausgeschieden. Er hat daher die neue Arbeitsstelle anzugeben oder mitzuteilen, wie er sonst seinen Lebensunterhalt bestreitet."

XVI. Offenbarungsversicherung

War der Schuldner arbeitslos, so kann er – örtlich verschieden – längstens nach 18 Monaten aufgefordert werden anzugeben, ob er eine neue Arbeitsstelle gefunden hat. Einige Gerichte lehnen auch das ab. Deshalb muß man die örtliche Praxis ausprobieren. Gerichtskosten DM 35,–
Es empfiehlt sich dringend, die **Anfrage** nach einer früheren OV **sofort** zu stellen, **wenn** der Titel vorliegt, auch wenn man zuvor noch andere Vollstreckungsmaßnahmen unternimmt: Die Beantwortung der Anfrage kann zwei bis drei Wochen dauern und wertvolle Zeit geht verloren.

2.4 Schuldnerbezeichnung bei oHG/KG/GmbH

169 Bei den Personengesellschaften (oHG/KG) muß die Versicherung von den persönlich haftenden Gesellschaftern abgegeben werden, bei der GmbH vom Geschäftsführer. Deshalb muß man dessen Vor- und Nachnamen zuvor über das Handelsregister oder das Gewerbeaufsichtsamt ermitteln, falls man sie im Zusammenhang mit der Erwirkung des Titels nicht schon zeitnah im Akt hat. Die Ladung zur Offenbarungsversicherung kann dem Geschäftsführer auch an seine Privatadresse oder wo er sonst angetroffen wird, zugestellt werden (§§ 171, 180).

2.5 Unpfändbarkeitsbescheinigung (§ 807 I)

170 Daneben muß der Gläubiger nachweisen, daß der Schuldner keine pfändbare Habe hat. In der Regel geschieht das durch das **Pfandabstandsprotokoll** (siehe oben Rdnr. 141). Die Bescheinigung des Gerichtsvollziehers, daß der Schuldner mit einer Durchsuchung der Wohnung freiwillig nicht einverstanden war (Art. 13 GG) ist nicht ausreichend, denn diese Bescheinigung sagt über das Vermögen des Schuldners nichts. In letzter Zeit entscheiden allerdings einzelne Gerichte anders (LG Dortmund Rpfl. 1987, 65; LG Detmold NJW 1986, 2261). Manche Gerichte (KG, MDR 1968, 56) wollen dem Gläubiger das Recht zur OV erst geben, wenn er zuvor eine Lohnpfändung versucht hat. Das geht sicher zu weit.

Wenn der Schuldner neben der Privatwohnung auch ein Geschäftslokal hat, fordern die meisten Gerichte zwei Pfandabstandsprotokolle: eines für die Wohnung und eines für die Geschäftsräume. Ebenso handhaben sie es bei mehreren Wohnsitzen. Diese Gerichte meinen, die Vermögenslosigkeit des Schuldners sei erst bewiesen, wenn für alle diese Orte die Fruchtlosigkeit der Sachpfändung nachgewiesen sei. Die dadurch entstehende Verzögerung ist für den Gläubiger nur dadurch verkürzbar, daß er sich mehrere Titelausfertigungen besorgt (oben Rdnr. 39). Einige Gerichte berücksichtigen allerdings, daß man von dem Gläubiger nur **zumutbare Vollstreckungsversuche** verlangen kann und lassen es ausreichen, wenn glaubhaft gemacht wird, daß an weiteren Wohnsitzen kein vollstreckbares Sachvermögen vorhanden sein könne (OLG Köln MDR 1976, 53; LG Essen Rpfl. 1975, 408; OLG Frankfurt Rpfl. 1977, 145).

Der Pfandabstand muß jüngeren Datums sein. Früher galt die Faustformel, die Offenbarungsversicherung dürfe nicht später als **sechs Monate** nach Vorliegen des Pfandabstandsprotokolls beantragt werden. Diese Grenze gilt heute nicht mehr so klar, es wird aber längstens eine Frist von

XVI. Offenbarungsversicherung

Dr. Hugo Klutz Kto.-Nr. 382778-809
Rechtsanwalt Konto Postgiroamt München
Theodorstraße 12
80333 München

Datum: 25.10.1993

An das
Amtsgericht
- Vollstreckungsgericht -
80315 München

GeschäftsZ.: ZV 92/00303/Gr
(bitte stets angeben)

Aktenzeichen:

M /19

Antrag auf Bestimmung eines Termins zur Abgabe der eidesstattlichen Versicherung

in der Zwangsvollstreckungssache
TuV Teilzahlungsbank AG, ges.vertr.d.d. Vorstand
Dipl.-Kaufmann Horst Henze, Parkstraße 10, 80333 München   Gläubiger(in)

Prozeßbevollmächtigte(r) Dr. Hugo Klutz, Rechtsanwalt, Theodorstraße 12, 80333 München

gegen
Theresa Ellert, Residenzstraße 14, 80333 München   Schuldner(in)

Nach dem anliegenden Vollstreckungstitel
Vollstreckungsbescheid des Amtsgerichts München vom 20.07.1993

Geschäftsnr.: 15 B 12717/93

hat der / die Gläubiger(in) gegen den / die Schuldner(in)
Anspruch auf vergl. anliegende Forderungsaufstellung   DM
(in Worten: Deutsche Mark)
nebst 12 v. H. Zinsen seit 11.10.1993 aus DM 3.160,29 Resthauptsache
vorgerichtliche Kosten des Gläubigers   DM
Kosten des Mahnverfahrens / Wechsel-, Scheckkosten   DM
festgesetzte Prozeßkosten   DM
nebst 4 v. H. Zinsen seit
sowie bisherige Vollstreckungskosten (lt. Anlagen)
    Kosten des Gerichtsvollziehers   DM
    Kosten des Bevollmächtigten   DM
nebst 4 v. H. Zinsen seit

Ausweislich der beigefügten Bestätigung des Gerichtsvollziehers hat die Zwangsvollstreckung nicht zur Befriedigung des Gläubigers geführt.

Deshalb wird wegen vorstehenden Anspruchs und folgender Kosten
1. 3/10 Gebühr, § 57, 58 Abs. 3 Nr. 11 BRAGO (aus höchstens DM 3 000)   DM 52,50
2. Auslagen — pauschal, § 26 BRAGO   DM 7,90
3. Umsatzsteuer (MwSt), § 25 Abs. 2 BRAGO   DM
   die nicht als Vorsteuer abgesetzt werden kann, § 104 Abs. 2 Satz 3 ZPO
4. Gerichtsgebühr, § 11 Abs. 1 Nr. 1643 KostVerz. GKG   DM 35,--

beantragt, einen Termin zur **Vorlage des Vermögensverzeichnisses** des Schuldners und zur **Abgabe der eidesstattlichen Versicherung** zu bestimmen, §§ 807, 899, 900 ZPO, — auch, wenn gegen den Schuldner bereits ein diesbezüglicher Haftbefehl vorliegt * — sowie im Falle des Nichterscheinens oder der grundlosen Verweigerung der Abgabe der eidesstattlichen Versicherung **Haft anzuordnen**, § 901 ZPO, und eine Ausfertigung des Haftbefehls zu übersenden.

Abschriften — vollständig * / Auszug * — bei gemeinschaftlichem Pfandabstand für mehrere Gläubiger * — von Protokoll und Vermögensverzeichnis werden an den Bevollmächtigten erbeten; falls der Schuldner in den letzten drei Jahren bereits eine eidesstattliche Versicherung abgegeben hat, nur dieses Vermögensverzeichnis und Rückerstattung der nicht verbrauchten — vom Bevollmächtigten verauslagten * — Gebühren.
Sollte sich der Schuldner im Termin zur Leistung angemessener Teilzahlungen erbieten oder eine solche Zahlung nachweisen, so ist der Bevollmächtigte, mit dem der Schuldner sich dann unverzüglich in Verbindung zu setzen hat, mit einer Vertagung von einem Monat * einverstanden. *
Es wird gebeten, im Termin dem Schuldner auch umseitig aufgeführte Fragen zur Aufnahme ins Vermögensverzeichnis vorzulegen (z. B. Sicherungsübereignungen, Beschäftigung, Vergütung).
Vollmacht liegt an — ergibt sich aus dem Vollstreckungstitel. *
Abschrift ist beigefügt.

    Rechtsanwalt

* Nichtzutreffendes streichen

XVI. Offenbarungsversicherung

12 Monaten zugebilligt (LG Kiel MDR 1977, 786). Der Gläubiger hat die Möglichkeit, im einzelnen darzutun, warum er länger gebraucht hat, z.b. deshalb, weil durch umfangreiche Forderungspfändungen erfolgreich scheinende Beitreibungsversuche unternommen wurden. Die Einhaltung eines 6-Monatszeitraums ist aber in jedem Fall ausreichend.

3. Sachbehandlung

3.1 Prüfung der Drei-Jahres-Frist

171 Für die Entscheidung über den Antrag ist der RPfl. zuständig. Er überprüft zunächst, ob der Schuldner schon im Schuldnerverzeichnis eingetragen ist und teilt dies ggf. dem Gläubiger mit. Schon deshalb sollte der Gläubiger diese Überprüfung selbst vornehmen, um Zeit zu gewinnen.

3.2 Durchführung des Termins

172 Dann legt der RPfl. den Termin für die Abgabe der eidesstattlichen Versicherung fest. Zusammen mit der Terminsladung schickt er dem Schuldner ein mehrseitiges Formular, das dieser zu Hause ausfüllen sollte. Nicht wenige Schuldner verstehen das Formular nicht, werfen es weg oder füllen es bewußt schlampig aus. Dann gehen sie ohne jede Vorbereitung und ohne Unterlagen zum Termin. Der RPfl. muß dann mühsam alle Einzelheiten aus ihnen herausfragen, was ihm wenig Spaß macht. Fragt er z.B. nach Lebensversicherungen, dann fehlt in der Regel die Nummer, manchmal sogar der Name der Gesellschaft, bei der die Versicherung abgeschlossen wurde. Bei Sachen, die auf Abzahlung gekauft sind, „vergißt" der Schuldner die Angabe, weil er ja noch nicht Eigentümer ist (§ 455 BGB). Eine richtige Bezeichnung von Grundstücken, an denen der Schuldner Rechte besitzt, habe ich noch sehr selten gesehen. Bei Kfz fehlt oft das polizeiliche Kennzeichen und meistens die Nummer des Kfz-Briefs.

3.3 Der Schuldner mit „wechselnden Auftraggebern"

173 Ein besonderes Problem ist der selbständig tätige Schuldner, der wechselnde Auftraggeber hat. Hier ist besonders auf konkrete Angaben zu achten: Sogar der Gelegenheitsarbeiter muß die Arbeitgeber (mit Adresse) benennen, bei denen er in den letzten 12 Monaten tätig war (LG Frankfurt Rpfl. 1988, 111).

– Herr Wall vertritt mehrere Strickwarenhersteller. Als ihm die Ladung zur eidesstattlichen Versicherung zugestellt wird, fährt er rasch bei seinen Fabrikanten vorbei und läßt sich sämtliche fälligen Provisionen auszahlen. Im Termin kann er wahrheitsgemäß erklären, daß er keine Provisionsansprüche besitzt. Da Herr Wall aber für einen genau feststellbaren Kreis von Lieferanten ständig tätig ist, muß er diese Lieferanten nennen, damit der Gläubiger dort künftige Forderungen (!) pfänden kann.
– Herr Streit ist Journalist und Hörfunkautor. Wenn er gerade keinen konkreten Auftrag hat, schreibt er Kurzgeschichten und bietet diese verschiedenen, stets wechselnden Verlagen an.
Das ist ein Grenzfall: Wenn der Gläubiger glaubhaft macht, daß Herr Streit Folgeaufträge bekommen wird, muß der Schuldner den Auftraggeber nennen, auch wenn es eine größe-

XVI. Offenbarungsversicherung

re Zahl von Verlagen ist (LG Arnsberg, JurBüro 1985, 472). Gelingt dem Gläubiger das nicht, lehnen viele Gerichte die Pflicht zur Nennung einmaliger Auftraggeber ab.

In vielen Fällen erkennt der RPfl., daß der Schuldner entweder nicht fähig oder nicht willens ist, das Erforderliche nachzuholen und beläßt es bei den unvollständigen Angaben. Er meint: Wenn der Gläubiger sich nicht um korrekte Angaben kümmert, dann kann ihm die Vollstreckung wohl nicht so wichtig gewesen sein. Und damit hat er meistens nicht Unrecht.

3.4 Anwesenheit im Termin

Aufgabe des Gläubigers ist es also, **korrekte Angaben zu erzwingen**. 174
Das kann er am besten, wenn er im Termin anwesend ist. Er kann dann anregen, einen neuen Termin festzusetzen, in welchem der Schuldner vollständige Unterlagen beizubringen hat und ihm für den Fall erneuter Unvollständigkeit Verhaftung androhen lassen. Er kann auf Widersprüche in den Angaben des Schuldners sofort hinweisen und Aufklärung verlangen. Er kann dafür sorgen, daß der Schuldner nicht nur angibt: „Beschäftigt bei Fa. Müller", sondern gleich die Adresse nennt, um noch am gleichen Tage über die Vor-Pfändung die Lohnauszahlung zu blockieren. Nicht zuletzt erfährt er mindestens eine Woche vor allen anderen Gläubigern von weiteren Vollstreckungsmöglichkeiten. Ich glaube, der Hauptgrund, warum so wenige Gläubiger und deren Rechtsanwälte beim Termin anwesend sind, liegt darin, daß die Verhandlungsgebühr für die Terminswahrnehmung höchstens 83,38 DM beträgt (3/10 aus dem Höchststreitwert von DM 3000,-- – eine Beweisgebühr fällt selten an –) und der Gläubiger seinem Anwalt eine angemessene Gebühr nicht bezahlen will. Ich habe aber auch schon das Gegenteil erlebt: Da erschien zu einer OV in München ein Anwalt aus Hamburg und fragte den Schuldner nach anfechtbaren Vorgängen (§§ 3, 7 AnfG) so unangenehm aus, daß dieser einen Teilzahlungsvergleich anbot.

3.5 OV-Protokoll

Ist die Erklärung abgegeben, muß der Schuldner ihre Vollständigkeit und 175
Richtigkeit an Eides Statt versichern.

Über die Verhandlung erstellt der RPfl. ein Protokoll und schickt es zusammen mit den Angaben des Schuldners an den Gläubiger. Da nicht selten verschiedene Gläubiger zeitlich kurz nacheinander die OV beantragen, legt der RPfl. den Termin so, daß er für mehrere Gläubiger gleichzeitig gilt, die auch gleichzeitig das Protokoll zugeschickt bekommen. Hier hängt es vom Geschick des Gläubigers ab, das OV-Protokoll **so schnell wie möglich auszuwerten**, bevor ihm ein anderer Gläubiger zuvorkommt.

Bei dieser Auswertung wird man in erster Linie darauf achten, ob der Schuldner seinen Arbeitgeber, sein Bankkonto oder andere Hinweise auf mögliche Forderungspfändungen wahrheitsgemäß angegeben hat.

3.6 Anfechtung von Rechtshandlungen (§ 3 AnfG)

Fortgeschrittene werden darüber hinaus das Protokoll auf Rechtshand- 176
lungen und Verträge hin untersuchen, die der Gläubiger wegen ihrer zeitli-

chen Nähe zum Vermögensverfall des Schuldners anfechten kann. Dazu enthält das amtliche Formular unter C Nr. 32-34 eine Reihe von Fragen, die in 90% aller Protokolle mit „nein" beantwortet werden. Wenn der Gläubiger nicht nachweisen kann, daß die Auskunft falsch ist, muß es dabei sein Bewenden haben. Ist in dieser Spalte aber ausnahmsweise einmal angegeben, daß der Schuldner Vermögensgegenstände verschenkt oder seine Verwandten in anfechtbarer Weise bevorzugt hat, dann kommt eine Anfechtung mit dem Ziel in Frage, den Empfänger zur Rückgabe der Leistung zu verpflichten. In den meisten Fällen sind anfechtbare Rechtshandlungen auch nach §§ 283 ff. StGB strafbar.

3.7 Nachbesserung der Offenbarungsversicherung

177 Wenn Angaben des Schuldners im OV-Protokoll unvollständig oder unrichtig sind, kann der Gläubiger beantragen, daß solche Lücken oder Fehler vom Schuldner beseitigt werden.

Dieses Recht ist in der ZPO nicht ausdrücklich geregelt, es ergibt sich aber daraus, daß alle Angaben „so vollständig sein müssen, daß der Gläubiger sofort Maßnahmen zu seiner Befriedigung ergreifen kann" (LG Hamburg MDR 1981, 61).

Sehr häufig ist die Adresse des Drittschuldners unvollständig. Die Angabe „angestellt bei Siemens Nürnberg" reicht deshalb nicht aus, weil es in Nürnberg eine Reihe von (rechtlich selbständigen) Niederlassungen der Firma Siemens gibt und eine Lohnpfändung bei der falschen Firma wirkungslos wäre. Vor allem Auslandsadressen müssen ganz genau angegeben werden (LG Stade Rpfl. 1984, 324 – Saudi Arabien).

Oft wird der Antrag auf Nachbesserung unvollständiger Angaben mit der Begründung abgelehnt, die vermißte Information sei für die Befriedigung des Gläubigers nicht relevant. Ein solches Prüfungsrecht steht dem Vollstreckungsgericht aber nicht zu (KG Berlin DGVZ 1981, 75): Der Gläubiger muß selbst überprüfen können, ob ein behaupteter Anspruch besteht und muß sich nicht mit der Behauptung begnügen, der Anspruch sei offenbar nichts wert.

Deshalb muß der Schuldner auch angeben, wo Urkunden geblieben sind, die man bei der Sachpfändung nicht gefunden hat (OLG Frankfurt Rpfl. 1975, 442 – Postsparbuch; AG Groß-Gerau Rpfl. 1982, 75 – Kfz-Brief).

3.8 Ergänzung der Offenbarungsversicherung (§ 903)

178 Wenn die Angaben des Schuldners lückenlos und präzise sind, kann er vor Ablauf von drei Jahren nur unter folgenden Voraussetzungen zur Ergänzung seiner Offenbarungsversicherung vorgeladen werden:
- neuer Vermögenserwerb
- Auflösung eines bestehenden Arbeitsverhältnisses (auch bei nachfolgender Arbeitslosigkeit)
- Aufnahme oder Wechsel der Erwerbstätigkeit

Der Gläubiger kann diese Umstände meist dadurch glaubhaft machen, daß Pfändungsmaßnahmen, die er im Anschluß an den ersten Offenba-

XVI. Offenbarungsversicherung

rungsversicherungstermin getroffen hat, ins Leere gehen, weil der Drittschuldner ihm mitteilt, der Schuldner sei bei ihm nicht mehr beschäftigt etc.

4. Verhalten des Schuldners/Rechtsmittel

4.1 Der Schuldner erscheint nicht zum Termin

Wenn der Gläubiger im Terminsantrag gleichzeitig den Haftantrag gestellt hat (s. Muster Rdnr. 170), müßte der Rpfl. den Akt ohne weiteres dem Richter zum Erlaß des Haftbefehls vorlegen (§§ 901, 4 II RpflG). Viele Vollstreckungsgerichte benachrichtigen stattdessen den Gläubiger vom Nichterscheinen des Schuldners und fordern ihn auf, seinen Antrag nochmals zu stellen, wenn er den Haftbefehl haben möchte. Das ist überflüssige Mehrarbeit, gegen die der Gläubiger sich nicht wehren kann. **179**

4.2 Der Schuldner bittet um Vertagung

Einen Rechtsanspruch auf Vertagung hat der Schuldner grundsätzlich nicht. Wenn der RPfl. auf dessen Antrag grundlos den Termin verlegt, kann der Gläubiger mit befristeter RPfl.-Erinnerung (§ 11 I 2 RpflG mit § 793) den Beschluß anfechten. In der Praxis nützt das wenig, weil der nächste Termin dann noch erheblich später als die verfügte Vertagung stattfindet, denn die Unrechtmäßigkeit des Beschlusses muß höheren Orts festgestellt werden, und das braucht Zeit. **180**

4.3 Der Schuldner wird krank

Schreibt der Schuldner an das Gericht, er sei krank, so muß er die Krankheit glaubhaft machen, also mindestens ein qualifiziertes Arztattest vorlegen. Die meisten dieser Atteste lauten: „Herr Meier kann aus gesundheitsbedingten Gründen den Gerichtstermin nicht wahrnehmen". Ein **solches Attest ist** genauso **unbrauchbar** wie ein Privatschreiben des Schuldners, denn aus ihm ist nicht zu erkennen, ob die Krankheit so gravierend ist, daß die Wahrnehmung des Termins für den Schuldner wirklich mit erheblicher Gesundheitsgefährdung verbunden ist. Legt der Schuldner kein qualifiziertes Attest vor, das eine Überprüfung ermöglicht, kann das Gericht **die amtsärztliche Untersuchung** durchführen. Weigert sich der Schuldner, sich untersuchen zu lassen, wird Haftbefehl erlassen, weil er den Abwesenheitsgrund nicht glaubhaft machen kann. **181**

4.4 Der Schuldner bietet Teilzahlungen an

Viele Schuldner verbinden die Vertagungsbitte mit dem Angebot „die Schuld in Teilzahlungen zu begleichen". Auch das rechtfertigt die Vertagung nicht, denn diese ist nur statthaft, wenn
– der Schuldner die Forderung des Gläubigers binnen **drei Monaten** tilgen kann (§ 900 IV) **182**
und

XVI. Offenbarungsversicherung

– dies auch durch Urkunden oder ausdrückliche eidesstattliche Versicherung **glaubhaft** macht (LG Frankenthal, RPfl. 1981, 363).

Obwohl es an diesen Voraussetzungen fast immer fehlt, wird nicht selten vertagt oder der Gläubiger gar aufgefordert, mit dem offenbar zahlungswilligen Schuldner zu verhandeln. Gegenreaktion des Gläubigers: Antrag auf Haftbefehl!

5. Rechte Dritter

Dritte sind vom Verfahren der Offenbarungsversicherung nur insoweit betroffen, als der Schuldner Anfechtungstatbestände offenbart.

183 Da die Anfechtung nur innerhalb bestimmter Fristen möglich ist, muß der Gläubiger nach Vorliegen des OV-Protokolls unverzüglich die Frist berechnen und die Anfechtung aussprechen. In den meisten Fällen wird man schon aus Haftungsgründen gleichzeitig die Anfechtungsankündigung nach § 4 des AnfG vorzunehmen haben.

Die hier auftauchenden Probleme sind nichts für Anfänger.

6. Kosten

184 Gerichtskosten:
Je Antrag, unabhängig vom Streitwert, DM 35,00.
Nachbesserung der OV: Keine Gebühr;
Wiederholung der OV (§ 903): DM 35,00.
Auskunft aus dem Schuldnerverzeichnis:
Keine Gebühr, jedoch Fotokopiekosten für das Protokoll.
Anwaltsgebühren:
3/10 für den Antrag gem. § 57 BRAGO, jedoch beschränkt auf den Höchststreitwert von DM 3000,00. Bei Teilnahme des RA an der mündlichen Verhandlung: Zusätzlich 3/10 nach §§ 57, 31 12 BRAGO. Höchststreitwert von DM 3000,00.

7. Taktik

185 Wenn man gar keine Informationen über den Schuldner hat, ist die Sachpfändung die erste Maßnahme. Bringt sie keinen Erfolg, erhält man weitere Information nur über die OV. Sie ist deshalb ein besonders wichtiges Instrument.

Bei ihr ist Schnelligkeit das erste Gebot: Viele OV werden für mehrere Gläubiger durchgeführt, die das Protokoll zur gleichen Zeit erhalten. Wer als erster die Angaben des Schuldners auswertet (siehe Checkliste), wird bei den nachfolgenden Vollstreckungsmaßnahmen den ersten Rang besetzen, während die übrigen Gläubiger leer ausgehen.

XVI. Offenbarungsversicherung

8. Checkliste

– Unverzüglich nach Vorliegen des Titels muß die Auskunft aus dem 186
  Schuldnerverzeichnis eingeholt werden;
– wenn der RPfl. nicht terminiert, muß nachgefaßt werden;
– beim OV-Termin sollte man, jedenfalls ab einer bestimmten Forderungshöhe, anwesend sein, sich Vollstreckungsmöglichkeiten mitschreiben und unverzüglich Vorpfändungen (§ 845) ausbringen;
– liegt das OV-Protokoll vor, ist es unverzüglich auszuwerten, nach
  – neuen Pfändungsmöglichkeiten
  – Anfechtungsmöglichkeiten (§§ 3, 7 AnfG)
  – Überprüfung, ob die Angaben des Schuldners wahrheitsgemäß sind (Rückfrage beim Gläubiger, Überprüfung der eigenen Handakte)
  – ggf. Strafanzeige;
– der Haftbefehlsantrag sollte schon im OV-Antrag gestellt werden (siehe Muster)
– wird bei Nichterscheinen des Schuldners der Haftbefehl nicht sofort erlassen, ist unverzüglich zu mahnen.

9. Der Haftbefehl

Die Haftanordnung nach § 901 darf nicht mit dem Haftbefehl der Straf- 187
verfolgungsbehörden verwechselt werden: Auf einem roten Formblatt wird dem Gläubiger die Möglichkeit eingeräumt, den GVZ zu beauftragen, den Schuldner zu verhaften und dem Vollstreckungsgericht zur Abgabe der eidesstattlichen Versicherung vorzuführen. Der verhaftende GVZ kann bei Widerstand des Schuldners die Polizei hinzuziehen, bei Verweigerung der Offenbarungsversicherung wird der Schuldner in das örtliche Untersuchungsgefängnis gebracht (Erzwingungshaft bis zu sechs Monaten, § 913). Der Schuldner kann die Erzwingungshaft jederzeit beenden, wenn er nur die eidesstattliche Versicherung abgibt.
So zweckmäßig dieser quasi „zivilrechtliche" Haftbefehl auch ist, so deutlich sind auch die Schwachpunkte:
– Es ist wieder dem Gläubiger überlassen, den zu verhaftenden Schuldner aufzufinden. Viele Schuldner entwickeln eine erstaunliche Geschicklichkeit, sich über viele Monate der Verhaftung zu entziehen. Oftmals ist der Schuldner dem GVZ nicht einmal persönlich bekannt, ohne ein Lichtbild oder ohne eine den Schuldner kennende Begleitperson ist eine Identifizierung außerhalb der Wohnung äußerst schwierig.
– Abgesehen von der meist fehlenden Bereitschaft hierzu hat der verhaftete Schuldner auch kaum die Möglichkeit, die erzwungene Vermögensoffenbarung wirklich richtig und vollständig abzugeben. Es ist dem Schuldner eigentlich auch nicht zu verdenken, wenn er etwa die Fahrgestellnummer seines PKW, die Nummer seines Lebensversicherungsscheines oder die Adressen seiner Auftraggeber nicht im Kopf hat. Im Gegensatz zum gesetzlichen Leitbild sind viele durch Verhaftung erzwungene Of-

XVI. Offenbarungsversicherung

fenbarungsversicherungen ungenau und unvollständig, sodaß nach dem Antrag auf Nachbesserung das Spiel von vorne beginnt.
- Die Erzwingungshaft scheitert auch bei Schuldnern, die sich ohnehin in Untersuchungs- oder Strafhaft befinden. Der Gläubiger kann „seinen" Haftbefehl auch nicht von der Staatsanwaltschaft vormerken lassen, damit der Schuldner bei Fortfall des strafrechtlichen Haftgrundes sogleich in Erzwingungshaft genommen wird.

Der Gläubiger kann nur zusammen mit dem GVZ versuchen, rechtzeitig das Entlassungsdatum des Schuldners in Erfahrung zu bringen.

Zusammen mit dem Haftbefehl schickt das Vollstreckungsgericht auch die kompletten Vollstreckungsunterlagen (Titel, Forderungsaufstellung, Kostennachweise) an den Gläubiger zurück. Der Haftbefehl ist jedenfalls solange gültig, als der Anspruch des Gläubigers besteht, das Gesetz sieht keine zeitliche Begrenzung für die Vollziehung der Haftanordnung vor. Eine Grenze wird allerdings durch den verfassungsrechtlichen Grundsatz der Verhältnismäßigkeit und das Übermaßverbot aufgestellt, entscheidend sind aber immer die Besonderheiten des Einzelfalls. Kümmert sich der Gläubiger nach Erlaß des Haftbefehls 10 Jahre nicht mehr um seine Forderung, dann kann er den Schuldner sicher nicht überraschend verhaften lassen.

Der Vollzug eines 3 bis 4 Jahre alten Haftbefehls wird noch als zulässig anzusehen sein, wobei im Einzelfall auch zu berücksichtigen sind:

Zwischenzeitliche Vollstreckungsversuche des Gläubigers; Höhe der Forderung; persönliche Verhältnisse des Schuldners (Auslandsaufenthalt, Krankheit); Ratenzahlungen des Schuldners etc.

Der Verhaftungsauftrag des Gläubigers ist an den für den Wohnsitz des Schuldners zuständigen GVZ zu richten. Wie auch bei Einleitung des OV-Verfahrens sind die Vollstreckungsunterlagen komplett beizufügen! Zum einen könnte der Schuldner ja an den zu seiner Verhaftung erschienenen GVZ zahlen wollen, zum anderen müssen die Vollstreckungsunterlagen spätestens bei der Vorführung des Schuldners dem Vollstreckungsgericht vorliegen. Zu welchem Zeitpunkt der Schuldner verhaftet wird ist freilich ebenso ungewiß wie die Frage, ob er gleich die OV abgeben will.

Für den Gläubiger kann es sich deshalb auch empfehlen, bereits in den Verhaftungsauftrag die Bitte aufzunehmen, von der Verhaftung des Schuldners telefonisch benachrichtigt zu werden, um an der Abnahme der OV noch teilnehmen zu können. Dies lohnt natürlich nur, wenn der Gläubiger bzw. sein Anwalt flexibel und schnell genug sind, um unerwartet zum Vollstreckungsgericht fahren zu können. Es gibt aber Schuldner und Forderungen, für die dieser Aufwand lohnt! Nicht immer, aber häufig kommen die GVZ diesem Wunsch nach.

XVII. Forderungspfändung (§§ 828–863)

1. Sinn und Zweck der Forderungspfändung

1.1 Die Ansprüche des Schuldners

Ein wesentlicher Teil des Schuldnervermögens besteht aus Forderungen **188**
gegenüber anderen Personen. Dazu gehört vor allem der Anspruch, für seine Arbeit bezahlt zu werden. Bei Arbeitnehmern (Heizungsmonteure, Werkmeister, Kellner) ist das der Lohnanspruch, der am Monatsende fällig wird (§ 611 BGB). Die Selbständigen, also z.b. der Schreinermeister, der Elektroinstallateur, der Unternehmensberater, haben Ansprüche auf Vergütung gegenüber ihren Kunden (§ 633, 631 ff. BGB), ebenso die freiberuflich Tätigen, also z.b. der Journalist und der Designer.

Daneben gibt es noch eine Vielzahl weiterer Ansprüche aus den verschiedensten Rechtsgründen, so z.B.
- den Anspruch des Aktionärs auf seine Dividende gegenüber der Aktiengesellschaft (AG);
- den Gewinnanspruch des GmbH-Gesellschafters gegenüber der Gesellschaft;
- den Zinsanspruch des Bankkunden für seine Einlagen gegenüber der Bank (näher s. Rdnr. 223).

1.2 Der Drittschuldner

Bei diesen Ansprüchen spielt, wie man auf den ersten Blick sieht, immer **189**
ein Dritter eine Rolle: Das ist der Drittschuldner, also der Arbeitgeber, der Auftraggeber, die AG, die Bank etc. Ohne es zu wollen und ohne Einfluß darauf zu haben, wird der Drittschuldner in das Zwangsvollstreckungsverfahren mit einbezogen. Obwohl ihm das oft nicht unerhebliche Kosten verursacht, muß er den gesetzlichen Verpflichtungen, vor allem seiner **Auskunftspflicht** über das Bestehen der Forderung, genügen, **ohne** dafür eine **Kostenerstattung** verlangen zu dürfen (zuletzt BGH, WM 85, 238; zum Stand der Meinungen: Stöber, Rdnr. 647).

1.3 Umfang der Pfändung

Der Gläubiger kann Forderungen in jedem Stadium pfänden, nämlich **190**
- entstandene, aber noch nicht fällige Forderungen: Das ist z.B. der Anspruch auf Rückzahlung eines schon gekündigten Darlehens;
- bedingte Forderungen;
- künftige Forderungen, sofern sie bereits bestimmbar sind (BGHZ 80, 172): Dazu gehört etwa der Anspruch auf Auszahlung von künftig dem Bankkonto gutgeschriebenen Einzahlungen Dritter;
- von einer Gegenleistung abhängige Forderungen (§ 844): Das ist z.B. der Anspruch des Schuldners auf Eigentumsübertragung an Gegenständen,

XVII. Forderungspfändung

die auf Raten gekauft worden sind, sofern noch einzelne Raten offen stehen.

Die Forderung, die der Schuldner hat, wird **in der Höhe der Forderung des Gläubigers** beschlagnahmt.

Möbelhändler Roll schuldet seiner Bank DM 2500,00. An Dr. Knopf hat er einen Einbauschrank für DM 8000,00 verkauft. Die Bank pfändet diesen Anspruch. Dr. Knopf zahlt an die Bank DM 2500,00 und an Herrn Roll DM 5500,00.

1.4 Der fiktive Charakter der Pfändung

191 Der Gläubiger weiß nur in seltenen Fällen, ob und in welchem Umfang die Forderung wirklich besteht. (Woher soll er erfahren, zu welchem Preis Möbelhändler Roll den Einbauschrank an Dr. Knopf verkauft hat?) Die Forderungspfändung hat deshalb einen fiktiven Charakter. Es wird der „**angebliche** Anspruch" des Schuldners gepfändet. Besteht der Anspruch in Wirklichkeit nicht, dann kann er auch staatlich nicht beschlagnahmt („verstrickt") werden. Die Pfändung geht dann ins Leere.

1.5 Rangprobleme

1.5.1 Kollision von Pfändung und Abtretung

Nicht selten hat der Schuldner eine gepfändete Forderung vorher schon abgetreten (§ 398f. BGB).

192 Ernst Bill, Werkmeister, hat bei der TuV-Bank einen Kleinkredit über DM 8000,00 bekommen, den er in Monatsraten von DM 500,00 zurückbezahlt. Als Sicherheit hat er der Bank seinen Lohnanspruch abgetreten. Danach hat er noch ein Auto gekauft, ist dem Verkäufer aber noch DM 1000,00 schuldig. Als dieser nach Erlaß des Vollstreckungsbescheides den Lohn pfändet, überweist der Arbeitgeber den pfändbaren Teil des Lohns an den Verkäufer, da die Lohnabtretung von der Bank (absprachegemäß) nicht aufgedeckt worden ist. Als Herr Bill zwei Monate später die fälligen Raten bei seiner Bank nicht mehr bezahlt, schreibt die TuV-Bank an den Arbeitgeber und erfährt, daß zwischenzeitlich dort die Pfändung vorliegt und schon DM 400,- bezahlt worden sind. Die TuV-Bank verlangt ab sofort Zahlung an sich und will außerdem die an den Verkäufer bezahlten DM 400,- zurückhaben.

Da die Abtretung an die Bank **früher** erfolgt ist als die Pfändung, geht sie der Pfändung vor (§ 804 Abs.3).

Der zeitliche Vorrang einer früheren Abtretung gegenüber einer späteren Pfändung darf den Pfändungsgläubiger keinesfalls von einer sorgfältigen Überprüfung abhalten, ob denn die Lohnabtretung überhaupt **wirksam** ist! Nach BGH (NJW 1989, 2383) unterliegt die formularmäßige Abtretung künftiger Lohn-, Gehalts-, Provisions- und Sozialleistungsansprüche strengen Voraussetzungen, um nach § 9 AGB-Gesetz wirksam zu sein. Viele ältere, gelegentlich auch nach diesem Urteil noch verwendete Lohnabtretungsklauseln im sog. „Kleingedruckten" sind wegen Übersicherung oder mangelnder Bestimmbarkeit des Umfangs der Abtretung unwirksam!

Wer sich auf eine vorrangige Lohnabtretung beruft, sollte also immer zur Vorlage aufgefordert werden!

XVII. Forderungspfändung

Schließlich ist vielen Arbeitnehmern tarifvertraglich die Lohnabtretung untersagt! Auch hierin liegt eine Möglichkeit des Pfändungsgläubigers, seine zeitlich nachrangige Lohnpfändung doch noch zu retten! Diese Rangordnung entsteht aufgrund der gesetzlichen Vorschriften, ohne daß die Abtretung offengelegt werden muß. Der Verkäufer muß also die DM 400,-, die er bekommen hat, abzüglich der von ihm für den Pfändungs- und Überweisungsbeschluß nutzlos aufgewendeten Zwangsvollstreckungskosten, an die TuV-Bank herausgeben (§ 812 I 2 BGB; BGH NJW 1976, 1090; Stöber Forderungspfändung Rdnr. 1253).

1.5.2 Mehrfachpfändung

– Gleichzeitige Entscheidung und Zustellung   193
Wenn mehrere Gläubiger einen Pfändungsantrag zu verschiedenen Zeiten einreichen, das Vollstreckungsgericht über sie aber **gleichzeitig** entscheidet und der GVZ sie gleichzeitig zustellt (§ 173 Nr. 1, 5 GVGA), erhalten alle beteiligten Gläubiger **nach Höhe** ihrer Forderung **einen Teil** des gepfändeten Betrages.

Gläubiger A fordert DM 10000,00, Gläubiger B DM 5000,00, Gläubiger C 2500,00 (geforderte Gesamtsumme: 17500,00 DM).
Gepfändet wurden DM 1000,00. Diese werden wie folgt verteilt:
Gläubiger A 571,40 DM (= 57,14%), Gläubiger B 285,70 DM (= 28,57%), Gläubiger C 142,90 DM (= 14,29%).

– Unterschiedliche Entscheidung und/oder unterschiedliche Zustellung
Entscheidet das Vollstreckungsgericht zeitlich verschieden oder stellt der GVZ (vielleicht nur zufällig) die Beschlüsse nacheinander zu, dann erhält der **Gläubiger** den **gesamten** Betrag, für den der Beschluß **zuerst zugestellt** wird. Diesen Zufall kann man nur durch Vorpfändung (Rdnr. 238 ff.) ausschalten.

1.6 Verwertung der Forderung

Mit der Zustellung der Pfändung an den Drittschuldner ist die Forde-   194
rung beschlagnahmt, sie wird gleichzeitig dem Gläubiger zur Verwertung überwiesen („Pfändungs- und Überweisungsbeschluß"). Damit kann der Gläubiger die Bezahlung direkt vom Drittschuldner verlangen. **Zahlt** dieser **trotz Kenntnis** der Zustellung an den Schuldner, muß er danach **nochmals** an den Gläubiger **zahlen.**

1.7 Hinterlegung und Verteilungsverfahren

Das ist für den Drittschuldner ein erhebliches Risiko, vor allem dann,   195
wenn ihm mehrere Forderungspfändungen zugehen. **Wenn** er **Zweifel** hat, an welchen der Gläubiger er zahlen muß, kann er, um Risiken zu vermeiden, den Betrag, den der Schuldner zu fordern hatte, beim Amtsgericht **hinterlegen** (§ 853). Hinterlegte Beträge werden in einem eigens geschaffenen Verfahren (Verteilungsverfahren §§ 872 ff.) an die berechtigten Gläubiger nach Feststellung des Ranges ausbezahlt.

XVII. Forderungspfändung

Zuständig für das Verteilungsverfahren ist der Rechtspfleger (§ 20 Nr. 17 RPflG).

1.8 Ruhenlassen der Pfändung

196 Manchmal bittet der Schuldner oder der Drittschuldner den Gläubiger, die Rechte aus der Pfändung ruhen zu lassen oder gar die Pfändung aufzuheben. Das wird meistens mit dem Angebot verbunden, Teilzahlungen zu leisten, die geringer sind als der pfändbare Betrag. Hier muß der Gläubiger wissen, daß er sich mit der Pfändung den Rang vor allen späteren Gläubigern gesichert hat. Dieser **Rang geht** ihm unwiederbringlich **verloren, wenn** er die **Pfändung aufhebt** (§ 843). Will er dieses Risiko vermeiden, dann sollte er **nur auf** die **Rechte** aus der **Überweisung** so lange **verzichten,** bis etwa ein anderer Gläubiger nach ihm pfändet. Die Formulierung lautet:

„Ich bin damit einverstanden, daß die Zwangsvollstreckung aus dem Überweisungsbeschluß vom ... auf monatlich DM... beschränkt wird. Die Zustimmung wird hinfällig bei Forderungspfändung oder Geltendmachung von Abtretungsrechten durch Dritte".

Bei Arbeitsverhältnissen sollte es ergänzend lauten:

„Sie wird auch hinfällig bei Kündigung oder Auflösung des Arbeitsverhältnisses."

Der nach wie vor **unbeschränkt** bestehende **Pfändungsbeschluß** wahrt den Rang gegenüber anderen, später pfändenden Gläubigern. Pfänden diese, so wird bei Gericht beantragt, den **Überweisungsbeschluß** neu und unbeschränkt **nochmals** zu **erlassen.**

2. Einzelne Forderungspfändungen

2.1 Checkliste: Einzelne Möglichkeiten der Forderungspfändung

197 Die Ansprüche, die ein Schuldner gegenüber einem Dritten haben kann, sind äußerst vielfältig. Wenn man vor jeder Pfändung einen Blick auf die nachfolgende Liste wirft, um zu prüfen, ob man nicht eine Pfändungsmöglichkeit übersehen hat, wird man mit der Zeit erheblich mehr Möglichkeiten sehen als die üblichen Lohn- und Lebensversicherungspfändungen.

Die in der Praxis am häufigsten vorkommenden Ansprüche sind fettgedruckt und unten noch detailliert behandelt.
- Akkreditiv der Banken
- Arzthonorar gegenüber den Ersatzkassen
- Arzthonorar gegenüber den Privatpatienten
- Altenteilsanspruch
- Anwaltsvergütung
- Arbeitnehmerzulagen
- Auseinandersetzung einer Arbeitsgemeinschaft
- Ankaufsrechte

XVII. Forderungspfändung

- Anwartschaftsrechte auf Eigentumserwerb
- **Arbeitseinkommen**
- Arbeitseinkommen fiktiv
- Arbeitnehmererfindervergütung
- Auflassungsansprüche
- Automatenaufstellvertrag
- Baukostenzuschüsse
- Bausparkassenverträge
- **Bankguthaben**
- Bauhandwerkerforderungen
- Bedienungsgeld (Trinkgeld)
- Bezugsrecht auf neue Aktien
- Briefhypothekenansprüche
- Bergmannsprämien
- Bürgschaften
- Bundesentschädigungsgesetz
- Bundesseuchengesetz, Entschädigungen
- Bruchteilsgemeinschaft
- Darlehensgewährung (Pfändung der Kreditlinie)
- Darlehensgewährung an Dritte
- Dauerwohnrecht
- Entschädigung für Strafverfolgungsmaßnahmen
- Erbansprüche
- Erbersatzansprüche
- Erbbauzinsen
- Gebrauchsmuster
- Geschmacksmuster
- Gefangenenbezüge
- Genossenschaftsansprüche
- Gesellschaftsansprüche aus der Gesellschaft nach bürgerlichem Recht
- **Gesellschaftsansprüche aus der GmbH**
- Grundschuldansprüche
- Heimarbeitsvergütung
- Herausgabeansprüche
- Hinterlegungsansprüche
- Haftpflichtversicherungsansprüche
- Kaufvertragsforderungen
- **Kautionsforderungen** gegenüber dem Vermieter
- Kommanditgesellschaftsverträge
- Kontokorrentguthaben
- Kreditkartenverhältnisse
- Kostenerstattungsansprüche
- Künstlersozialkasse
- **Lebensversicherungsansprüche**
- Lastenausgleichsansprüche
- Leasingvertrag, Anspruch auf Restwert

XVII. Forderungspfändung

- Leasingvertrag, Anspruch auf Überlassung (LG Düsseldorf Rpfl. 1988, 75)
- Leibrentenansprüche
- Lizenzvertragsansprüche: Patent, Know-How, Urheberrecht
- Mietvertrag: Rückzahlung von Nebenkostenpauschalen
- Mietforderungen
- Mietvorauszahlung
- Miteigentumsanteile
- Miterbenanteile
- Musikverwertung: GEMA (München); GVL (Hamburg)
- Nacherbschaften
- Nießbrauchsansprüche
- Offene Handelsgesellschaftsanteile
- Patentansprüche
- Pflichtteilsansprüche
- Postscheckguthaben
- **Postsparguthaben**
- Reisevertragsansprüche
- Reparationsentschädigungen
- Reallasten
- Rechtsanwaltsvergütungen
- Rechtsanwalts-Anderkonten
- Rentenschulden
- **Rückübertragungsansprüche** von Sicherheiten
- Rückerstattungsansprüche
- Sachverständigenentschädigungen
- Sicherungsübereignungsverträge
- Soldatenbezüge
- **Schadensersatzforderungen**
- Schadensversicherungsforderungen
- Schenkansprüche
- Schmerzensgeldansprüche
- Sicherheitsleistungen
- Software: Lizenzansprüche
- **Sparguthaben**
- Stammeinlagenforderungen bei der GmbH
- Stationierungsschäden
- **Steuererstattungsansprüche**
- Scheckforderungen
- Schiffshypotheken
- Sparprämien
- Stipendien
- Subventionszahlungen
- **Taschengeldansprüche**
- Treuhandansprüche

XVII. Forderungspfändung

- Verkehrsunfallansprüche auf Schmerzensgeld, Schadensersatz, Arbeitsausfall
- Verlöbnisrückerstattungsansprüche
- **Versicherungsansprüche**
- Versteigerungsansprüche
- Vertreterprovisionen
- Versorgungsausgleich

- Werkvertrag
- Werklieferungsvertrag
- Wohnungseigentum
- Wehrsoldansprüche
- Wiederkaufsrechte

- Zeugenentschädigung
- Zugewinnausgleich
- Zwangsversteigerungserlöse
- Zwangsverwaltungserlöse

2.2 Pfändung von Arbeitseinkommen

Damit der Schuldner trotz Lohnpfändung seine Arbeitskraft erhalten kann, muß ihm ein Mindestbetrag zum Leben verbleiben, der nicht pfändbar ist (§§ 850, 850a, 850c bis 850i). Die Höhe des Betrages hängt davon ab, ob der Schuldner nur für sich selbst sorgen muß oder seine Frau, seine Kinder oder Verwandte unterhalten muß. Er ergibt sich aus der Lohnpfändungstabelle (abgedruckt im Anhang).

Der **Arbeitgeber** kann aus den Arbeitspapieren (Steuerklasse etc.) die erforderlichen Informationen entnehmen und die pfändbaren Beträge errechnen. Wenn er dabei **Fehler** macht, **haftet** er für die **Differenz**.

Werner Müller hat ein Nettoeinkommen von 3085,15 DM. Er ist verheiratet und hat 2 minderjährige Kinder, mithin drei unterhaltsberechtigte Personen. Der Arbeitgeber wird demnach dem Gläubiger monatlich 210,30 DM bezahlen, Herr Müller erhält nur noch 2874,85. Hat der Schuldner Geldunterhalt zu bezahlen, zahlt er aber nicht, so kann der Gläubiger die Freibeträge vom Vollstreckungsgericht herabsetzen lassen.

Lohnansprüche von Beschäftigten der Natostreitkräfte unterliegen aus öffentlich-rechtlichen Gründen (Natotruppenstatut) nur beschränkt der Pfändung.

2.2.1 Pfändung des fiktiven Lohnanspruches

Manchmal teilt der Arbeitgeber mit, der Schuldner, der bei ihm als Werkmeister beschäftigt sei, verdiene nur DM 1300,00 netto oder in einem anderen Fall heißt es: „Der Schuldner arbeitet nur halbtags und erhält DM 750,- netto." Wenn das – gemessen an der beruflichen Position des Schuldners – offensichtlich zu wenig erscheint, dann besteht der Verdacht, daß der Schuldner einen Teil seines Gehaltes „schwarz" bezieht (verschleiertes Arbeitseinkommen). Vor allem bei den sozialversicherungsfreien Arbeitsverhältnissen sollte man darauf achten. Folge: Es kann das ge-

XVII. Forderungspfändung

pfändet werden, was dem angemessenen Arbeitslohn entspricht (§ 850h). In einem solchen Fall sollte man sofort ermitteln, ob es konkrete Anhaltspunkte dafür gibt, daß das genannte Gehalt im Verhältnis zur Tätigkeit des Schuldners zu gering ist. Solche Anhaltspunkte ergeben sich teils aus der Ausbildung des Schuldners, teils aus dem Umfang seiner Tätigkeit. Ggf. sind eigene Ermittlungen erforderlich (Detektiv).

Als nächsten Schritt sollte man den Schuldner zur Ergänzung der Offenbarungsversicherung vorladen lassen, um ihm dort Angaben über die konkrete Art seiner Tätigkeit machen zu lassen. Dafür reichen die oben geschilderten Anhaltspunkte aus (LG Lübeck Rpfl. 1986, 99). Hier steht der Schuldner nämlich unter Eideszwang und darf nicht die Unwahrheit sagen. Erhebt man hingegen sofort die Drittschuldnerklage, dann ist der in ihrem Rahmen ggf. begangene Prozeßbetrug erheblich schwerer nachzuweisen. Obgleich die Lohnpfändung den fiktiven Lohnanspruch mit umfaßt (Stöber, Rdz. 1215), sollte man vorsorglich auch diesen Anspruch im Lohnpfändungsantrag genauer darstellen. Er lautet:

„Die Pfändung umfaßt sämtliche Vergütungsansprüche des Schuldners, die diesem aufgrund seiner beruflichen Qualifikation, der ihm übertragenen Kompetenz und des tatsächlichen Umfanges seiner Arbeitsleistung beim Drittschuldner zustehen, auch soweit eine Vergütung in Geld tatsächlich nicht bezahlt wird (§ 850h, verschleiertes Arbeitseinkommen)".

2.2.2 Besonderheiten beim Arbeitgeberdarlehen

200 Der Arbeitgeber hat dem Schuldner ein Darlehen gegeben, welches er zunächst zurückfordert. Damit muß der Gläubiger sich nicht zufrieden geben. Bei Arbeitgeberdarlehen ist sehr oft noch gar keine konkrete Fälligkeit vereinbart. Wenn das so ist, dann kann der Arbeitgeber nicht im Zeitpunkt der Pfändung seinen Rückzahlungsanspruch geltend machen, er muß ihn vielmehr erst mit dem Arbeitnehmer vereinbaren und hat daher gegenüber dem Gläubiger den schlechteren Rang. Er muß warten, bis die gepfändete Forderung zuerst befriedigt ist. Behauptet der Arbeitgeber etwas anderes, muß er glaubhaft machen (§ 294 Abs 1), daß sein eigener Anspruch früher fällig war. An dem dazu erforderlichen schriftlichen Vertrag fehlt es meistens.

2.3 Pfändung für Unterhaltsberechtigte

Ist der Gläubiger gegenüber dem Schuldner unterhaltsberechtigt (z.B. minderjährige Kinder gegenüber dem geschiedenen Vater), dann sind die Pfändungsgrenzen höher.

201 Peter Gronau ist geschieden, seine drei Kinder haben einen Unterhaltsanspruch von je 400,-- DM pro Monat gegen ihn. Nachdem sein Lohn (netto DM 3380,-) schon für die TuV Bank gepfändet ist (pfändbar lt. Tabelle: DM 300,30) gerät er auch mit den Unterhaltszahlungen in Verzug. Nun wird für den Unterhaltsanspruch der drei Kinder gepfändet. Hier gelten **nicht** die Grenzen des § 850c zugunsten des Schuldners.

Vielmehr bestimmt das Vollstreckungsgericht nach seinem Ermessen, welcher Betrag dem Schuldner verbleiben muß, um seine notwendigsten

XVII. Forderungspfändung

Ausgaben zu decken. Die örtliche Handhabung ist verschieden. Als angemessen wird in der Regel ein Betrag zwischen 800,- und 850,-- DM je Monat betrachtet. Im Beispielsfall zahlt der Arbeitgeber wie folgt aus:

Nettolohn		3380,-- DM
an die TuV-Bank	300,30 DM	
an die 3 Kinder	1200,-- DM	
an Herrn Gronau		1879,70 DM

Wenn im Beispielsfall Herr Gronau etwa noch Unterhaltsrückstände zu begleichen hat oder demnächst die Unterhaltsforderungen der Kinder höher werden, dann kann das Vollstreckungsgericht – je nach seiner örtlichen Praxis – zu Gunsten der Kinder weitere 1029,70 DM als pfändbar festsetzen.

Wegen dieser einschneidenden Folgen gibt es nicht wenige, die sich durch Schwarzarbeit allen Unterhaltsverpflichtungen entziehen. In einem solchen Fall hilft nur die Strafanzeige wegen Verletzung der Unterhaltspflicht (§ 170b StGB) (s. dazu Rdnr. 349).

Da bei der Pfändung für Unterhaltsforderungen das Gericht den pfändbaren Betrag nach seinem Ermessen festsetzt und sich nicht an der Lohnpfändungstabelle orientieren muß, wird dem Schuldner manchmal irrtümlich **mehr belassen,** als in der Pfändungstabelle vorgesehen ist (§ 850d Abs.1 S.3).

Unterhaltsrückstände, die älter als ein Jahr sind, werden nur dann privilegiert, wenn der **Schuldner** sich **absichtlich** seiner Unterhaltspflicht entzogen hat (§ 850d Abs.1 S.4) – dazu muß ggfs. dem Gericht ein **Hinweis** gegeben werden.

Endlich muß man darauf achten, mit dem Beschluß **auch** die **künftig erst fällig werdenden Ansprüche** zu pfänden (850d Abs.3). Deshalb verwendet man zweckmäßig das im Handel erhältliche Formular „Pfändung für Unterhaltsleistungen".

2.4 Pfändung von Bankkonten

Da der bargeldlose Zahlungsverkehr immer mehr zunimmt, gibt es kaum einen Schuldner, der nicht ein Bankkonto hat. Dabei ist es wichtig zu wissen, daß man zwar die **örtliche Zweigstelle,** aber **nicht** die **Kontonummer** wissen muß, um wirksam pfänden zu können. Da die Pfändung **bei echtem Filialbetrieb** nur wirksam ist, wenn der kontoführenden Stelle zugestellt wird, nützt die Pfändung bei der „Deutschen Bank AG, Frankfurt" nichts, wenn man meint, damit alle Konten des Schuldners in Deutschland erfassen zu können (näher dazu Stöber, Rdnr. 332, aber auch LG Frankfurt WM 1986, 239).

Daneben gibt es Sonderprobleme, die im Antragsvorschlag berücksichtigt sind (unten Rdnr. 223).

Sehr nützlich ist das Skript von Ehlenz/Diefenbach (s. Literaturhinweise), da es aus der Sicht der Bank geschrieben ist, und zwar mit dem Ziel, ungenaue Pfändungsanträge zugunsten der Bank anzugreifen. Wer die

XVII. Forderungspfändung

dort enthaltenen Ratschläge berücksichtigt, kann bei Pfändung von Bankkonten fast keine Fehler mehr machen.

Banken berufen sich gelegentlich auf das Bankgeheimnis, wenn sie aufgefordert werden, die Drittschuldnererklärung (§ 840) abzugeben. Das Bankgeheimnis schützt aber nur den Kunden gegenüber fahrlässigem Verhalten seiner Bank, nicht aber gegenüber dem gesetzlichen Zugriff des Gläubigers (Stöber, Forderungspfändung Rdnr. 627).

Die Bank muß auch **konkret** Auskunft geben, welche Ansprüche der Kunde hat und ggf., warum sie eigene Rechte geltend macht. Das ergibt sich aus dem allgemeinen Auskunftsrecht des Kunden gegenüber der Bank (§ 666 BGB), das als unselbständiger Nebenanspruch nicht gesondert gepfändet werden muß (LG Frankfurt Rpfl. 1986, 186).

Im einzelnen müssen folgende Fälle unterschieden werden:
- Wenn das Konto überzogen ist, muß die Höhe des Negativsaldos nicht mitgeteilt werden, denn wo kein Guthaben ist, gibt es auch kein Rechtsschutzbedürfnis für den Auskunftsanspruch (Sühr WM 1985, 742).
- Ist ein Guthaben vorhanden, so muß die Bank das mitteilen. Wenn sie eigene Ansprüche auf das Guthaben hat (weil beispielsweise ein anderes Konto überzogen ist), muß sie das konkret darlegen (Sühr WM 1985, 741).
- Kopien von Kontoauszügen kann er nicht verlangen, da in ihnen Informationen enthalten sind, die über den Auskunftsanspruch des Bankvertrages hinausgehen (LG Frankfurt aaO).

2.4.1 Sparguthaben

203 Bei der Pfändung von Sparguthaben ist zu beachten, daß zusammen mit dem Pfübantrag im Wege der Hilfspfändung der GVZ beauftragt wird, das Sparbuch in Besitz zu nehmen, denn ohne Vorlage des Sparbuches muß die Bank nicht auszahlen, es sei denn, der Verlust wird nachgewiesen (§ 156 GVGA).

Etwas anders geht die Pfändung eines Postsparguthabens. Nach § 23 PostG muß hier der Gerichtsvollzieher zuerst das Postsparbuch des Schuldners durch Pfändung in Besitz nehmen (ohne Ausweiskarte des Schuldners), danach kann der Gläubiger (mit einer Kopie des Pfändungsprotokolls) beantragen, ihm „die angebliche Forderung des Schuldners an die Deutsche Postbank AG als Drittschuldnerin auf Auszahlung des vom Gerichtsvollzieher am ... gepfändeten Sparguthabens Nr.... mit Zinsen in Höhe von ... zur Einziehung zu überweisen." Zuständig ist wie beim Pfübantrag des Vollstreckungsgericht.

2.4.2 Girokonten

204 Der Textvorschlag (Rdnr. 223) berücksichtigt die besonderen Probleme bei der Pfändung von Ansprüchen aus Girokonten in den Ziffern 1 bis 3. Danach sind pfändbar (BGH Rpfl. 1985, 207):
- Der **Anspruch** auf **Gutschrift** eingehender Beträge: Er hat zur Folge, daß der Kontoinhaber nicht vor der Gutschrift über sie anderweitig verfügen kann.

XVII. Forderungspfändung

- Der laufende **Auszahlungsanspruch:** Er besteht nur dann, wenn gutgeschriebene Beträge so hoch sind, daß ein Guthaben entsteht. Wenn das Konto nach wie vor überzogen ist, kann die Bank die eingegangenen Gutschriften zunächst zu ihren Gunsten verrechnen (§ 355 HGB).
- Der **Anspruch** auf Durchführung von **Überweisungen** an Dritte: Auch er ist nur pfändbar, wenn ein Guthaben vorhanden ist oder die besonderen Bedingungen der Pfändung einer Kreditlinie vorliegen (unten Rdnr. 205). Bei Verwendung von Scheck und EC-Karte haben die Banken darüber hinaus ein Pfandrecht für eigene Forderungen (OLG Hamm, WM 1986, 372).
Gutschriften, die der Schuldner aufgrund von sozialgeschützten Ansprüchen (z.B. Kindergeld oder Sozialhilfe) erhält, sind bis zu 7 Tage nach der Überweisung unpfändbar, damit der Schuldner Gelegenheit hat, das Geld abzuheben. Läßt er es länger stehen, wird vermutet, daß er es nicht nötig hat, so daß auch diese Gutschriften von der Pfändung erfaßt werden.

2.4.3 Pfändung der Kreditlinie

Der Pfändungsantrag (Rdnr. 223) enthält in Ziffer 5 auch die Pfändung der Kreditlinie, obgleich ihre Zulässigkeit umstritten ist. Man unterscheidet 205
- Kreditzusagen **mit konkreter Zweckbestimmung** (z.B. „für die Renovierung ihrer Gaststätte"). Bei dieser Kreditzusage ist die Pfändung **rechtlich** zwecklos, weil die Bank entweder die Kreditzusage aus wichtigem Grund kündigen wird oder sich darauf berufen kann, daß sie den Kredit aufgrund der vertraglichen Vereinbarung mit dem Schuldner nur zu dem vereinbarten Zweck auszahlen muß und nicht zur Befriedigung eines Gläubigers. Dann existiert auch kein Anspruch, den der Gläubiger pfänden kann. Anders ist es möglicherweise, wenn ein Kredit „zur Tilgung von Lieferantenverbindlichkeiten" zugesagt worden ist und der Titel gerade solche Verbindlichkeiten erfaßt. Deshalb und auch aus **taktischen Gründen** sollte der Antrag auch solche Kreditzusagen umfassen.
- Kredite **ohne besondere Zweckbestimmung** (offene Kreditlinie): Ihre Inanspruchnahme wird teilweise als höchstpersönliches Recht des Schuldners gesehen, das nicht pfändbar sei (LG Dortmund, NJW 1986, 997), andererseits wird ein solcher höchstpersönlicher Bezug verneint (LG Hamburg, NJW 1986, 998).
Da die Zulässigkeit von der örtlichen Rechtsprechung abhängt, sollte der Antrag vorsorglich auch solche Kredite umfassen.
Ob die Pfändung der Kreditlinie praktischen Nutzen hat, zeigt sich erst an der Reaktion der Bank, denn die Bank hat immer das Recht, das laufende Kreditverhältnis einschließlich der Kreditzusage zu kündigen, wenn die Vermögensverhältnisse des Schuldners sich plötzlich verschlechtern. Durch die ausgebrachte Pfändung ist eine solche Verschlechterung offenkundig. Die Banken kündigen aber die Kreditverhältnisse nicht immer, z.B., weil sie andere Sicherheiten haben oder davon überzeugt sind, daß der Schuldner sich wirtschaftlich wieder erholen wird. Deshalb ist die Pfändung der Kreditlinie auch in Zweifelsfällen taktisch zweckmäßig: Bei zweckgebundenen Krediten, die höher sind als die titulierte Forderung, hat der Schuld-

XVII. Forderungspfändung

ner ein gutes Motiv, mit dem Gläubiger zu vereinbaren, daß dieser die Pfändung gegen eine Teilzahlung aufhebt; bei der offenen Kreditlinie braucht man nur abzuwarten, ob der Schuldner sein Recht nach der Pfändung ausübt (und die Bank es erfüllt) oder nicht. Wenn er das tut, ist die Ausübung des Rechts nachgewiesen. Der Gläubiger wird sich in solchen Fällen nach Zustellung der Pfändung einige Monate nicht rühren und dann den Auskunftsanspruch (§ 666 BGB) gegenüber der Bank geltend machen. Er erfährt dann, wie der Schuldner sich verhalten hat.

2.5 Pfändung von Versicherungsansprüchen

Bei Versicherungen ist zu unterscheiden zwischen:

2.5.1 Risikoversicherungen:

206 Dazu zählen z.B. die Unfall-, die Feuer-, die Hausrats-, die Berufsunfähigkeits- und schließlich die Risikolebensversicherung. Bei ihnen ist eine Pfändung in der Regel sinnlos, weil keine (zukünftig) sicheren Zahlungsansprüche bestehen und die Pfändbarkeit eingeschränkt ist (§§ 15, 76 VVG). Das gilt auch für Versicherungsleistungen, die über den bloßen Sachwert hinausgehen (LG Detmold Rpfl. 1988, 154).

2.5.2 Kapitalversicherungen:

207 Anders ist es bei der Kapitalversicherung. Bei ihr entsteht mit jeder Prämieneinzahlung ein Guthaben des Schuldners, das ähnlich wie das Bankguthaben pfändbar ist und ausgezahlt werden muß, wenn die Versicherung gekündigt wird **(Rückkaufswert)**. Hier (wie übrigens auch bei der Risikolebensversicherung) entsteht jedoch das Sonderproblem, daß in vielen Fällen das Bezugsrecht aus der Versicherung einem Dritten (z.B. der Ehefrau) zusteht. Ist das in unwiderruflicher Weise erfolgt, dann hat der Schuldner von Anfang an für einen Dritten angespart, so daß der Rückkaufswert schon verschenkt ist. Hier geht der Gläubiger leer aus, wenn er nicht anfechten kann. Kann das Bezugsrecht jedoch jederzeit widerrufen werden, dann kann der Gläubiger auch das Widerrufsrecht pfänden lassen, seinerseits widerrufen und den Rückkaufswert an sich ziehen. Auszahlungen erfolgen nur gegen Vorlage des **Versicherungsscheines,** der daher im Wege der **Hilfspfändung oder durch Wegnahmevollstreckung** durch den GVZ beschlagnahmt werden muß. Ist er verlorengegangen, muß der Verlust, ggf. durch eidesstattliche Versicherung (§ 883 II), glaubhaft gemacht werden.

2.6 Pfändung von Ansprüchen auf Rückübertragung von Sicherheiten

208 Kompliziert, in der Praxis aber oft wirkungsvoll ist die Pfändung von Ansprüchen des Schuldners in folgenden Fällen:
– Der Schuldner hat eine Sache (z.B. sein Kfz) auf Abzahlung gekauft
– der Schuldner hat eine Sache einem Dritten (z.B. der Bank) als Sicherungseigentum übertragen
– der Schuldner hat auf seinem Grundstück Grundschulden eintragen lassen.

XVII. Forderungspfändung

In all diesen Fällen kann der Gläubiger **zwar derzeit** das Vermögen des Schuldners nicht verwerten, denn diese Rechte stehen vorerst anderen Gläubigern des Schuldners als Sicherheiten zur Verfügung. Damit der Schuldner sein Kfz, sein Grundstück oder seine Eigentumswohnung weiterhin benutzen kann, wird er sich besonders bemühen, die hier fälligen Raten pünktlich einzuhalten. Mit jeder Ratenzahlung wird seine Schuld gegenüber den früher abgesicherten Gläubigern kleiner, er bekommt also schrittweise den Wert seines Eigentums zurück.

Je nach Ausgestaltung des Vertrages zwischen Schuldner und Drittschuldner gibt es also einen schuldrechtlichen Anspruch auf Rückübertragung des Eigentums an der Sache (oder der Belastung des Grundstücks) oder ein dingliches Anwartschaftsrecht. Die künftige Forderung auf Rückübertragung der Vermögensgegenstände kann der Gläubiger nun pfänden. Versäumt er das, dann wird die Bank dem Schuldner am Tag der Zahlung der letzten Rate z.b. den Kfz-Brief aushändigen und ein geschickter Schuldner wird das Kfz sobald als möglich verkaufen oder neu verpfänden. Pfändet der Gläubiger hingegen das Anwartschaftsrecht des Schuldners, dann wird die Bank ihm den Brief übergeben. Bei beweglichen Sachen wird sehr oft der Gegenstand bei Zahlung der letzten Kaufpreisrate keinen wesentlichen Wert mehr haben, bei Grundstücken hingegen ist das anders. Beim Antrag muß man darauf achten, daß zuvor genau geprüft wird, welcher **konkrete** Anspruch auf Rückübertragung dem Schuldner möglicherweise zustehen kann. Ein Beispiel ist im Pfändungsantrag gegenüber Banken (Rdnr. 223 Ziffer 10) enthalten, er bezieht sich aber nur auf die dort genannten Sicherheiten. Ein Antrag „auf Rückübertragung aller Sicherheiten" ist unzulässig (OLG Koblenz Rpfl. 1988, 72; zu weiteren Antragsproblemen Stöber Rdnr. 770, 1886 bis 1900).

2.7 Pfändung von Gesellschaftsanteilen

Anteile des Schuldners an Gesellschaften unterliegen ebenfalls der Pfändung. Auch das ist kein Gebiet für Anfänger, da die Pfändung mit den nachfolgenden prozessualen Schritten sorgfältig abgestimmt werden muß. Daher nur ein grob skizzierter Überblick:

2.7.1 Gesellschaft des bürgerlichen Rechts (GbR):

Sie liegt etwa vor, wenn der Schuldner zusammen mit einem anderen ein Handelsgeschäft oder eine freiberufliche Sozietät (z.B. mehrere Anwälte, Steuerberater, Ärzte) betreibt.

Max Roll und Peter Dölle haben mit je 10000,00 DM Startkapital das Restaurant „Palmengarten" eröffnet. Der Gläubiger von Max Roll beauftragt den Gerichtsvollzieher, wegen DM 2000,00 die dort befindliche Stereoanlage zu pfänden, die aus der gemeinsamen Kasse bezahlt worden war.
Der GVZ darf gegen den Widerspruch von Peter Dölle (§ 809) weder die Stereoanlage insgesamt, noch die „Hälfte", also z.B. nur den Plattenspieler im Wert von DM 1000,00 pfänden. Der Gläubiger muß vielmehr „den Anteil des Schuldners an der BGB-Gesellschaft Roll-Dölle" pfänden, diese kündigen und kann dann einen Teil des Auseinandersetzungsguthabens beanspruchen.

2.7.2 Offene Handelsgesellschaft (oHG), Kommanditgesellschaft (KG)

211 Ganz ähnlich ist es bei den Handelsgesellschaften. Auch hier können die zur Gesellschaft gehörenden Sachen und Rechte nicht einzeln verwertet werden, pfändbar ist immer nur dasjenige, was dem Schuldner nach Auflösung der Gesellschaft zusteht.

2.7.3 Gesellschaft mit beschränkter Haftung (GmbH)

212 Die GmbH ist eine eigene Rechtsperson, die selbständig Rechte und Pflichten begründen kann. Schon daraus ergibt sich, daß es kein unmittelbares Eigentum des Gesellschafters an Gegenständen der GmbH gibt. Auch hier kann nur der Gesellschaftsanteil und Einzelrechte, vor allem das Gewinnbezugsrecht, gepfändet und verwertet werden.

Der Anteil der Schuldner, die GmbH-Geschäftsanteile halten, ist erstaunlich hoch. Nicht selten ist der Schuldner Alleingesellschafter und Geschäftsführer oder teilt sich diese Aufgaben mit seiner Frau oder geeigneten Freunden. Erfahrene Schuldner benutzen regelmäßig für ihre Geschäfte zwei Briefköpfe, nämlich denjenigen einer Einzelfirma („Fritz Heidegger") und denjenigen der GmbH („Fritz Heidegger GmbH").

Das führt auch im Bereich der Sachpfändung zu Schwierigkeiten, vor allem dann, wenn der Gewerbebetrieb in der Privatwohnung des Schuldners untergebracht ist.

Hat man einen Titel gegen den Schuldner persönlich und pfändet den Gesellschaftsanteil, das Gewinnbezugsrecht und das Auskunftsrecht des Schuldners gegenüber der GmbH über entstandene Gewinne etc., dann wird der Beschluß dem Schuldner gleich zweimal zugestellt: Einmal in seiner Eigenschaft als Schuldner, zum zweiten aber in seiner Eigenschaft als Drittschuldner (Geschäftsführer der Fritz Heidegger GmbH).

In der Regel geschieht nach einer solchen Maßnahme nichts, weil ein erfahrener Schuldner weiß, daß die Verwertung eines Geschäftsanteils dem Gläubiger außer Kosten praktisch nichts bringt: Der Geschäftsanteil wird nach § 844 verwertet, wozu Schuldner und Drittschuldner (also Fritz Heidegger zweimal) gehört werden, sodann muß der Wert des Geschäftsanteils durch einen Sachverständigen festgestellt werden. Dafür fallen mindestens DM 1000,– Kosten, manchmal bis zu DM 5000,– an. Der Gutachter kann den Wert der GmbH nur feststellen, wenn er Bilanzen und sonstige Geschäftsunterlagen bekommt. Wenn der Schuldner diese – wie üblich – nicht herausgibt, müßte er zunächst auf Herausgabe an den Gutachter verklagt werden. Es gibt zwar noch die Möglichkeit freihändiger Verwertung durch Übernahme des Geschäftsanteils (ggf. durch den Gläubiger), aber auch dafür muß der Wert feststehen und kann nicht ins Blaue geschätzt werden.

Angesichts all dieser Schwierigkeiten sollte man sich überlegen, ob man den Schuldner nicht mit gewerbeaufsichtlichen Maßnahmen (indirekt) zur Begleichung seiner Schulden anhalten kann.

Man unterrichtet das Gewerbeaufsichtsamt darüber, daß der zahlungsunfähige Schuldner Geschäftsführer einer GmbH sei. Das Gewerbeaufsichtsamt muß dann von Amts wegen ermitteln, ob der Schuldner unzuverlässig ist (§ 35 GewO). Diese Vorschrift hat das Ziel, Gewerbetreibende vom Wirtschaftsverkehr fernzuhalten, die wegen der Besorgnis einer nicht ordnungsgemäßen Gewerbeausübung eine Gefahr für die Allgemeinheit darstellen (BVerwG, GewArch 1982, 233 (234).

Das Gewerbeaufsichtsamt muß also feststellen, ob diese Voraussetzungen wegen der Überschuldung des Geschäftsführers vorliegen. Wenn der Gläubiger dann – wie nicht selten geschieht – als Geschäftsführer ausscheidet und seine Ehefrau, Freundin oder sonst gute Freunde zum Geschäftsführer bestellt, muß der Gläubiger (ggf. mit eigenen Ermittlungen) feststellen, ob der Schuldner nach wie vor die Geschäfte der GmbH führt. Tut er das, dann sind auch die neuen Geschäftsführer („Strohfrau") bereits deshalb unzuverlässig, weil sie einem unzuverlässigen Dritten einen maßgeblichen Einfluß auf die Geschäftsführung einräumen und weder willens noch praktisch in der Lage sind, einen derartigen Einfluß tatsächlich auszuschalten (BVerwG, GewArch 1977, 14; Landmann/Rohmer/Marcks, GewO § 35 Rdnr. 70). Detektivkosten in diesem Zusammenhang sind notwendige Kosten der Zwangsvollstreckung (LG Berlin, Rpfl. 1986, 107).

2.8 Pfändung von Rechten an Grundstücken

Die Vollstreckung in Grundstücke, die dem Schuldner gehören oder in dingliche Rechte, die der Schuldner an Grundstücken Dritter hat, ist die hohe Schule der Zwangsvollstreckung. Der Anfänger muß immerhin folgendes wissen: 213

2.8.1 Grundstückseigentum des Schuldners

In dieses Eigentum wird durch Eintragung von Sicherungshypotheken vollstreckt, aufgrund deren dann die Zwangsverwaltung und die Zwangsversteigerung nach dem ZVG betrieben werden kann (Rdnr. 255 ff.).

Ist der Schuldner Miteigentümer an einem Grundstück, dann kann daneben der Anteil des Schuldners an den erzielten Mieten (§ 743 BGB), sein Anspruch auf Aufhebung der Gemeinschaft (§ 749 BGB) oder sein Anspruch auf Teilung des Erlöses aus einem Grundstücksverkauf (§ 753 BGB) gepfändet werden. 214

Das gilt auch dann, wenn die Aufhebung der Gemeinschaft ausgeschlossen ist (§§ 857 III ZPO, 181 II ZVG).

2.8.2 Rechte des Schuldners an fremden Grundstücken

Hat der Schuldner Ansprüche aus einer Hypothek oder einer Grundschuld am Grundstück eines Dritten, dann unterliegen diese Ansprüche der Forderungspfändung. 215

Zusätzlich muß bei der Buchhypothek die Pfändung ins Grundbuch eingetragen werden (§ 830 I 3). 216

Die Pfändung einer Briefhypothek erfordert entweder die Übergabe des Briefes an den Gläubiger oder die Pfändung des Briefes durch den Gerichtsvollzieher. Ist eine dritte Person im Besitz des Briefes, muß der Gläubiger erst die Herausgabeansprüche des Schuldners pfänden. Wenn der

XVII. Forderungspfändung

GVZ den Brief nicht findet, muß der Herausgabeanspruch des Schuldners gepfändet werden (§§ 952, 985 BGB, 886 ZPO), der Schuldner im Wege der OV ggf. gezwungen werden, an Eides statt zu versichern, daß er nicht weiß, wo der Brief ist und im schlimmsten Fall muß man auch noch den Briefbesitzer verklagen, wenn er den Brief nicht freiwillig herausgibt. Ist der Brief wirklich verloren gegangen, hilft dem Gläubiger nur noch das Aufgebotsverfahren nach § 946, in dem der Brief für kraftlos erklärt wird. All dies sei nur deshalb skizziert, um klar zu machen, wie stark materielles Recht und Prozeßrecht hier ineinandergreifen.

2.9 Taschengeldpfändung

217 Diese Pfändung ist von **hoher praktischer Bedeutung:** Nicht wenige Schuldner werden von ihrer Ehefrau ernährt, oder die Ehefrau als Schuldnerin führt den Haushalt und hat kein eigenes Einkommen. Auf diesen Umstand stützt die Rechtsprechung den Anspruch des Schuldners auf Zahlung von Taschengeld gegenüber seinem Ehegatten, der den Familienverdienst erzielt. Dabei ist es gleichgültig, ob Mann oder Frau: Auch der Taschengeldanspruch des Ehemannes ist pfändbar (OLG Bamberg, Rpfl. 1988, 154). Er berechnet sich nach dem Unterhaltsanspruch des Schuldners gegenüber dem verdienenden Ehegatten (zwischen $2/5$ und $3/7$ des Nettoeinkommens) und beträgt etwa 5 bis 7% hiervon.

Frau Maier hat vor ihrer Ehe von der TuV Bank ein Anschaffungsdarlehen bekommen, aus dem sie noch DM 2500,00 schuldet. Jetzt ist sie Hausfrau und arbeitet nicht mehr. Ihr Mann verdient DM 2400,00 netto. Davon $2/5 = 960,00$, 7% hieraus 67,20 DM. Diesen Betrag muß Herr Maier monatlich an die TuV Bank zahlen, auch wenn er seiner Frau niemals Taschengeld gegeben hat.

Das praktische Problem bei der Taschengeldpfändung besteht darin, die Einkünfte des Ehegatten ausfindig zu machen, deren Höhe in jedem Fall schlüssig dargelegt werden muß. Manche Gläubiger (z.B. Teilzahlungsbanken) haben solche Informationen aus der Vorgeschichte der Vertragsbeziehung, die übrigen müssen ggf. eigene Ermittlungen anstellen.

Bei der Taschengeldpfändung ist allerdings stets eine **Billigkeitsprüfung** vorzunehmen und – ähnlich wie bei den sozial gesicherten Ansprüchen – im Einzelfall zu prüfen, ob ein tatsächlich bestehender Taschengeldanspruch nicht ausnahmsweise dem Schuldner verbleiben muß. Die Billigkeitsprüfung erfolgt nach denselben Kriterien wie bei den sozial gesicherten Ansprüchen (unten Rdnr. 218). Die bloße Tatsache, daß der Schuldner den Gläubiger lange Zeit hingehalten und sich der Vollstreckung mit allen Mitteln zu entziehen versucht hat, reicht für sich allein allerdings nicht aus (OLG Stuttgart Rpfl. 1987, 466).

2.10 Besonderheiten bei Sozialgeldleistungen (§ 54 SGB)

218 Die am 18.06.1994 in Kraft getretene Neufassung des § 54 SGB Abs. I. hat zu einer Vereinfachung der Pfändung von Sozialleistungen geführt:

Wie bisher sind auch künftig nur dem Schuldner zustehende Geldleistungen pfändbar, also keine Dienst- oder Sachleistungen.

XVII. Forderungspfändung

Bisher war das Erziehungsgeld dem Vollstreckungszugriff der Gläubiger entzogen, nunmehr sind auch unpfändbar:
- Die Ansprüche auf Mutterschaftsgeld nach § 13 Abs. 1 des Mutterschutzgesetzes, soweit dieses nicht aus einer Teilzeitbeschäftigung während des Erziehungsurlaubs herrührt oder anstelle von Arbeitslosenhilfe gewährt wird und das Erziehungsgeld nach § 5 Abs. 1 BErzGG übersteigt;
- die Ansprüche auf Geldleistungen, die dafür bestimmt sind, den durch einen Körper- oder Gesundheitsschaden bedingten Mehraufwand auszugleichen.

Ohne auf die bisher relevante Lohnersatzfunktion der Sozialgeldleistung abzustellen, sind **laufende** Geldleistungen nunmehr der Pfändung wie Arbeitseinkommen unterworfen. Hier entfällt die bisher von § 54 Abs. 2 a. F. geforderte Billigkeitsprüfung, so daß auch der pfändende Gläubiger seinen Antrag nicht mehr begründen muß.

Lediglich für **einmalige** Sozialleistungen bleibt das Billigkeitserfordernis erhalten. Die Pfändung dieser Ansprüche des Schuldners ist nach § 54 Abs. 2 SGB nur zulässig, soweit sie nach den Umständen des Falles, insbesondere nach den Einkommens- und Vermögensverhältnissen des Schuldners, der Art des beizutreibenden Anspruchs sowie der Höhe der Zweckbestimmung der zu pfändenden Geldleistung der Billigkeit entspricht. Ergänzend sind die Auswirkungen der Vollstreckung für den Schuldner und den Gläubiger zu berücksichtigen.

Wesentliches Kriterium für die Billigkeitserwägungen dürfte die Zweckbestimmung der Sozialgeldleistung sein, die Pfändung darf also nicht den mit der einmaligen Leistung bezweckten Erfolg grundlos vereiteln oder beeinträchtigen.

Z.B. dürfte die Pfändung des Zuschusses zur Instandhaltung eines Motorfahrzeuges nach § 11 Abs. 3 BVG nur noch für die Forderung der Reparaturwerkstatt zulässig sein. Einzelheiten bei Stöber, Rdnr. 1335 f.

2.11 Pfändung von Steuererstattungsansprüchen

Aus dem Steuerschuldverhältnis kann einem steuerpflichtigen Schuldner ein Erstattungsanspruch z.B. für Lohn-, Einkommen- und Kirchensteuer zustehen, man sollte aber auch an die Rückzahlung von Investitionszulagen, Konjunkturzuschlägen, Ergänzungsabgabe etc., bei Gewerbetreibenden an die Rückzahlung von Umsatzsteuern, Gewerbesteuern und Körperschaftssteuern denken.

Drittschuldner von Steuererstattungsansprüchen ist im Regelfall das zuständige Finanzamt, dessen Adresse man im großen deutschen Ortsbuch (unten Rdnr. 413) findet. Drittschuldner der Kircheneinkommen- und Kirchenlohnsteuer ist grundsätzlich die Kirche, in Zweifelsfällen sollten die landesrechtlichen Kirchensteuergesetze nachgeschlagen werden. Der Arbeitgeber ist als Drittschuldner dann zu bezeichnen, wenn er für den Schuldner den Lohnsteuer-Jahresausgleich nach § 42 b I 1 EStG durchführt.

Bei der Pfändung von Steuererstattungsansprüchen ist darauf zu achten, daß diese erst zum Zeitpunkt ihrer Entstehung (§ 37 I AO) pfändbar sind,

XVII. Forderungspfändung

wobei sich der Zeitpunkt hierfür nach den einzelnen Steuergesetzen richtet. Die wichtigsten Steuerarten, nämlich Einkommen- und Lohnsteuer, Körperschaftssteuer und Solidaritätszuschlag sind Jahressteuern, die mit Ablauf des Veranlagungszeitraumes (also des Kalenderjahres) entstehen. Dementsprechend kann auch ein Erstattungsanspruch erst mit Beginn des Folgejahres entstehen. Die Erstattungsansprüche für die Einkommenssteuer des Jahres 1996 können also frühestens am 01.01.1997 gepfändet werden.

Die Entstehung des Erstattungsanspruchs ist Pfändungsvoraussetzung, eine verfrüht ausgebrachte Pfändung ist nichtig und wirkungslos (Stöber Rdnr. 370).

Die Pfändung der Lohnsteuererstattungsansprüche weist eine Reihe von Besonderheiten auf, wobei zwei grundsätzlich verschiedene Konstellationen zu unterscheiden sind.

Der Lohnsteuer-Jahresausgleich nach § 42 I Satz 1 und 2 AO wird von dem **Arbeitgeber** des Schuldners durchgeführt. Dem Schuldner steht dann gegenüber seinem Arbeitgeber ein Erstattungsanspruch zu. Drittschuldner dieser Pfändung ist demnach der Arbeitgeber, der Erstattungsbetrag stellt für den Schuldner kein Arbeitseinkommen dar, so daß der für das Arbeitseinkommen geltende Pfändungsschutz (§§ 850ff.) nicht zur Anwendung kommt.

Das Muster eines Pfändungsantrages ist unter Rdnr. 225 abgedruckt.

Hiervon zu unterscheiden ist der Fall, bei dem der Schuldner selbst bei dem Finanzamt den Antrag auf Erstattung durch Lohnabzug zuviel erhobener Lohnsteuer nach Anrechnung als Einkommenssteuer im Veranlagungsverfahren stellt (§§ 25 Abs. 1, 38 Abs. 1 Satz 1 EStG).

Die Pfändung des Anspruchs auf Erstattung der Einkommenssteuer richtet sich nach § 46 Abs. 6 und 7 AO. Drittschuldner ist das Finanzamt.

Es ist für den Gläubiger im Zweifelsfalle ratsam, gegenüber dem Arbeitgeber und dem Finanzamt zu pfänden.

Zu noch nicht restlos geklärten und den Anfänger überfordernden Problemen kommt es, wenn der Schuldner als Steuerpflichtiger eine Einkommenssteuererklärung abzugeben hätte, er dies aber einfach unterläßt.

Die für den (abgeschafften) Lohnsteuerjahresausgleich geltende Regelung, wonach der Gläubiger zusammen mit dem Pfüb-Antrag im Wege der Hilfspfändung die Lohnsteuerkarte des Schuldners beschlagnahmen lassen konnte (§ 156 GVGA, § 808), soll zwar weitergelten, wird aber beim Erstattungsverfahren durch den Arbeitgeber unnötig sein.

(Zum Meinungsstand Stöber Rdnrn. 389 f.).

Manchmal bietet der Schuldner freiwillig die **Abtretung** seiner Steuerrückerstattungsansprüche an. Sie ist **rechtlich unwirksam,** wenn dazu nicht das amtlich vorgeschriebene Formular benutzt wird, das man beim Finanzamt anfordern kann (§ 46 Abs. 3 AO).

XVII. Forderungspfändung

3. Antrag – Anlagen – Fehlerquellen

Der Antrag ist beim Amtsgericht – Vollstreckungsgericht – am Wohnsitz des Schuldners einzureichen (§ 802), er wird vom Rechtspfleger entschieden (§ 20 Nr.17 RpflG).

Das **Grundproblem** des Gläubigers ist es, **den vermuteten Anspruch so** 220 **genau wie** nur **möglich** zu **bezeichnen** (BGH Rpfleger, 65, 365).

Das ist schon bei den gängigen Anträgen, wie z.b. bei der Lohnpfändung nicht einfach:

Mit dem Antrag auf „Pfändung der Vergütung des Schuldners aus dem Arbeitsverhältnis" ist zwar mit Sicherheit der Lohnanspruch und wohl auch der Anspruch auf die tarifmäßigen Nebenvergütungen, wie etwa das Urlaubsgeld, das Weihnachtsgeld und ähnliches erfaßt, Sondervergütungen wie etwa die Arbeitnehmersparzulage fallen nicht darunter; (letztere ist kein Lohnbestandteil, sondern kann nur wie ein Steuererstattungsanspruch beim Finanzamt gepfändet werden, § 14 VermBG).

Bei Fassung des Antrages muß der Gläubiger also bestrebt sein, sich möglichst umfassende Kenntnisse über mögliche Ansprüche aus dem jeweiligen Vertragsverhältnis zwischen Schuldner und Drittschuldner zu verschaffen.

Bei jeder Pfändung muß man damit rechnen, daß der Drittschuldner nicht freiwillig zahlt, sondern später verklagt werden muß. Die Klage kann nur bezüglich des Anspruches erhoben werden, der konkret gepfändet worden ist. Für den Anfänger ist das eine schwierige Aufgabe.

Die meisten Fehler werden dabei gemacht, lediglich von „Ansprüchen aus dem Erbfall X, Verkehrsunfall vom …" zu sprechen oder sonstige Sachverhaltsschilderungen, wie z.B. „Ansprüche aus der Auflösung des Vertrages mit X" zum Anlaß zu nehmen. Bei diesen Fassungen wird übersehen, daß sich aus jedem Sachverhalt eine **Fülle** von **Einzelansprüchen** auf eine bestimmte Rechtsfolge hin (!) ergeben können. Richtig muß es also z.B. lauten:

„*Es wird beantragt, folgende Ansprüche des Schuldners gegenüber X aus dem Verkehrsunfall vom 10.1. 1985 zu pfänden:*
– *Anspruch auf Zahlung von Schmerzensgeld*
– *Anspruch auf Erstattung des eigenen Schadens des Schuldners aufgrund des Vertrages mit dem Kasko-Versicherer Hamburg-Mannheimer".*

Hervorragende Formulierungshilfen für die Lösung dieses Problems bieten Groß/Waigel/Diepold, Stöber (Seite 27–142) und Haegele/David (S.159–245).

XVII. Forderungspfändung

221 3.1 Grundantrag für Pfändung und Überweisung von Forderungen

Dr. Hugo Klutz
Rechtsanwalt
Theodorstraße 12
80333 München
- Kto.: Postgiroamt München
  Kto-Nr. 382778-809
An das
Amtsgericht München
- Vollstreckungsgericht -
Postfach

80315 München

Antrag:
Es wird beantragt, den unten entworfenen Beschluß zu erlassen
☒ die Zustellung zu vermitteln
☒ an Drittschuldner mit der Aufforderung nach § 840 ZPO
☐ Zustellung wird selbst veranlaßt
☐ bei Pfändung von Sozialleistungen ggf. nach Schuldneranhörung
☐ Prozeßkostenhilfe ist bewilligt (§ 114 ZPO)
___ Schuldtitel und
___ Vollstreckungsbelege anbei.

Datum: 12.09.1993   (Unterschrift)
Geschäftszeichen: ZV 92/00303/Gr

Amtsgericht ....
                      Ort und Tag

Gesch.-Nr.: ....
Bitte bei allen Schreiben angeben!   Anschrift und Fernruf

Pfändungs- und Überweisungsbeschluß

in der Zwangsvollstreckungssache
TuV Teilzahlungsbank AG, vertr.d.d. Vorstand
Dipl.-Kaufmann Horst Henze, Parkstraße 10, 80333 München
                                                                     Gläubiger
vertreten durch Rechtsanwalt Dr. Hugo Klutz, Theodorstr. 12,
80333 München

gegen
Theresa Ellert, Residenzstraße 14, 80333 München   Schuldner
vertreten durch
Aufgrund der vollstreckbaren Ausfertigung des Vollstreckungsbescheids
des   Amtsgerichts in München   vom 20.07.1993
(Gesch.-Nr. 15 B 12717/93) und des Kostenfestsetzungsbeschlusses vom
kann der Gläubiger von dem Schuldner beanspruchen:

	DM	Hauptforderung
	DM	% Zinsen seit dem	für die Hauptforderung
siehe	DM	vorgerichtliche Kosten – Wechselkosten
anliegende	DM	festgesetzte Kosten – Kosten des automatisierten Mahnverfahrens
Forderungs-	DM	Kosten des Mahnbescheids
aufstel-	DM	Kosten des Vollstreckungsbescheids
lung	DM	4 % Zinsen seit dem	aus den Kosten gem. § 104, 1 ZPO
	DM	Kosten früherer Vollstreckungsmaßnahmen gem. Anlage
	DM	.
	DM	
	DM	**Hinzu kommen die weiteren Zinsen**

abzüglich gezahlt am

Wegen dieser Ansprüche **und Kosten für diesen Beschluß (vgl. Kostenrechnung I und II) und der Zustellungskosten (vgl. Kostenrechnung III auf der Rückseite)** werden – die umseitig aufgeführten – angeblichen Forderungen des Schuldners an

Genaue Bezeichnung des **Drittschuldners** – Firmenbezeichnung bzw. Vor- und Zuname, Vertretungsberechtigte, genaue Anschrift –

Albert Westphal GmbH & Co. KG, Römerstraße 35, 80426 München
                                                         Drittschuldner

auf (siehe Rückseite)
Zahlung von DM 3.000,00 (fälliger Darlehensrückzahlungsanspruch)

– einschließlich der künftig fällig werdenden Beträge aus dem gleichen Rechtsgrunde – **gepfändet.**

I. Gerichtskosten
Gebühr (Nr. 1640 Kost.-Verz. GKG) . . . . . DM   20,—
                              Summe I: DM   20,—

II. Anwaltskosten
Gegenstandswert: DM 11.194,49
1. Gebühr §§ 11, 31, 57 BRAGO . DM 180,30
2.   DM
3. Post-, Telekomm.-Entgelte –Pauschale– DM 27,10
4. Umsatzsteuer (MWSt.) . . . . DM
                    Summe II: DM 207,40

XVII. Forderungspfändung

☐ **Anspruch A (an Arbeitgeber, Arbeitsamt und Versicherungsträger)**
  ☐ auf Zahlung des gesamten gegenwärtigen und künftigen Arbeitseinkommens (einschließlich des Geldwertes von Sachbezügen).
  ☐ auf Zahlung der gegenwärtig und künftig nach dem Sozialgesetzbuch zustehenden Geldleistungen aus   (Forderung genau bezeichnen)

gemäß den für die Pfändung von Arbeitseinkommen geltenden Vorschriften der §§ 850 ff. ZPO in Verbindung mit der Tabelle zu § 850c ZPO.

Berechnung des pfändbaren Arbeitseinkommens
Von der Pfändung ausgenommen sind Steuern, Beiträge zur Sozialversicherung, Berlin-Zulage nach § 28 Abs. 10 BerlinFG bzw. § 851 Abs. 1 ZPO, ebenso Beiträge in üblicher Höhe, die der Schuldner laufend an eine Ersatzkasse, eine private Krankenversicherung oder zur Weiterversicherung zahlt, ferner die in § 850a bis c und e Ziffer 1 ZPO genannten Bezüge.
Von dem errechneten Nettoeinkommen ergibt sich der pfändbare Betrag unter Berücksichtigung von Unterhaltspflichten des Schuldners aus der Tabelle zu § 850c Absatz 3 ZPO in der jeweils gültigen Fassung.

☐ **Anspruch B (an Arbeitgeber)**
  ☐ auf Durchführung des Lohnsteuer-Jahresausgleichs für das abgelaufene Kalenderjahr und alle folgenden Kalenderjahre und auf Auszahlung des als Überzahlung jeweils auszugleichenden Erstattungsbetrages sowie auf Aushändigung der Lohnsteuerkarte für das abgelaufene Kalenderjahr mit Lohnsteuerbescheinigung.

  ☐ auf Aushändigung der Lohnsteuerkarte für das abgelaufene Kalenderjahr mit Lohnsteuerbescheinigung.
  Der Erstattungsanspruch ist bereits gepfändet (AG: AZ:).
  Dem Gläubiger wird aufgegeben, die Lohnsteuerkarte nach Gebrauch, jedoch spätestens bis zum 30. 9. des Kalenderjahres, dem zuständigen Finanzamt einzureichen.

☐ **Anspruch C (an Finanzamt)** auf Zahlung der Arbeitnehmer-Sparzulage nach §§ 13, 14 des 5. VermBG für das abgelaufene Kalenderjahr.

☐ **Anspruch D (an Finanzamt)**
  auf Durchführung der Antragsveranlagung (Lohnsteuer) bzw. Einkommensteuerveranlagung für das abgelaufene Kalenderjahr sowie frühere Erstattungszeiträume und auf Auszahlung des als Überzahlung auszugleichenden Erstattungsbetrages bzw. auf Auszahlung des Überschusses, der sich als Erstattungsanspruch bei Abrechnung der auf die Einkommensteuer anzurechnenden Leistungen für das abgelaufene Kalenderjahr und alle früheren Kalenderjahre ergibt.

☐ **Anspruch E (an Banken etc.)**
1. auf Zahlung des gegenwärtigen Überschusses und aller künftigen Überschüsse (Guthaben), die dem Schuldner bei Saldoziehung aus der in laufender Rechnung (Kontokorrent) bestehenden Geschäftsverbindung (insbesondere über das Konto Nr.   ) jeweils gebühren und die Ansprüche aus dem jeweiligen Girovertrag auf fortlaufende Auszahlung des sich zwischen den Rechnungsabschlüssen ergebenden Tagesguthabens unter Einschluß des Rechts, über dieses Guthaben durch Überweisungsaufträge zu verfügen sowie auf Gutschrift der eingehenden Beträge;
2. aus zu seinen Gunsten bestehenden Kreditverträgen, Kreditzusagen und offenen Kreditlinien, insbesondere auf Auszahlung von Kreditmitteln;
3. aus seinen bei der Drittschuldnerin geführten Sparkonten, auf Auszahlung des Guthabens und der bis zum Tage der Auszahlung aufgelaufenen Zinsen sowie auf fristgerechte bzw. vorzeitige Kündigung der Spargutbahen.
   Zugleich wird angeordnet, daß der Schuldner das über die jeweiligen Sparguthaben ausgestellte Sparbuch/Sparurkunde Nr.   an den Gläubiger – zu Händen des Gerichtsvollziehers – herauszugeben hat;
4. auf Zahlungen und Leistungen jeglicher Art aus dem zu dem Wertpapierkonto gehörenden Geldkonto, auf den Ertrag der Zinsgutschriften für die festverzinslichen Wertpapiere und die Dividenden und sonstigen Vergütungen anderer Wertpapiere gutgebracht sind;
5. auf Zutritt zu dem Bankstahlfach Nr.   und Mitwirkung bei der Öffnung zum Zwecke der Entnahme des Inhalts. Zugleich wird angeordnet, daß ein vom Gläubiger zu beauftragender Gerichtsvollzieher anstelle des Gläubigers Zutritt zu den Schließfächern zu nehmen hat, um nach Öffnen der Fächer den Inhalt derselben für den Gläubiger zu pfänden;
6. auf Rückübertragung aller gegebenen Sicherheiten (einschließlich des Anspruchs auf Auszahlung des evtl. Übererlöses) aus

(Forderung genau bezeichnen)
Auf § 835 Absatz 3 Satz 2 ZPO und § 55 SGB wird der Drittschuldner hingewiesen.

☐ **Anspruch F (an Lebensversicherungsgesellschaft)**
1. auf alle mit der Drittschuldnerin abgeschlossenen Lebensversicherungsverträge, insbesondere Versicherungs-Nr.   sowie auf Gewinnanteile und auf Zahlung des Rückkaufwertes;
2. auf das Recht zur Bestimmung desjenigen, zu dessen Gunsten im Erlebens- oder Todesfall die Versicherungssumme auszuzahlt wird, bzw. zur Bestimmung einer anderen Person anstelle der vom Schuldner vorgesehenen;
3. auf das Recht zur Kündigung des Lebensversicherungsvertrages, auf das Recht auf Umwandlung der Lebensversicherung in eine prämienfreie Versicherung sowie auf das Recht zur Aushändigung der Versicherungspolice.
Der Drittschuldner hat die Versicherungspolice und die letzte Prämienquittung an den Gläubiger – zu Händen des Gerichtsvollziehers – herauszugeben.

Der Drittschuldner darf, soweit die Forderung gepfändet ist, an den Schuldner nicht mehr zahlen. Der Schuldner darf insoweit nicht über die Forderung verfügen, insbesondere sie nicht einziehen. Zugleich wird dem Gläubiger die bezeichnete Forderung in Höhe des gepfändeten Betrages zur Einziehung überwiesen. Wird ein bei einem Geldinstitut gepfändetes Guthaben eines Schuldners, eine natürliche Person ist, dem Gläubiger überwiesen, so darf erst einer Woche nach der Zustellung des Überweisungsbeschlusses an den Drittschuldner aus dem Guthaben an den Gläubiger geleistet oder der Betrag hinterlegt werden (§ 835 Abs. 3 S. 2 ZPO).

III. Zustellungskosten (Gesetz über Kosten der Gerichtsvollzieher)	
1. Gebühr für die Zustellung (§ 16) a) an den Drittschuldner .	DM
b) an den Schuldner	DM
2. Gebühr für Beglaubigung von Seiten (§ 16 Abs. 7)	DM
3. Schreibauslagen, Seiten (§ 35 Abs. 1 Nr. 1, § 36)	DM
4. Pauschsatz für Vordruckkosten (§ 35 Abs. 1 Nr. 2)	DM
5. Entgelte f. Post- und Telekommunikationsdienstleistungen (§ 35 Abs. 1 Nr. 3)	
a) für die Zustellung an Schuldner/Drittschuldner	DM
b) für die Rücksendung der Urkunden an den Gläubiger unter Kosteneinziehung durch Nachnahme	DM
6. Wegegeld (§ 37)	DM
dazu: Postgebühr des Gläubigers für die Übersendung des Kostenvorschusses an den Gerichtsvollzieher .	DM
Summe III:	DM

....
Ausgefertigt   Rechtspfleger

....
als Urkundsbeamter der Geschäftsstelle

3.2 Lohnpfändungsantrag

XVII. Forderungspfändung

An das Amtsgericht 80315 München

mit dem Antrag,
nachstehenden Beschluß zu erlassen und
☒ dem Bevollmächtigten zwecks Zustellung zurückzusenden
☒ die Zustellung zu vermitteln, an Drittschuldner mit der Aufforderung nach § 840 ZPO.
Schuldtitel und Vollstreckungskostennachweise liegen an.
– Keine – Prozeßkostenhilfe.

Dr. Hugo Klutz
Rechtsanwalt
Theodorstraße 12
80333 München

Kto.: Postgiroamt München
Kto-Nr. 382778-809

München, den 12.09.1993

Geschäftszeichen: ZV 92/00303/Gr

Rechtsanwalt

Pfändungs- und Überweisungsbeschluß

Aktenzeichen (bei allen Zuschriften angeben!):

M _____ / 19

DR _____ / 19

Kosten

Gegenstandswert DM 11.194,49

I des Gerichts
Gebühr gem. § 11 Abs. 1,
Nr. 1640 KostVerz GKG   DM 20,--

II des Anwalts
1. 9/10 Gebühr, § 57 BRAGO   DM 180,30
2. Auslagen – pauschal, § 26 BRAGO   DM 27,10
3. Umsatzst. (MWSt.), § 25 Abs. 2 BRAGO da nicht vorsteuerabzugsberechtigt   DM
   DM 207,40

III der Zustellung
1. Zustellung, § 16 GvKostG,
   an a) Drittschuldner   DM
   b) Schuldner   DM
   Zustellungsvers., § 16 Abs. 4 GvKostG   DM
   Zustell.rückn., § 16 Abs. 5 GvKostG   DM
2. Beglaubigungen, § 16 Abs. 7 GvKostG   DM
3. Schreibausl., § 35 Abs. 1 Nr. 1 GvKostG   DM
4. Wegegeld   km, § 37 GvKostG   DM
5. Vordrucke, § 35 Abs. 1 Nr. 1 GvKostG   DM
   Entgelte, § 35 Abs. 1 Nr. 3 GvKostG   DM
   Nachnahme, § 35 Abs. 1 Nr. 3 GvKostG   DM
6. Dazu Postentgelt d. Gl. f. Übersend. des Kostenvorschusses an GV   DM
   DM

in der Zwangsvollstreckungssache
TuV Teilzahlungsbank AG, vertr.d.d. Vorstand
Dipl.-Kaufmann Horst Henze
Parkstraße 10, 80333 München   Gläubiger(in)
Prozeßbevollmächtigte(r) Dr. Hugo Klutz
Theodorstraße 12, 80333 München

gegen
Theresa Ellert
Residenzstraße 14, 80333 München   Schuldner(in)

Nach dem vollstreckbaren
Vollstreckungsbescheid des Amtsgerichts München
vom 20.07.1993

Geschäftsnr.: 15 B 12717/93
hat der/die Gläubiger(in) gegen den/die Schuldner(in)
Anspruch auf siehe anliegende   DM
(in Worten: Forderungsaufstellung

Deutsche Mark)
nebst 12 v.H. Zinsen seit 13.09.1993 aus DM 10.000,00
vorgerichtliche Kosten des Gläubigers   DM
Kosten des Mahnverfahrens   DM
festgesetzte Prozeßkosten   DM
nebst 4 v.H. Zinsen seit 13.09.1993 aus DM 1.063,33
sowie bisherige Vollstreckungskosten (lt. Anlagen)
Abzüglich am   gezahlte Beträge in Höhe
von DM

Wegen dieser Ansprüche sowie wegen der nebenstehenden Kosten (I, II, III) wird die angebliche Forderung des Schuldners gegen

Albert Trocken, Werner-Albrecht-Straße 15, 80333 München

Drittschuldner

auf (siehe Rückseite)
Zahlung des gesamten gegenwärtigen und künftigen Arbeitseinkommens (einschließlich des Geldwertes von Sachbezügen).

in Höhe der genannten Beträge gepfändet. Gleichzeitig wird gem. § 836 (3) ZPO angeordnet, an den beauftragten Gerichtsvollzieher herauszugeben:*

---

* ggf. einsetzen: wie umseitig näher ausgeführt

XVII. Forderungspfändung

Dem Drittschuldner ist verboten, soweit die Forderung gepfändet ist, an den Schuldner zu zahlen, § 829 Abs. 1 Satz 1 ZPO.
Der Schuldner hat sich jeder Verfügung über die Forderung, insbesondere ihrer Einziehung, zu enthalten, § 829 Abs. 1 Satz 2 ZPO.
Zugleich wird die gepfändete Forderung dem Gläubiger zur Einziehung überwiesen, § 835 Abs. 1 erste Alternative ZPO.

, den

Ausgefertigt mit Vollstr. Titel und Anlagen   Das Amtsgericht
a) Rechtsanwalt
   Schrankfach   Zur Bewirkung
b) Gerichtsvollzieher   der Zustellung   (Siegel)   ....
c) Geschäftsstelle des Amtsgerichts   Rechtspfleger
   mit dem Ersuchen um Vermittlung der Zustellung
                                                                 Ausgefertigt:
   am:.......................

Vollstreckungsgericht   ....
                                                                 als Urkundsbeamter der Geschäftsstelle des Amtsgerichts

---

1. **Arbeitseinkommen (§§ 832, 833, 850 ZPO):**
    Arbeitseinkommen sind zum Beispiel die Dienst- und Versorgungsbezüge der Beamten, Arbeits- und Dienstlöhne, Ruhegelder und ähnliche, nach dem einstweiligen oder dauernden Ausscheiden aus dem Dienst- oder Arbeitsverhältnis gewährte fortlaufende Einkünfte, ferner Hinterbliebenenbezüge sowie sonstige Vergütungen für Dienstleistungen aller Art, die die Erwerbstätigkeit des Schuldners vollständig oder zu einem wesentlichen Teil in Anspruch nehmen.
    Soweit sie in Geld zahlbar sind auch solche Bezüge, die ein Arbeitnehmer zum Ausgleich für Wettbewerbsbeschränkungen für die Zeit nach Beendigung seines Dienstverhältnisses beanspruchen kann, sowie Renten, die aufgrund von Versicherungsverträgen gewährt werden, wenn diese Verträge zur Versorgung des Versicherungsnehmers oder seiner unterhaltsberechtigten Angehörigen eingegangen sind.
    Die Pfändung des in Geld zahlbaren Arbeitseinkommens erfaßt alle Vergütungen, die dem Schuldner aus der Arbeits- oder Dienstleistung zustehen, ohne Rücksicht auf ihre Benennung oder Berechnungsart.
    Das Pfandrecht, das durch die Pfändung einer Geldforderung oder einer ähnlichen in fortlaufenden Bezügen bestehenden Forderung erworben wird, erstreckt sich auch auf die nach der Pfändung fällig werdenden Beträge.
    Durch die Pfändung eines Diensteinkommens wird auch das Einkommen betroffen, das der Schuldner infolge der Versetzung in ein anderes Amt, der Übertragung eines neues Amtes oder einer Gehaltserhöhung zu beziehen hat.

2. **Berechnung des pfändbaren Arbeitseinkommens (§§ 850 a, 850 b, 850 e Nr. 1 ZPO):**
    Nicht mitzurechnen sind Beträge, die unmittelbar aufgrund steuerrechtlicher oder sozialrechtlicher Vorschriften zur Erfüllung gesetzlicher Verpflichtungen des Schuldners abzuführen sind; ebenso Beträge in üblicher Höhe, die der Schuldner nach den Vorschriften der Sozialversicherungsgesetze zur Weiterversicherung entrichtet oder an eine Ersatzkasse oder an eine private Krankenversicherung leistet; ferner
    a) zur Hälfte die für die Leistung von Mehrarbeitsstunden gezahlten Teile des Arbeitseinkommens;
    b) die für die Dauer eines Urlaubs über das Arbeitseinkommen hinaus gewährten Bezüge, Zuwendungen aus Anlaß eines besonderen Betriebsereignisses und Treugelder, soweit sie den Rahmen des Üblichen nicht übersteigen;
    c) Aufwandsentschädigungen, Auslösungsgelder und sonstige soziale Zulagen für auswärtige Beschäftigungen, das Entgelt für selbstgestelltes Arbeitsmaterial, Gefahrenzulagen sowie Schmutz- und Erschwerniszulagen, soweit diese Bezüge den Rahmen des Üblichen nicht übersteigen;
    d) Weihnachtsvergütungen bis zum Betrage der Hälfte des monatlichen Arbeitseinkommens, höchstens aber bis zum Betrage von DM 540,--;
    e) Heirats- und Geburtshilfen, sofern die Vollstreckung wegen anderer als der aus Anlaß der Heirat oder der Geburt entstandenen Ansprüche betrieben wird;
    f) Erziehungsgelder, Studienbeihilfen und ähnliche Bezüge;
    g) Sterbe- und Gnadenbezüge aus Arbeits- oder Dienstverhältnissen;
    h) Blindenzulagen.

3. **Berechnung des pfändbaren Betrages (§ 850 c ZPO):**
    a) Das nach 2. errechnete Netto-Einkommen des Schuldners ist unpfändbar, wenn es, je nach dem Zeitraum, für den es gezahlt wird, nicht mehr als monatlich DM 1209,--, wöchentlich DM 279,-- oder täglich DM 55,80 beträgt.
    b) Gewährt der Schuldner aufgrund einer gesetzlichen Verpflichtung seinem Ehegatten, einem früheren Ehegatten oder einem Verwandten oder nach §§ 1615 l, 1615 n BGB der Mutter eines nichtehelichen Kindes Unterhalt, so erhöht sich der Betrag, bis zu dessen Höhe Arbeitseinkommen unpfändbar ist, auf bis zu monatlich DM 3081,--, wöchentlich DM 711,-- oder täglich DM 142,20, und zwar je monatlich DM 468,--, wöchentlich DM 108,-- oder täglich DM 21,60 für die erste Person, der Unterhalt gewährt wird, und um je monatlich DM 351,--, wöchentlich DM 81,-- oder täglich DM 16,20 für die zweite bis fünfte Person.
    c) Übersteigt das Arbeitseinkommen den Betrag, bis zu dessen Höhe es je nach der Zahl der Personen, denen der Schuldner Unterhalt gewährt, nach 3. a) und b) unpfändbar ist, so ist es hinsichtlich des überschießenden Betrages zu einem Teil unpfändbar, und zwar in Höhe
        von drei Zehnteln, wenn der Schuldner keiner der unter 3. b) genannten Personen Unterhalt gewährt,
        zwei weiteren Zehnteln für die erste Person, der Unterhalt gewährt wird, und
        je einem weiteren Zehntel für die zweite bis fünfte Person.
        Der Teil des Arbeitseinkommens, der monatlich DM 3796,-- (wöchentlich DM 876,--, täglich DM 175,20) übersteigt, bleibt bei der Berechnung des unpfändbaren Betrages unberücksichtigt.
    d) Bei der Berechnung des nach 3. c) pfändbaren Teils des Arbeitseinkommens ist das Arbeitseinkommen, ggf. nach Abzug des nach 3. c) letzter Absatz pfändbaren Betrages, nach unten abzurunden, und zwar bei Auszahlung für Monate auf einen durch DM 20,--, bei Auszahlung für Wochen auf einen durch DM 5,-- und bei Auszahlung für Tage auf einen durch DM 1,-- teilbaren Betrag.
        Der pfändbare Betrag ergibt sich unter Berücksichtigung der gesetzlichen Unterhaltspflichten des Schuldners aus der Tabelle gemäß § 850 c Abs. 3 ZPO (in der Fassung mit Wirkung ab 1. Juli 1992).
    e) Hat eine Person, welcher der Schuldner aufgrund des. Verpflichtung Unterhalt gewährt, eigene Einkünfte, so kann das Vollstreckungsgericht auf Antrag des Gläubigers nach billigem Ermessen bestimmen, daß diese Person bei der Berechnung des unpfändbaren Teils des Arbeitseinkommens ganz oder teilweise unberücksichtigt bleibt; bei teilweiser Berücksichtigung genügt die Bezugnahme auf die Tabelle im Pfändungsbeschluß ZPO.

4. Bei mehreren Arbeitseinkommen, bei Naturalleistungen, bei Änderung der Unpfändbarkeitsvoraussetzungen, bei verschleiertem Arbeitseinkommen und bei Sonderfällen des Pfändungsschutzes sind maßgeblich die §§ 850 e Nr. 2, 2 a, 3, 850 g – h ZPO, für weitere Änderungen des unpfändbaren Betrages § 850 f ZPO (ab 1. 7. 1992 zusätzliche Möglichkeit, durch einen eigenen Antrag beim Vollstreckungsgericht zu verhindern, daß das nach der Pfändung verbleibende Resteinkommen unter den Sozialhilfebedarf des Schuldners absinkt. Dem Schulder ist mindestens nach § 850 f Abs. 3 ZPO ein Betrag zu belassen, der sich bei einem Arbeitseinkommen von monatlich DM 3744,--, wöchentlich DM 864,--, täglich DM 172,80 aus § 850 c ZPO ergibt).

XVII. Forderungspfändung

3.3 Pfändung gegenüber Banken

223 Bei Pfändung von Ansprüchen gegenüber Banken gibt es im Handel kein geeignetes Formular. Gerade hier ist aber die detaillierte Formulierung der Pfändungsansprüche besonders wichtig. Das beigefügte Muster erfaßt (hoffentlich) alle gegenüber einer Bank denkbaren Ansprüche:

Anlage als Bestandteil zur Vorpfändungs bzw. zum Antrag auf Pfändungs- und Überweisungsbeschluß:

Gepfändet werden

alle angeblichen gegenwärtigen und zukünftigen Ansprüche des Schuldner gegen die vorstehend bezeichnete Drittschuldnerin unter Einschluß ihrer sämtlichen Filialen und Zweigniederlassungen aus allen mit dem Schuldner unterhaltenen Geschäftsverbindungen (insbesondere der vorgenannten Kontonummer) und allen weiteren Konten und Verträgen, der daraus resultierende vertragliche Auskunftsanspruch über den beiderseitigen Forderungsstand sowie die sich aus der Geschäftsverbindung ergebenden sonstigen Ansprüche, insbesondere auf Kündigung der zwischen dem Schuldner und der Drittschuldnerin geschlossenen Verträge. Gepfändet werden insbesondere
1. Ansprüche aus Giro- und Kontokorrentkonten
 - auf die gegenwärtigen, d.h. zum Zeitpunkt der Zustellung dieser Vorpfändung bzw. Pfändungsverfügung durch vorläufige Saldoziehung (Zustellungssaldo) buchmäßig zu ermittelnden und
 - die künftigen, sich aus dem ersten und allen weiteren Rechnungsabschlüssen, die zugunsten des Schuldners einen Habensaldo ausweisen, ergebenden Saldoforderungen des Schuldners aus allen Kontokorrentverhältnissen
 - Der Anspruch auf Auszahlung von Tagesguthaben auch dann, wenn es sich um ein Kontokorrentkonto handelt;
 - alle sich aus der Geschäftsverbindung (z.B. Giroverhältnis) ergebenden gegenwärtigen und künftigen Ansprüche des Schuldners
  • auf Gutschrift der eingehenden Beträge,
  • auf laufende Auszahlung der zwischen zwei Rechnungsabschlüssen auf dem Kontokorrentkonto oder einem sonstigen Konto gutgeschriebenen Beträge einschließlich gutgeschriebener Kreditmittel an den Schuldner oder Dritter sowie
  • auf Durchführung von Überweisungen an Dritte (hierzu wird ausdrücklich auf die Entscheidungen des Bundesgerichtshofs vom 30.06.1982 und vom 08.07.1982, abgedruckt in NJW 1982, 2192/2195 verwiesen);
 - falls die dem Konto des Schuldners gutgeschriebenen Beträge aus Kreditmitteln stammen (Zwei-Konten-Methode), darf die Drittschuldnerin die Gutschriften nur dann mit ihren Ansprüchen auf Kreditrückzahlung verrechnen, wenn der Kredit zum Zeitpunkt der Zustellung dieser Vorpfändung bzw. Pfändungsverfügung bereits gekündigt war. Die Kündigung ist ggf. nachzuweisen, ohne eine Kündigung darf nur noch an den Gläubiger geleistet werden.
2. Ansprüche aus Kredit- und Darlehensverträgen
 die im Rahmen einer gegenwärtigen oder künftig gewährten Kreditzusage gegenwärtig oder künftig bestehenden Ansprüche des Schuldners auf Auszahlung oder Gutschrift von Kreditmitteln oder auf Überweisung von Kreditmitteln an Dritte; die Drittschuldnerin wird in diesem Zusammenhang darauf hingewiesen, daß sich die Pfändung in diesem Punkt nicht auf das laufende oder ein sonstiges Konto des Vollstreckungsschuldners und eine hieraus resultierenden Ansprüche erstreckt, sondern auf eine Kreditzusage der Drittschuldnerin und die sich hieraus ergebenden Auszahlungsansprüche des Schuldners, weshalb die Drittschuldnerin im Falle der Verbuchung nach der sogenannten Ein-Konto-Methode nicht einwenden kann, es bestünde kein pfändbares Guthaben oder der Kreditauszahlungsanspruch des Schuldners sei Kontokorrent gebunden und sei deshalb außerhalb des Abschlußsaldos nicht selbständig pfändbar;

XVII. Forderungspfändung

Die Drittschuldnerin wird ferner darauf hingewiesen, daß – falls im Rahmen der Kreditzusage von dem Schuldner nicht in Anspruch genommene Kreditmittel zur Verfügung stehen oder falls Zahlungseingänge auf ein Konto des Schuldners diesen berechtigen, erneut über Kreditmittel zu verfügen – die Drittschuldnerin ohne Widerruf der Kreditzusage nur noch zur Zahlung an den Gläubiger berechtigt ist. Zahlungseingänge dürfen demnach nur im Falle des Widerrufs der Kreditzusage zur Rückführung des Kredits Verwendung finden. Der Widerruf ist dem Gläubiger ggf. im Rahmen der Drittschuldnerauskunft nachzuweisen;

3. Ansprüche aus Sparguthaben
Aus den bei der Drittschuldnerin geführten Sparkonten, Auszahlung des Guthabens und der bis zum Tage der Auszahlung aufgelaufenen Zinsen sowie auf fristgerechte bzw. vorzeitige Kündigung des Sparguthabens.

4. Ansprüche des Schuldners auf Darlehensrückzahlung
Die Ansprüche des Schuldners gegenüber der Drittschuldnerin auf Darlehensrückzahlung ohne Rücksicht auf deren Benennung, insbesondere aus Sparkassenbriefen, Schuldverschreibungen, Festgelddarlehen samt den angefallenen Zinsen und anderer möglicher Gutschriften;

5. Ansprüche aus Wertpapierdepot-, Schrankfach-, Verwahr- und Hinterlegungsverträge
– Der Anspruch auf Herausgabe von Wertpapieren und Urkunden aller Art sowie auf Auskunftserteilung und Herausgabe hinterlegter Sachen, Waren und Verwahrstücke;
– der Anspruch auf Auszahlung von Erträgen und Dividenden aus Wertpapierdepots;
– der Anspruch des Schuldners zu den bei der Drittschuldnerin unterhaltenen Schließfächern (Safe) und auf Mitwirkung der Drittschuldnerin bei deren Öffnung oder auf Öffnung durch die Drittschuldnerin allein zum Zwecke der Entnahme des Inhalts.

6. Ansprüche aus nichtkontokorrentgebundenen Sicherheitenverträgen
– Der Anspruch des Schuldners auf Rückübertragung der an die Drittschuldnerin sicherungshalber abgetretenen Lohn- und Gehaltsforderungen aus den gegenwärtigen und den künftigen Arbeitsverhältnissen;
– der Anspruch des Schuldners auf Rückgewähr der gestellten Sicherheiten und Surogate, wie insbesondere auf Pfandfreigabe, Herausgabe und Rückübereignung beweglicher Sachen, auf Rückabtretung von Forderungen und sonstigen Rechten, sowie
– auf Abrechnung und Auszahlung des Erlöses aus der Verwertung von Sicherheiten und Teilen hiervon oder freiwilligen Zahlungen.

7. Ansprüche aus Beteiligungsverhältnissen bei einer Genossenschaft
Soweit die Drittschuldnerin die Rechtsform der eingetragenen Genossenschaft hat, wird der dem Schuldner als Genosse gegen die Drittschuldnerin zustehende Anspruch auf laufende Gewinnbeteiligung und Gewinnauszahlung und auf Auszahlung des Geschäftsguthabens bei der Auseinandersetzung mit der Genossenschaft gepfändet;
ferner werden die Ansprüche des Schuldners auf Auskunft über den beiderseitigen Forderungsbestand gepfändet, zur Klarstellung wird ausdrücklich auf dieses unselbständige Nebenrecht hingewiesen;

8. Ansprüche CpD- und namentlichen Ausgleichskonten
Gepfändet werden alle gegenwärtigen und künftigen Ansprüche des Schuldners auf Gutschrift der eingehenden Beträge, auf laufende Auszahlung der gutgeschriebenen Beträge und auf Durchführung von Überweisungen an Dritte.

9. Zugleich wird im Wege der Hilfspfändung angeordnet,
– daß bezüglich des gepfändeten Anspruchs auf Herausgabe der Wertpapiere diese an einen vom Pfändungsgläubiger zu beauftragenden Gerichtsvollzieher herauszugeben sind;
– daß bezüglich der Pfändung des Inhalts der Schließfächer ein vom Gläubiger zu beauftragende Gerichtsvollzieher Zutritt zu den Schließfächern zum Zweck der Pfändung des Inhalts zu nehmen hat;
– daß der Schuldner die Scheck- (auch Euroscheck) formulare und Scheckkarten und Kreditkarten an den Gläubiger herauszugeben hat;
– daß der Schuldner das bzw. die über das jeweilige Sparguthaben ausgestellte Sparbuch/ Sparurkunde an den Gläubiger, zu Händen des Gerichtsvollziehers als Sequester, herauszugeben hat.

Der Drittschuldnerin wird verboten, an den Schuldner zu leisten.
Dem Schuldner wird geboten, sich jeder Verfügung über die gepfändeten Ansprüche, insbesondere ihrer Einziehung, zu enthalten.

XVII. Forderungspfändung

Zugleich werden die gepfändeten Ansprüche dem Gläubiger zur Einziehung überwiesen.

Dies gilt nicht im Falle der Vorpfändung oder der Sicherungsvollstreckung nach § 720a ZPO.

Rechtsanwalt

Dieses Formular wird dem Grundformular (Rdnr. 221) als Anlage beigefügt.

224 3.4 Pfändung von Versicherungsleistungen

Anlage als Bestandteil zum Antrag auf Vorpfändung bzw. Pfändungs- und Überweisungsbeschluß

Gepfändet

werden sämtliche Ansprüche und Rechte des Schuldners einschließlich der Gestaltungsrechte gegenüber der genannten Drittschuldnerin aus allen Lebensversicherungsverträgen, insbesondere aus dem Vertrag vom , Versicherungsnummer .

Insbesondere

- Anspruch auf Auszahlung der Versicherungssumme,

- der Anspruch auf Zahlung des Rückkaufwertes,

- der Anspruch auf Auszahlung etwaiger Gewinnanteile, Dividenden und anderer zusätzlicher Leistungen und Gutschriften,

- das Recht zum Widerruf der Bezugsberechtigung und zur Bestimmung neuer Bezugsberechtigter,

- das Recht zur Kündigung des Vertrages,

- das Recht auf Aushändigung des jeweiligen Versicherungsscheins. Im Wege der Hilfspfändung wird angeordnet, daß der Schuldner den Versicherungsschein an den Gläubiger herauszugeben hat.

Der Drittschuldnerin wird verboten, an den Schuldner zu leisten.
Dem Schuldner wird geboten, sich jeder Verfügung über die gepfändeten Ansprüche und Rechte einschließlich der Gestaltungsrechte, insbesondere ihrer Einziehung, zu enthalten.
Zugleich werden die gepfändeten Ansprüche und Rechte dem Gläubiger zur Einziehung überwiesen.

Rechtsanwalt

XVII. Forderungspfändung

3.5 Pfändung für Unterhaltsleistungen

An das
Amtsgericht

80315 München

Antrag:
Es wird beantragt, den unten entworfenen Beschluß zu erlassen
☐ für dieses Verfahren Prozeßkostenhilfe zu bewilligen
☒ die Zustellung zu vermitteln ☐ Zustellung wird selbst veranlaßt
☐ an Drittschuldner mit der Aufforderung nach § 840 ZPO
Schuldner ist ☐ verheiratet mit
☐ geschieden ☐ ledig ☐ verwitwet – und hat
____ – weitere(s) – unterhaltsberechtigte(s) – Kind(er) – zu den im Titel benannten –.¹)
• ____ Schuldtitel und ____ Vollstreckungsbelege anbei.

Datum: 10.09.1993   (Unterschrift)

Amtsgericht ....
                    Ort und Tag

Gesch.-Nr.: ....
Bitte bei allen Schreiben angeben!   Anschrift und Fernruf

Dem Gläubiger ist Prozeßkostenhilfe – nicht – bewilligt (§ 114 ZPO)

Pfändungs- und Überweisungsbeschluß

in der Zwangsvollstreckungssache
Peter Ellert
Liebigstraße 35, 80538 München   Gläubiger

geboren am
Prozeßbevollmächtigte
Dr. Hugo Klutz, Theodorstraße 10, 80333 München
gegen
Theresa Ellert, Residenzstraße 14, 80333 München   Schuldner
Prozeßbevollmächtigte

Bezeichnung des Titels nach Art, Behörde, Tag und Geschäftsnummer

Nach dem vollstreckbaren
Endurteil des Amtsgerichts - Familiengerichts - München
vom 31.07.1993 - 81 F 200/92 -

kann der Gläubiger von dem Schuldner beanspruchen:
                                                                DM, Pf wie vorstehend)
1.600,00   DM (i. B.:
           Unterhaltsrückstand für die Zeit vom 01.06.1992   bis 30.09.1992
dazu   v. H. Zinsen seit dem
                                                                DM, Pf wie vorstehend)
 400,00   DM ²) (i. B.: vierhundert
           Unterhalt wöchentlich / monatlich / vierteljährlich, zahlbar am
           jeder Woche / jeden Monats / jeden Jahres, laufend ab

           ³) wöchentlich / monatlich / vierteljährlich, zahlbar am
           jeder Woche / jeden Monats / jeden Jahres, laufend ab
           DM (i. B.:   DM, Pf wie vorstehend)
           Unterhalt bis zur Vollendung des sechsten Lebensjahres des Gläubigers;
                                                                DM, Pf wie vorstehend)
           DM (i. B.:
           Unterhalt von der Vollendung des sechsten Lebensjahres
           bis zur Vollendung des zwölften Lebensjahres des Gläubigers;
                                                                DM, Pf wie vorstehend)
           DM (i. B.:
           Unterhalt von der Vollendung des zwölften Lebensjahres
           bis zur Vollendung des achtzehnten Lebensjahres des Gläubigers;

 153,20   DM – bisherige Vollstreckungskosten –
abzüglich gezahlt am

Wegen dieser Ansprüche sowie wegen der Kosten für diesen Beschluß (vgl. ums. Kostenrechnungen I und II) und der Zustellungskosten für diesen Beschluß (vgl. ums. Kostenrechnung III) wird die angebliche Forderung des Schuldners an den Arbeitgeber

Genaue Bezeichnung des Drittschuldners – Firmenbezeichnung bzw. Vor- und Zuname, Vertretungsberechtigte, genaue Anschrift –

                                                                Drittschuldner

¹) Unzutreffendes streichen   ²) Nicht ausfüllen bei Unterhaltsrente für nichteheliches Kind   ³) Nur ausfüllen bei Unterhaltsrente für nichteheliches Kind

XVII. Forderungspfändung

☐ auf Zahlung des gesamten Arbeitseinkommens (einschließlich des Geldwertes von Sachbezügen)
☐ auf Zahlung der Arbeitnehmer-Sparzulage nach § 13 des 5. VermBG (unbeschränkt)
☐ auf Zahlung der gegenwärtig und künftig nach dem Sozialgesetzbuch zustehenden Geldleistungen aus
(Forderung genau bezeichnen)

gemäß den für die Pfändung von Arbeitseinkommen geltenden Vorschriften der §§ 850 ff. ZPO in Verbindung mit der Tabelle zu § 850 c, d und e ZPO so lange gepfändet, bis der Gläubigeranspruch gedeckt ist.

Der Drittschuldner darf, soweit die Forderung gepfändet ist, nicht mehr an den Schuldner zahlen.

Der Schuldner darf den gepfändeten Teil des Einkommens nicht mehr verlangen, ihn auch nicht verpfänden oder abtreten.

Soweit die Forderung des Schuldners an den Drittschuldner gepfändet ist, wird sie dem Gläubiger zur Einziehung überwiesen.

A. Berechnung des pfändbaren Netto-Einkommens
Von der Pfändung sind ausgenommen:

1. Beträge die unmittelbar aufgrund steuer- oder sozialrechtlicher Vorschriften zur Erfüllung gesetzlicher Verpflichtungen des Schuldners abzuführen sind, ferner auf den Auszahlungszeitraum entfallende Beträge, die der Schuldner nach den Vorschriften der Sozialversicherungsgesetze zur Weiterversicherung entrichtet oder an eine Ersatzkasse oder an ein Unternehmen der privaten Krankenversicherung leistet, soweit diese Kassenbeiträge den Rahmen des Üblichen nicht übersteigen,
2. Aufwandsentschädigungen, Auslösungsgelder und andere soziale Zulagen für auswärtige Beschäftigung, das Entgelt für selbstgestelltes Arbeitsmaterial, Gefahren-, Schmutz- und Erschwerniszulagen (alle Bezüge jedoch nur in üblicher Höhe),
3. ein **Viertel** der für die Leistung von Mehrarbeitsstunden gezahlten Teile des Arbeitseinkommens,
4. die **Hälfte** der Bezüge nach § 850 a Nr. 2 ZPO (z. B. Urlaubs- und Treuegelder),
5. Weihnachtsvergütungen bis zu einem **Viertel** des monatlichen (Brutto-) Einkommens, höchstens aber bis 270,— DM,
6. die in § 850 a Nr. 5 bis 8 ZPO genannten Bezüge (z. B. Heirats- und Geburtsbeihilfen, Erziehungsgelder, Sterbe- und Gnadenbezüge sowie Blindenzulagen),
7. Berlin-Zulage nach § 28 Abs. 10 BerlinFG bzw. § 851 Abs. 1 ZPO.

B. Pfandfreier Betrag

Dem Schuldner, der nach Angabe des Gläubigers verheiratet / geschieden / ledig / verwitwet ist – und   – weitere(s)
– unterhaltsberechtigte(s) – Kind(er) – zu den im Titel benannten – hat, dürfen bis zur Deckung des Gläubigeranspruchs von dem nach A. errechneten Nettoeinkommen nur bleiben bei Auszahlung

a) für Monate oder Bruchteile davon   DM monatlich

b) für Wochen   DM wöchentlich

c) für Tage   DM täglich

Der dem Schuldner hiernach verbleibende Teil des Arbeitseinkommens darf den Betrag nicht übersteigen, der ihm nach den Vorschriften des § 850 c ZPO gegenüber nichtbevorrechtigten Gläubigern zu verbleiben hätte.

C. Künftiges Arbeitseinkommen
Die Pfändung umfaßt das künftig fällig werdende Arbeitseinkommen, soweit am jeweiligen Zahltag noch Unterhaltsrückstände bestehen, weitere Unterhaltsbeträge die fällig geworden sind oder fällig werden.

Ausgefertigt

_____
als Urkundsbeamter der Geschäftsstelle / Rechtspfleger

I. Gerichtskosten		III. Zustellungskosten (Gesetz über Kosten der Gerichtsvollzieher)	
		1. Gebühr für die Zustellung (§ 16) a) an den Drittschuldner	DM
Gebühr (Nr. 1640 Kost.-Verz. GKG) .	DM 20,—	b) an den Schuldner . .	DM
Summe I:	DM 20,—	2. Gebühr für Beglaubigung von Seiten (§ 16 Abs. 7)	DM
II. Anwaltskosten		3. Schreibauslagen, Seiten (§ 35 Abs. 1 Nr. 1, § 36) . .	DM
Gegenstandswert: DM		4. Pauschsatz für Vordruckkosten (§ 35 Abs. 1 Nr. 2)	DM
1. Gebühr (§§ 11, 31, 57 BRAGO) . .	DM	5. Entgelte für Post- und Telekommunikationsdienstleistungen (§ 35 I, Nr. 3)	
2. Post-, Telekomm.-Entgelte – Pauschale –	DM	a) für die Zustellung an Schuldner / Drittschuldner	DM
3. Umsatzsteuer (MWSt.)	DM	b) für die Rücksendung der Urkunden an den Gläubiger	
Summe II:	DM	unter Kosteneinziehung durch Nachnahme	DM
		6. Wegegeld (§ 37)	DM
		dazu: Postgebühr des Gläubigers für die Übersendung des Kostenvorschusses an den Gerichtsvollzieher	DM
		Summe III:	DM

XVII. Forderungspfändung

3.6 Pfändung von Lohnsteuerrückerstattungsansprüchen

Wie bereits unter Rdnr. 219 ausgeführt, kommen hier zwei – zweckmäßigerweise parallel zu beantragende – Pfändungsanträge in Betracht: **225**

Anlage als Bestandteil zum Antrag auf Vorpfändung bzw. Pfändungs- und Überweisungsbeschluß

G e p f ä n d e t

wird der angebliche Anspruch des Schuldners gegen das bezeichnete Finanzamt als Drittschuldner
- auf Durchführung des Lohnsteuerjahresausgleichs für das abgelaufene Kalenderjahr und frühere Erstattungszeiträume im Veranlagungsweg und
- auf Auszahlung der hiernach dem Schuldner zustehenden Beträge,
- der Anspruch des Schuldners gegen seinen Arbeitgeber, die Firma .... auf Herausgabe der Lohnsteuerkarte und Lohnsteuerbescheinigung für das abgelaufene Jahr.
Im Wege der Hilfspfändung wird angeordnet, daß der Schuldner die Lohnsteuerkarte für das abgelaufene Kalenderjahr sowie die Unterlagen und Belege, welche für die Begründung des Anspruchs auf Steuerausgleich benötigt werden, insbesondere Belege über die Dauer der Nichtbeschäftigung, Fahrtkosten, Beiträge zu Berufsverbänden, Versicherungsbeiträge aller Art, Steuerberatungskosten, Unterhaltungszahlungen und sonstige besondere Belastungen an dem Gläubiger herauszugeben hat.
Dem Drittschuldner wird verboten, an den Schuldner zu leisten.
Dem Schuldner geboten, sich jeder Verfügung über die gepfändeten Ansprüche, insbesondere ihrer Einziehung zu enthalten.
Zugleich werden die gepfändeten Ansprüche dem Gläubiger zur Einziehung überwiesen.

Rechtsanwalt

Für den Fall des Lohnsteuerjahresausgleichs durch den Arbeitgeber wäre der allgemeine Pfändungsantrag um folgende Anlage zu ergänzen:

Anlage als Bestandteil zum Antrag auf Vorpfändung bzw. Pfändungs- und Überweisungsbeschluß

G e p f ä n d e t

werden die angeblichen Ansprüche des Schuldners gegen den vorbezeichneten Drittschuldner
Auf Durchführung des Lohnsteuerjahresausgleichs für abgelaufene Kalenderjahre, für das laufende Kalenderjahr und für künftige Kalenderjahre und auf Auszahlung der danach dem Schuldner zu erstattenden Beträge.
Im Wege der Hilfspfändung wird angeordnet, daß der Schuldner die Lohnsteuerkarten für abgelaufene und künftige Jahre sowie für das laufende dem vom Gläubiger beauftragten Gerichtsvollzieher zur Vorlage an den Drittschuldner herauszugeben hat.
Dem Drittschuldner wird verboten, an den Schuldner zu leisten.
Dem Schuldner wird geboten, sich jeder Verfügung über den gepfändeten Anspruch, insbesondere seine Einziehung zu enthalten.
Zugleich wird der gepfändete Anspruch dem Gläubiger zur Einziehung überwiesen.

Rechtsanwalt

3.7 Anlagen

Mit den Anträgen sind gleichzeitig
- der Originaltitel
- die Forderungsübersicht
- die bisher vorliegenden **Original**-Vollstreckungsunterlagen

einzureichen. Kopien genügen dem Vollstreckungsgericht in der Regel nicht!

4. Sachbehandlung

4.1 Antragsprüfung

226 Sobald der Antrag beim Vollstreckungsgericht eingeht, prüft der Rechtspfleger
- die allgemeinen Vollstreckungsvoraussetzungen, also insbesondere Titel, Klausel, Zustellung
- die rechnerische Richtigkeit der Forderungsberechnung
- die Glaubhaftmachung der bisher entstandenen Vollstreckungskosten
- die ausreichende Konkretisierung des Antrags
- die Zustellfähigkeit der Anschriften von Drittschuldner und Schuldner
- die besonderen Vollstreckungsvoraussetzungen, also insbesondere die Frage notwendiger Sicherheitsleistung

Es kann vorkommen, daß die Anschrift des Schuldners nicht bekannt ist, weil er z.B. in das Ausland verzogen ist, aber noch eine Forderung im Inland hat. Für die Wirksamkeit der Pfändung ist ausschließlich die **Zustellung an den Drittschuldner** erforderlich.

4.2 Drittschuldnerlose Rechte

227 Anders ist es bei den Ansprüchen, bei denen es keinen Drittschuldner gibt, z.B. bei Pfändung des Rechtes aus Patenten, Gebrauchsmustern, Warenzeichen und Urheberrechten. In diesem Fall wird die Pfändung nur durch **Zustellung an den Schuldner** wirksam.

4.3 Rechtliches Gehör

228 **Vor Erlaß** des Pfändungs- und Überweisungsbeschlusses wird der Schuldner **nicht gehört**, um zu verhindern, daß er vor Zustellung an den Drittschuldner die Forderung selbst eintreibt.

Sein verfassungsrechtlich abgesicherter Anspruch auf rechtliches Gehör (§ 103 I GG) entfällt dadurch nicht, weil er seine Einwendungen vorbringen kann, sobald ihm zugestellt wurde (§ 834 ZPO).

4.4 Wirkung der Beschlagnahme

229 Mit der Zustellung an den Drittschuldner ist die Forderung beschlagnahmt, es sei denn, weitere Voraussetzungen wie etwa bei den Hypotheken und Grundschulden sind zu erfüllen.

XVII. Forderungspfändung

Die Beschlagnahme hat die Wirkung, daß der Drittschuldner die Forderung gegenüber dem Schuldner nicht mehr erfüllen darf. Tut er es trotzdem, so muß er danach an den Gläubiger nochmal zahlen. Da dies auf seinem eigenen Verhalten beruht, kann er in diesem Fall nicht etwa vom Schuldner später Erstattung verlangen.

4.5 Auskunftspflicht des Drittschuldners

Sobald die Zustellung erfolgt ist, muß der Drittschuldner dem pfändenden Gläubiger Auskunft geben (§ 840), 230
- ob die Forderung besteht;
- in welcher Höhe sie besteht;
- ob sie fällig, bedingt, betagt oder von einer Gegenleistung abhängig ist;
- ob die Forderung bestritten wird;
- ob der Drittschuldner eigene vorrangige Forderungen besitzt, mit denen er aufrechnen kann;
- ob andere Gläubiger gepfändet haben und ggfs. in welcher Höhe, zu welchen Zinsen, etc. (Stöber, Rdnr. 641, Mümmler, Jur Büro 86, 334).

Für den Drittschuldner ist es sehr lästig, diese Auskünfte zu geben. In größeren Unternehmen sind in der Personalabteilung oft mehrere Sachbearbeiter ausschließlich damit beschäftigt, die täglich dutzendweise eingehenden Lohnpfändungen zu bearbeiten. Dazu müssen die Pfändungsfreigrenzen im einzelnen errechnet werden, vorliegende Abtretungen geprüft, Arbeitgeberdarlehen gegengerechnet werden etc. Diesen gesamten Aufwand erstattet dem Drittschuldner niemand. Verständlich, daß viele Arbeitgeber ihren Beschäftigten ankündigen, sie würden bei Zustellung einer Pfändung „fristlos entlassen". Dazu ist der Arbeitgeber in keinem Fall berechtigt! Mancher Schuldner bittet den Gläubiger unter Hinweis auf die drohende Entlassung, von der Pfändung Abstand zu nehmen. Solche Schuldner haben meistens noch mehr Schulden. Dann erlebt der gutmütige Gläubiger, wenn er nachgibt, nicht selten, daß kurz danach der Schuldner wegen einer anderen Pfändung selbst freiwillig kündigt, weil sich das Arbeiten für ihn nicht mehr lohnt. Solche Zugeständnisse kann man nur machen, wenn der Schuldner mit einer sofortigen Lohnabtretung einverstanden ist, die nachfolgenden Pfändungen vorgeht (§ 804) oder wenn man den Pfüb zwar zustellt, die Rechte aus dem **Überweisungs**beschluß aber ruhen läßt (s. oben Rdnr. 196).

Der Drittschuldner haftet dem Gläubiger für den aus der Nichterfüllung seines Auskunftsverpflichtung entstandenen Schaden (§ 840 II S. 2).

4.6 Ist die Auskunft einklagbar?

Außer bei Großunternehmen, Behörden und Versicherungen sind die 231 meisten von den Drittschuldnern gegebenen Auskünfte unvollständig, die wenigsten erfolgen fristgerecht und ein ganz erheblicher Anteil überhaupt nicht. Obgleich der Drittschuldner zur Auskunft verpflichtet ist, kann der Gläubiger ihn nicht auf Auskunft verklagen (BGH NJW 84, 1901).

XVII. Forderungspfändung

Herr Krüll hat der Wema GmbH am 1.3.1985 einen Pfüb zustellen lassen. Danach ist der Lohn des Werkmeisters Selge gepfändet. Die Wema GmbH gibt keine Auskunft, Mahnungen bleiben erfolglos.

Der Gläubiger, dem der pfändbare Lohnanteil zusteht, kann nur die Drittschuldnerklage gegen die Wema GmbH vor dem Arbeitsgericht erheben. Dabei steht er vor einem Problem: Erst in der OV-Versicherung erfährt der Gläubiger, was Herr Selge netto verdient, ob er verheiratet ist und wie viele Kinder er hat. Ohne diese Daten kann er den pfändbaren Lohnanteil nicht errechnen. Also wird er zunächst die OV-Versicherung beantragen.

Dieses Verfahren kann sich aber mit den vielfältigen, dem Schuldner zu Gebote stehenden Rechtsmitteln und praktischen Verzögerungsmöglichkeiten (Krankheit) erheblich verzögern. Will der Gläubiger so lange nicht warten, dann bleibt ihm, um Kostennachteile zu vermeiden, nur noch eine weitere Möglichkeit:

Er errechnet überschlägig (Tariflohn!), wieviel Herr Selge wohl verdient, kürzt diesen Betrag um vermutete Unterhaltsleistungen und kommt so auf einen (geschätzten) pfändbaren Betrag von DM 700,00 pro Monat.

Klagt er vor dem Arbeitsgericht nach Ablauf von zwei Monaten DM 1400,00 ein, so gibt es zwei Möglichkeiten:
– Entweder ergibt sich, daß die Wema GmbH den Betrag schuldet, dann muß sie zahlen, auch wenn sie den pfändbaren Lohnbestandteil nicht einbehalten hat
– oder der Lohnanspruch besteht aus irgendwelchen Gründen nicht (z.B. weil Herr Krüll gekündigt hat), dann kann der Gläubiger von der schweigenden Drittschuldnerin die Kosten des Rechtsstreits verlangen und zwar unabhängig von § 12a S.1 ArbGG!

5. Verhalten des Schuldners

232 Der Schuldner hat ebenso wie der Drittschuldner Rechtsmittel (s. Rdnr. 85 ff.), um den erlassenen Pfüb anzugreifen. Unbeachtlich ist allerdings seine Einwendung, die Forderung bestehe nicht. Der Pfüb setzt gedanklich nicht voraus, daß die Forderung gegen den Drittschuldner wirklich existiert. Er geht in diesem Fall einfach ins Leere.

6. Rechte Dritter

6.1 Drittschuldner

Auch der Drittschuldner hat die Möglichkeit, formelle Fehler beim Erlaß des Pfüb mit Rechtsmitteln anzugreifen.

233 Erklärungen, die der Drittschuldner dem Gläubiger gibt, müssen inhaltlich richtig sein, anderenfalls setzt sich der Drittschuldner der Haftung aus. Allerdings darf er **Irrtümer** in der Erklärung **jederzeit berichtigen.**

Wenn die Buchhaltung der Wema GmbH zunächst erklärt hat, es stünde ein pfändbarer Lohnanteil von 700,00 DM zur Verfügung, dann kann die

XVII. Forderungspfändung

Geschäftsleitung das korrigieren und später vortragen, dieser Betrag müsse vereinbarungsgemäß zunächst mit einem Arbeitgeberdarlehen verrechnet werden. Die zunächst erfolgte **Erklärung** hat nämlich **nicht** die Qualität eines rechtlichen **Schuldanerkenntnisses** (BGH NJW 78, 44). Derartige Erklärungen des Drittschuldners müssen allerdings glaubhaft gemacht werden (§ 294). Geschieht das nicht und klagt der Gläubiger, dann muß der Drittschuldner die Prozeßkosten zahlen, wenn er erst im Prozeß die notwendigen Mittel zur Glaubhaftmachung präsentiert.

6.2 Andere Gläubiger

Andere Gläubiger streiten um den Rang. Ihnen gegenüber muß man klarstellen, ob ein früherer Rang anerkannt wird. **Aufheben** muß man die Pfändung **nicht**, da sonst der Rang gegenüber den Nachfolgenden verloren geht! **234**

7. Kosten

Für den Antrag auf Erlaß des Pfüb erhält der Rechtsanwalt eine ³/₁₀ Gebühr gemäß § 57 BRAGO, die Gerichtskosten betragen unabhängig vom Streitwert DM 20,00. Um Gerichtskosten zu sparen, kann der Gläubiger auch einen **einheitlichen** Pfüb beantragen, der **mehrere** Forderungen des Schuldners (z.B. gegenüber mehreren Banken oder Versicherungen) beinhaltet. **235**

Bei Pfändung künftiger Unterhaltsansprüche errechnet sich der Streitwert aus den Rückständen und für künftige Unterhaltsansprüche aus einem Jahresbetrag. Der GVZ erhält für die Zustellung je DM 12,50 pro Drittschuldner (§ 16 Abs. 3 GVKostG) und DM 10,-- bei persönlicher Zustellung, für die Zustellung an den Schuldner durch Aufgabe zur Post DM 2,50 (§ 16 Abs. 1 GVKostO). Hinzu kommen Fotokopiekosten und Auslagen für Wegegelder, die von den örtlichen Verhältnissen abhängig sein können.

8. Taktik

Abgesehen von den gängigen Anträgen ist die Forderungspfändung ein kompliziertes Gebiet.

Trotzdem muß auch der Anfänger mehr als die Grundzüge beherrschen, denn in der Praxis wird der Gläubiger durch Forderungspfändung am ehesten sein Geld erhalten: Während der Schuldner sein Sachvermögen ohne große Mühe verwerten und beiseite schaffen kann, muß er bei Ansprüchen gegen Dritte immer deren Zustimmung erwirken. **236**

Das gelingt im Familienkreis durch die Strohmann (Strohfrau)-Konstruktionen, durch „unbezahlte" Mithilfe im Geschäft oder dadurch, daß der Schuldner „von seiner Freundin lebt". Bei kleineren Betrieben mag auch der Chef (nicht zuletzt im eigenen Interesse) die Schwarzarbeit des Schuldners unterstützen. Sobald aber der Rahmen persönlicher Beziehungen verlassen wird, gibt es nicht mehr sehr viele Verdeckungsmöglichkeiten.

XVII. Forderungspfändung

Wenn der Gläubiger Kosten nicht scheut, dann kann er auch die Strohmannkonstruktion zunichte machen.

Das gelingt durch die schnelle Drittschuldnerklage, in welcher er zum Beweis der Forderung den Schuldner selbst als Zeugen anbietet. Hier riskiert der Schuldner ungern ein Eidesdelikt und der Drittschuldner ebenso ungern den Prozeßbetrug (§ 263 StGB). Dieser Vorwurf droht ihm schon bei inhaltlich unrichtigen Sachangaben. Nicht selten wird der Drittschuldner schon durch die Führung des Prozesses ausreichend beeindruckt, um einen Vergleich anzubieten.

Voraussetzung für all diese Maßnahmen ist ein möglichst breitgefächerter, aber präzise definierter Pfändungsantrag, dessen Fassung schon im Hinblick auf die Drittschuldnerklage überlegt wird. Der zweite Gesichtspunkt ist die Schnelligkeit: Stehen keine anderen Ermittlungsmöglichkeiten zur Verfügung, so ist die schnelle Auswertung des OV-Protokolls unmittelbar nach seiner Ankunft die erste Maßnahme, die diesem Ziel dient.

Taktisch wirksam ist auch die **gleichzeitige** Pfändung von mehreren Ansprüchen, was außerdem auch Kosten spart, denn wenn die Lohnpfändung und die Pfändung eines Bankkontos im selben Beschluß angeordnet werden, fallen nur einmal Gerichts- und Anwaltskosten an.

Rechtlich umstritten, aber sehr wirksam ist die Schleppnetzpfändung: Dabei werden etwa in einer mittleren Stadt, die nur 5 Bankfilialen hat, sämtliche möglichen Ansprüche des Schuldners bei allen diesen Banken gepfändet oder aber man plaziert bei einem Makler eine Reihe von Vorpfändungen gegenüber möglichen Auftraggebern, ohne daß man aber genau weiß, ob ein Maklerauftrag vorliegt. Die Bedenken kommen in erster Linie aus der dadurch entstehenden schwierigen Situation für den Schuldner (AG München WM 1988, 174). Die Pfändung ins Blaue ist aber nur dann zu enttarnen, wenn mehrere Pfändungsanträge gleichzeitig gestellt werden. Wenn der Gläubiger also die Kosten nicht scheut, kann die Streubreite einer bestimmten Pfändung nicht eingeengt werden.

9. Checkliste

237
- Pfändungsmöglichkeiten prüfen. Das sind in der Regel:
Lohn/Gehalt – Bankverbindungen – Lebensversicherungen – sonstige Einkünfte – Gesellschaftsanteile – Miteigentumsanteile/Hypotheken/-Grundschulden.
- Welche Ermittlungsmöglichkeiten gibt es, um weitere Ansprüche des Schuldners zu ermitteln, z.B.:
Nachbesserung und Ergänzung der OV-Versicherung – Kontaktaufnahme zu schuldnernahen Personen – Einschaltung von Auskunfteien – Detektive – Einsichtnahme in das Handelsregister – Einsichtnahme beim Grundbuchamt – Hat der Gläubiger Briefköpfe oder Rechnungen des Schuldners in Händen?
- Ist der Antrag konkret genug gefaßt?
- Sind die Zustelladressen ausreichend?

XVIII. Vorpfändung (§ 845)

1. Zweck der Vorpfändung

Der Gläubiger, dessen Pfändung zuerst dem Drittschuldner zugeht, hat **238** den besten Rang. Sein Anspruch muß zuerst bezahlt werden (§§ 804 III, 829 II, III). Wegen der unterschiedlichen Auslastung der Gerichte kann es leicht vorkommen, daß ein Pfändungsantrag, der am 1.3. eingereicht worden ist, später bearbeitet wird, als ein anderer, der erst am 10.3. zu Gericht ging. Um diesen Nachteil auszugleichen, gibt § 845 dem **Gläubiger** die Möglichkeit, **selbst** dafür zu **sorgen**, den **ersten Rang** zu bekommen.

1.1 Notwendige Voraussetzungen

Spätestens bei der Zustellung (nicht schon beim Absenden des Antrags) **239** müssen folgende Voraussetzungen erfüllt sein:
- Der Schuldtitel muß eine Geldforderung betreffen
  Falls der Titel eine Bedingung enthält, Bedingungseintritt (§ 726)
- Ablauf des Kalendertages (§ 751 Abs.1 – jedoch Ausnahme: § 850 d III)
- Bei Verurteilung Zug um Zug: Angebot der Gegenleistung

1.2 Nicht erforderliche Voraussetzungen

Nicht erforderlich sind **240**
- die Erteilung der vollstreckbaren Ausfertigung des Titels
- Die Zustellung des Titels oder der in § 750 II bezeichneten Urkunden
- Ausfertigung nach § 727 einschließlich der Beweisurkunden
- Sicherheitsleistungen oder Zustellung des nur gegen Sicherheitsleistung vorläufig vollstreckbaren Titels mit Klausel. Ferner ist der Fristablauf nach § 750 III nicht erforderlich: Die Vorpfändung sichert nur den Rang, so daß eine Gefährdung der Interessen des Schuldners noch nicht endgültig eintreten kann (arg. § 720 a).

Der Anspruch muß in gleicher Weise wie bei der Forderungspfändung genau beschrieben werden (s. oben Rdnr. 221), die Vorpfändung wird wirksam, sobald der **Gerichtsvollzieher** sie zugestellt hat, wobei ausnahmsweise jeder GVZ für diese Zustellung zuständig ist.

Die Anforderungen an die Vorpfändung sind deshalb so gering, weil sie nur den Rang sichern sollen (auflösend bedingtes Pfandrecht), die unwirksam wird, wenn der Pfändungs- und Überweisungsbeschluß nicht spätestens einen Monat nach der Zustellung der Vorpfändung ebenfalls zugestellt wird (§ 845 II 1). Die **Vorpfändung** berechtigt also **niemals** zur **Verwertung**.

XVIII. Vorpfändung

1.3 Die Bedeutung der Monatsfrist

241 Gelingt es dem Gläubiger nicht, den Pfändungs- und Überweisungsbeschluß innerhalb der Monatsfrist zustellen zu lassen, kann er die Vorpfändung beliebig oft wiederholen. Dadurch entsteht eine **Kette von Vorpfändungen,** bei der allerdings jede einzelne Vorpfändung nur eine **Sperrwirkung** während der durch sie in Gang gesetzten Monatsfrist ohne durchgehende Rangwahrung entfaltet.
Das zeigt sich an einem Beispielsfall:
1.10. Versäumnisurteil TuV-Bank/Bense
3.10. Auftrag zur Zustellung der Vorpfändung der TuV-Bank
5.10. Zustellung der Vorpfändung beim Arbeitgeber des Schuldners
20.10. Zustellung eines Pfüb des Gläubigers Merten, mit der der Arbeitslohn ebenfalls gepfändet wird
22.10. Zustellung des Pfüb der TuV-Bank
Die Sperrwirkung der Vorpfändung reicht von der Zustellung am 5.10. bis zum 5.11.
Da der Pfüb der TuV-Bank vor dem 5.11. dem Arbeitgeber zugestellt wird, hat er gegenüber dem am 20.10. zugestellten Pfüb des Gläubigers Merten den besseren Rang: Er ist ihm durch die Zustellung der Vorpfändung am 5.10. wirksam gesichert worden.
Wenn es der TuV-Bank jedoch **nicht** gelingt, den Pfüb vor dem 5.11. zuzustellen, dann würde auch eine weitere Vorpfändung nichts nützen, wenn sie im Zeitraum zwischen dem 21.10. und dem 5.11. zugestellt würde: Gegenüber dieser zweiten Vorpfändung wäre der bereits am 21.10. zugestellte Pfüb des Gläubigers Merten vorrangig: Die Vorpfändungskette verlängert nämlich nicht die Sperrwirkung der ersten Vorpfändung zu Lasten eines anderen Gläubigers (näher Stöber, Forderungspfändung Rdnr. 808).

2. Antrag – Anlagen – Fehlerquellen

242 Im Antrag muß die Forderung genau so bezeichnet werden wie im Pfändungs- und Überweisungsbeschluß. Wie er bei einer Lohnpfändung zu lauten hat, siehe nebenstehend im Formularbeispiel.
Mit der Zustellung kann auch ein Gerichtsvollzieher am Wohnsitz des Gläubigers beauftragt werden. Das ist zu empfehlen, weil es schneller geht.

XVIII. Vorpfändung

Dr. Hugo Klutz
Rechtsanwalt
Theodorstraße 12

80333 München

Kto.: Postgiroamt München
Kto-Nr. 382778-809

An das Amtsgericht
– Gerichtsvollzieher-Aufträge –
Herrn Obergerichtsvollzieher

80333 München

Datum: 12.09.1993

GeschäftsZ.: ZV 92/00303/Gr
(bitte stets angeben)

Aktenzeichen (bei allen Zuschriften angeben!):

DR /19

mit der Bitte um – Vermittlung der – Zustellung

Pfändungsankündigung

Die Benachrichtigung an den Drittschuldner hat die Wirkung eines Arrestes (§§ 845 Abs. 2, 930 ZPO).

Der Drittschuldner wird gebeten, binnen zwei Wochen dem Bevollmächtigten des Gläubigers zu erklären,

1. ob und inwieweit er die Forderung als begründet anerkenne und die Zahlung zu leisten bereit sei;
2. ob und welche Ansprüche andere Personen an die Forderung machen;
3. ob und wegen welcher Ansprüche die Forderung bereits für andere Gläubiger gepfändet sei.

Nach der Zustellung des gerichtlichen Pfändungsbeschlusses hat der Drittschuldner gemäß § 840 ZPO die Pflicht, diese Auskunft dem Bevollmächtigten des Gläubigers zu erteilen. Der Drittschuldner haftet für den aus der Nichterfüllung seiner Verpflichtung entstehenden Schaden.

Der Drittschuldner wird gebeten, einen Arbeitsplatzwechsel des Schuldners dem Bevollmächtigten des Gläubigers mitzuteilen.

in der Zwangsvollstreckungssache
TuV Teilzahlungsbank AG, vertr.d.d.Vorstand
Dipl.-Kaufmann Horst Henze
Parkstraße 10, 80333 München   Gläubiger(in)
Prozeßbevollmächtigte(r) Dr. Hugo Klutz, Theodorstr. 12
                              80333 München
gegen
Theresa Ellert
Residenzstraße 14, 80333 München   Schuldner(in)

Nach dem vollstreckbaren
Vollstreckungsbescheid des Amtsgerichts München
vom 20.07.1993
                                        Geschäftsnr.: 15 B 12717/93
hat der / die Gläubiger(in) gegen den / die Schuldner(in)
Anspruch auf siehe anliegende   DM
(in Worten: Forderungsaufstellung   Deutsche Mark)
nebst 12 v. H. Zinsen seit 13.09.1993 aus DM 10.000,00
vorgerichtliche Kosten des Gläubigers   DM
Kosten des Mahnverfahrens   DM
festgesetzte Prozeßkosten   DM
nebst 4 v. H. Zinsen seit 13.09.1993 aus DM 1.063,33
sowie bisherige Vollstreckungskosten (lt. Anlagen)   DM
Wegen dieser Ansprüche **steht die Pfändung**
der Ansprüche des Schuldners an – den Arbeitgeber* –

Firma Albert Westphal GmbH & Co. KG
Römerstraße 35, 22359 Hamburg   Drittschuldner

aus** Lohn, Gehalt und sonstigen Vergütungen - siehe Anlage -

– nach Maßgabe der umseitigen Vorschriften* – bis zur Höhe der genannten Beträge bevor. Davon werden hiermit gem. § 845 ZPO benachrichtigt
der Drittschuldner mit der Aufforderung, nicht an den Schuldner zu zahlen, **und**
der Schuldner mit der Aufforderung, sich jeder Verfügung über die Forderung,
insbesondere ihrer Einziehung, zu enthalten.

Rechtsanwalt

* bitte streichen, wenn **nicht** Benachrichtigung wegen bevorstehender Pfändung von **Arbeitseinkommen**
** bitte bei bevorstehender Pfändung von **Arbeitseinkommen** einsetzen: Gehalt, Lohn und sonstige Vergütungen

XVIII. Vorpfändung

1. **Arbeitseinkommen (§§ 832, 833, 850 ZPO):**
   Arbeitseinkommen sind zum Beispiel die Dienst- und Versorgungsbezüge der Beamten, Arbeits- und Dienstlöhne, Ruhegelder und ähnliche, nach dem einstweiligen oder dauernden Ausscheiden aus dem Dienst- oder Arbeitsverhältnis gewährte fortlaufende Einkünfte, ferner Hinterbliebenenbezüge sowie sonstige Vergütungen für Dienstleistungen aller Art, die die Erwerbstätigkeit des Schuldners vollständig oder zu einem Teil in Anspruch nehmen.
   Soweit sie in Geld zahlbar sind auch solche Bezüge, die ein Arbeitnehmer zum Ausgleich für Wettbewerbsbeschränkungen für die Zeit nach Beendigung seines Dienstverhältnisses beanspruchen kann, sowie Renten, die aufgrund von Versicherungsverträgen gewährt werden, wenn diese Verträge zur Versorgung des Versicherungsnehmers oder seiner unterhaltsberechtigten Angehörigen eingegangen sind.
   Die Pfändung eines Arbeitseinkommens erfaßt alle Vergütungen, die dem Schuldner aus der Arbeits- oder Dienstleistung zustehen, ohne Rücksicht auf ihre Benennung oder Berechnungsart.
   Das Pfandrecht, das durch die Pfändung einer Geldforderung oder einer ähnlichen in fortlaufenden Bezügen bestehenden Forderung erworben wird, erstreckt sich auch auf die nach der Pfändung fällig werdenden Beträge.
   Durch die Pfändung eines Diensteinkommens wird auch das Einkommen betroffen, das der Schuldner infolge der Versetzung in ein anderes Amt, der Übertragung eines neuen Amtes oder einer Gehaltserhöhung zu beziehen hat.

2. **Berechnung des pfändbaren Arbeitseinkommens (§§ 850 a, 850 b, 850 e Nr. 1 ZPO):**
   Nicht mitzurechnen sind Beträge, die unmittelbar aufgrund steuerrechtlicher oder sozialrechtlicher Vorschriften zur Erfüllung gesetzlicher Verpflichtungen des Schuldners abzuführen sind; ebenso Beträge in üblicher Höhe, die der Schuldner nach den Vorschriften der Sozialversicherungsgesetze zur Weiterversicherung entrichtet oder an eine Ersatzkasse oder an eine private Krankenversicherung leistet; ferner

   a) zur Hälfte die für die Leistung von Mehrarbeitsstunden gezahlten Teile des Arbeitseinkommens;
   b) die für die Dauer eines Urlaubs über das Arbeitseinkommen hinaus gewährten Bezüge, Zuwendungen aus Anlaß eines besonderen Betriebsergebnisses und Treugelder, soweit sie den Rahmen des Üblichen nicht übersteigen;
   c) Aufwandsentschädigungen, Auslösungsgelder und sonstige soziale Zulagen für auswärtige Beschäftigungen, das Entgelt für selbstgestelltes Arbeitsmaterial, Gefahrenzulagen sowie Schmutz- und Erschwerniszulagen, soweit diese Bezüge den Rahmen des Üblichen nicht übersteigen;
   d) Weihnachtsvergütungen bis zum Betrage der Hälfte des monatlichen Arbeitseinkommens, höchstens aber bis zum Betrage von DM 540,--;
   e) Heirats- und Geburtshilfen, sofern die Vollstreckung wegen anderer als der aus Anlaß der Heirat oder der Geburt entstandenen Ansprüche betrieben wird;
   f) Erziehungsgelder, Studienbeihilfen und ähnliche Bezüge;
   g) Sterbe- und Gnadenbezüge aus Arbeits- oder Dienstverhältnissen;
   h) Blindenzulagen.

3. **Berechnung des pfändbaren Betrages (§ 850 c ZPO):**
   a) Das nach 2. errechnete Netto-Einkommen des Schuldners ist unpfändbar, wenn es, je nach dem Zeitraum, für den es gezahlt wird, nicht mehr als monatlich DM 1209,--, wöchentlich DM 279,-- oder täglich DM 55,80 beträgt.
   b) Gewährt der Schuldner aufgrund einer gesetzlichen Verpflichtung seinem Ehegatten, einem früheren Ehegatten oder einem Verwandten oder nach §§ 1615 I, 1615 n BGB der Mutter eines nichtehelichen Kindes Unterhalt, so erhöht sich der Betrag, bis zu dessen Höhe Arbeitseinkommen unpfändbar ist, auf bis zu monatlich DM 3081,--, wöchentlich DM 711,-- oder täglich DM 142,20, und zwar um monatlich DM 468,--, wöchentlich DM 108,-- oder täglich DM 21,60 für die erste Person, der Unterhalt gewährt wird, und um je monatlich DM 351,--, wöchentlich DM 81,-- oder täglich DM 16,20 für die zweite bis fünfte Person.
   c) Übersteigt das Arbeitseinkommen den Betrag, bis zu dessen Höhe es je nach der Zahl der Personen, denen der Schuldner Unterhalt gewährt, nach 3. a) und b) unpfändbar ist, so ist es hinsichtlich des überschießenden Betrages zu einem Teil unpfändbar, und zwar in Höhe
   von drei Zehnteln, wenn der Schuldner keiner der unter 3. b) genannten Personen Unterhalt gewährt,
   zwei weiteren Zehnteln für die erste Person, der Unterhalt gewährt wird, und
   je einem weiteren Zehntel für die zweite bis fünfte Person.
   Der Teil des Arbeitseinkommens, der monatlich DM 3796,-- (wöchentlich DM 876,--, täglich 175,20) übersteigt, bleibt bei der Berechnung des unpfändbaren Betrages unberücksichtigt.
   Auf die Übergangsregelungen für vor dem 1.7.1992 ausgebrachte Pfändungen wird verwiesen (BGBl I 1992 S. 745 f.)
   d) Bei der Berechnung des nach 3. c) pfändbaren Teils des Arbeitseinkommens ist das Arbeitseinkommen, ggf. nach Abzug des nach 3. c) letzter Absatz pfändbaren Betrages, nach unten abzurunden, und zwar bei Auszahlung für Monate auf einen durch DM 20,--, bei Auszahlung für Wochen auf einen durch DM 5,-- und bei Auszahlung für Tage auf einen durch DM 1,-- teilbaren Betrag.
   Der pfändbare Betrag ergibt sich unter Berücksichtigung der gesetzlichen Unterhaltspflichten des Schuldners aus der Tabelle gemäß § 850 c Abs. 3 ZPO (in der Fassung mit Wirkung ab 1. Juli 1992).
   e) Hat eine Person, welcher der Schuldner aufgrund ges. Verpflichtung Unterhalt gewährt, eigene Einkünfte, so kann das Vollstreckungsgericht auf Antrag des Gläubigers nach billigem Ermessen bestimmen, daß diese Person bei der Berechnung des unpfändbaren Teils des Arbeitseinkommens ganz oder teilweise unberücksichtigt bleibt; bei teilweiser Berücksichtigung genügt die Bezugnahme auf die Tabelle im Pfändungsbeschluß nicht.

4. Bei mehreren Arbeitseinkommen, bei Naturalleistungen, bei Änderung der Unpfändbarkeitsvoraussetzungen, bei verschleiertem Arbeitseinkommen und bei Sonderfällen des Pfändungsschutzes sind maßgeblich die §§ 850 e Nr. 2, 2 a, 3, 850 g – k ZPO, für weitere Änderungen des unpfändbaren Betrages § 850 f ZPO (ab 1.7.1992 zusätzliche Möglichkeit durch einen eigenen Antrag beim Vollstreckungsgericht zu verhindern, daß das nach der Pfändung verbleibende Resteinkommen unter den Sozialhilfebedarf des Schuldners absinkt. Dem Schuldner ist mindestens nach § 850 f Abs. 3 ZPO ein Betrag zu belassen, der sich bei einem Arbeitseinkommen von monatlich DM 3744,--, wöchentlich DM 864,--, täglich DM 172,80 aus § 850 c ZPO ergibt).

5. **Pfändung wegen Unterhaltsansprüchen (§ 850 d ZPO):**
   Wegen der Unterhaltsansprüche, die kraft Gesetzes einem Verwandten, dem Ehegatten, einem früheren Ehegatten oder nach §§ 1615 I, 1615 n BGB der Mutter eines nichtehelichen Kindes zustehen, sind das Arbeitseinkommen und die in 2. a), b) und d) genannten Bezüge ohne die in unter 3. bezeichneten Beschränkungen pfändbar. Dem Schuldner ist jedoch so viel zu belassen, als er für seinen notwendigen Unterhalt und zur Erfüllung seiner laufenden gesetzlichen Unterhaltspflichten gegenüber den nach dem Gläubiger vorgehenden Berechtigten oder zur gleichmäßigen Befriedigung der dem Gläubiger gleichstehenden Berechtigten bedarf; von den in 2. a), b), d) genannten Bezügen muß ihm mindestens die Hälfte des nach 3. – h) pfändbaren Betrags zu verbleiben. Der dem Schuldner hiernach verbleibende Teil seines Arbeitseinkommens darf den Betrag nicht übersteigen, der ihm nach den unter 3. genannten Vorschriften gegenüber nicht bevorrechtigten Gläubigern zu verbleiben hätte. Für die Pfändung wegen der Rückstände, die länger als ein Jahr vor dem Antrag auf Erlaß des Pfändungsbeschlusses fällig geworden sind, gelten diese Vorschriften dieses Absatzes insoweit nicht, als nach Lage der Verhältnisse anzunehmen ist, daß der Schuldner sich seiner Zahlungspflicht absichtlich entzogen hat.
   Mehrere nach Absatz 1 Berechtigte sind mit ihren Ansprüchen in folgender Reihenfolge zu berücksichtigen, wobei mehrere gleich nahe Berechtigte untereinander gleichen Rang haben:
   a) Die minderjährigen unverheirateten Kinder, die Ehegatte, ein früherer Ehegatte, die Mutter eines nichtehelichen Kindes mit ihrem Anspruch nach § 1615 I, 1615 n BGB;
   b) die übrigen Abkömmlinge, wobei die näheren Grade den entfernteren vorgehen;
   c) die Verwandten in aufsteigender Linie, wobei die näheren Grade den entfernteren vorgehen.
   Bei der Vollstreckung wegen der in Absatz 1 bezeichneten Ansprüche sowie wegen der aus Anlaß einer Verletzung des Körpers oder der Gesundheit zu zahlenden Renten kann zugleich mit der Pfändung wegen fälliger Ansprüche auch künftig fälligwerdendes Arbeitseinkommen wegen der dann jeweils fällig werdenden Ansprüche gepfändet und überwiesen werden.

3. Sachbehandlung

Der Gerichtsvollzieher hat lediglich zu überprüfen, ob die Forderungs- 243
beschreibung durch den Gläubiger konkret genug und ob die Adressenangabe für die Zustellung ausreichend ist. Vorpfändungen sind als „Eilsache" zu behandeln, die Post ist darauf hinzuweisen, daß die Zustellung nach Stunde und Minute zu bezeichnen ist (§ 178 II 1 GVGA). Wenn der Zustellungsnachweis zurückkommt, verbindet der Gerichtsvollzieher ihn mit dem bei ihm verbliebenen Original und schickt ihn dem Gläubiger, der erst jetzt (!) die Monatsfrist berechnen kann. In ungünstigen Fällen kommt die Zustellnachricht erst nach 10 oder 14 Tagen, oder die Postsendung geht verloren. Hier muß der Gläubiger notfalls die zweite Vorpfändung ausbringen, **ohne das Zustelldatum zu kennen.**

4. Verhalten des Schuldners

Durch die Zustellung erfährt der Schuldner von der Maßnahme und 244
kann sich rechtzeitig darauf vorbereiten, Einwendungen gegen die später erfolgende Forderungspfändung zu erheben. Damit wird seinem Recht auf rechtliches Gehör (Art. 103 GG) Rechnung getragen. Für die Wirksamkeit der Zustellung reicht allerdings wie bei der Forderungspfändung die Zustellung an den Drittschuldner aus.

5. Rechte Dritter

Für den Drittschuldner hat die Vorpfändung die Wirkung eines Arrestes, 245
er darf also nicht mehr an den Schuldner zahlen, bis die Monatsfrist abgelaufen ist (§§ 829, 930). Eine Erklärungspflicht, wie sie ihn nach Zustellung der Pfändung trifft, hat er nicht! Man darf ihn aber zur Auskunftserteilung auffordern, die er freiwillig geben kann. Zahlt der Drittschuldner nach der Zustellung trotzdem an den Schuldner und wird der Pfüb später rechtzeitig zugestellt, muß er zweimal bezahlen.

6. Kosten

Der Gerichtsvollzieher erhält für die Zustellung die Gebühr nach § 16 246
GVKostG. Wenn er die Aufforderung etwa im Zusammenhang mit einer Sachpfändung selbst fertigt, eine weitere Gebühr von 10,00 DM nach § 16a GVKostG. Der Rechtsanwalt erhält ³/₁₀ gemäß § 57 BRAGO und zwar für alle Vorpfändungen einer Vorpfändungskette und bei mehreren Drittschuldnern (Argument: Einheitlicher Auftrag).
Auch für den nachfolgenden Antrag auf Erlaß eines Pfändungs- und Überweisungsbeschlusses gibt es keine zusätzliche Gebühr.

7. Taktik

247 Die Vorpfändung ist ein scharfes Schwert in der Hand des erfahrenen Gläubigers und seines Anwalts. Es gibt keine bessere Methode, schnell den Rang vor allen anderen Gläubigern zu besetzen. Der Witz der Vorpfändung besteht darin, daß man den Rang besetzen kann
- ohne Ausfertigung des Titels
- ohne Erteilung der Klausel
- ohne Bestätigung der Rechtsnachfolge (§ 727)
- ohne Berücksichtigung der Frist des § 798.

Es fehlt also so ziemlich alles, was man sonst als Voraussetzung für die Zwangsvollstreckung bezeichnet. Im Extremfall kann der Gläubiger sich vormittags 10.30 Uhr die Verkündung des Urteils anhören und am gleichen Tag durch den Eilgerichtsvollzieher eine Forderung wirksam arrestieren.

Genauso schnell kann man diese Sicherung aber auch verlieren: **Die ganze Mühe ist nämlich umsonst, wenn man nicht unverzüglich daran geht, die Voraussetzungen für den Pfändungs- und Überweisungsbeschluß zu schaffen, sich also die vollstreckbare Ausfertigung zu besorgen und ihn sofort zu beantragen.**

Der Antrag sollte mit dem Zusatz versehen werden: „Eilt sehr! Vorpfändung am (Datum) ausgebracht!"

Auch bei einer laufenden Vollstreckung, so vor allem bei der Zustellung des OV-Protokolls an mehrere Gläubiger, ist die Vorpfändung oft das einzige Mittel, um anderen Gläubigern zuvor zu kommen. Von ihr wird zu wenig Gebrauch gemacht!

8. Checkliste

248
- Ist das Urteil (mündlich) verkündet?
- Sind im Urteil festgelegte Bedingungen erfüllt (§ 726)?
- Sind bei Zug-um-Zug-Verurteilungen Gegenleistungen erbracht und nachgewiesen (s. oben Rdnr. 73)? (§ 756, 765)
- Ist die Forderung konkret genug beschrieben?
- Ist die Adresse des Drittschuldners zustellfähig?
- Ist im Falle des § 751 der Kalendertag abgelaufen?

XIX. Sicherungsvollstreckung (§ 720a)

1. Schneller Zugriff bei Sicherungsvollstreckung

Viele Urteile sind nur gegen Sicherheitsleistung vorläufig vollstreckbar (§§ 708, 709, 712 II 2). Die Beibringung der Sicherheit dauert Zeit, sei es, weil der Gläubiger sich den Barbetrag zum Zweck der Hinterlegung erst verschaffen muß, sei es, weil er eine Bankbürgschaft beizubringen hat.

XIX. Sicherungsvollstreckung

§ 720a gibt dem Gläubiger die Möglichkeit, diesen Zeitverlust, der seinen Rang gefährdet, bei
- der Sachpfändung (§ 803)
- der Pfändung von Forderungen (§ 829)
- der Eintragung einer Sicherungshypothek (§ 866 I)
- dem Antrag auf Offenbarungsversicherung (§ 899 f) (umstritten!)

dadurch wettzumachen, daß er von der Sicherungsvollstreckung Gebrauch macht.

Die Vermögenswerte des Schuldners dürfen allerdings **nicht verwertet** werden. Eine Verwertung ist erst möglich,
- wenn der Titel rechtskräftig geworden
  oder
- wenn die Sicherheit geleistet worden ist.

Bei der Sachpfändung darf also vorher nicht versteigert, bei der Forderungspfändung nur der Pfändungsbeschluß, nicht aber der Überweisungsbeschluß beantragt werden.

Die Sicherungsvollstreckung muß auch aufgehoben werden, wenn der Schuldner seinerseits Sicherheit leistet, ohne daß der Gläubiger Sicherheit leistet oder geleistet hat.

2. Antrag

Zur Antragstellung kann ich auf die vorherigen Kapitel verweisen. Es ist lediglich bei jeder einzelnen Vollstreckungsmaßnahme der Zusatz erforderlich:

„*Es wird lediglich Sicherungsvollstreckung gem. § 720a ZPO beantragt.*"

Der Antrag auf Sicherungsvollstreckung darf erst **zwei Wochen nach Zustellung** einer Urteilsausfertigung und der Vollstreckungsklausel (beides in der Regel zeitgleicher Teil) erfolgen (§ 750 III).

3. Sachbehandlung

Wird der Gerichtsvollzieher mit der Sicherungsvollstreckung beauftragt, so pfändet er Eigentum des Schuldners durch Anbringung der Pfandsiegel, das Vollstreckungsgericht erläßt Pfändungs- (nicht: Überweisungs-) beschluß oder ordnet die Offenbarungsversicherung an. Mit der Pfändung wird für den Gläubiger nur der Rang gesichert, eine Verwertung darf nicht erfolgen.

Der Schuldner kann die Sicherungsvollstreckung dadurch abwenden, daß er selbst Sicherheit leistet (§ 720a III), obgleich er dazu normalerweise nicht verpflichtet wäre.

4. Kosten

Für die Sicherungsvollstreckung erhält der Rechtsanwalt die $^{3}/_{10}$ Gebühr des § 57 BRAGO. Für den nachfolgenden Verwertungsantrag (nach Rechtskraft oder Leistung der Sicherheit) darf keine weitere Gebühr berechnet werden (Argument: Einheitlicher Auftrag).

5. Taktik

253 Bei der Sicherungsvollstreckung müssen sämtliche allgemeinen Voraussetzungen der Zwangsvollstreckung erfüllt sein, bis auf die Sicherheitsleistung. Da sie erst nach der 2-Wochenfrist des § 750 III erfolgen darf, ist sie in der Regel nur vonnöten, wenn der Gläubiger versehentlich vergessen hat, sich die erforderliche Sicherheitsleistung rechtzeitig vor der Vollstreckung zu besorgen (Rdnr. 63 ff.).

Zudem ist die Sicherungsvollstreckung riskant, falls das Urteil später aufgehoben wird: Zwar billigen einige Gerichte auch die Möglichkeit zu, die Offenbarungsversicherung auf diesem Weg zu erzwingen, das Haftungsrisiko ist hier aber nicht unerheblich (s. dazu OLG Düsseldorf, NJW 80, 2717; OLG Koblenz NJW 79, 221).

6. Checkliste

254 Vor dem Antrag sind zu überprüfen:
- Die allgemeinen Voraussetzungen der Zwangsvollstreckung (siehe oben Rdnr. 19), insbesondere Zustellung von Titel und Klausel);
- Ablauf der 2 Wochen-Frist des § 750 III;
- Einhaltung sämtlicher sonstigen Voraussetzungen der beabsichtigten Pfändungsmaßnahme (Sachpfändung, Sicherungshypothek, Offenbarungsversicherung);
- Beschränkung des Antrags auf Pfändung bzw. Eintragung des Rechts.

XX. Vollstreckung in Grundstücke (§§ 864–871)

1. Allgemeines

255 Die Vollstreckung in Grundstücke kann einen Anfänger schnell überfordern. Schon das Grundstücke betreffende Sachenrecht ist kompliziert, das Verfahrensrecht (sowohl Grundbuch- als auch Versteigerungsrecht) tut ein übriges. Ohne weiterführende Begleitliteratur (Beispiele im Literaturverzeichnis S. XIX) zu arbeiten ist gefährlich, da der Anfänger auftauchende Risiken oft nicht erkennt. In Zweifelsfällen sollte ein Spezialist hinzugezogen werden.

Die Zwangsvollstreckung wegen Geldforderungen in das unbewegliche Vermögen erfolgt durch Eintragung einer Zwangssicherungshypothek, Zwangsversteigerung und/oder Zwangsverwaltung (§ 866 Abs. 1, 2).

Neben Grundstücken umfaßt die Zwangsvollstreckung in das unbewegliche Vermögen auch die sogenannten grundstücksgleichen Rechte (z.B. Erbbaurecht und Wohnungseigentum; § 864 Abs. 1), Miteigentumsanteile (§ 864 Abs. 2) und die Gegenstände auf die sich die Hypothek erstreckt (§ 865 Abs. 1 i.V.m. §§ 1120 ff. BGB). Hierbei ist zu beachten, daß Zube-

XX. Vollstreckung in Grundstücke

hör, welches den Wert eines Grundstücks oft erheblich beeinflussen kann (z.B. Maschinen/Fahrzeuge eines Betriebes) nicht durch den Gerichtsvollzieher mobiliargefändet werden kann (§ 865 Abs.2 Satz 1). Zur Pfändung von Früchten auf dem Halm vgl. § 810.

Weiterhin gibt es noch besondere Fälle der Immobiliarvollstreckung. 256 Die Zwangsversteigerung/-verwaltung auf Konkursverwalterantrag (§§ 172–174 ZVG) verwirklicht das Verwaltungs- und Verfügungsrecht des Konkursverwalters aus § 6 Abs.2 KO. Die Zwangsversteigerung auf Antrag eines Erben (§§ 175 bis 179 ZVG) dient dazu, den Haftungsumfang des Erben zu bestimmen (vgl. insoweit auch § 1971 BGB). Die Teilungsversteigerung zum Zwecke der Aufhebung einer Gemeinschaft (§§ 180 bis 185 ZVG) betrifft den Auseinandersetzungsanspruch eines Miteigentümers (vgl. Rdnr.214 und §§ 749 Abs.1, 752 und 753 Abs.1 Satz 1 BGB).

Das Verfahren der Zwangsversteigerung und der Zwangsverwaltung ist 257 im Zwangsversteigerungsgesetz (ZVG) geregelt und als Teil des 8.Buches der ZPO zu betrachten (§ 869), so daß auch dort die allgemeinen Regeln der ZPO gelten. Beide Verfahren werden hier nur im Überblick erwähnt und nicht eingehend behandelt, da sie mehr Erfahrung und Spezialwissen erfordern, als der Anfänger hat.

2. Eintragung einer Zwangssicherungshypothek

2.1 Zweck, Wirkungen und Verhalten des Schuldners

Die Zwangssicherungshypothek verschafft dem Gläubiger zunächst keine 258 Befriedigung, sondern nur eine gewisse dingliche Sicherheit als Grundpfandrechtsgläubiger. Sie entsteht mit der Eintragung im Grundbuch (§ 867 Abs.1 Satz 1), wahrt dadurch den grundbuchrechtlichen Rang (§ 879 BGB) und greift somit Maßnahmen anderer Vollstreckungsgläubiger sowie Belastungen durch den Schuldner vor.

Nachdem eine Zwangssicherungshypothek automatisch dazu führt, daß 259 der Gläubiger einen Anspruch auf Löschung vorrangiger Grundpfandrechte hat, soweit diese bezahlt sind (§ 1179a BGB), empfiehlt sich diese Vollstreckungsmaßnahme unter Umständen auch neben der Einleitung einer Zwangsversteigerung.

Weiterhin verursacht die Eintragung einer Zwangssicherungshypothek – 260 das sie ja „nur" den Charakter einer Sicherungsmaßnahme hat – weniger Kosten als ein Zwangsversteigerungsverfahren, da im Rahmen eines Zwangsversteigerungsverfahrens von dem Gläubiger teils erhebliche Kostenvorschüsse (vor allem für Gutachterkosten) verlangt werden.

Ist die Zwangssicherungshypothek eingetragen, kann der Gläubiger Kla- 261 ge auf Duldung der Zwangsvollstreckung erheben und mit der daraufhin ergangenen Urteil die Zwangsversteigerung und/oder -verwaltung aus der Zwangssicherungshypothek, d.h. aus der Rangklasse des § 10 Abs.1 Nr.4 ZVG (Rdnr.278) betreiben.

Der Gläubiger kann jedoch auch aufgrund seiner dinglich gesicherten Rechtsposition abwarten, bis der Schuldner finanziell wieder besser gestellt

XX. Vollstreckung in Grundstücke

ist, oder bis im Rahmen eines freihändigen Verkaufs (um den sich der Schuldner wohl bis zuletzt bemühen wird, um einen höheren Preis als in der Versteigerung zu erzielen) der Schuldner auf den Gläubiger wegen einer Löschung der Zwangssicherungshypothek zukommen muß. In der Regel wird nämlich ein Käufer darauf bestehen, daß alle Belastungen auf dem Grundstück beseitigt werden. Weiterhin wird eine den Käufer finanzierende Bank wohl grundsätzlich nicht bereit sein, im Rang hinter einer Zwangssicherungshypothek eingetragen zu werden. Der Gläubiger wird sich folglich mit einer Löschung der Zwangssicherungshypothek nur dann einverstanden erklären, wenn die Forderung zumindest teilweise bezahlt wird. Eventuell der Zwangssicherungshypothek vorgehende Gläubiger, die auch Zahlungen erhalten wollen, müssen dann überlegen, ob sie einem freihändigen Verkauf des Grundstücks durch den Schuldner unter (teilweiser) Bezahlung eines nachrangigen Zwangssicherungshypothekengläubigers zustimmen oder den oft langwierigen Weg eines Zwangsversteigerungsverfahrens (Vorteil: Vorrangige Befriedigung, Nachteil: Ungewißheit des Ergebnisses/der Gebote) wählen.

262 Manchmal genügt auch die nach erfolgter Eintragung der Zwangssicherungshypothek von Amts wegen an den Schuldner zugestellte Eintragungsmitteilung (§ 55 GBO), damit der Schuldner mit dem Gläubiger in Vergleichsverhandlungen tritt. Mancher Schuldner hat sich unter Umständen mit den anderen Grundpfandrechtsgläubigern auf ein Stillhalteabkommen geeinigt, welches durch Zwangsvollstreckungsmaßnahmen eines neuen Gläubigers gefährdet sein kann.

263 Sobald der Gläubiger erfährt, daß der Schuldner Grundbesitz hat, sollte somit grundsätzlich unabhängig von anderen Maßnahmen ein Antrag auf Eintragung einer Zwangssicherungshypothek gestellt werden, wobei die Entscheidung nach dem jeweiligen Informationsstand (Höhe der vorrangigen Belastungen?, Eintragung einer vorrangigen Auflassungsvermerkung für einen Dritten?, Eintragung des Zwangsversteigerungsvermerks?) auch unter Kostengesichtspunkten (ggf. Antrag auf Teilforderung beschränken) getroffen werden sollte.

2.2 Antrag

264 Der formlos mögliche Antrag (§§ 13, 30 GBO) ist nicht an das Vollstreckungsgericht, sondern an das Grundbuchamt zu richten, in dessen Bereich sich das Grundstück befindet.

265 Sind mehrere Grundstücke vorhanden, ist der Betrag der Forderung nach § 867 Abs. 2 auf die einzelnen Grundstücke zu verteilen.

266 *Ich/wir beantrage/n die Eintragung einer Zwangssicherungshypothek an nächstoffener Rangstelle im Grundbuch des Amtsgerichts München, Gemarkung Schwabing, Band 1000, Blatt 12350, Flur-Nr. 1000 und 1000/1 (Eigentümer/Vollstreckungsschuldner: Hans Mustermann, Leopoldstr. 1, München). Die Eintragung wird wegen folgender Forderung beantragt:*
An BVNr. 1 (Flur-Nr. 1000):
Forderung/Teilbetrag: *DM 5000,-*
5 % Zinsen p. a. über dem jeweiligen Diskontsatz der
Deutschen Bundesbank seit 13.04.1994 aus diesem Betrag,
maximal aber 15 %.

XX. Vollstreckung in Grundstücke

An BVNr.2 (Flur-Nr.1000/1):
Forderung/Teilbetrag: DM 5000,-
5% Zinsen p.a. über dem jeweiligen Diskontsatz der
Deutschen Bundesbank seit 13.04.1994 aus diesem Betrag,
maximal aber 15%
Gemäß Versäumnisurteil des Amtsgerichts München (Geschäftsnummer ...) vom 02.10.1994, zugestellt
am 06.10.1994.
Nach Eintragung der Zwangssicherungshypothek bitten wir um Erteilung eines unbeglaubigten Grundbuchauszuges.

Das Grundbuchamt (zuständig ist der Rechtspfleger) prüft als zuständiges Vollstreckungsorgan sowohl die grundbuchrechtlichen (z.B. Voreintragung des Schuldners § 39 GBO und Angabe des Anteilsverhältnisses falls mehrere gemeinschaftlich vollstrecken § 47 GBO – z.B. Eintragung als Gesamtgläubiger nach § 428 BGB oder als Gesellschafter bürgerlichen Rechts bei Eintragung für eine Anwaltssozietät –) als auch die vollstreckungsrechtlichen Voraussetzungen. Neben den allgemeinen (Titel-Klausel-Zustellung) und den besonderen (z.B. Sicherheitsleistung erbracht?) Vollstreckungsvoraussetzungen ist zu beachten, daß eine Zwangssicherungshypothek den (Nominal-)Betrag von DM 500,- übersteigen muß (§ 866 Abs.3 Satz 1) und daß der Gläubiger nicht für ein und dieselbe Forderung mehrere Grundstücke belasten darf (Grund für den Vermerk nach § 867 Abs.1 Satz 1, 2. Halbsatz). 267

Klaus Boll besitzt ein Grundstück in Frankfurt (Wert: DM 250000,-), das mit einer Grundschuld von DM 180000,- belastet ist. Außerdem besitzt er eine Eigentumswohnung in Hamburg (Wert: DM 350000,-), auf der eine Hypothek mit DM 300000,- liegt. Sein Gläubiger hat ein rechtskräftiges Urteil über DM 100000,- gegen ihn erwirkt und weiß von beiden Grundstücken. 268
Läßt der Gläubiger die gesamte Forderung von DM 100000,- auf dem Grundstück in Frankfurt eintragen, dann kann er nicht nochmals eine Zwangssicherungshypothek in Hamburg beantragen. Die Verwertung des Grundstückes in Frankfurt wird allerdings höchstens DM 70000,- (DM 250000,- ./. DM 180000,-) ergeben, mit dem Rest der Forderung fällt der Gläubiger aus. Wenn andere Gläubiger zwischenzeitlich in die Eigentumswohnung in Hamburg vollstreckt haben, ist der Verlust endgültig. Klüger wäre es, zwei Zwangssicherungshypotheken einzutragen, und zwar eine auf dem Grundstück in Frankfurt in Höhe von DM 60000,- und eine andere auf der Eigentumswohnung in Hamburg in Höhe von DM 40000,-. Dann bleibt auch nach Abzug der Kosten der Versteigerung unter Umständen etwas übrig.

Häufig ist der Fehler zu beobachten, daß mit einem gegen Ehegatten als Gesamtschuldner erwirkten Urteil eine Zwangssicherungshypothek an einem im Miteigentum zu je 1/2 stehenden Grundstück beantragt wird. Auch in diesem Fall muß die Forderung verteilt und es müssen zwei Zwangssicherungshypotheken (für jeden 1/2-Anteil gesondert) beantragt werden. 269

Um die Grenze von DM 500,- zu erreichen, können mehrere Forderung addiert und/oder rückständige Zinsen kapitalisiert und als Hauptforderung geltend gemacht werden (Trennung von Erkenntnis- und Vollstreckungsverfahren; § 866 Abs.3 Satz 1, 2. Halbsatz). 270

Grundsätzlich wahrt eine aufgrund eines Vollzugshindernisses vom Grundbuchamt erlassene Zwischenverfügung den Rang des Eintragungsantrages (§§ 17, 18 GBO). Ist eine Zwischenverfügung jedoch nicht auf grundbuchrechtliche, sondern auf vollstreckungsrechtliche Mängel (siehe oben DM 500,- oder fehlende Verteilung) zurückzuführen, so gilt dies nicht und ein etwaiger später gestellter Antrag eines anderen Vollstreckungsgläu- 271 bigers oder des Schuldners würde vollzogen werden und den Vorrang einnehmen. Als häufiges Beispiel für einen grundbuchrechtlichen Mangel ist die fehlende Angabe eines Höchstzinssatzes bei gleitenden Zinsen (z.B. bei Verzugsschaden in Höhe von 5% über dem jeweiligen Diskontsatz der Deutschen Bundesbank nach § 11 Abs.1 VerbrkrG). Dieser Höchstzinssatz ist aufgrund des im gesamten Sachenrecht bestehenden Bestimmtheitsgrundsatzes (hier: Aus dem Grundbuch muß die maximale Belastung durch ein Grundpfandrecht ersichtlich sein) anzugeben und kann/muß, da er in der Regel im Titel nicht erwähnt ist, auch im Eintragungsantrag formlos bezeichnet werden.

272 Abschließend ist noch zu erwähnen, daß nach § 867 Abs.1 Satz 3 das Grundstück kraft Gesetzes auch für die Kosten der Eintragung einer Zwangssicherungshypothek (z.B. Eintragungsgebühr beim Grundbuchamt und/oder Rechtsanwaltskosten für die Antragstellung) haftet und diese nicht im Grundbuch eingetragen werden können/müssen. Ein diesbezüglicher Antrag ist somit nicht notwendig und muß ggf. zurückgenommen werden.

2.3 Ermittlung der notwendigen Grundstücksdaten

273 Um den Antrag stellen zu können, muß der Gläubiger die richtige und vollständige Grundbuchbeschreibung (Gemarkung, Band und Blatt) kennen. Es ist nicht immer einfach, an diese Informationen zu gelangen, denn auch bei der Abgabe der Eidesstattlichen Versicherung gibt der Schuldner oft selten die erforderlichen Daten an (z.b. „wohnhaft im eigenen Haus, Leopoldstr. 1, München"). Da der Antrag auf Ergänzung der Eidesstattlichen Versicherung lange dauern kann, muß sich der Gläubiger überlegen, wie er möglichst schnell an diese Informationen kommt. Der Gläubiger kann z.b. versuchen, bei den in den Gemeinden geführten Kataster-/Liegenschaftsämtern die entsprechenden Daten zu erfragen.

Trotzdem ist Vorsicht geboten, denn nur der Grundbuchauszug enthält die weiteren, für die Vollstreckung wichtigen Angaben, z.B. ob der Schuldner Eigentümer, Miteigentümer oder nur Begünstigter einer Auflassungsvormerkung ist. Außerdem kann ein Grundbuchblatt mehrere Grundstücke (getrennte Nummern im Bestandsverzeichnis) aufweisen. Hat man die Forderung dann ggf. nicht verteilt, ergeht eine nichtrangwahrende Aufklärungsverfügung (Rdnr.271) des Grundbuchamtes (§§ 139, 278 Abs.3).

2.4 Rechte Dritter

274 Oft glaubt man, daß die Einleitung einer Zwangsversteigerung aus einer Zwangssicherungshypothek völlig sinnlos ist, da die vorrangigen Gläubiger laut Eintragung im Grundbuch (Nominalbetrag + Zinsen) hohe Forderungen haben, die den Wert des Grundstücks scheinbar übersteigen. Der Gläubiger sollte aber – soweit möglich – überprüfen, ob die vorrangigen Grundpfandrechte überhaupt wirksam bestellt worden sind und in welchem Umfang diese Grundpfandrechte noch valutieren. Die Eintragungen im Grundbuch sagen nämlich nichts darüber aus, wie hoch die durch das Grundpfandrecht gesicherte persönliche Forderung ist und welcher Zins

XX. Vollstreckung in Grundstücke

wirklich in Rechnung gestellt wird. In der Regel wird immer ein höherer Zinssatz im Grundbuch eingetragen, um im Falle von Zinssteigerungen auch für den höheren Zins grundpfandrechtlich an der gleichen Rangstelle abgesichert zu sein (vgl. insoweit auch § 1119 BGB).

Weiterhin ändern Teilzahlungen auf die persönliche Forderung aufgrund der Abstraktheit der Grundschuld nichts an deren Bestand/Höhe, sondern lassen ggf. nur Rückübertragungsansprüche entstehen. Bei einer akzessorischen, d. h. vom Bestand der Forderung abhängigen Hypothek oder bei Zahlungen auf die Grundschuld (z.B. Zahlungen aufgrund eines Zwangsverwaltungsverfahrens; Rdnr. 322) kann es sein, daß der Schuldner nicht darauf geachtet hat, die erforderlichen Berichtigungsanträge beim Grundbuchamt zu stellen. Es kann also sein, daß das Grundbuch ein viel erschreckenderes Bild abgibt, als es der Wirklichkeit entspricht.

Hier ist die Pfändung von eventuell bestehenden Rückübertragungsansprüchen und eventuell bestehenden verdeckten Eigentümergrundschulden ein geeignetes Mittel um an die gewünschten Informationen zu gelangen, sofern sie der Schuldner nicht bereitwillig gibt und entsprechend nachweist (solche Ansprüche gehören systematisch in das Kapitel Forderungspfändung Rdnr. 188, sind aber an dieser Stelle von praktischer Bedeutung).

Von den vorrangigen Gläubigern kann dann gemäß § 840 eine entsprechende Drittschuldnererklärung verlangt werden.

Die Höhe der Valutierung von Grundschulden ist oft auch für die Entscheidung über die Verteilung der Forderung auf mehrere Grundstücke (§ 867 Abs. 2) erforderlich, wobei oft aus Zeit- und damit Ranggründen (§ 17 GBO) zunächst oft ohne diese genauen Informationen entschieden werden muß.

Weiterhin kann durch eine entsprechende Pfändung die Rang- und damit Befriedigungsposition im Rahmen eines Zwangsversteigerungsverfahrens verbessert werden. Die diesbezüglich auftauchenden komplizierten Fragen überfordern den Anfänger. Wichtig ist jedoch der Hinweis, daß der Gläubiger bei der Vollstreckung in das unbewegliche Vermögen immer auch an die Pfändungsmöglichkeiten denken muß, die sich in diesem Zusammenhang ergeben.

2.5 Taktik

Wie immer spielt die Schnelligkeit des Gläubigerzugriffs die größte Rolle. Wer früher erfährt, daß der Schuldner Grundbesitz hat und ohne zu zögern die Zwangssicherungshypothek beantragt, sobald er die erforderlichen Mindestdaten zur Verfügung hat, erreicht vor allen anderen Gläubigern den besseren Rang.

Die Zwangssicherungshypothek hat im Gegensatz zum Zwangsversteigerungsverfahren auch den Vorteil, daß man sich nach der Eintragung Zeit lassen kann, zu überlegen, wie man nun am wirkungsvollsten in der Vollstreckung fortschreitet (Aber Rdnr. 418). Man darf dabei allerdings nicht vergessen, daß die vorrangigen Gläubiger nicht nur den Hauptsachebetrag, sondern auch Zinsen zu erhalten haben. Wenn diese dann nicht getilgt werden, erhöhen sich die vorrangigen Belastungen kontinuierlich.

XX. Vollstreckung in Grundstücke

3. Zwangsversteigerung

3.1 Zweck

276 Ähnlich wie die dem Schuldner gehörenden beweglichen Sachen, wird hier das dem Schuldner gehörende Grundstück an einen meistbietenden Interessenten versteigert, der bereits mit Zuschlagserteilung und nicht erst mit Eintragung im Grundbuch Eigentümer des Grundstücks wird. Der hierbei erzielte Erlös dient zur Befriedigung der Gläubiger, deren Rechte an dem Erlös als Surrogat des Grundstücks haften. Ein eventueller Übererlös steht dem Eigentümer zu, sofern er nicht abgetreten, verpfändet oder gepfändet ist.

3.2 Grundsätzliches

3.2.1 Deckungsgrundsatz

277 Das Versteigerungsverfahren kann in drei Abschnitte unterteilt werden. Das Verfahren von der Anordnung bis zum Versteigerungstermin, der Versteigerungstermin selbst und das anschließende Verteilungsverfahren. Einer der wichtigsten Grundsätze, der sich durch das gesamte Versteigerungsverfahren zieht, ist der aus § 44 Abs. 1 ZVG zu entnehmende Deckungsgrundsatz der besagt, daß die dem bestrangig betreibenden Gläubiger vorgehenden Rechte/Ansprüche durch das Versteigerungsverfahren keinerlei Nachteile haben dürfen. Diesen Deckungsgrundsatz sollte der Anfänger immer im Hinterkopf haben.

3.2.2 Befriedigungsreihenfolge

278 Dies gilt schon für die in § 10 ZVG geregelte Befriedigungsreihenfolge.
Vor den darin genannten 8 Rangklassen sind die Verfahrenskosten (Rdnr. 317), nicht aber die Anordnungs-/Beitrittsgebühr (§§ 10 Abs. 2, 12 ZVG i.V.m. Ziff. 5100 KVGKG, § 62 Abs. 1 Satz 1 GKG) zu bedienen.
Zu Rangklasse 1 vgl. Nr. 320.
Rangklasse 2 kommt sehr selten vor.
Rangklasse 3 sind die – im Grundbuch nicht eingetragenen – öffentlichen, d.h. kraft Gesetzes oder Satzung geschaffenen, Grundstückslasten, soweit das Grundstück dafür dinglich haftet (z.B. Erschließungsbeiträge, Grundsteuern – nicht Grunderwerbsteuer oder persönliche Steuern – und Brandversicherungsbeiträge sowie Schornsteinfegergebühren). Diese haben untereinander Gleichrang.
Rangklasse 4 sind alle im Grundbuch eingetragenen Rechte. Innerhalb der Rangklasse 4 gilt der Grundbuchrang (§ 11 Abs. 1 ZVG).
Rangklasse 5 sind die sogenannten persönlichen Gläubiger. Diese müssen jedoch das Verfahren betreiben (Anordnungs-/Beitrittsbeschluß erforderlich; vgl. Rdnr. 282 sowie § 11 Abs. 2 ZVG). Ein Titel allein genügt nicht, um am Versteigerungserlös zu partizipieren.
Rangklasse 6 sind dingliche Rechte (eigentlich Rangklasse 4), die nach

XX. Vollstreckung in Grundstücke

einer Beschlagnahme (Rdnr. 284) eines persönlichen Gläubigers aus Rangklasse 5 im Grundbuch eingetragen werden.
Rangklasse 7 und 8 sind die älteren Rückstände der Rangklassen 3 bzw. 4. Meldet man die Ansprüche, die nicht von Amts wegen berücksichtigt werden (§ 45 ZVG) zu spät, d.h. nach der Aufforderung zur Abgabe von Geboten (Rdnr. 293) an, so kommen diese in Rangklasse „9" (§§ 37 Nr. 4, 110 ZVG). Meldet man sie jedoch erst nach dem Verteilungstermin an, so erfolgt keine Befriedigung, auch wenn ein Übererlös erzielt wurde.

3.2.3 Geringstes Gebot

Der Deckungsgrundsatz und die Befriedigungsreihenfolge des § 10 ZVG 279 sind die Basis für das sogenannte geringste Gebot. Dieses wird auf der Grundlage des bestrangig betreibenden Gläubigers aufgestellt. Ihm vorgehende Rechte bleiben bestehen (d.h. sie sind vom Ersteher zu übernehmen) oder sind bar von dem Ersteher zu bezahlen.
Betreibt z.B. das Finanzamt wegen rückständiger Grundsteuern aus der Rangklasse 3, so erlöschen alle im Grundbuch eingetragenen Rechte (Rangklasse 4) und der Ersteher erwirbt ein lastenfreies Grundstück. Die Ansprüche der Rangklasse 4 ff. sind dann auf die Höhe des Ersteigerungserlöses angewiesen. Die Ansprüche der Rangklasse 3 werden deshalb oft von den eingetragenen Grundpfandrechtsgläubigern abgelöst (§ 268 BGB).
Ist eine Bank/Sparkasse bestrangig betreibende Gläubigerin aus einem erstrangigen Grundpfandrecht, so erlöschen neben dem Grundpfandrecht aus dem betrieben wird auch alle gleich- und nachstehenden Grundpfandrechte und ein Ersteher erwirbt ebenfalls lastenfrei. Das geringste Gebot setzt sich dann nur aus den Verfahrenskosten und den Ansprüchen der Rangklasse 3 (in der Regel insgesamt ca. DM 5000,– bis DM 10 000,–) zusammen.
Ist hingegen ein nachrangiger Grundpfandrechtsgläubiger der bestrangig betreibende Gläubiger, so setzt sich das geringste Gebot aus einem bar zu zahlenden Teil (Verfahrenskosten, Ansprüche aus der Rangklasse 3 und die Zinsen der Rangklasse 4 der vorrangigen Grundpfandrechtsgläubiger) und den sogenannten bestehenbleibenden – dem bestrangig betreibenden Gläubiger vorgehenden (§ 11 Abs. 1 ZVG) – Rechten (Nominalbetrag) zusammen (§ 52 ZVG). Ein Interessent hat in solch einem Fall bei Abgabe eines Bargebotes gedanklich immer den Nominalbetrag der bestehenbleibenden Rechte hinzuzuzählen, die er ab dem Tag des Zuschlags mit den im Grundbuch eingetragenen Zinsen übernehmen/begleichen muß. Hierbei ist anzumerken, daß oft Rechte aus Abteilung 2 des Grundbuchs (z.B. Kabel- und Kanalrechte) bestehen bleiben, die – wenn überhaupt – nur eine geringe Belastung für einen Ersteher bedeuten und deren Wert (§§ 51, 50 ZVG) in der Regel mit DM 50,– bis DM 100,– angesetzt wird.
Betreibt nur ein persönlicher Gläubiger aus der Rangklasse 5, so bleiben alle dinglichen Rechte im Grundbuch bestehen. Das Grundstück ist dann praktisch nicht versteigerbar, da das geringste Gebot häufig den Verkehrswert übersteigt. Sofern der persönliche Gläubiger auch Zwangssicherungshypothekengläubiger ist, muß er dann entsprechend der jeweili-

gen Lage entscheiden, ob er einen Duldungstitel (bei Grundpfandrechten für eine Bank/Sparkasse erfolgt in der Regel immer eine Unterwerfung im Sinne von §§ 794 Abs.1 Nr.5, 800) erwirken soll (Rdnr.261), um aus der Rangklasse 4 das Versteigerungsverfahren betreiben zu können. Ist das Grundbuch nicht oder nur gering belastet (was selten vorkommt), so kann – bei entsprechender Schnelligkeit – unter Umständen auf die Eintragung einer Zwangssicherungshypothek verzichtet werden und gleich die Versteigerung aus der Rangklasse 5 beantragt werden. Schutz vor Belastungen des Grundstücks bietet dann die Beschlagnahme (vgl. Rangklasse 6).

In diesem Zusammenhang ist § 9 ZVG zu erwähnen. Wird ein Recht, z.B. eine Zwangssicherungshypothek, erst nach dem Versteigerungsvermerk eingetragen, so muß der Gläubiger seine Ansprüche (unabhängig von § 19 Abs.3 ZVG) dem Gericht gegenüber anzeigen, um so Beteiligter des Verfahrens zu werden. Tut er dies nicht, muß er vom Gericht nicht informiert werden (vgl. z.B. § 41 Abs.1 ZVG).

Das geringste Gebot besagt aber nicht, daß ein das geringste Gebot übersteigendes Gebot auch den Zuschlag erhält. Das geringste Gebot wird nach oben genannten Grundsätzen aufgestellt und sagt nichts über den Wert eines Grundstücks aus. Zu merken ist jedoch, daß ein im Versteigerungstermin abgegebenes Gebot, welches unter dem geringsten Gebot liegt, aufgrund des Deckungsgrundsatzes von Amts wegen zurückzuweisen ist (§§ 71 Abs.1, 44 Abs.1 ZVG).

3.3 Verfahren bis zum Versteigerungstermin

3.3.1 Antrag

280 Das Verfahren bis zum Versteigerungstermin dient zur Vorbereitung des Versteigerungstermins und wird mit dem vom Gläubiger zu stellenden Antrag eingeleitet (§ 15 ZVG). Dieser ist bei dem Amtsgericht – Vollstreckungsgericht – zu stellen, in dessen Bezirk das Grundstück belegen ist (§ 1 ZVG). Der Antrag (Schriftform genügt) hat das Grundstück, den Eigentümer, den Anspruch und den Vollstreckungstitel zu bezeichnen und es sind sämtliche Urkunden (Titel mit Klausel, Zustellungsurkunde, eventueller Nachweis über Erbringung der Sicherheitsleistung, Grundschuldbrief und -kündigung nach § 1193 BGB ...) beizulegen (§ 16 Abs.2 ZVG). Wichtig ist insbesondere, daß aktuelle Anschriften von Schuldner und Gläubiger (eventuell auch WEG-Verwalter) angegeben werden, damit die erforderlichen Zustellungen ohne Zeitverlust erfolgen können.

281 Hiermit beantrage/n ich/wir die Anordnung der Zwangsversteigerung des im Grundbuch von Schwabing des Amtsgerichts München, Flur-Nr.2000 (64/1000 Miteigentumsanteil verbunden mit dem Sondereigentum an der Wohnung-Nr.6) in Band 3000 Blatt 34567 (BVNr.1) eingetragenen Grundbesitzes.
Eigentümer: Hans Mustermann
Zustelladresse: Leopoldstraße 1, München
Dann entweder:
Im vorbezeichnetem Grundbuch ist in Abteilung III laufende Nr.1 eine Briefgrundschuld über nominal DM 100000,– nebst 15% Zinsen jährlich, nachträglich fällig und eine einmal

XX. *Vollstreckung in Grundstücke*

fällige Nebenleistung von 5% aus dem Grundschuldbetrag, vollstreckbar nach § 800 ZPO, zu unseren Gunsten eingetragen.
Wir bitten Sie, wegen unserer dinglichen Forderung aus der Grundschuld in Höhe von DM 100 000,- nebst 15% Zinsen p. a. seit dem 08.02.1992 sowie der einmal fälligen Nebenleistung von 5% aus dem Grundschuldbetrag und den notwendigen Kosten der dinglichen Rechtsverfolgung die Zwangsversteigerung anzuordnen.
Hierzu überreichen wir Ihnen:
1. Vollstreckbare Ausfertigung der Grundschuldbestellungsurkunde vom 08.02.1992 des Notars H. Huber, URNr. 1234/92, mit Zustellnachweis vom 21.04.1995
2. Grundschuldbrief Gruppe 01 Nr. 1234567 über DM 100 000,-
3. Kündigung der Grundschuld (**vgl. § 1193 BGB**) vom 10.04.1995 nebst Zugangsnachweis vom 21.04.1995.

Oder:
Wir bitten Sie, wegen
- DM 25 000,- Hauptsache zzgl. 5% Zinsen über dem jeweiligen Diskontsatz der Deutschen Bundesbank seit 02.05.1993
- DM 150,- titulierter vorgerichtlicher Mahnauslagen
- DM 2300,- titulierter Verfahrenskosten zzgl. 4% Zinsen p. a. seit 10.03.1995
- DM 70,- bisheriger Zwangsvollstreckungs- und Zustellungskosten
- den notwendigen Kosten der gegenwärtigen Rechtsverfolgung
die Zwangsversteigerung anzuordnen.
Hierzu überreichen wir Ihnen:
1. Vollsteckbare Ausfertigung des Versäumnisurteils des Landgerichts München I (Aktenzeichen ...) vom 15.02.1995 mit Zustellungsnachweis vom 05.03.1995.
2. Kostenfestsetzungsbeschluß des Landgerichts München I vom 10.03.1995
3. Nachweis über bisherige Zwangsvollstreckungs- und Zustellungskosten.
Bezüglich der Voraussetzungen zur Anordnung (§ 17 Abs. 2 ZVG) erlauben wir uns, auf das bei Ihnen geführte Grundbuch zu verweisen (**ansonsten ist ein beglaubigter Grundbuchauszug neueren Datums zu übersenden**).
Wegen der Gefahr erheblicher Zinsverluste bitten wir zu veranlassen, daß die Beschlagnahme des Grundstücks noch in diesem Kalenderjahr wirksam wird (**Rdnr. 316**).
Wir bitten Sie, uns die vollstreckbare Ausfertigung der oben genannten Grundschuldbestellungsurkunde / des oben genannten Versäumnisurteils und des Kostenfestsetzungsbeschlusses nach erfolgter Anordnung der Zwangsversteigerung kurzfristig zu überlassen. Diese Urkunde/n werden wir Ihnen wieder rechtzeitig zurücksenden (**Rdnr. 288**).

3.3.2 Anordnungs-/Beitrittsbeschluß:

Das Vollstreckungsgericht (zuständig ist der Rechtspfleger) prüft neben den allgemeinen und besonderen Zwangsvollstreckungsvoraussetzungen und neben § 16 ZVG auch, ob der Schuldner im Grundbuch eingetragen ist (§ 17 ZVG) und erläßt dann den sogenannten Anordnungsbeschluß. Dieser wird dem Schuldner zugestellt (§§ 3, 8 ZVG). Gleichzeitig wird auch das Grundbuchamt ersucht, den Versteigerungsvermerk einzutragen (§ 19 Abs. 1 ZVG). Weiterhin werden vorhandene Mieter/Pächter informiert, damit sie ihre eventuellen Ansprüche anmelden können (§ 57d ZVG).

Nachdem grundsätzlich jeder Gläubiger des Schuldners berechtigt ist, die Versteigerung zu beantragen, kann aufgrund eines weiteren Antrages – unter Erfüllung o. g. Voraussetzungen – der Beitritt zum Verfahren (§ 27 ZVG) zugelassen werden. In der Praxis beantragt oftmals der im Grundbuch erstrangig eingetragene Gläubiger den Beitritt zu einem Verfahren, das bereits durch Antrag eines nachrangigen Gläubigers angeordnet wurde, damit ein Ersteher das Grundstück lastenfrei ersteigern kann (bestehenbleibende Rechte verunsichern oft versteigerungsunerfahrene Bieter und können dazu führen, daß keine oder weniger Gebote abgegeben werden) und

XX. Vollstreckung in Grundstücke

das erstrangige Recht Zahlung aus dem Versteigerungserlös erhält und nicht bestehen bleibt.

283 Ich/wir beantrage/n hiermit den Beitritt zu dem bereits angeordneten Zwangsversteigerungsverfahren (Geschäftsnummer …) des im Grundbuch …

3.3.3 Beschlagnahme

284 Die Beschlagnahme legt fest, auf welche Gegenstände sich die Versteigerung erstreckt (§§ 55 Abs.1, 20, 21 ZVG, §§ 1120ff. BGB). Sie wird wirksam mit Zustellung des Anordnungsbeschlusses an den Schuldner oder – falls dies eher erfolgt – mit Eingang des Ersuchens auf Eintragung des Versteigerungsvermerks beim Grundbuchamt (§ 22 Abs.1 ZVG). Sie hat die Wirkung eines Veräußerungs- (auch im Sinne von Belastungs-)verbots (§ 23 ZVG, §§ 135, 136 BGB), d.h., daß alle nach der Beschlagnahme erfolgten Verfügungen dem betreibenden Gläubiger gegenüber unwirksam sind.

Um einen gutgläubigen Erwerb (§ 892 BGB) zu unterbinden, wird der Zwangsversteigerungsvermerk ins Grundbuch eingetragen. Hierbei ist zu beachten, daß durch Eintragung dieses Zwangsversteigerungsvermerks auch ein gutgläubiger Erwerb an beweglichen Sachen (z.B. Traktor als Zubehör eines landwirtschaftlichen Grundstücks; § 932 BGB) zerstört wird.

In diesem Zusammenhang ist noch § 55 Abs.2 ZVG zu erwähnen, nach dem auch schuldnerfremdes Zubehör, das nicht der Beschlagnahme unterliegt (§ 1120 BGB) mitversteigert wird, wenn die entsprechenden Rechte/Ansprüche an diesem Zubehör nicht rechtzeitig geltend gemacht werden (§ 37 Nr.5 ZVG). Meldet der Eigentümer eines Zubehörstücks seine Ansprüche aber nicht bis zum Verteilungstermin an, muß er sich an den Gläubiger halten, dem als letztes etwas aus dem Versteigerungserlös zugeteilt wurde.

3.3.4 Vollstreckungsschutz

285 Mit dem Anordnungs-/Beitrittsbeschluß wird der Schuldner darüber belehrt (§ 30b ZVG), daß auf seinen Antrag hin, das Verfahren für maximal 6 Monate eingestellt werden kann, wenn Aussicht besteht, daß durch die Einstellung die Versteigerung vermieden wird … (vgl. Text § 30a ZVG).

Diese Voraussetzungen sind auf Artikel 14 GG (Gewährleistung des Eigentums) zurückzuführen und einzelfallabhängig zu beurteilen. Viele Schuldner wollen auf diese Art das Verfahren verzögern, so daß der Gläubiger grundsätzlich eine entsprechende Stellungnahme zu einem Einstellungsantrag abgeben sollte, wobei oft die Vorgeschichte (bisherige Zwangsvollstreckungsmaßnahmen, nicht eingehaltene Zahlungsversprechen …) mitentscheidend ist und letztendlich nicht übersehen werden darf, daß bis zu einem Versteigerungstermin nicht nur aufgrund der Verkehrswertermittlung sondern oftmals auch aufgrund der überlasteten Amtsgerichte bis zu einem Versteigerungstermin noch mehrere Monate vergehen und dem Schuldner immer noch genügend Zeit bleibt, die Versteigerung zu vermeiden.

XX. Vollstreckung in Grundstücke

Nicht nur der Schuldner, sondern auch der betreibende Gläubiger selbst hat das Recht, das Verfahren einstweilen einstellen zu lassen (z.B. um einen kurz vor dem Abschluß stehenden freihändigen Verkauf nicht zu gefährden; § 30 ZVG). Von dieser Möglichkeit kann er aber nur zweimal Gebrauch machen (§§ 30 Abs.1 Satz 3, 29 ZVG). Weiterhin ist unbedingt die 6 Monats-Frist des § 31 Abs.1 Satz 2 ZVG zu beachten. **286**

3.3.5 Festsetzung des Verkehrswertes

Nach erfolgter Anordnung des Versteigerungsverfahrens wird in der Regel ein Sachverständiger beauftragt, den Verkehrswert des Grundstücks nebst allen mitzuversteigernden Gegenständen zu schätzen. Vorher wird aber von dem betreibenden Gläubiger ein Kostenvorschuß verlangt, der – in Abhängigkeit des zu schätzenden Objekts – oft mehrere TDM beträgt. Den Beteiligten wird dann mitgeteilt, daß das Gutachten zur Einsicht beim Vollstreckungsgericht ausliegt und es wird ihnen die Möglichkeit zu einer Stellungnahme eingeräumt. Es empfiehlt sich in jedem Fall, dieses Gutachten einzusehen bzw. anzufordern um ggf. etwaige Einwendungen vorzubringen oder – sofern bekannt – nicht berücksichtigte Umstände/Informationen dem Gericht mitzuteilen. Der Verkehrswert wird dann in der Regel wie im Gutachten vorgeschlagen vom Gericht festgesetzt. Dieser Beschluß kann selbständig angefochten werden. Hierbei ist jedoch zu beachten, daß solange der Verkehrswert nicht rechtskräftig ist, kein Versteigerungstermin anberaumt wird. **287**

Zum Gutachten selbst ist noch zu erwähnen, daß der Schuldner dem Gutachter oft nicht den Zutritt in das Objekt gestattet (vgl. Rdnr.320) und daß das Gutachten dann rein nach dem äußerlichen Eindruck sowie anhand der dem Gutachter vorliegenden Unterlagen/Pläne gemacht wird.

3.3.6 Terminsbestimmung

Die Terminsbestimmung (§ 36 ZVG) erfolgt unter anderem erst dann, wenn die Beschlagnahme wirksam erfolgt ist, der Verkehrswert rechtskräftig ist und der Originaltitel dem Vollstreckungsgericht vorliegt. Wird der Titel vom Gläubiger nach erfolgter Anordnung der Zwangsversteigerung zurückverlangt, um zwischenzeitlich andere Zwangsvollstreckungsmaßnahmen durchzuführen, so ist darauf zu achten, daß der Titel rechtzeitig wieder beim Zwangsversteigerungsgericht eingereicht wird, da jede zeitliche Verzögerung vorrangige Belastungen anwachsen läßt. Die Terminsbestimmung hat die Angaben nach §§ 37, 38 ZVG zu enthalten und wird allen Beteiligten zugestellt (§ 41 ZVG). Weiterhin wird sie an der Gerichtstafel ausgehängt (§ 40 ZVG) und im jeweiligen Amtsblatt veröffentlicht (§ 39 ZVG). **288**

Neben den Fristen des § 43 ZVG ist auch § 44 Abs.2 ZVG im Zusammenhang mit § 41 Abs.2 ZVG zu beachten. § 44 Abs.2 ZVG besagt, daß ein die Zwangsversteigerung betreibender Gläubiger nur dann als bestrangig betreibender Gläubiger für das geringste Gebot herangezogen werden kann, wenn der von ihm beantragte Anordnungs-/Beitrittsbeschluß mindestens 4 Wochen vor dem Versteigerungstermin dem Schuldner zugestellt wurde.

289 Nach Erhalt der Terminsbestimmung sollten alle Berechtigten ihre Ansprüche unter Angabe des Rechtsgrundes und der beanspruchten Rangklasse detailliert anmelden (§ 37 Nr. 4 ZVG), d. h. nach Hauptsache, Zinsen und Kosten (Kosten für die Wahrnehmung des Versteigerungstermins zunächst pauschal möglich, im Verteilungstermin dann konkret mit Nachweisen), wobei Zinsen/Verzugsschaden bis 14 Tage nach dem Versteigerungstermin zu berechnen sind (§ 47 ZVG). Weiterhin sollte die Anmeldung (im Sinne von Geltendmachung) eventuell bestehender Löschungsansprüche (§ 1179a BGB) erfolgen und es sollte gleich die Zusendung einer Abschrift des Protokolls aus dem Versteigerungstermin beantragt werden (§ 78 ZVG).

3.4 Der Versteigerungstermin

3.4.1 Grundsätzliches

290 Die Wahrnehmung eines Zwangsversteigerungstermins erfordert eine Menge an Detailkenntnissen. Weiterhin sollte der Terminsvertreter auch die Erfahrung zahlreicher Zwangsversteigerungsverfahren mitbringen, um im Termin entsprechend den Gegebenheiten reagieren zu können. Er muß notwendige und/oder vorteilhafte Anträge stellen und schnell Entscheidungen treffen können. Sich die erforderlichen Fähigkeiten anzueignen dauert sehr lange, was den Anfänger jedoch nicht entmutigen, sondern eher anspornen sollte, da die Wahrnehmung eines Zwangsversteigerungstermins die eigentliche Kunst der Zwangsvollstreckung ist.

Zunächst sollte sich der Anfänger jedoch merken, daß allein die Nichtanwesenheit im Termin zu Verlusten führen kann und auch fehlende Anträge bzw. Reaktionen auf Anträge Dritter sich nachteilig auswirken können. Den Termin sollte also grundsätzlich ein versierter Fachmann wahrnehmen.

Der Versteigerungstermin selbst, gliedert sich in drei Abschnitte.

3.4.2 Der erste Abschnitt des Versteigerungstermins

291 Der Versteigerungstermin beginnt mit dem Aufruf der Sache und der Feststellung welche Beteiligten anwesend sind. Anschließend werden die wichtigsten Daten/Informationen bekannt gegeben (Verkehrswert, Einheitswert, Brandversicherungssumme, Tag der Beschlagnahme, Grundbuchdaten, Anmerkungen zum Gutachten, betreibende Gläubiger, dem Gericht vorliegende Anmeldungen, eventuell erfolgte Einstellungen des Verfahrens ...; § 66 Abs. 1 ZVG).

292 Anschließend wird das geringste Gebot aufgestellt und es werden die Versteigerungsbedingungen festgelegt. In der Regel werden die gesetzlichen Versteigerungsbedingungen (§§ 49 ff. ZVG) dem Verfahren zugrundegelegt, wobei aber im Rahmen des § 59 ZVG jeder Beteiligte einen Antrag auf abgeänderte Versteigerungsbedingungen stellen kann. Dies erfolgt oft, wenn z. B. eine dem bestrangig betreibenden Gläubiger im Rang nachgehende Dienstbarkeit für einen öffentlichen Versorgungsträger (z. B. Kabelrecht für Stromversorger) erlöschen würde. Um eine – ggf. im Wege der Enteignung erfolgende – Neubestellung durch den Ersteher zu vermeiden, kann das Grundstück bei einem entsprechenden Antrag und den er-

XX. Vollstreckung in Grundstücke

forderlichen Zustimmungen auch mit bestehenbleibender Dienstbarkeit ausgeboten werden.
Mit den Versteigerungsbedingungen d. h. den Bedingungen über die „Veräußerung" des Grundstücks, dürfen aber nicht die gesetzlichen Verfahrensvorschriften verwechselt werden, die die Zwangsversteigerung als hoheitsrechtliches Verfahren regeln und nicht abdingbar sind (z.b. Befriedigungsreihenfolge des § 10 ZVG).

Der erste Abschnitt des Versteigerungstermins endet dann mit dem Hinweis des Gerichts, daß jetzt die letzte Möglichkeit zu einer rangwahrenden Anmeldung besteht. Anschließend fordert das Gericht zur Abgabe von Geboten auf (§ 66 Abs. 2 ZVG). 293

3.4.3 Der zweite Abschnitt des Versteigerungstermins

Der zweite Abschnitt des Versteigerungstermins, die sogenannte Bieterstunde, dauert mindestens 1 Stunde (§ 73 Abs. 1 ZVG) und stellt die eigentliche Versteigerung dar. Hier werden dann hoffentlich Gebote von Interessenten abgegeben. Um sicher zu sein, daß ein Gebot nicht durch einen „Strohmann" des Schuldners zum Zwecke der Verfahrensverzögerung (Rdnr. 310) abgegeben wird und um zu prüfen, ob ein Bieter das Gebot vermutlich auch im Verteilungstermin bezahlen kann, kann jeder Beteiligte, der etwas aus dem Gebot erhalten würde (vgl. Befriedigungsreihenfolge des § 10 ZVG) unmittelbar nach der Abgabe des Gebotes Sicherheitsleistung in Höhe von 10% des abgegebenen Bargebotes verlangen (§§ 67, 68 ZVG). Die Sicherheitsleistung ist dann unverzüglich durch Hinterlegung von Bargeld oder inländischen Wertpapieren, durch Übergabe einer unbefristeten Bürgschaft eines tauglichen Bürgen (§ 239 BGB) oder durch Vorlage eines bestätigten Landeszentralbankschecks mit entsprechender Vorlagefrist zu leisten (§ 69 ZVG). 294

Der Terminsvertreter wird je nach Lage der Dinge während der Bieterstunde mit Interessenten über deren und seine ungefähren Preisvorstellungen reden und unter Umständen selbst Gebote abgeben, um so Anreize zu geben oder von Interessenten höhere Geboten zu „erwirken". Mancher Versteigerungstermin entwickelt sich dann zu einer Art Pokerspiel, wo keiner so recht die Ziele/Vorstellungen des anderen kennt und der Terminsvertreter dann wirklich wissen muß, was er – ohne negative Folgen – tun kann und soll. 295

Ist dann mindestens 1 Stunde vorbei und kein Bietinteresse mehr vorhanden, wird das letzte Gebot dreimal aufgerufen und der Schluß der Versteigerung verkündet (§ 73 Abs. 2 ZVG). 296

3.4.4 Der dritte Abschnitt des Versteigerungstermins

Im dritten Abschnitt des Versteigerungstermins wird über den Zuschlag verhandelt. Entspricht das Gebot den Vorstellungen des bestrangig betreibenden Gläubigers, so wird er nichts gegen die Erteilung eines Zuschlags haben und wohl keine Einstellung des Verfahrens nach den §§ 30, 33 ZVG beantragen. 297

Handelt es sich um den ersten Versteigerungstermin, so muß das Gebot incl. etwaiger bestehenbleibender Rechte jedoch mindestens 50% des Ver- 298

XX. Vollstreckung in Grundstücke

kehrswertes erreichen, da sonst der Zuschlag von Amts wegen durch das Gericht zu versagen ist (§ 85a Abs.1 ZVG). Diese Vorschrift soll eine Verschleuderung des Grundstücks verhindern (Art.14 GG).

299 Handelt es sich um den ersten Versteigerungstermin und liegt das Gebot zwischen $5/10$ und $7/10$ des Verkehrswertes, so kann jeder Berechtigte (egal ob er das Verfahren betreibt oder nicht), der bei einem Gebot in Höhe von $7/10$ des Verkehrswertes voraussichtlich teilweise gedeckt sein wird (vgl. Befriedigungsreihenfolge des § 10 ZVG) einen Antrag auf Versagung des Zuschlags wegen Nichterreichens der $7/10$-Grenze stellen (§ 74a Abs.1 ZVG).

300 Wird der Zuschlag wegen Nichterreichens der $5/10$- bzw. $7/10$-Grenze versagt, so ist von Amts wegen durch das Gericht ein neuer Versteigerungstermin zu bestimmen. Wird im ersten Termin jedoch kein Gebot abgegeben, so erfolgt eine Einstellung des Verfahrens nach § 77 ZVG, wobei in einem weiteren Termin dann die Grenzen der §§ 85a und 74a ZVG zu beachten sind. Ist der Zuschlag aber bereits einmal wegen Nichterreichens einer dieser Grenzen versagt worden (Grundsatz der Einmaligkeit §§ 74a Abs.4, 85a Abs.2 Satz 2 ZVG), so ist dennoch in dem folgenden Termin darauf zu achten, daß das Grundstück unter Berücksichtigung der Gesamtumstände des Einzelfalls nicht sittenwidrig verschleudert wird (Art.14 GG). Dem Schuldner muß dann die Möglichkeit zur Stellung eines Antrags nach § 765a gegeben werden.

301 Der Zuschlag ist grundsätzlich dem Meistbietenden zu erteilen (§ 81 Abs.1 ZVG). Die Rechte aus dem Meistgebot können jedoch auch an einen Dritten abgetreten werden, was jedoch einen weiteren grunderwerbsteuerpflichtigen Vorgang darstellt (§ 81 Abs.2, 4 ZVG). Zur Bietungsvollmacht vgl. § 81 Abs.3 ZVG. Der Zuschlag oder die Zuschlagsversagung können im Versteigerungstermin selbst oder einem gesonderten Verkündungstermin erfolgen (§ 87 ZVG). Der Vorteil eines gesonderten Verkündungstermins liegt darin, daß man mehr Bedenkzeit darüber hat, ob man einer Zuschlagserteilung zustimmen und aber einen entsprechenden Einstellungs-/Versagungsantrag stellen soll. Die Zuschlagswirkungen ergeben sich aus den §§ 89 bis 92 ZVG. Zur Beschwerde über die Zuschlagsentscheidung vgl. §§ 95ff. ZVG.

3.4.5 Versteigerung mehrerer Grundstücke in einem Verfahren (§§ 18, 63, 64, 112, 122 ZVG) und besonderer Objekte

302 Mehrere in demselben Verfahren zu versteigernde Grundstücke sind grundsätzlich einzeln auszubieten. Bei der Versteigerung eines Objekts welches z.B. Ehegatten zu je 1/2 gehört und/oder bei der Versteigerung einer Eigentumswohnung und eines im Sondereigentum stehenden Tiefgaragenplatzes, empfiehlt es sich, diese Objekte nur zusammen ausbieten zu lassen. Gruppenausgebote kommen vor allem bei der Versteigerung landwirtschaftlicher Grundstücke vor (Acker 1 zusammen mit Waldfläche X und Acker 2 zusammen mit Waldfläche Y). Für den Anfänger ist es wichtig zu wissen, daß bei der Versteigerung mehrerer Grundstücke in einem Verfahren durch das ganze Verfahren hindurch Besonderheiten zu beachten sind, die Experten-Know-How erfordern.

XX. Vollstreckung in Grundstücke

Letzteres gilt auch für den Fall, daß das oder die Grundstück/e in ein Sa- **303**
nierungs-, Flurbereinigungs- oder Umlegungsverfahren einbezogen sind
oder wenn es sich um ein Erbbaurecht oder eine Reichsheimstätte handelt.

3.5 Das Verteilungsverfahren

3.5.1 Grundsätzliches

Nach der Zuschlagserteilung bestimmt das Gericht einen Termin zur **304**
Verteilung des Versteigerungserlöses (§ 105 ZVG). Die außergerichtlichen
Verteilungsmöglichkeiten der §§ 143, 144 ZVG kommen sehr selten vor.
Alle Berechtigten sollten dann nach Erhalt der Terminsbestimmung ihre
Ansprüche nochmals genau anmelden, wobei nun die pauschal angemeldeten Terminsvertretungskosten exakt nachgewiesen und die Zinsen bis zum
Tag vor dem Verteilungstermin berechnet werden müssen. In der Anmeldung sollte auch die Bankverbindung angegeben werden, auf die etwaige
Zahlungen erfolgen sollen und es muß ggf. neben den bereits benannten
Vollstreckungsunterlagen auch eine Inkassovollmacht vorgelegt werden.
Weiterhin sollte auch die Zusendung einer Abschrift des Protokolls aus
dem Verteilungstermin beantragt werden.

3.5.2 Aufstellung des Teilungsplanes

In dem Verteilungstermin wird der sogenannte Teilungsplan aufgestellt **305**
(§ 113 ZVG). Zunächst wird hierbei festgestellt, wie hoch die zu verteilende Masse ist (§ 107 ZVG). Diese setzt sich in der Regel aus dem baren
Meistgebot und den Zinsen laut § 49 Abs. 2 ZVG zusammen, wobei eine
eventuell geleistete Sicherheit unter den Voraussetzungen des § 49 Abs. 3
ZVG die Verzinsungspflicht des Erstehers reduziert. Eine vorzeitige Zahlung des gesamten Meistgebotes rechnet sich oft nicht, da sowohl etwaige
Kreditzinsen als auch etwaige Festgeldzinsen höher sein können, als der
Zinssatz des § 49 Abs. 2 ZVG (4 % laut § 246 BGB).

Anschließend sind die bestehenbleibenden Rechte zu bezeichnen (§ 113 **306**
Abs. 2 ZVG). Hierbei ist darauf hinzuweisen, daß unter den Voraussetzungen des § 91 Abs. 2 ZVG der Ersteher und der Berechtigte eines Rechts,
das eigentlich erlöschen würde, das Bestehenbleiben dieses Rechts vereinbaren können. Dies erfolgt in der Regel um sich die Gerichts- und Notarkosten für eine Grundschuldbestellung durch den Ersteher zu sparen, der
den Kaufpreis unter Umständen durch einen Kredit finanzieren muß und
zur Sicherheit für diesen Kredit an dem Grundstück eine Grundschuld bestellen muß.

Als nächstes erfolgt dann die Feststellung der Schuldenmasse (§§ 109, 114 **307**
ZVG), d. h. die Aufnahme der Ansprüche, die durch Zahlung – aus dem Erlös als Surrogat für das Grundstück – zu decken sind, entsprechend der Befriedigungsreihenfolge des § 10 ZVG, wobei die Verfahrenskosten vorrangig aufzuführen sind. Hierbei sind einige Berechnungsvorschriften zu beachten, die der Anfänger nicht genau können muß. Der Anfänger sollte
sich aber merken, daß nicht auf Kapitalzahlung gerichtete Rechte einen
Anspruch auf Wertersatz haben (§ 92 ZVG).

XX. Vollstreckung in Grundstücke

308 Im letzten Abschnitt des Teilungsplanes erfolgt dann die Zuteilung des Erlöses auf die einzelnen in der Schuldenmasse festgestellten Ansprüche.

3.5.3 Widerspruch gegen den Teilungsplan

309 Über den Teilungsplan ist gemäß § 115 Abs.1 Satz 1 ZVG im Verteilungstermin zu verhandeln. Widerspricht ein Beteiligter dem Teilungsplan, oder wird ein Anspruch nicht so aufgenommen wie er angemeldet wurde (§ 115 Abs.2 ZVG), prüft das Gericht die Zulässigkeit des Widerspruchs (Zuteilung im falschen Rang, Zuteilung eines zu niedrigen Betrages ...) und versucht eine Einigung der betroffenen Beteiligten herbeizuführen. Erfolgt keine Einigung, so hat das Gericht die unstreitigen Beträge entsprechend des Teilungsplanes auszukehren und bezüglich des streitigen Betrages eine sogenannte Eventualverteilung vorzunehmen, d.h. alternativ auch nach den Vorstellungen des widersprechenden Beteiligten. Dieser muß dann aber innerhalb eines Monats Klage erheben (§ 878), da sonst nach dem ursprünglichen Teilungsplan ausgekehrt wird.

3.5.4 Ausführung des Teilungsplanes

310 Der vom Ersteher im Verteilungstermin zu begleichende Betrag wird entsprechend des Teilungsplanes an die Berechtigten ausbezahlt (§ 117 ZVG). Zahlt der Ersteher jedoch nicht, so werden die entsprechenden Forderungen gegen den Ersteher auf die Berechtigten übertragen und es werden Sicherungshypotheken für die Berechtigten auf dem Grundstück des Erstehers eingetragen (§ 118 ZVG). Die Berechtigten müssen dann innerhalb von 3 Monaten die Wiederversteigerung des Grundstücks beantragen, um nicht ihre Forderung gegen den alten Schuldner zu verlieren. Das gesamte weitere Verfahren ist sehr kompliziert, so daß der Anfänger nur diese Grundzüge kennen muß. Weiterhin sollte der Anfänger wissen, daß er sich in solch einem Fall eine vollstreckbare Ausfertigung des Zuschlagsbeschlusses besorgen kann (§ 132 Abs.2 ZVG) und damit nach dessen Zustellung auch in das sonstige Vermögen des Erstehers vollstrecken kann.

3.5.5 Abschließende Maßnahmen

311 Das Versteigerungsgericht hat auf dem ihm vorzulegenden Grundschuldbriefen entsprechende Erlöschensvermerke anzubringen und muß Vollstreckungstitel in der Höhe abquittieren, wie eine Zustellung an diesen Berechtigten auf diesen Titel erfolgte (§ 127 ZVG). Weiterhin wird das Grundbuchamt ersucht, den Ersteher als Eigentümer einzutragen (dies erfolgt aber nur, wenn der Ersteher die Grunderwerbsteuer zahlt und eine entsprechende Unbedenklichkeitsbescheinigung bei dem Grundbuchamt einreicht) und den Versteigerungsvermerk sowie die durch Zuschlag erloschenen Rechte zu löschen.

3.6 Taktik

312 Bevor man ein Zwangsversteigerungsverfahren beantragt, sollte man sich überlegen, inwieweit dieses überhaupt zu einer Befriedigung der of-

XX. Vollstreckung in Grundstücke

fenen Forderung führen kann/wird. Dies ist von vielen Faktoren abhängig.

Hierbei ist als erstes zu prüfen, wer als Ersteher für solch ein Objekt überhaupt in Frage kommt. Handelt es sich um ein Einfamilienhaus für Selbstnutzer oder um eine Eigentumswohnung für Anleger, die Steuern sparen wollen. In diesem Zusammenhang stellt sich die Frage, ob das Objekt vermietet ist und ob die Miete für einen Anleger rentabel ist oder ob durch einen Mieter künftige Eigennutzer abgeschreckt werden. Der Ersteher hat zwar ein außerordentliches Kündigungsrecht (§ 57a ZVG) muß aber die Bestimmungen des Mieterschutzes beachten. Weiterhin hat ein Mieter unter Umständen Mietvorauszahlungen geleistet, die er abwohnen darf (§ 57c, d ZVG). 313

Damit stellt sich die nächste Frage, nämlich ob das Objekt überhaupt versteigerbar ist. Dies wohl kaum, wenn ein Mieter noch 5 Jahre kostenfrei dort wohnen kann, oder wenn zu den vorrangigen bestehenbleibenden Belastungen ein Wohnungsrecht für einen Dritten zählt. Gegen den Schuldner selbst kann mit dem Zuschlagsbeschluß die Zwangsvollstreckung auf Räumung/Herausgabe erfolgen (§ 93 ZVG). 314

Weiterhin sind auch der Wert des Grundstücks und die sonstigen vorrangigen Belastungen (i.d.R. Grundpfandrechte) zu ermitteln. Die Ermittlung des Grundstückswerts gestaltet sich oft sehr schwierig, da die Größe des Grundstücks und die Lage der Wohnung allein nicht entscheidend sind (Wie sieht die Wohnung innen aus?). Anhaltspunkte können oft die in den Grundakten des Grundbuchamts befindlichen Urkunden (Teilungserklärung, Baubeschreibung ...) geben. Ist das Grundstück mit Grundpfandrechten für Hypothekenbanken belastet, die den Grundbesitz grundsätzlich nur bis zu 60% des Verkehrs-/Beleihungswertes beleihen dürfen, so kann dies auch bei der Ermittlung des Grundstückswerts behilflich sein. 315

Den Wert den ein vorrangiger Grundpfandrechtsgläubiger in einem Zwangsversteigerungsverfahren anmelden kann, soll nachfolgendes Beispiel verdeutlichen: 316

Eingetragene Belastung auf einer Eigentumswohnung:
Grundschuld über nominal DM 200 000,– zzgl. 15% Zinsen p.a. seit 04.02. 1989 zzgl. 5% einmaliger Nebenleistung; Beschlagnahme des Gläubigers erfolgte am 13.02. 1995; Versteigerungstermin ist am 16.06. 1995.
Auszugehen ist von dem Tag der Beschlagnahme, dem 13.02. 1995. Als nächstes ist die letzte Fälligkeit der Grundschuldzinsen vor der Beschlagnahme zu ermitteln (§ 13 ZVG). Die meisten Banken/Sparkassen haben in ihren Grundschuldbestellungsurkunden vereinbart, daß die Grundschuldzinsen jeweils am 01.01. des folgenden Kalenderjahrs rückwirkend für das vergangene Jahr fällig werden (kalenderjährlich nachträglich), d.h. am 01.01. 1993 für 1992, am 01.01. 1994 für 1993 usw.
Die letzte Fälligkeit vor Beschlagnahme war somit am 01.01. 1995 für die Zinsen des Kalenderjahres 1994. Die laufenden Zinsen im Sinne des § 13 ZVG sind somit die Zinsen ab dem 01.01. 1994. Nach § 10 Abs.1 Nr.4 ZVG sind auch noch die aus den letzten 2 Jahren rückständigen Beträge in dieser Rangklasse zu bedienen, d.h. die Zinsen ab 01.01. 1992. Insgesamt ergeben sich somit folgende Beträge:

Nominalbetrag	DM	200 000,–
Einmalige Nebenleistung	DM	10 000,–
Rückständige Zinsen für 2 Jahre	DM	60 000,–
Laufende Zinsen (§ 47 ZVG)	DM	45 000,–
Insgesamt	DM	315 000,–

XX. Vollstreckung in Grundstücke

Hat das zu versteigernde Objekt einen Verkehrswert von DM 250000,- und valutiert die Grundschuld voll, so wäre das Objekt aufgrund eines Antrags eines nachrangigen Gläubigers wohl unversteigerbar, da DM 200000,- - (nebst Zinsen vom Tag des Zuschlags) bestehen bleiben würden und die Zinsen und die Nebenleistung i.H.v. DM 115000,- in den bar zu zahlenden Teil des geringsten Gebotes fallen würden. Die Zinsen vom 04.02.1989 - 30.12.1991 fallen in die Rangklasse des § 10 Abs.1 Ziffer 8 ZVG.

Auch dieses Beispiel verdeutlicht, daß der im Grundbuch eingetragene Nominalbetrag und die Zinsen rechnerisch nicht mit der gegen den Schuldner gerichteten persönlichen Forderung und dem diesbezüglichen Zinssatz verwechselt werden dürfen (vgl. Rdnr.274).

317 Ein weiterer Aspekt, der in die Überlegungen mit einbezogen werden muß, sind die Kosten, die auf einen zukommen (Ziffn.5110, 5120, 5130, 5140 KVGKG i.V.m. §§ 29, 53, 62, 66, 68 GKG). Die Gebühren und Auslagen liegen in der Regel zwischen DM 5000,- und DM 10000,-, so daß ein Zwangsversteigerungsantrag vorher gut überlegt sein sollte, wobei aber oft auch ein fast aussichtsloser Zwangsversteigerungsantrag und die damit verbundene Eintragung des Zwangsversteigerungsvermerks oder die entsprechenden Veröffentlichungen den Schuldner unter Umständen dazu veranlassen, Rückführungsvorschläge zu machen (Rdnr.262).

318 Unter Kostenaspekten sollte auch überlegt werden, ob man vor Einleitung der Zwangsversteigerung (aber natürlich auch während eines Verfahrens, insbesondere um auf den Versteigerungstermin aufmerksam zu machen) durch Zeitungsinserate Interessenten sucht oder gar einen Makler (Maklerprovision!) einschaltet. Mit einem Interessenten könnte man dann eine sogenannte Ausbietungsvereinbarung abschließen oder sich eine Ausfallgarantie geben lassen. In einer notariell zu beurkundenden (§ 313 BGB) Ausbietungsvereinbarung verpflichtet sich der Interessent, ein bestimmtes Gebot abzugeben, und der Gläubiger erklärt, daß er bei diesem Gebot den Zuschlag erteilen lassen wird, wobei im Fall höherer Gebote von Dritten der Interessent entsprechend mehr bieten muß, wenn er den Zuschlag erhalten will. In einer Ausfallgarantie verpflichtet sich der Interessent dem Gläubiger gegenüber, daß der Gläubiger in einer bestimmten Höhe keinen Ausfall erleiden wird. Der Interessent muß dann dafür sorgen, daß ein entsprechendes Gebot im Versteigerungstermin von ihm oder einem Dritten abgegeben wird, da sonst der Gläubiger von ihm Schadensersatz verlangen kann. Nachdem der Interessent bei einer Ausfallgarantie keine Verpflichtung zur Abgabe eines Gebotes abgibt, muß eine Ausfallgarantie nicht notariell beurkundet werden. Aus Beweisgründen erfolgt eine Garantieübernahme in der Regel schriftlich.

Bei einer Ausbietungsvereinbarung und einer Ausfallgarantie ist zu beachten, daß auf diese nur dann vertraut werden kann, wenn der Interessent bonitätsmäßig entsprechend integer ist. Was nützt der schönste Schadensersatzanspruch gegen einen (weiteren) insolventen Schuldner?

319 Abschließend sollte sich der Anfänger merken, daß der bestrangig betreibende Gläubiger der Herr des Verfahrens ist und daß nachrangige Gläubiger nur begrenzt Einwirkungsmöglichkeiten auf das Versteigerungsverfahren haben. Beträgt bei dem unter Rdnr.316 gezeigten Beispiel der Verkehrswert der Eigentumswohnung DM 400000,-, so könnte ein zweitran-

XX. Vollstreckung in Grundstücke

giger Gläubiger keinen Antrag auf Versagung des Zuschlags wegen Nichterreichens der 7/10-Grenze nach § 74a Abs.1 ZVG stellen, da er nicht innerhalb des 7/10-Bereiches (DM 280 000,-) liegt. Der erstrangige Gläubiger hat es somit in der Hand, den Zuschlag (selbstverständlich nur im Bereich des Art.14 GG) erteilen zu lassen oder nicht. Hat der erstrangige Gläubiger z.B. nur noch eine persönliche Forderung von DM 200 000,- und bietet ein Ersteher diesen Betrag, so wird er den Zuschlag erteilen lassen und der nachrangige Gläubiger geht leer aus. Bei solch einer Konstellation muß man dann eventuell eine Ablösung des vorrangigen Gläubigers nach § 268 BGB in Betracht ziehen. Für den Anfänger zeigt dieses letzte Beispiel deutlich, daß er in einem Zwangsversteigerungsverfahren immer das dingliche Recht (Grundschuld) und die durch dieses dingliche Recht gesicherte persönliche Forderung auseinanderhalten muß, wobei er aber nicht vergessen darf, daß Voraussetzung für jede Zwangsvollstreckungsmaßnahme eine fällige (persönliche) Forderung ist.

4. Zwangsverwaltung

4.1 Zweck

Die Zwangsverwaltung hat in der Regel das Ziel, den Gläubiger aus den 320 Nutzungen des Grundstücks (Miete/Pacht) zu befriedigen (§§ 21 Abs.2, 148 ZVG). Weitere Gründe können sein, daß ein Gläubiger über eine Zwangsverwaltung vorhandene Altlasten beseitigen läßt um dann in der Zwangsversteigerung überhaupt einen Interessenten finden zu können oder daß ein Gläubiger ein steckengebliebenes Bauvorhaben durch einen Zwangsverwalter fertigstellen läßt. In diesem Fall sind dann in der Regel durch den Gläubiger entsprechende Zahlungen/Vorschüsse zu leisten (§§ 155 Abs.3, 161 Abs.3, 10 Abs.1 Nr.1 ZVG). Weiterhin kann ein Zwangsverwalter verhindern, daß der Schuldner noch kurz vor dem Versteigerungstermin einen langfristigen Mietvertrag abschließt und dadurch versucht, die Zwangsversteigerung zu verhindern. Der Zwangsverwalter kann auch dafür Sorge tragen, daß dem Gutachter Zutritt zur Wohnung verschafft wird und er das Gutachten nicht nur nach dem äußeren Eindruck erstellen muß (Rdnr.287). Ebenso hat er für den Schutz des Objektes zu sorgen und ist für einen entsprechenden Unterhalt (Heizung im Winter, notwendige Reparaturen ...) verantwortlich, so daß ein Verfall des Objektes und ein damit geringerer Erlös im Versteigerungsverfahren verhindert wird (§ 152 ZVG).

4.2 Verfahren

Der Antrag auf Anordnung des Zwangsverwaltungsverfahrens ist ent- 321 sprechend dem Antrag auf Anordnung des Zwangsversteigerungsverfahrens zu stellen (§ 146 Abs.1 ZVG), wobei ein Zwangsverwaltungsverfahren auch dann möglich ist, wenn der Schuldner nicht Eigentümer, sondern nur Eigenbesitzer ist (§ 147 ZVG), d.h. z.B. nach Abschluß eines Kaufvertrages aber vor Eigentumsumschreibung (Mieter, Pächter und Nießbraucher sind

XX. Vollstreckung in Grundstücke

nicht Eigenbesitzer). Zusammen mit dem Anordnungsbeschluß wird von dem Gericht ein Verwalter bestellt, der sich den Besitz des Grundstücks verschafft (§ 150 ZVG) und dadurch auch für die Beschlagnahme des Grundstücks sorgen kann (§§ 148, 151 ZVG). Bestimmte Gläubiger haben das Recht, einen sogenannten Institutsverwalter vorzuschlagen, wobei der Vorgeschlagene aber die erforderliche Sachkenntnis für das Amt haben muß und der Gläubiger die dem Verwalter obliegende Haftung (§ 154 ZVG) übernehmen muß. Der Vorteil eines Institutsverwalters liegt darin, daß er für seine Tätigkeiten keine Vergütung erhält (§§ 150a, 152a ZVG). Er unterliegt aber genauso wie jeder andere Verwalter der Aufsicht des Gerichts (§ 153 ZVG) und ist auch verpflichtet entsprechend Rechnung zu legen (§ 154 ZVG). Für die Verwaltung von landwirtschaftlichen Grundstücken gelten besondere Vorschriften (§ 150b ff. ZVG).

322 Der Verwalter kassiert dann die Mieten/Pachtzahlungen (§ 152 ZVG) und begleicht die laufenden Grundstückskosten (Versicherungsbeiträge, Grundsteuer...). Vorhandene Überschüsse werden an die Gläubiger ausgeschüttet (§§ 155, 156 ZVG), wobei vorher aber ein entsprechender Teilungsplan aufgestellt werden muß (§§ 157, 158 ZVG). Letzteres erfolgt in einem Verteilungstermin (§ 156 Abs. 2 ZVG), zu welchem die Gläubiger ihre Ansprüche anmelden müssen.

323 Wie im Zwangsversteigerungsverfahren, ist auch hier vor Anordnung einer Zwangsverwaltung zu prüfen, ob man voraussichtlich überhaupt Zuteilung auf seine Ansprüche erhält. Das Zwangsverwaltungsverfahren kennt für die Überschüsse nur 5 Rangklassen, da nur laufende wiederkehrende Leistungen berücksichtigt werden. Im Beispielsfall von Rdnr. 316 sind dies die Zinsen ab 01.01. 1994 (§§ 146, 13 ZVG), d.h. DM 30000,- pro Jahr (Rangklasse § 10 Abs.1 Nr. 4 ZVG). Sofern kein anderer Grund für die Einleitung eines Zwangsverwaltungsverfahrens vorliegt und die Einnahmen des Verwalters voraussichtlich geringer sind, hat ein nachrangiger Gläubiger keine Aussicht auf Zuteilung von Überschüssen. Nachdem die Kosten für die Anordnung nur DM 100,- betragen (Ziff. 5200 KVGKG) sollte man sich in Abhängigkeit des Einzelfalles dennoch überlegen, ob man nicht durch den Entzug der Nutzungen, den Schuldner dazu bringt, Zahlungsvorschläge zu machen.

324 Das Zwangsverwaltungsverfahren ist nicht nur dann aufzuheben, wenn der betreibende Gläubiger befriedigt ist (§ 161 ZVG), sondern auch dann wenn in einem parallel – aber getrennt – laufenden Zwangsversteigerungsverfahren der Zuschlag erteilt wurde. Im letzten Fall ist unter Umständen darauf hinzuwirken, daß Überschüsse aus dem Zwangsverwaltungsverfahren vor einer Zuteilung im Zwangsversteigerungsverfahren verteilt werden. Es kann nämlich sonst passieren, daß der Gläubiger im Zwangsversteigerungsverfahren Zuteilung auf die wiederkehrenden Leistungen erhält (§ 12 ZVG Kosten/Zinsen/Hauptsache) und aufgrund § 155 Abs. 2 Satz 2 ZVG dann keine Zuteilung mehr aus den Zangsverwaltungsüberschüssen an diesen Gläubiger erfolgen kann. Der Gläubiger fällt dann u.U. im Zwangsversteigerungsverfahren mit einem Hauptsacheteilbetrag aus und muß zusehen, wie die Zwangsverwaltungserlöse an andere ausbezahlt werden. Dieses Ergebnis kann durch eine entsprechende Minderanmeldung im

Zwangsversteigerungsverfahren verhindert werden. Der Anfänger sollte sich also merken, daß es unter Umständen darauf ankommt, welche Erlöse zuerst verteilt werden und daß er ggf. einen Spezialisten hinzuziehen sollte.

4.3 Taktik

Als Alternative zur Einleitung einer Zwangsverwaltung und den damit verbundenen Gerichtskosten und Zwangsverwaltergebühren kommt eine günstigere Pfändung der Mieten/Pachten durch Pfändungs- und Überweisungsbeschluß in Betracht. Sind die Miet-/Pachtforderungen nicht anderweitig bereits abgetreten, verpfändet oder gepfändet, kommt man günstiger zu dem gewollten Ziel. 325

Besitzt ein Gläubiger einen dinglichen Duldungstitel (durch Urteil oder in Urkundsform § 794 Abs. 1 Nr. 5 Satz 2) kann er mit dem dinglichen Titel die Miet-/Pachtforderungen pfänden und so die Beschlagnahme dieser Ansprüche erwirken, mit der Folge, daß etwaige vorrangige Abtretungen, Verpfändungen oder nicht dingliche Pfändungen nur noch während des laufenden bzw. folgenden Monats berücksichtigt werden (§§ 148, 21 Abs. 2 ZVG i.V.m. 1124 BGB). Im Hinblick auf die diesbezüglichen auftretenden Rangprobleme, die in der Regel auch dem Mieter/Pächter unbekannt sind, empfiehlt sich für den Anfänger, einen Spezialisten einzuschalten, der dann entsprechende Maßnahmen (Hinweis an den Drittschuldner wegen schuldbefreiender Leistung ...) einleiten kann. 326

XXI. Herausgabe von Sachen, Grundstücken und Wohnungen (§§ 883–886, 846–849)

1. Gegenstand der Vollstreckung

Wenn der Titel auf Herausgabe einer Sache lautet, dann muß dem Gläubiger der Besitz verschafft werden. Dabei sind zu unterscheiden: 327
- Unbewegliche Sachen:
Das sind alle Grundstücke und die mit dem Grundstück unmittelbar verbundenen Gegenstände, also die Gebäude, vor allem die Wohnungen und alle dazugehörigen wesentlichen Bestandteile (§§ 93 f. BGB).
- Bewegliche Sachen:
Das sind alle körperlichen Gegenstände, die nicht Grundstücke sind (§§ 90 ff. BGB).

1.1 Formulierung des Anspruchs

Der Gläubiger darf den geschuldeten Gegenstand dem Schuldner nicht selbst wegnehmen (das wäre verbotene Eigenmacht, § 858 BGB und in den meisten Fällen auch Hausfriedensbruch, § 123 StGB). Daher muß eine Amtsperson (hier: der Gerichtsvollzieher) die Wegnahme durchführen. Da der Gerichtsvollzieher den Gegenstand, der wegzunehmen ist, nicht kennt, kann er ihn nur anhand seiner Beschreibung im Urteil identi- 328 fizieren. So entsteht eines der schwierigsten Probleme bei der Herausgabevollstreckung gar **nicht im Bereich der Zwangsvollstreckung, sondern viel früher im Erkenntnisverfahren.** Wenn der Gläubiger unpräzise formuliert, kann er zwar den Prozeß gewinnen, der Gerichtsvollzieher wird den Gegenstand aber nicht wegnehmen können, weil er nicht weiß, welcher gemeint ist.

Für den Gläubiger ist es das Beste, sich bei seinem Antrag einfach vorzustellen, wie der Gerichtsvollzieher durch die Wohnung des Schuldners geht und lediglich anhand des Urteils den gesuchten Gegenstand finden soll.

Bei Räumungstiteln kann eine ungenaue Formulierung im Antrag ebenfalls zu großen Schwierigkeiten führen. Gehört zu einer Wohnung ein Keller oder Speicher, ein Tiefgaragenplatz oder ein Nebenraum oder befindet sich auf einem Grundstück eine Baracke oder ein Gartenhäuschen, dann müssen all diese Bereiche genau beschrieben werden, ggf. auch anhand eines Lageplanes. Anderenfalls weigert der Gerichtsvollzieher sich zu Recht, den nicht im Titel erfaßten Teil zu räumen, was die Weitervermietung oder den Verkauf vorerst unmöglich machen kann.

1.2 Unpfändbarkeitsbestimmungen

329 Die Firma Senne hat dem Architekten Marx unter Eigentumsvorbehalt ein Kopiergerät geliefert, das dieser nicht bezahlt hat. Das rechtskräftige Endurteil des LG München I verurteilt den Architekten zur Herausgabe des Gerätes. Als der Gerichtsvollzieher erscheint, verweist Architekt Marx auf § 811 Ziff. 5: Ohne Kopiergerät könne er nicht arbeiten, dieses sei unpfändbar.

Der Architekt hat nicht recht, der Gerichtsvollzieher wird das Kopiergerät mitnehmen, denn § 811 beschränkt sich auf Vollstreckung aus **einer Geldforderung** und hat nichts mit der Vollstreckung eines Herausgabetitels zu tun.

Anders ist es, wenn der Gläubiger den Schuldner nicht auf Herausgabe verklagt, sondern auf Kaufpreiszahlung. Dann ist auch die unter Eigentumsvorbehalt gekaufte Sache wegen der Geldforderung in aller Regel unpfändbar (vgl. OLG Celle MDR 73, 58).

2. Antrag – Formular

Zuständig für die Herausgabevollstreckung ist der Gerichtsvollzieher am Wohnsitz des Schuldners. Er wird wie folgt beauftragt:

330 *„Ich stelle den Antrag, das im Titel bezeichnete Kfz. Marke BMW, pol. Kennzeichen M-XS 3692, Farbe blau-metallic, Fahrgestellnummer 7513 XGC 36748, dem Schuldner wegzunehmen und mir auszuhändigen.*
Ferner beantrage ich, die festgesetzten Kosten und die für diesen Antrag erwachsenen Kosten wie in der beigefügten Forderungsübersicht errechnet, im Wege der Sachpfändung beizutreiben."

Als **Anlage** sind beizufügen der Originaltitel, der Kostenfestsetzungsbeschluß und – soweit angefallen – die weiteren Kostennachweise.

3. Sachbehandlung

Nach Erhalt des Antrags stellt der Gerichtsvollzieher zunächst fest, ob 331
der Gegenstand so groß ist, daß er ihn jederzeit selbst mitnehmen kann, also z.B. ein Schmuckstück, ein kleinformatiges Bild, ein Sparbuch oder sonstige Dokumente. Sodann verläuft die Vollstreckung wie bei der Sachpfändung: Gibt der Schuldner den Gegenstand freiwillig heraus oder gestattet er das Betreten der Wohnung, dann kann der Gerichtsvollzieher sofort tätig werden, andernfalls muß der Gläubiger erst den Durchsuchungsbeschluß des Vollstreckungsgerichts einholen.

In den meisten Fällen ist zu empfehlen, an der Vollstreckung **selbst teilzunehmen,** nicht zuletzt, weil auch ein präziser abgefaßter Titel im Einzelfall Schwierigkeiten bereiten kann. Wenn der Gläubiger den Gegenstand selbst kennt, ist die Vollstreckung erheblich einfacher.

Ist der Gegenstand zu schwer oder zu unhandlich, wird der Gerichtsvollzieher einen Spediteur bestellen. Die entstehenden Kosten muß der Gläubiger vorschießen. Zur Beschleunigung ist zu empfehlen, den Vorschuß schon im Antrag anzubieten und mit dem Gerichtsvollzieher den Betrag telefonisch zu vereinbaren. Sonst bekommt man eine Zwischenverfügung mit dem Inhalt, daß der Gerichtsvollzieher erst tätig werden kann, wenn der Vorschuß bezahlt ist, und verliert wertvolle Zeit.

3.1 Räumen von Grundstücken und Häusern

Ist ein unbebautes Grundstück oder ein leerstehendes Haus, welches nicht 332
abgeschlossen ist, zu räumen, dann hat die Vollstreckung nur symbolischen Charakter: Der Gerichtsvollzieher setzt den Räumungstermin fest. Nach Ablauf dieses Tages begeht der Schuldner oder jeder Dritte verbotene Eigenmacht und Hausfriedensbruch, wenn er das Grundstück trotzdem betritt.

Bei einem verschlossenen Haus oder mit Tor versehenem Grundstück, das im übrigen leer steht, wird der Gerichtsvollzieher vom Schuldner die Schlüssel herausverlangen und im Weigerungsfall durch einen Schlosser neue Schlösser anbringen lassen.

3.2 Räumen von Wohnungen

Wenn die Wohnung bewohnt ist, beauftragt der Gerichtsvollzieher ei- 333
nen Spediteur, der die Möbel aus der Wohnung schafft und entweder in eine neue Wohnung des Schuldners bringt oder in einem Lagerhaus verwahrt. Dann fordert der Gerichtsvollzieher den Schuldner auf, die Wohnung selbst zu verlassen. Ist abzusehen, daß der Schuldner Widerstand leistet, kann die Polizei zugezogen werden.

Der Gerichtsvollzieher hat an den herausgeschafften Sachen ein Zurückbehaltungsrecht für die Räumungskosten (KG Berlin MDR 75, 235) und er wird es im Interesse des Gläubigers auch ausnutzen, falls die Sachen nicht wertlos sind.

Holt der Schuldner die hinterlegten Sachen nicht oder verspätet ab, dann kann der Rechtspfleger (§ 20 Ziff. 17 RpflG) den freihändigen Verkauf oder die Versteigerung anordnen.

XXI. *Herausgabe von Sachen, Grundstücken und Wohnungen*

Da es sich hierbei nicht um Maßnahmen des Gläubigers handelt, wird der Schuldner nicht nach §§ 811, 812 geschützt (LG Essen, MDR 74, 762).

4. Verhalten des Schuldners – Rechtsbehelfe

334 Wenn ein Schuldner eine bestimmte Sache nicht freiwillig herausgibt, dann ist die Herausgabevollstreckung nicht ganz einfach. Der Gläubiger hat die Herausgabeklage in der Regel deshalb erhoben, weil es ihm **auf den Schadensersatzanspruch,** also auf einen Gegenwert in Geld **nicht ankommt.** Er will gerade diesen einen konkreten **Gegenstand** haben und der Schuldner ist sich schon beim Prozeß, spätestens nach Erlaß des Urteils darüber im klaren, daß er den Gegenstand jetzt herausgeben soll. Er wird ihn also nicht selten bei Dritten verstecken, verleihen, verkaufen, vernichten etc.

Wird die Sache nicht vorgefunden, dann kann der Gläubiger den Schuldner nur zwingen, eidesstattlich zu versichern, daß er nicht weiß, wo sie ist (§ 883 II).

In einem solchen Fall kann der Gläubiger im Anschluß an den ersten Prozeß nur seinen Schaden ersetzt verlangen.

5. Rechte Dritter

5.1 Rechtsnachfolge durch Erbschaft oder Verkauf

Befindet sich der Gegenstand nach Aussage des Schuldners bei einem Dritten, dann kommt es darauf an, wie der Dritte in den Besitz gelangt ist.

Als der Gerichtsvollzieher zum Architekten Marx kommt, öffnet dessen Ehefrau. Sie teilt mit, ihr Mann sei vor 14 Tagen verstorben, sie selbst und ihre zwei Kinder seien die gesetzlichen Erben.
Sie werde die Büroeinrichtung wahrscheinlich verkaufen müssen, das Kopiergerät wolle sie freiwillig auf keinen Fall herausgeben.

335 Hier ist für den Gläubiger Eile geboten. Er muß versuchen, sich eine Ausfertigung des Erbscheins zu beschaffen. Der Erbschein ist eine öffentliche Urkunde, der die Rechtsnachfolge beweist (§§ 325, 727). Gibt es eine solche öffentliche Urkunde, dann kann auf Antrag der Rechtspfleger die Klausel auf die Ehefrau und die beiden Kinder umschreiben. Nun kann der Gerichtsvollzieher nach Zustellung der Klausel und der zugehörigen Urkunden (§ 750 II) zwangsweise von der Ehefrau die Herausgabe verlangen. So kurz nach dem Tode des Schuldners wird es sehr schwierig sein, einen Erbschein zu bekommen, denn das Nachlaßgericht braucht einige Zeit, um die Erbberechtigung festzustellen, auch wenn kein Testament vorliegt und nur die gesetzliche Erbfolge zu prüfen ist.

Viel wahrscheinlicher ist es, daß Frau Marx das Kopiergerät an einen Interessenten verkauft hat, der von all dem nichts wußte und daher gutgläubig Eigentum erworben hat. Hier kann der Gläubiger nur auf Schadensersatz klagen, wobei Frau Marx ihm wegen ihrer vorsätzlichen schädigenden

XXI. Herausgabe von Sachen, Grundstücken und Wohnungen

Handlungsweise auch persönlich haftet und ihre Haftung nicht auf den Nachlaß beschränken kann.

Auch der **Käufer** des Kopiergerätes ist **Rechtsnachfolger**. Da ein Kaufvertrag über bewegliche Sachen nicht in notarieller Urkunde niedergelegt wird und der Gläubiger schon gar keine Chance hat, an eine solche Urkunde zu kommen, kann er meistens die Voraussetzungen des § 727 nicht erfüllen.

Der Antiquar Bense ist auf Herausgabe eines wertvollen Manuskripts verklagt und verurteilt worden. Als der Gerichtsvollzieher das Manuskript herausverlangt, erklärt Herr Bense, er habe es einem Kunden zur Ansicht geliehen und nennt dessen Namen und Adresse.

Hier darf der Gerichtsvollzieher aufgrund seines Titels den Dritten zur freiwilligen Herausgabe (§ 809) auffordern. Zwangsmaßnahmen darf er jedoch nicht ergreifen. Weigert sich der Kunde grundlos, so muß der Gläubiger den Herausgabeanspruch des Antiquars gegenüber dem Kunden pfänden und nach Zustellung des Pfändungs- und Überweisungsbeschlusses ggf. den Kunden auf Herausgabe und schlimmstenfalls, wenn das Manuskript verloren gegangen ist, auf Schadensersatz verklagen.

5.2 Mitbesitz dritter Personen

Am häufigsten sind die Fälle, in denen Hausgenossen des Schuldners über den Mitbesitz Rechte an dem Gegenstand beanspruchen, der weggenommen werden soll.

Peter Brucks hat von seinem Vater eine antike Kommode geerbt, die seine Schwester nach dem Tode in ihre Wohnung mitgenommen hat. Das Urteil verpflichtet die Schwester zur Herausgabe an Herrn Brucks. Der Schwager verweigert dem Gerichtsvollzieher jedoch die Herausgabe, weil die Kommode im gemeinsamen Wohnzimmer steht. **336**

Hier darf der Gerichtsvollzieher die Kommode wegnehmen, da über §§ 739, 1362 I 1 BGB **unterstellt** wird, daß die Kommode **allein der Ehefrau** gehört. Der Schwager muß seine behaupteten Ansprüche also über die Drittwiderspruchsklage (§ 771) geltend machen und kann die Wegnahme nicht verhindern, obgleich er selbst im Titel nicht als Schuldner genannt ist.

Ist die Schuldnerin aber **nicht verheiratet,** dann **fehlt** es an dieser **gesetzlichen Vermutung**. Literatur und Rechtsprechung sind sich uneins, ob der Gerichtsvollzieher nach freiem Ermessen entscheiden darf, ob die Schuldnerin im Einzelfall Alleingewahrsam hat oder nicht, oder ob die Rechtsverhältnisse nur im Prozeßverfahren (§ 771) geklärt werden können. Wenn der Gläubiger von vornherein weiß, daß die Schuldnerin in Lebensgemeinschaft mit einem Dritten wohnt, sollte er **zweckmäßig auch den Dritten** schon zur Herausgabe auffordern und im Weigerungsfall gleich **mit verklagen.**

5.3 Rechte Dritter bei Räumungstiteln

Ähnlich ist es bei Räumungstiteln (dazu jetzt Brunn NJW 1988, 1362). Hier sind verschiedene Sachverhaltsgestaltungen denkbar:

337 Herr Maier zahlt seit 1.2.1985 seine Miete nicht und wird am 1.5.1985 auf Räumung verklagt. Am 1.6. heiratet er seine Freundin, die zu ihm zieht. Das Räumungsurteil wird am 10.6. erlassen.

Da die junge Ehefrau den Mietvertrag nicht mitunterschrieben hat, muß sie nach Ansicht der meisten Gerichte ebenfalls ausziehen, obwohl der Titel sich nicht gegen sie richtet.

Ist der Mietvertrag aber von Anfang an auf beide Eheleute ausgestellt, dann muß der Vermieter auch beide Eheleute verklagen.

Wenn die jungen Eheleute sich bald zerstreiten und Herr Maier seiner Frau noch während des Prozesses die Wohnung überläßt, dann wird sie Alleinbesitzerin. Aus dem Titel gegen Herrn Maier kann gegen sie zwar nicht vollstreckt werden, der Vermieter kann aber den Titel einfach umschreiben lassen (§§ 325, 727).

Ist Frl. Maier zu ihrem Verlobten gezogen (was der Vermieter nicht verhindern kann), dann hat der Vermieter das gleiche Problem wie sonst bei Mitgewahrsam von Hausgenossen des Schuldners:

Zwar meinen einige Gerichte, der außereheliche Lebensgefährte müsse das Schicksal des Schuldners teilen, ohne daß das Urteil auch gegen ihn ergeht (z.B. LG Darmstadt DGVZ 1980, 110; AG Neuss NJW 1985, 2427; AG Stuttgart DGVZ 1983, 190), überwiegend wird aber die andere Meinung vertreten. Dem Gläubiger ist in jedem Fall zu raten, schon bei Erhebung der Räumungsklage festzustellen, ob der Schuldner alleine lebt oder seine Wohnung mit anderen teilt. Das stößt bei Wohngemeinschaften mit wechselnder Personenzahl auf ganz erhebliche praktische Schwierigkeiten. Trotzdem: Der sichere Weg für den Gläubiger ist der **Titel gegen alle Gewahrsamsinhaber.**

6. Kosten

338 Für den Räumungsantrag erhält der Rechtsanwalt ³⁄₁₀ Gebühr aus § 57 I BRAGO. Sonderprobleme entstehen bei den Kosten dritter Personen, so vor allem bei den Kosten des Spediteurs und den Kosten der Verwahrung. Hier muß der Gläubiger in Betracht ziehen, daß er auch für Einlagerungskosten in Anspruch genommen werden kann (OLG Karlsruhe, Rechtspfl. 74, 408), obgleich der Gerichtsvollzieher in eigener Kompetenz entscheidet, was mit den herausgeschafften Sachen geschieht.

Der Gerichtsvollzieher wird die Räumung grundsätzlich nur dann durchführen, wenn ihm ein **Vorschuß** für die Kosten der **Räumung** und der voraussichtlichen Zeitdauer der **Verwahrung** in den Lagerräumen der Spedition zur Verfügung gestellt wird.

Um die Sachbehandlung zu beschleunigen, ist es zweckmäßig, dem Gerichtsvollzieher vorab mitzuteilen, wie umfangreich die Räumung voraus-

XXII. Vollstreckung von Handlungen

sichtlich sein wird und ihn zu fragen, welchen Vorschuß er benötigt. Diesen Vorschuß weist man ihm dann zusammen mit dem Antrag an, da der Gerichtsvollzieher sonst erst durch eine Besichtigung feststellen kann, welche Kosten voraussichtlich entstehen. Das kostet Zeit.

Nicht selten zieht der Schuldner ein oder zwei Tage vor dem festgesetzten Räumungstermin freiwillig aus, bei der Spedition sind aber schon Kosten entstanden, um die Räumung vorzubereiten. Das sind notwendige Kosten der Zwangsvollstreckung (LG Berlin DGVZ 1986, 42).

7. Taktik

Taktische Überlegungen ergeben sich in erster Linie aus den praktischen Schwierigkeiten bei der Herausgabevollstreckung. Entscheidende Fehler begeht der Gläubiger, wenn er sich nicht schon **vor Beginn des Prozeßverfahrens alle** erforderlichen **Informationen** darüber holt, wer eventuell Rechte auf den eingeklagten Gegenstand geltend machen kann und welche Möglichkeiten der Schuldner hat, ihn wegzuschaffen. Bei Räumung von Grundstücken oder Wohnungen kann der Gläubiger diese Schwierigkeiten nicht umgehen. Er hat als Vermieter ein **Betretungsrecht** und auch ein **Auskunftsrecht** gegenüber seinem Mieter, der mit diesem zusammen die Wohnung bewohnt. Wenn gar kein anderes Mittel zur Verfügung steht, dann muß er auf diese Weise versuchen, sich Klarheit zu verschaffen.

Bei der Herausgabe von Gegenständen sollte sich der Gläubiger zunächst überlegen, ob der Gegenstand selbst den wahren wirtschaftlichen Wert darstellt oder ob es nicht einfacher ist, die Schadensersatzklage zu erheben. Das wird in der Regel, außer bei Eigentumsvorbehaltsgut und wertvollen Einzelstücken, der Fall sein.

339

XXII. Vollstreckung von Handlungen, Duldungen, Unterlassungen, Willenserklärungen (§§ 887–894)

1. Allgemeines

Die Vollstreckung dieser Titel ist kompliziert:
- die Zulässigkeit der Vollstreckung richtet sich nach dem, in jedem Einzelfall unterschiedlichen Wortlaut des Urteils
- es ist im Einzelfall schwer, zu beurteilen, ob wirklich ein Verletzungstatbestand vorliegt.

Aus diesem Grund werden diese Vollstreckungsanträge auch vom „Prozeßgericht des ersten Rechtszuges" entschieden (§§ 887, 888, 890). Ich gebe deshalb eine skizzierte Übersicht, damit auch der Anfänger eine Vorstellung davon hat, welche Probleme in diesem Bereich auftauchen können und wo man weiter lesen kann.

340

XXII. Vollstreckung von Handlungen

1.1 Titel auf Vornahme von Handlungen

Handlungstitel entstehen etwa bei Ansprüchen auf Lieferung von Waren (Titel: „Der Beklagte wird verurteilt, dem Kläger 1000 Objektive Rolleinar 1,8/50 zu liefern", bei Beseitigungsansprüchen „Der Beklagte wird verurteilt, die Holzbaracke auf dem Grundstück Haimhauser Straße 16 zu entfernen") und bei persönlichen Handlungen („Der Beklagte wird verurteilt, dem Kläger für die Zeit vom 1.1.1984 bis 1.5.1985 ein Zeugnis zu erteilen").

341 Das Gesetz unterscheidet zwischen
- vertretbaren Handlungen:
Das sind solche, die außer dem Schuldner jeder beliebige fachkundige Dritte ausführen kann (z.B. das Entfernen der Baracke)
- unvertretbaren Handlungen:
Das sind solche, die so höchstpersönlicher Natur sind, daß nur der Schuldner sie erfüllen kann (z.B. die Zeugniserteilung)

Ein Handlungsurteil kann man mit einem Zahlungsurteil nicht verwechseln. Einen Grenzfall sollte man jedoch kennen: „Der Beklagte wird verurteilt, den Kläger von Bürgschaftsverpflichtungen gegenüber der Hypo-Bank München, Konto Nr. 6870124790 freizustellen".

Hier hängt es von der örtlichen Rechtsprechung ab, ob der Gläubiger die Zahlung über den Gerichtsvollzieher beitreiben lassen kann (§§ 803 f.), der den Geldbetrag der Bank dann abliefert, oder ob er nach den Vorschriften des § 887 vorgehen muß (Argument: Der Schuldner kann das Urteil auch dadurch erfüllen, daß er nicht zahlt, sondern mit Zustimmung der Bank die Darlehensschuld übernimmt).

1.2 Titel auf Vornahme von Unterlassungen

Das Gegenstück zu den Handlungsurteilen sind die Unterlassungsurteile. Sie kommen am häufigsten im Wettbewerbs-, Patent- und Urheberrecht vor. Ein solcher Titel lautet etwa:

„Der Beklagte wird verurteilt, es zu unterlassen, bei Anzeigen zur Vermietung von Wohnraum ohne Preisangaben zu werben".

342 Auch hier gibt es einen Sonderfall, das „Verhinderungsurteil". Es lautet etwa:

„Dem Beklagten wird geboten, es zu verhindern, daß von seinem Grundstück nach 20 Uhr Lärmemissionen von mehr als 80 Dezibel auf das Grundstück des Klägers ausgestrahlt werden".

Dieses Urteil hat zwei Inhalte:
Es verbietet dem Beklagten, mehr Lärm zu machen, als das Urteil zuläßt (Unterlassungsteil) und gebietet ihm gleichzeitig, die Handlungen vorzunehmen, die diese Wirkungen herbeiführen (Handlungsteil). Vor Stellung des Vollstreckungsantrages muß man daher feststellen, ob die örtliche Rechtsprechung den Weg nach § 887 oder nach § 890 für den richtigen hält.

XXII. Vollstreckung von Handlungen

1.3 Duldungen

Eine Sonderform der Unterlassung ist die Duldung. Sie kommt am häufigsten bei der Hypothekenklage vor. Der Titel lautet:

„Der Beklagte hat die Zwangsvollstreckung in sein im Grundbuch für München-Schwabing, Band 2, **343** Blatt 196, laufende Nummer 1, eingetragenes Grundstück wegen der auf diesem Grundstück zugunsten des Klägers eingetragenen Darlehenshypothek von DM 160 000,00 zuzüglich 16% Zinsen hieraus seit 1.8.1984 zu dulden".

Dieser Titel wird ebenfalls nach § 890 vollstreckt.

1.4 Willenserklärungen (§ 894)

Bei der Willenserklärung ist ein besonderer Vollstreckungsakt nicht nötig, die Willenserklärung wird durch den rechtskräftigen Titel ersetzt, der etwa lautet:

„Die Beklagte wird verurteilt, ihre Zustimmung zur Veräußerung der Eigentumswohnung in 8000 Mün- **344** chen, Freisingerstr. 53/III, vorgetragen im Grundbuch für München, Bezirk Maxvorstadt, Band III, Blatt 240, S. 3, Flurstück Nr. 56 zu erteilen."

Hier holt der Gläubiger den Rechtskraftvermerk ein und legt den Titel z.b. dem beurkundenden Notar vor, um damit die Wirksamkeit der Zustimmung zu beweisen.

2. Antrag

2.1 Anträge

In der Regel wird der Gläubiger in seinem Antrag den Beschluß vorformulieren, den das Gericht erlassen soll.

2.1.1 Bei **vertretbaren Handlungen** kann er etwa lauten:

„Der Gläubiger wird ermächtigt, die nach dem vollstreckbaren Urteil des LG München I vom 1.4.1985 – **345** 20 O 500/84 – dem Schuldner obliegende Entfernung des Behälters mit Unrat (aufgestellt im Hof des Anwesens Schillerstr. 15/0, 8000 München 2, rechts vom Eingang) durch ein von dem Gläubiger zu beauftragendes Unternehmen vornehmen zu lassen.
Der Schuldner ist verpflichtet, zu diesem Zweck das Betreten des unter 1) genannten Anwesens durch ein von den Gläubigern zu beauftragendes Unternehmen zu dulden und diesem den Zugang zu verschaffen (Art. 13 GG).
Der Schuldner ist verpflichtet, die für die unter 1) genannte Entfernung voraussichtlichen Kosten in Höhe von 800,– DM an die Gläubigerin vorauszubezahlen."

2.1.2 Bei **unvertretbaren Handlungen** heißt es etwa:

„Gegen den Schuldner wird wegen Nichtvornahme der Erstellung einer Auseinandersetzungsbilanz per **346** 1.10.1984 über die von ihm und dem Gläubiger eingegangene BGB-Gesellschaft nach dem gerichtlichen Vergleich des LG München I vom 1.4.1985 – 20 O 520/84 – ein Zwangsgeld in der Mindesthöhe von DM 5000,– und für den Fall, daß dieses nicht beigetrieben werden kann, Zwangshaft bis 50 Tagen festgesetzt."

2.1.3 Bei **Unterlassungen** kann es heißen:

347 „*Gegen den Schuldner wird wegen Verstoßes gegen das Verbot, seine Preisangaben mit „notariellen Festpreisen" zu bezeichnen, ein Ordnungsgeld in Höhe von mindestens DM 5000,– und für den Fall, daß dieses nicht beigetrieben werden kann, Ordnungshaft in Höhe von 50 Tagen festgesetzt.*"

2.1.4 **Willenserklärungen** (§ 894)

348 Willenserklärungen müssen nicht vollstreckt werden, da sie mit der Rechtskraft des Titels als abgegeben gelten.

2.2 Sachbehandlung

Das Gericht prüft sorgfältig:
349 – welche Art von Titel vorliegt
– ob der Vollstreckungsantrag dem entspricht
– ob eine Verletzungshandlung vorliegt
und entscheidet durch Beschluß, gegen den der Schuldner Rechtsmittel einlegen kann.

3. Taktik

350 Wenn der Gläubiger die Schwierigkeiten der Vollstreckung nach §§ 887 bis 893 kennt, dann wird er sich schon vor Prozeßbeginn überlegen, ob er **statt** eines **Urteils auf Vornahme einer Handlung** nicht **besser** einen **Zahlungsanspruch** geltend macht. Das ist in den meisten Fällen möglich, wenn der Schuldner in Verzug gesetzt und seine Leistung dann schließlich abgelehnt wird.

Besonders schwierig ist es z. B. in Bauprozessen, in welchem der Schuldner verpflichtet wird, „den Estrich im Erdgeschoß des Anwesens Liebigstraße 13 fachgerecht nachzubessern". Es gibt Fälle, in denen der Prozeßantrag sich nicht schärfer fassen läßt. Dann geht der Schuldner hin, streicht einen Eimer Farbe über die Risse und das Prozeßgericht muß ggf. mit Hilfe eines Sachverständigen entscheiden, ob das „fachgerecht" war.

Im Bereich der Unterlassungsklage können diese Vollstreckungsprobleme nicht umgangen werden.

Da der Gläubiger für jeden vorzunehmenden Schritt immer eine Entscheidung des Gerichts herbeiführen muß, sind seine Mitwirkungsmöglichkeiten im Gegensatz zu anderen Vollstreckungsarten erheblich beschränkt.

XXIII. Vollstreckung aus Arrest und einstweiliger Verfügung (§§ 929–945)

1. Besonderheiten des summarischen Verfahrens

Zweck beider Verfahren ist es, ohne förmlichen Vollstreckungstitel für den Gläubiger ein zwar nur vorläufiges, aber rangwahrendes Pfandrecht zu begründen. Der Gläubiger darf aus einem Arrest- oder Verfügungstitel nur **vorläufig** vollstrecken, sich also den Rang vor anderen Gläubigern sichern, den **wirtschaftlichen Wert** des schuldnerischen Eigentums darf er sich **nicht** zuführen. Wichtige Ausnahme: Verfügungen, die auf Befriedigung lauten, wie etwa auf Kostenvorschuß oder vorläufige Zahlung in Unterhaltssachen (§§ 620–620 g). Das bedeutet:
- Bei beweglichem Vermögen darf nur gepfändet, nicht aber verwertet werden; 351
- bei Forderungen darf nur gepfändet, nicht aber überwiesen werden;
- bei Grundvermögen dürfen nur Sicherungshypotheken eingetragen, nicht aber die Zwangsversteigerung betrieben werden;
- bei Herausgabeansprüchen darf der Gegenstand nicht an den Gläubiger herausgegeben werden, sondern nur an einen neutralen Treuhänder (Sequester), der den Gegenstand einstweilen für beide Parteien verwahrt.

Ansprüche, die man nicht auf diese Weise „halb", sondern nur in vollem Umfang erfüllen kann, wie z.B. das Recht auf Auskunftserteilung, werden dem Gläubiger in diesem Verfahren daher in der Regel nicht eingeräumt.

Da der Arrest- oder Verfügungstitel schnell und vorsorglich sichern soll, ist in § 929 II bestimmt, daß er wertlos wird, wenn es dem Gläubiger nicht binnen eines Monates gelingt, verwertbares Vermögen zu entdecken und die Vollstreckung in Gang zu setzen.

2. Antrag – Formular

Da der Arrest-Verfügungstitel jeden (einstweilen) vollstreckbaren Inhalt 352 haben kann, können alle Anträge gestellt werden, die den Titel verwirklichen. Für den Inhalt des Antrages und die dazu gängigen Formulare kann also auf die vorherigen Kapitel verwiesen werden.

Eine Besonderheit gilt allerdings für die **Zuständigkeit** bei **Forderungspfändungen** (§ 930 I 2): Für deren Erlaß ist das Gericht zuständig, welches auch den Arrest bzw. die einstweilige Verfügung erlassen hat.

2.1 Allgemeine Voraussetzung der Zwangsvollstreckung

Zwei wichtige allgemeine Voraussetzungen der Zwangsvollstreckung 353 brauchen nicht erfüllt zu sein:

XXIII. Vollstreckung aus Arrest und einstweiliger Verfügung

- Der Titel muß vor der Vollstreckung nicht zugestellt sein (§ 929 III 1).
- Die Zustellung muß allerdings spätestens eine Woche nach der Vollziehung nachgeholt werden (929 III 2);
- Für den Titel benötigt man keine Vollstreckungsklausel (§ 929 I), außer wenn Rechtsnachfolge (z.B. durch Abtretung, Erbschaft etc.) vorliegt.

2.2 Zuständigkeit

354 Für die Entscheidung ist das Amtsgericht am Schuldnerwohnsitz oder an dem Ort zuständig, an dem der Drittschuldner wohnt.

3. Sachbehandlung

3.1 Vollstreckungsfrist

355 Die Vollstreckung ist – wegen der vereinfachten Erlangung des Titels (OLG Koblenz GRUR 80, 1023) – auf einen Zeitraum von **einem Monat** begrenzt. Die Frist kann nicht verlängert werden (OLG Düsseldorf GRUR 84, 385). Sie beginnt, wenn aufgrund mündlicher Verhandlung entschieden wird, mit der Verkündung (LAG Bremen, RPfl. 82, 481), wenn durch Beschluß entschieden wird, mit Zustellung an den Gläubiger (§ 929 Abs. 2 ZPO). Der Gläubiger hat also genau einen Monat Zeit, länger darf er nicht vollstrecken, der Titel wird dann automatisch wirkungslos. Die Frist ist allerdings bereits dadurch gewahrt, daß ein Vollstreckungsantrag beim Gerichtsvollzieher, dem Vollstreckungsgericht oder im Falle der Forderungspfändung beim Gericht des ersten Rechtszuges eingeht. Es kommt also **nicht** darauf an, **wann** das Vollstreckungsorgan tatsächlich eine Vollstreckungsmaßnahme **durchführt** oder einen entsprechenden Beschluß erläßt (LG Berlin Rpfl. 1988, 155).

3.2 Tätigkeit des Sequesters bei der Herausgabevollstreckung

Wenn im Rahmen von Arrest oder einstweiliger Verfügung Gegenstände zum Zweck der Sicherung herausverlangt werden, wird ein Sequester eingesetzt. Sequester kann **jeder** sein, dem das Gericht die unparteiische Ausübung des Amtes zutraut. Der Sequester handelt selbständig, er ist keiner Weisung unterworfen (OLG München, NJW 58, 1880), er untersteht aber der Aufsicht des Arrestgerichts (OLG München, MDR 84, 62). In der Regel wird das Gericht einen Gerichtsvollzieher oder einen Anwalt beauftragen.

Es besteht aber keine Pflicht, das Amt des Sequesters zu übernehmen, und zwar auch nicht für den Gerichtsvollzieher, der als Sequester kein Beamter ist, sondern sich die Übernahme des Amtes sogar genehmigen lassen muß (OLG Koblenz MDR 81, 855; Baumbach-Hartmann, § 938 Anm. 2 c). Das hat folgende Gründe:
- Der Sequester hat ein erhebliches Haftungsrisiko während des Transports und der Aufbewahrung der Sachen, die er zu überwachen hat.

XXIII. Vollstreckung aus Arrest und einstweiliger Verfügung

– Die Staatskasse haftet für seine Vergütung nicht (LG Köln, KTS 83, 634 (mit ablehnender Anmerkung Schmidt und teilweise ablehnend OLG Hamburg KTS 77, 176)).
– Die Höhe der Gebühren ist gesetzlich nicht geregelt. Die Gerichte lehnen sich in aller Regel an die Sätze für Konkurs- oder Zwangsverwalter an (OLG Köln, RPfl. 86, 268 (269)), was bei kleinen Gegenstandswerten angesichts des Risikos und des Umfangs der Tätigkeit zu niedrig sein kann. Allerdings kann der Gläubiger mit einem Sequester eine höhere Vergütung vereinbaren, die aber nicht erstattungsfähig ist (OLG Hamburg, KTS 77, 176).

Da der Sequester das Amt ablehnen kann, ist der übliche Antrag „auf Herausgabe an **einen** Gerichtsvollzieher als Sequester" unzweckmäßig. Wenn der Gläubiger nämlich keinen zur Übernahme des Amtes bereiten Gerichtsvollzieher findet, dann muß er sich um einen anderen Sequester – meist einen Anwaltskollegen – kümmern und sich den neuen Sequester vom Gericht genehmigen lassen. Das kostet Zeit.

3.3 Transport und Verwahrungsprobleme bei der Herausgabevollstreckung

Der Arrest wird durch Pfändung bewirkt (§ 930 Abs. 1 ZPO), aus Haftungsgründen wird der Sequester aber immer darauf bestehen, daß die Sachen aus dem Gewahrsam des Schuldners sofort entfernt und unter seiner ausschließlichen Aufsicht hinterlegt werden.

In Sonderfällen (verderbliche Ware, vom Verfall bedrohte Wertpapiere (LG Berlin, DGVZ 77, 60)) oder wenn unverhältnismäßig hohe Verwahrkosten drohen, kann versteigert werden (§ 930 Abs. 3 ZPO). Die Anforderungen sind aber hoch, so daß solche Anträge praktisch selten vorkommen. Es wäre kostengünstig, wenn der Gläubiger wenigstens den Transport selbst übernehmen könnte, der Sequester wird das in aller Regel aber nicht gestatten, weil er dann für die Transportgefahr haftet. Dieses Risiko können Speditionen durch eine Zusatzversicherung abdecken. Diese Zusatzprämie wird von Speditionen nur dann aufgewendet, wenn sie regelmäßig Aufträge von Gerichtsvollziehern bekommen, so daß auch in größeren Städten nur eine oder zwei Speditionen solche Transporte überhaupt übernehmen. Gleiches gilt übrigens für die Räumungsvollstreckung. Die gesamten geschätzten Transport- und Lagerkosten müssen vom Gläubiger in bar vorgeschossen werden. Die organisatorische Abstimmung zwischen Gläubiger, Spedition und Schuldner übernimmt der Sequester. Das kann eine zeitaufwendige Tätigkeit sein.

3.4 Bankkonten

Mit dem Arrestbefehl können natürlich auch Forderungspfändungen veranlaßt werden. Wie immer macht die Pfändung von Bankkonten einen starken Eindruck auf den Schuldner, und zwar auch dann, wenn kein Guthaben auf dem Konto ist: Die Bank stellt in jedem Fall sehr unangenehme Fragen an ihren Kunden und fordert ihn zur Bereinigung der Situation auf. Aufgrund des Arrestbefehls können Bankkonten gepfändet werden, das Guthaben wird dem Gläubiger aber **nicht** überwiesen, da die Pfändung nur der Sicherstellung dient (ähnlich wie § 720a ZPO, BayObLG RPfl. 85, 950).

Bankkonten des Schuldners sind schwer in Erfahrung zu bringen. Seit Mitte 1986 können die Datenbankdienste der großen Auskunfteien (Schimmelpfeng/Dunstel; Creditreform/Genios) weiterhelfen, weil dort häufig die Bankverbindung angegeben ist.

3.5 Kosten

Die oft bedeutenden Transport- und Verwahrungskosten sowie die Kosten für die Vergütung des Sequesters sind solche der Zwangsvollstreckung (Kammergericht RPfl. 82, 80 m.w.N.). Die Vergütung des Sequesters wird vom Prozeßgericht festgesetzt (OLG Köln RPfl. Rechtspfleger 86, 268 m.w.N.).

3.6 Freigabe und Verwertung

Die Beschlagnahmewirkung bleibt solange aufrechterhalten, wie der Arrest rechtswirksam bleibt, gegebenenfalls also bis zum Abschluß des Hauptsacheverfahrens. Solange müssen die Gegenstände auch hinterlegt bleiben. Obsiegt der Gläubiger, kann er aufgrund des Hauptsachetitels dann endgültig verwerten, wird der Arrestbefehl aufgehoben, muß der Gegenstand zurückgegeben bzw. die Pfändung aufgehoben werden.

3.7 Schadenersatzrisiko des Gläubigers

Gemäß § 945 ZPO haftet der Gläubiger für den Schaden des Schuldners, der „aus der Vollziehung" des Arrestes entsteht. Dieser Schaden ist abzugrenzen von demjenigen, der nur „aufgrund der bloßen Anordnung des Arrestes" entstanden ist (näher zur Abgrenzung Baumbach-Hartmann, § 945 ZPO, Anm.4).

Wie bei § 717 ZPO kommt es auf ein Verschulden des Gläubigers nicht an, die dadurch gegebene Gefährdungshaftung ist für den Gläubiger ganz erheblich. Hartmann hält dieses Risiko für unangemessen und fragt zurecht: „Warum muß die Partei klüger sein als das Gericht?" (Baumbach-Hartmann, § 717 Anm.2c). Vielleicht deshalb, weil das Gericht nur auf der vom Gläubiger gelieferten Tatsachenbasis entscheiden kann, der Gläubiger aber immerhin die Chance hätte, auch Informationen zu sammeln, die gegen seinen Antrag sprechen.

Der Schadenersatz umfaßt auch den mittelbaren Schaden (BGHZ 96, 2 m.w.N.), ein Mitverschulden des Schuldners ist zu berücksichtigen (BGH NJW 78, 2025).

4. Verhalten des Schuldners

Aus der Sicht des Schuldners ist die Vollstreckung aus einem Arrest-/Verfügungstitel dadurch etwas Besonderes, daß er durch keinerlei Hinweise des Gerichts vorgewarnt ist, wenn das Gericht durch Beschluß entschieden hat.

XXIII. Vollstreckung aus Arrest und einstweiliger Verfügung

Der Bankangestellte Josef K. gerät in den Verdacht, DM 10 000,00 unterschlagen zu haben – der Revisor hat die Bücher geprüft und anhand der Zahlen erhebliche Unstimmigkeiten festgestellt. Am 17.5., 10.00 Uhr, informiert die Bank ihren Anwalt, der um 13.00 Uhr einen Arrestantrag bei Gericht einbringt. Das Gericht prüft die Unterlagen, die den Verdacht bestätigen, und erläßt den Arrestbeschluß. Der Rechtsanwalt läßt um 14.00 Uhr den Titel bei Gericht abholen, fährt zu dem zuständigen Gerichtsvollzieher und ist um 15.00 Uhr in der Wohnung von Josef K. Als Frau K. öffnet und den Gerichtsvollzieher einläßt, klebt dieser seine Pfandmarken auf den größten Teil der Einrichtung. Den richterlichen Beschluß benötigt er wegen Eilbedürftigkeit nicht. Von all dem erfährt Josef K. nichts. 356

Sobald der Schuldner in diesem Fall von der Vollstreckungsmaßnahme hört, hat er allerdings sämtliche Rechtsmittel, die ihm sonst auch zur Verfügung stehen. Im vorliegenden Fall wird gegen die Vollstreckungsmaßnahme selbst nichts eingewendet werden können, denn sie ist auf der Grundlage des Titels rechtmäßig erfolgt. Josef K. wird sich also bemühen müssen, die Behauptungen der Bank im Widerspruchsverfahren zu entkräften. Begeht er den Fehler, in seiner Verwirrung am nächsten Tag nicht zur Arbeit zu erscheinen oder gar zwei Flugkarten zu kaufen, dann droht ihm die Vollziehung des persönlichen Arrestes (§ 933): Aus den Vorbereitungen könnte man schließen, daß der Schuldner sich absetzen will. Da der Gläubiger seine Vollstreckungsmöglichkeit lediglich durch Glaubhaftmachung (§ 294 ZPO, nicht: durch Beweis) seiner Behauptungen erwirkt hat, muß das Gericht auch ohne Antrag dem Schuldner Gelegenheit geben, in Höhe des möglichen Anspruchs des Gläubigers Sicherheit zu leisten. Dann müssen auch die Vollstreckungsmaßnahmen aufgehoben werden, denn der Gläubiger kann sich, wenn er später gewinnt, aus der Sicherheit befriedigen. In der Regel wird der Schuldner versuchen, diesen Weg zu gehen, denn oft hat er aus Zeitgründen nicht die Möglichkeit, die Glaubhaftmachung des Gläubigers zu erschüttern (Beweislast).

5. Rechte Dritter

Soweit Dritte von Vollstreckungsmaßnahmen aufgrund des Arrest/Verfügungstitels betroffen sind, gibt es keine Unterschiede zum normalen Verfahren, denn ihnen muß zugestellt werden, **bevor** die Verstrickung eintritt. 357

6. Taktik

Taktische Überlegungen bestimmen sich im wesentlichen aus dem Überraschungseffekt, den der Gläubiger zu seinem Vorteil ausnutzen kann. Hier spielt mehr noch als bei anderen Vollstreckungsarten eine möglichst umfassende Information über Vermögenswerte des Schuldners vor Einleitung von Vollstreckungsmaßnahmen die entscheidende Rolle.
Die Schnelligkeit des Zugriffs kann bedeutend gesteigert werden, wenn zusammen mit dem Arrest/Verfügungsantrag schon ein Pfändungsantrag bezüglich Forderungen verbunden wird, die dem Gläubiger bekannt sind. 358

So kann die Bank nicht nur einen Arrestbeschluß gegen Josef K. beantragen, sondern **gleichzeitig** damit den Antrag stellen,

„auf dem Grundstück des Josef K. vorgetragen im Grundbuch für München-Schwabing, Band III Blatt 478, Seite 2, eine Sicherungshypothek in Höhe der arrestierten Forderungen von (folgt Angabe von Betrag, Höhe, Zinsen) einzutragen."

Das Gericht hat den entsprechenden Beschluß zusammen mit dem Arrestbefehl zu erlassen. Der Gläubiger läßt sich eine Ausfertigung des Beschlusses erteilen und legt ihn zum gleichen Zeitpunkt dem Grundbuchamt vor, zu welchem der Gerichtsvollzieher in der Wohnung von Josef K. pfändet. Er wird allerdings nachträglich noch förmlich zustellen lassen müssen.

XXIV. Konkurs – Vergleich (§ 141 KO – § 13 VglO)

1. Allgemeines

1.1 Der Zweck der Insolvenzverfahren

Solange der Schuldner nur einzelnen Vollstreckungsmaßnahmen verschiedener Gläubiger ausgesetzt ist, gilt grundsätzlich das Prinzip der Priorität, das sich etwa in § 804 Abs. 3 wiederfindet: Der Gläubiger, der seine Rechte **zeitlich** zuerst wahrnimmt, erhält den besseren Rang gegenüber allen anderen Gläubigern, die nach ihm vollstrecken. Darin drückt sich der Gedanke aus, daß der Gläubiger mit seiner Forderung voll befriedigt werden soll, bis das Schuldnervermögen erschöpft ist.

359 Dieses Prinzip wird durch einen anderen, für den Schuldner günstigen Grundsatz ausgeglichen: Der Schuldner muß in der Offenbarungsversicherung grundsätzlich nur sein **Aktivvermögen** angeben, so daß keiner der Gläubiger einen vollständigen Überblick über die gesamte Vermögenslage des Schuldners, insbesondere über seine **Verbindlichkeiten,** gewinnen kann. Das gibt dem Schuldner vielfältige Möglichkeiten, einzelne Gläubiger gegeneinander auszuspielen. Im Konkurs hingegen ist der Schuldner verpflichtet, „dem Verwalter, dem Gläubigerausschuß und auf Anordnung des Gerichts der Gläubigerversammlung über alle das Verfahren betreffenden Verhältnisse Auskunft zu geben" (§ 100 KO), worunter sogar strafbare Handlungen fallen, die dann allerdings strafrechtlich nicht verwertet werden dürfen (BVerfG BB 1981, 639).

Die Insolvenzverfahren verbinden diese beiden Gesichtspunkte, indem sie einerseits die unterschiedlichen Rangverhältnisse zwischen einzelnen Gläubigern ab dem **Zeitpunkt** der **Konkurs-/Vergleichseröffnung** egalisieren, den Schuldner zur vollständigen Darlegung aller Einzelheiten zwingen, ihm dafür aber auch die Chance geben, im Falle eines Vergleichs einen Teil der Schulden erlassen zu bekommen oder sich durch die Schutzzone, die die Insolvenzverfahren bieten, wirtschaftlich soweit zu sanieren, daß ein Zwangsvergleich möglich ist.

XXIV. Konkurs – Vergleich

1.2 Unterschied zwischen Konkurs- und Vergleichsverfahren

Beim **Konkursverfahren** wird die rechtliche Handlungsfähigkeit des Schuldners für die Zeit des Verfahrens beseitigt (§ 6 KO) und kann im Zeitraum zwischen dem Antrag und der Eröffnung des Verfahrens durch das Gericht beschränkt werden (§ 106 KO). Statt des Schuldners wird der **Konkursverwalter** vom Konkursgericht eingesetzt und überwacht (§ 6 KO).

Im **Vergleichsverfahren** verliert der Schuldner demgegenüber weder das Recht, sein Vermögen zu verwalten, noch darüber zu verfügen (§ 57 Abs. 2 VglO). In der Praxis allerdings muß der Schuldner in den meisten Fällen das Kassenführungsrecht auf den Vergleichsverwalter übertragen (§ 57 Abs. 2 VglO) und wird bereits dem vorläufigen Vergleichsverwalter weitgehende Vollmachten erteilen (§ 11 Abs. 2 VglO).

1.3 Voraussetzungen der Insolvenzverfahren

1.3.1 Konkursverfahren

Voraussetzung für die Durchführung eines Konkursverfahrens ist es, daß
- Gläubiger oder Schuldner Konkursantrag stellen
- eine Einzelperson zahlungsunfähig oder eine juristische Person (z. B. GmbH) zahlungsunfähig oder überschuldet ist (§ 102 KO) und
- wenigstens soviel Bargeld vorhanden ist, daß die Kosten des Konkursverfahrens voraussichtlich abgedeckt sind oder einer der Gläubiger sich bereit erklärt, diese Summe beim Konkursgericht einzubezahlen (§ 107 Abs. 1 KO).

360

1.3.2 Vergleichsverfahren

Für das Vergleichsverfahren, das nur auf Antrag des Schuldners eingeleitet wird, sind die gleichen Voraussetzungen erforderlich (§ 2 Abs. 1, § 17 Nr. 6 VglO), daneben aber vor allem eine Reihe von Informationen des Schuldners über seine persönliche Vermögenslage (§§ 3, 4 VglO) einschließlich einer Vermögensübersicht, eines Gläubiger- und Schuldnerverzeichnisses (§§ 5, 6 VglO) und des **Vergleichsvorschlags** (§ 7 VglO). Schon an diesen Unterschieden zum Konkursverfahren kann man erkennen, daß das Vergleichsverfahren nur dann zulässig ist (und Aussicht auf Erfolg hat), wenn der Schuldner sich aktiv um das Verfahren kümmert, während er im Rahmen des Konkursverfahrens bis auf den Bereich der Auskünfte, die notfalls durch Haftanordnung erzwungen werden können, passiv verbleiben kann.

1.4 Die Titel im Insolvenzverfahren

Sobald das Konkursverfahren eröffnet ist, ist eine Zwangsvollstreckung grundsätzlich nicht mehr zulässig (§ 14 KO). Beim Vergleichsverfahren kann schon in der Zeit vom Eingang des Eröffnungsantrags bis zur Ent-

361

scheidung über ihn die Zwangsvollstreckung gegen den Schuldner einstweilen eingestellt werden (§ 13 VglO), in der 30-Tagefrist vor Stellung des Eröffnungsantrags und danach sind Zwangssicherung und Zwangsbefriedigung zwar nicht schlechthin unwirksam, der Gläubiger darf auf diese Weise erlangte Vermögenswerte aber nur in Höhe der auf ihn später entfallenden Quote behalten (§ 28 VglO).

Da der Gläubiger nicht voraussehen kann, ob das Konkursverfahren überhaupt eröffnet oder ein Vergleichsvorschlag tatsächlich bestätigt wird, sollten Vollstreckungsmaßnahmen grundsätzlich durchgeführt werden, bis sie unzulässig sind (§ 14 KO). Sie sichern nämlich den Rang gegenüber anderen Gläubigern für den Fall, daß der Konkursantrag etwa mangels Masse eingestellt oder der Vergleichsantrag zurückgenommen wird.

1.4.1 Titel, die zeitlich vor dem Insolvenzverfahren erlangt werden

362 Wenn ein Titel vor Eröffnung des Konkurses (§ 14 KO) oder 30 Tage vor Stellung des Vergleichsantrags (§ 28 VglO) erlangt wurde und nicht angefochten wird, kann sich der Gläubiger entscheiden, ob er freiwillig am Konkurs- oder Vergleichsverfahren teilnimmt oder deren Ende abwartet. Nimmt er teil, muß er sich mit der Quote begnügen, nimmt er nicht teil, fällt er im Konkursfall mit seiner Forderung endgültig aus, wenn sie sich gegen eine juristische Person richtet, in anderen Fällen ist die Begleichung sehr unwahrscheinlich.

1.4.2 Eintragung in die Konkurstabelle als Titel

Forderungen, die nicht tituliert sind, nehmen am Konkursverfahren teil. Sie werden im Prüfungstermin auf ihre Berechtigung hin untersucht. Wenn gegen ihre Berechtigung weder der Konkursverwalter noch ein Konkursgläubiger Widerspruch erheben, gilt die Forderung als festgestellt und wird so in die Konkurstabelle eingetragen. Diese Eintragung hat die Qualität eines **Titels** für den Konkursgläubiger. Sie berechtigt ihn, in Höhe der Quote Zahlung zu verlangen.

Wird die Forderung vom Gemeinschuldner bestritten (nicht aber von den übrigen), so kann der Gläubiger entscheiden, ob er den durch die Quote nicht befriedigten Anteil gegen den Gemeinschuldner im Klagewege weiterverfolgt (§§ 144 Abs.2, 164 Abs.2 KO).

Bestreitet der Konkursverwalter die Forderung, muß der Gläubiger ihn verklagen, erhält aber, wenn er obsiegt, ebenfalls nur die Quote, die für alle Gläubiger festgesetzt wird.

1.4.3 Der bestätigte Vergleich als Titel

363 Sobald das Vergleichsgericht einen Vergleichsvorschlag bestätigt hat, kann aus dem bestätigten Vergleich in Verbindung mit einem Auszug aus dem berichtigten Gläubigerverzeichnis die Zwangsvollstreckung wie aus einem vollstreckbaren gerichtlichen Urteil betrieben werden (§ 85 VglO).

2. Antrag – Formular

2.1 Der Konkursantrag kann von jedem Gläubiger des Gemeinschuldners oder vom Gemeinschuldner selbst gestellt werden. Der Gemeinschuldner muß ihn spätestens drei Wochen nach Eintritt der Zahlungsunfähigkeit stellen. Bei juristischen Personen steht die Versäumung dieser Frist (§ 64 GmbH-Gesetz) auch unter Strafe. Der Antrag des Gläubigers ist formlos. Er wird an das Konkursgericht gerichtet und lautet:

„Der Gläubiger hat gegen den Schuldner eine rechtskräftig titulierte Forderung aus dem Versäumnisurteil **364** *des LG München II vom 1.4. 1984 – 15 0 200/84 –. Der Schuldner ist vermögenslos. Das ergibt sich aus dem Pfandabstandsprotokoll des GVZ Neumeier vom 30.6. 1984. Weitere Vollstreckungsmöglichkeiten sind nicht bekannt geworden.*
Die Forderungshöhe ergibt sich aus der beigefügten Forderungsübersicht. Zinsen aus der Hauptsache werden jedoch nur bis zum Tag der Eröffnung des Konkursverfahrens verlangt. Ich beantrage die Eröffnung des Konkursverfahrens und bitte, vorab Sicherungsmaßnahmen nach § 106 KO anzuordnen."

Beim Antrag ist auf **zwei Besonderheiten** zu achten: **365**
– Wenn das Konkursverfahren eröffnet wird, endet die Verzinsungspflicht am Tag der Eröffnung. Der Antrag muß deshalb entsprechend beschränkt werden.
– Anwaltsgebühren für den Konkursantrag werden **nicht** erstattet, dürfen daher in die Forderungsübersicht nicht mitaufgenommen werden.
Zahlt der Schuldner nach Antragstellung durch den Gläubiger, darf dieser seinen Antrag zur Vermeidung der Kostenlast nur für „erledigt erklären", nicht zurücknehmen.

2.2 Der Antrag auf Eintragung in die Konkurstabelle lautet:

„Folgende Forderung ist in die Konkurstabelle einzutragen: **366**
DM 100000,– nebst 10% Zinsen hieraus seit 19.6. 1988 bis zum Tage der Konkurseröffnung. Die Forderung gründet sich auf die Lieferung von 250 Sony-Compact-Disc-Geräten, die mit der beigefügten Bestellung vom 1.3. 1988 bestellt, mit Lieferschein vom 1.4. 1988 ausgeliefert und mit Rechnung vom 1.5. 1988 in Rechnung gestellt worden sind. Die Forderung ist bisher nicht bestritten worden."

2.3 Anmeldung von Forderungen im Vergleichsverfahren

Im Vergleichsverfahren sind die Forderungen sinngemäß wie im Kon- **367** kursverfahren anzumelden (§ 67 VglO). Die Anmeldung ist nicht erforderlich, wenn der Vergleichsschuldner den betreffenden Gläubiger schon in das Gläubigerverzeichnis aufgenommen hat (§ 4 Abs.1 Nr.2, § 6), sie sollte aber sicherheitshalber in jedem Fall vorgenommen werden und ist in zweifacher Fertigung zu überreichen. In der Anmeldung sind Betrag und Grund der Forderung aufzuführen und urkundliche Beweisstücke in Urschrift oder Abschrift beizufügen. Die Formulierung bei Randnummer 312 berücksichtigt das.

3. Sachbehandlung

3.1 Durchführung des Verfahrens

368 Das Konkurs-/Vergleichsgericht prüft entweder selbst oder mit Hilfe eines Sachverständigen (Rechtsanwalt oder Wirtschaftsprüfer),
- ob Überschuldung tatsächlich vorliegt
- ob genügend Geld für die Durchführung des Konkursverfahrens da ist.

3.1.1 Vermögensaufstellung durch den Schuldner

369 Dazu muß der Schuldner eine **Vermögensaufstellung** vorlegen, die wie die OV durch Haft erzwungen werden kann. Liegt keine Überschuldung vor oder kann der Schuldner sie (z.B. durch neue Kreditaufnahme) beseitigen, wird der Konkursantrag als unbegründet zurückgewiesen. Bleibt es bei der Überschuldung und ist genügend Geld vorhanden, um die Verfahrenskosten zu decken, wird der Konkurs eröffnet. In den meisten Fällen (über 75% aller Konkursverfahren) wird das Konkursverfahren jedoch „mangels Masse" eingestellt.

In den restlichen 25% ergibt die Vorprüfung durch das Gericht, daß eine gewisse Masse vorhanden ist. Ob sie für ein vollständiges Konkursverfahren aber ausreicht, stellt sich erst später heraus. Deshalb werden viele Verfahren nachträglich gemäß § 204 KO mangels Masse eingestellt.

Die Masse ist meistens deshalb so dürftig, weil die Hauptgläubiger (Banken und Warenlieferanten) ihre Forderungen so abgesichert haben, daß sie über Aussonderungs- und Absonderungsrechte bevorzugt befriedigt werden.

3.1.2 Erfassung der Masse

370 Sobald der Konkursverwalter eingesetzt und der Konkurs förmlich eröffnet worden ist, prüft er zunächst die Aus- und Absonderungsrechte und gibt wirksam bestellte Sicherheiten frei. Sodann entscheidet er, ob schwebende Prozesse fortgesetzt (§ 10 KO) und noch nicht erfüllte Verträge durchgeführt werden sollen (§ 17f KO).

Danach wird untersucht, ob anfechtbare Rechtshandlungen (§ 29f KO) vorgekommen sind, ggf. führt der Konkursverwalter die Anfechtung durch (s. unten Rdnr. 319).

Damit ist im wesentlichen klar, welche Vermögensgegenstände dem Konkursverwalter zur Verwertung verbleiben.

3.1.3 Verteilung der Masse

371 Mit der Masse, die der Konkursverwalter so zusammenfaßt, deckt er
- die Kosten für die Verwaltung (Massekosten § 58 KO),
- die Verpflichtungen, die er selbst während der Verwaltung eingegangen ist (§ 59 Abs.1 Ziff.1, 2 KO),
- die übrigen Masseschulden in der in § 59 KO genannten Reihenfolge.

XXIV. Konkurs – Vergleich

Das Konkursverfahren kann an sich überhaupt nur eröffnet werden, wenn die Massekosten gedeckt werden können. Masseschulden darf der Konkursverwalter nur verursachen, soweit er sie auch bezahlen kann. Für den Fall, daß er sich doch verschätzt hat, bestimmt § 60 KO eine Rangordnung der Massegläubiger („Konkurs im Konkurs").
Sind Massekosten und Masseschulden bezahlt, werden die übrigen Konkursforderungen in der in § 61 genannten Rangordnung befriedigt. Sozialplanansprüche sind einfache Konkursforderungen (näher Drischler Rpfl. 1986, 122).
Für die nicht bevorrechtigten Gläubiger (§ 61 Abs.1 Ziffer 6 KO) bleibt in der Regel eine Quote zwischen 2 und 5% übrig.
Ist ausnahmsweise genug Masse vorhanden, um diese Gläubiger mit mehr als 20% ihrer Forderungen zu befriedigen (§ 187 KO), wird der Konkursverwalter einen Zwangsvergleich anstreben.
In Ausnahmefällen bricht ein an sich gesundes Unternehmen aufgrund unternehmerischer Fehlentscheidungen zusammen, so daß eine Fortführung des Betriebes ganz oder teilweise in Frage kommt. Dem Konkursverwalter kann eine solche Sanierung eher gelingen als dem Unternehmer selbst, weil die Konkursordnung ihm weit größere Rechte einräumt, als sie dem Unternehmen zustehen können. In einem solchen Fall kann aus dem Konkursverfahren doch noch ein Vergleich werden, der eine Quote von 60 oder gar 70% ermöglicht.

3.2 Vollstreckungsverbot

Nach Eröffnung des Konkurs-/Vergleichsverfahrens sind Einzelzwangsvollstreckungsmaßnahmen unzulässig (§ 14 Abs.1 KO, 47 VerglO), auch wenn der Gläubiger von der Eröffnung nichts wußte. Durch die Stellung des Konkurs-/Vergleichsantrags darf man sich aber auf keinen Fall von weiteren Vollstreckungsmaßnahmen abhalten lassen: Alle diese Maßnahmen sichern dem Gläubiger den Rang, der für ihn sehr wichtig ist, wenn das Konkursverfahren nicht eröffnet werden sollte! **372**

3.3 Anfechtung von Rechtshandlungen (§§ 29–42 KO)

Der Konkursverwalter hat – noch weitergehend als die Gläubiger (s. oben Rdnr. 176) – die Möglichkeit, Rechtshandlungen des Schuldners vor Konkurseröffnung anzufechten. Dabei handelt es sich im wesentlichen um die Fälle, bei denen der Schuldner Vermögensgegenstände unter Wert weggegeben hat, obgleich er sich schon in der Krise befand. Die Formulierungen in den §§ 30f KO sind ziemlich abstrakt, anschaulicher sind die §§ 283f StGB: Alles was als Bankrottstraftat strafbar ist, kann auch vom Konkursverwalter wegen Vorliegens einer „inkongruenten Deckung" angefochten werden. **373**
Der Gläubiger kann dem Konkursverwalter in diesem Bereich gelegentlich mit Informationen dienen, die er aus vorherigen Vollstreckungsmaßnahmen gewonnen hat.

3.4 Fortsetzung der Einzelvollstreckung

374 Im **Konkursverfahren** kann die Einzelvollstreckung fortgesetzt werden, wenn das Konkursverfahren nach Verteilung der Quote abgeschlossen worden ist.

Bei einem **Zwangsvergleich** oder einem **bestätigten Vergleich** im Rahmen eines Vergleichsverfahrens ist das nicht möglich: Hier muß der Gläubiger auf den Teil der Forderung verzichten, der nicht bezahlt worden ist.

Wenn die Vollstreckung fortgesetzt werden kann, hat das folgende Auswirkungen:

3.4.1 Natürliche Personen

375 Im Konkursverfahren einer natürlichen Person (z.B. Einzelkaufmann) kann der Gläubiger, soweit er keine Zahlung auf die Quote erhalten hat, in vollem Umfang vollstrecken. Für den Einzelkaufmann ist das Konkursverfahren also nur eine vorübergehende Zeit der Ruhe, danach geht die Jagd der Gläubiger auf ihn wieder weiter. Deshalb werden für Einzelkaufleute auch kaum Konkurse beantragt.

3.4.2 Juristische Personen

376 Bei der GmbH führt das Konkursverfahren dazu, daß die Gesellschaft nach Zurückweisung des Konkursantrages mangels Masse oder nach Verteilung ihres Vermögens aus dem gleichen Grunde von Amts wegen gelöscht wird. Die GmbH „stirbt" am Konkurs also immer. Das ist manchmal auch das einzige Druckmittel des Gläubigers gegenüber den Gesellschaftern der GmbH, sofern diese aus irgendeinem Grund (z.B. um sich durch Verlustvorträge Steuervorteile zu retten) die Gesellschaft noch erhalten wollen.

3.4.3 Beim Vergleich ist es anders:

377 Hier erlassen die Gläubiger, die ihre Forderungen angemeldet haben, dem Schuldner endgültig alles, was ihm nachgelassen worden ist. Mancher Schuldner (z.B. die AEG) hat sich auf diese Weise wirklich erholt.

Man fragt sich oft, warum Vergleiche erst so spät beantragt werden, obwohl sie manchmal eine wirkliche Sanierungschance wären. Der Hauptgrund ist, daß die verschiedenen Gläubiger sich nur unter dem formellen Zwang des Vergleichsverfahrens unter der Aufsicht des Gerichts einigen, während freiwillige Vereinbarungen immer an dem einen oder anderen scheitern, der zustimmen muß: Im Vergleichsverfahren wird er überstimmt.

4. Verhalten des Schuldners

378 Im Konkurs verliert der Schuldner seine rechtliche Handlungsfähigkeit, da der Konkursverwalter kraft Amtes die Rechte und Pflichten des Schuldners ausübt.

XXIV. Konkurs – Vergleich

Im Vergleichsverfahren kommt es trotz grundsätzlich anderer rechtlicher Konstruktion im Endergebnis auf das gleiche hinaus: Der Vergleichsschuldner, der sich mit dem Vergleichsverwalter nicht koordiniert, wird kaum die Möglichkeit zu einem erfolgreichen Vergleichsabschluß haben. Schon durch das Recht des Vergleichsverwalters zur Kassenführung (§ 57 II VglO) wird die Wirkungsmöglichkeit des Schuldners fast vollständig eingeschränkt.

5. Kosten

Der Konkursantrag bedeutet für den Gläubiger ein hohes Risiko, falls das Konkursgericht wie üblich einen Rechtsanwalt, Steuerberater und Wirtschaftsprüfer damit beauftragt, festzustellen, ob der Schuldner wirklich überschuldet ist und ob sein Vermögen die Verwaltungskosten deckt. 379

Nach Stellung des Konkursantrages wegen einer Forderung von DM 2500,00 gegen die Schütz GmbH beauftragt das Amtsgericht RA Blanke, das entsprechende Gutachten anzufertigen. Der Kassenbestand der Firma beträgt zwar nur DM 250,00, es sind aber erhebliche Lagerbestände vorhanden, die zu bewerten sind. Dazu muß RA Blanke einen Sachverständigen von der Industrie- und Handelskammer zuziehen, der DM 2000,00 Gutachterkosten verlangt. Die Kosten für das Gutachten von RA Blanke betragen weitere 2500,00 DM. Das Endergebnis: Die Schütz GmbH ist überschuldet, eine Verwertung der Lagerbestände ist aussichtslos. Folge für den Gläubiger: Sein Auftrag kostet ihn Gutachterkosten in Höhe von 4500,– DM.

Die übliche Gerichtspraxis ist es, vom Gläubiger einen Vorschuß auf diese Gutachterkosten zu verlangen, wenn das Gericht sich selbst nicht genügend Gewißheit verschaffen kann. Dazu ist das Gericht aber nicht verpflichtet. So kann es kommen, daß ohne Wissen des Gläubigers die Kosten anfallen, deren Umfang das Gericht im Prinzip nach freiem Ermessen bestimmt. Ein vorsichtiger Gläubiger wird in seinem Antrag darum bitten, vor Erteilung von Gutachten einen Vorschuß bei ihm anzufordern. Er kann dann sehen, ob die Höhe des Vorschusses im Verhältnis zu seiner Forderung steht. Der Antrag lautet:

„*Soweit das Gericht beabsichtigt, Gutachter oder Sachverständige zu beauftragen, bitte ich vorab um Anforderung eines Vorschusses.*"

Manche Gerichte halten bereits diese Anfrage für eine unzulässige Beschränkung des Konkursantrags.

Die Anwaltsgebühr für den Antrag beträgt $^5/_{10}$ aus der Forderung. Stellt der Schuldner selbst den Antrag, erhält sein Anwalt eine $^5/_{10}$ Gebühr aus dem Wert der Konkursmasse.

6. Taktik

Im Prinzip kann der Gläubiger es sich aussuchen, ob er vom Schuldner die OV verlangt oder Konkursantrag stellt. Während der Schuldner im OV-Verfahren nur seine Vermögensgegenstände angeben muß, muß er im 380

XXV. Das Ende der Vollstreckung

Konkursverfahren auch die Schulden ordnungsgemäß zusammenstellen, die er hat. Für weitere Vollstreckungsmöglichkeiten gegen den Schuldner ist diese Zusammenstellung oft von großer Hilfe. Der Gläubiger sieht dann, daß er nicht allein hinter dem Schuldner herläuft und vor allem, wer die anderen Gläubiger sind, die das Vermögen des Schuldners verwerten wollen.

Das Konkursverfahren hat außerdem den **Vorteil,** daß nach seinem Abschluß die **Staatsanwaltschaft Ermittlungen** darüber **anstellt,** ob die Gesellschafter oder die Geschäftsführer einer Firma oder auch der Einzelkaufmann **Bankrottdelikte** begangen haben (§§ 283 ff. StGB).

In vielen Fällen ist die einzige Chance des Gläubigers, an sein Geld zu kommen, die persönliche Haftung z.B. des Geschäftsführers für die Schulden der GmbH, die sich aus § 823 BGB in Verbindung mit den Bankrottdelikten herleiten läßt. Spätestens nach dem ersten Konkurs weiß ein Schuldner, was hier auf ihn zukommt. So erlebt man manchmal, daß ein erfahrener Konkursant auf die Drohung mit dem Konkursantrag erstaunlich zuvorkommend reagiert.

XXV. Das Ende der Vollstreckung

381 Etwa 30% aller Schuldner, die auf außergerichtliche Mahnungen nicht reagieren, bezahlen, wenn der Mahnbescheid oder der Vollstreckungsbescheid zugestellt werden. Weitere 10% bezahlen, wenn der GVZ erscheint, danach zieht sich die Vollstreckung ziemlich in die Länge.

Viele Gläubiger scheuen dann weitere Kosten, die sie aufwenden müssen, um das Verfahren weiterzubetreiben. Diese Entscheidung ist in den meisten Fällen **falsch.** Das zeigen die Erfahrungen von Gläubigern, die auf Kosten nicht achten müssen:

Teilzahlungsbanken realisieren durch konsequente Vollstreckung über 90% ihrer Forderungen, wobei allerdings die freiwilligen Zahlungen miteingerechnet sind.

Hohe Vollstreckungsquoten erreichen auch die Behörden, so z.B. das Finanzamt, die Bundespost und die öffentlichen Krankenversicherer (AOK), und zwar deshalb, weil sie nicht im Kulanzwege auf Forderungen verzichten dürfen und die Kosten für die Vollstreckung bei ihnen keine Rolle spielen. Von den Behörden ist interessanterweise das Finanzamt noch am ehesten bereit, mit dem Schuldner über einen Nachlaß zu verhandeln, wenn bald bezahlt wird. Die Bundespost hingegen vollstreckt auch 57,80 DM einschließlich der darauf entfallenen Zinsen über 15 Jahre und hat damit Erfolg, auch wenn die Kosten für die Maßnahme, wenn man die Beamtengehälter und allen übrigen Aufwand rechnet, sicher mehrere Tausend Mark betragen. Für einen Großgläubiger ist ein solches Mißverhältnis aber nur ein Rechenfaktor in der Gesamtstatistik. Man darf also niemals zu früh locker lassen.

Als Faustformel gilt: drei Offenbarungsversicherungstermine (Zeitraum 9 Jahre) lang sollte der Gläubiger seine Sache schon im Auge behalten.

Für die 3 Termine entstehen Gerichts- und Anwaltskosten von zusammen ca. 250,- DM (Höchststreitwert: 2400,- DM!) – das kann man sich auch bei einer kleineren Forderung leisten.

Bei **langen Vollstreckungen** muß man darauf achten, daß **Zinsforderungen alle 4 Jahre verjähren,** obgleich die Forderung tituliert ist (218 Abs. 2, 197 BGB). Zwischen zwei Vollstreckungsmaßnahmen darf also kein größerer Zeitraum als vier Jahre liegen.

XXVI. Haftung bei unberechtigten Vollstreckungsmaßnahmen (§§ 717 II, 788 II)

1. Zweck der Haftungsregelung

Durch den – gelegentlich gewaltsamen – Eingriff in Rechtspositionen des Schuldners, den der Gläubiger bei der Zwangsvollstreckung vornimmt, können Schäden entstehen, die über das hinausgehen, was der Schuldner aufgrund der Vollstreckung ohnehin dulden muß. Wer in der schwarzen Liste des Amtsgerichts (Schuldnerverzeichnis) eingetragen ist, hat einen schlechten Ruf und bekommt keinen Kredit mehr. Diese Nebenfolgen muß der Schuldner hinnehmen, denn er könnte sie durch pünktliche Zahlung selbst abwenden.

Es gibt aber Fälle, in denen der Gläubiger einen weitergehenden Schaden ersetzen muß, weil er voreilig oder in fahrlässiger Weise vollstreckt hat:

1.1 Vorläufig vollstreckbare Titel

Bei einem **vorläufig vollstreckbaren** Titel ist jeglicher Schaden zu ersetzen, der aus der Vollstreckung entstanden ist (§ 717 Abs. 2). Das Gericht gestattet zwar die vorläufige Vollstreckung, das **Risiko,** daß das Urteil später aufgehoben wird, **trägt** aber nach wie vor **der Gläubiger.** Er muß sich also bei jeder vorläufigen Vollstreckungsmaßnahmen überlegen,
– ob möglicherweise eine Gefahr besteht, daß er in zweiter Instanz unterliegt
und/oder
– ob die von ihm konkret gewählte Vollstreckungsart (z. B. Sachpfändung, Pfändungs- und Überweisungsbeschluß) über die Vollstreckung hinaus weiteren Schaden anrichtet.

Hat er z. B. die Auswahl, eine private Forderung oder das Geschäftskonto des Schuldners zu pfänden, dann wird er an das Geschäftskonto erst in zweiter Linie denken: Durch die Zustellung des Pfüb erfährt die Bank von den Schulden ihres Kunden und kann ihm daraufhin die Geschäftsverbindung fristlos kündigen (§§ 19 AGB der Banken).

382

383

1.2 Rechtskräftige Titel

384 Ist der **Titel rechtskräftig**, wird die Entscheidung genau umgekehrt lauten: Da hier die Gefahr nicht mehr besteht, daß der Titel aufgehoben werden kann, fallen die **Begleitschäden** voll in die **Verantwortlichkeit** des **Schuldners**. Solche Schäden können entstehen
- beim Schuldner in dessen Vermögen
u n d
- bei Dritten (Familienangehörige, Drittschuldner etc.), die von der Vollstreckung betroffen werden.

1.2.1 Schäden beim Schuldner

Zunächst einmal ist festzuhalten, daß der Gläubiger im Vollstreckungsverfahren **keine „Fürsorgepflichten"** gegenüber dem Schuldner hat (KG Berlin, NJW 73, 860). Er muß nicht stets das mildeste Mittel in der Vollstreckung wählen.

385 Umgekehrt hat das Gläubiger aber auch kein unbegrenztes „Recht auf Irrtum" (so noch BGH NJW 79, 1351). Seine frühere Meinung hat der BGH (WM 85, 35) erheblich eingeschränkt. Dort heißt es:

„Das „Recht auf Irrtum" hat deshalb dort seine Grenze, wo ein Haftungsrisiko die prozessuale Entschluß- und Handlungsfreiheit des Vollstreckungsgläubigers nicht mehr unzumutbar beeinträchtigt ...".

Im dort entschiedenen Fall hatte der Gläubiger dem Schuldner versprochen, er werde das Vollstreckungsgericht von der erfolgten Zahlung benachrichtigen und diese Nachricht irrtümlich nicht vorgenommen.

Wenn auch zwischen Gläubiger und Schuldner keine vertraglichen Beziehungen bestehen, so nimmt die Rechtsprechung doch überwiegend eine „gesetzliche Sonderbeziehung privatrechtlicher Art" an, die im Einzelfall dazu zwingt, Interessen des Schuldners zu berücksichtigen. Der Gläubiger ist an sich nicht verpflichtet, Zahlungen des Schuldners den Vollstreckungsorganen mitzuteilen. Das kann der Schuldner selbst tun. **Wenn der Gläubiger aber eine Zusage macht, dann muß er sie auch einhalten!**

1.2.2 Schäden bei Dritten

386 Hier gibt es zwei Fälle:
- Der Schuldner ist Inhaber von Anteilen an einer Gesellschaft (GmbH oder KG), die durch eine unberechtigte Vollstreckung gegen den Schuldner Schaden erleidet. Solche Schäden hält die Rechtsprechung (BGH NJW 74, 134) grundsätzlich für erstattungsfähig.
- Drittschuldner oder sonstige Beteiligte werden geschädigt. In diesem Fall kommt es darauf an, ob aufgrund des Gesetzes eigene Rechte und Pflichten zwischen Gläubiger und Drittschuldner entstehen, wie etwa durch die Auskunftspflicht (§ 840). Ist das nicht der Fall, dann hat der Gläubiger ein Schadensersatzrisiko nur, wenn er **absolute Rechte** verletzt, also z.B. das Persönlichkeitsrecht, das Eigentum oder den Besitz.

1.3 Haftung gegenüber dem Auftraggeber

Auf dem Hintergrund all dieser Einschränkungen darf nicht vergessen werden, daß der **Anwalt** sich gegenüber dem Gläubiger **haftbar** machen kann, wenn er einen Auftrag zur Zwangsvollstreckung **nicht unverzüglich** erledigt (OLG Köln VersR 1986, 300). 387

Man muß deshalb als Anwalt seinen Mandanten ausdrücklich darauf aufmerksam machen, daß eine bestimmte Vollstreckungsmaßnahme ein Haftungsrisiko hat, darf sie aber nur dann unterlassen, wenn der Auftraggeber damit einverstanden ist.

2. Taktik

Der Gläubiger und sein Anwalt müssen die Möglichkeit, durch Vollstreckungsmaßnahmen Schaden auszulösen, immer im Auge behalten. 388

In den meisten Fällen spielt das Risiko deshalb keine große Rolle, weil der Schuldner auch durch unberechtigte Vollstreckungen nicht mehr allzu viel Schaden erleiden kann: Wer ohnehin eine Menge Schulden hat, wird sich schwer tun, zu beweisen, daß zum gleichen Zeitpunkt seine hohe Kreditwürdigkeit bei einer Bank entscheidend gelitten hat. Tut er es doch, dann kann er diese Bank ja wohl kaum von seinen vielen Schulden informiert haben.

Es gibt aber auch Ausnahmefälle wie der oben vom BGH entschiedene. Für den Gläubiger und seinen Anwalt ist es deshalb wichtig, die **Abweichungen im Einzelfall** vom üblichen Fall unterscheiden zu lernen. Das kann man an folgenden Kriterien:

3. Checkliste

– Zahlt der Schuldner nicht, weil er kein Geld hat oder kann es sein, daß die Zahlung nur aus Schlampigkeit oder Ignoranz vergessen worden ist? Letzteres kommt bei Großunternehmen gar nicht einmal so selten vor. Bevor man der Fa. Siemens an die Bankkonten geht, sollte man lieber nochmal schreiben, denn das Geld ist wahrscheinlich vorhanden. 389
– Gibt es eine schonendere Vollstreckungsmaßnahme, die wahrscheinlich zum gleichen Erfolg führt?
– Oder wird der Schuldner nur zahlen, wenn man wirklich unangenehme, aber risikoreichere Maßnahmen ergreift (z.B. bei den wichtigsten örtlichen Banken pfändet?)
– Bei vorläufig vollstreckbaren Titeln:
Wird man auch die 2. Instanz gewinnen? Wenn das Berufungsgericht Bedenken äußert, sollte man auch beim Vollstrecken vorsichtig sein.

XXVII. Strafrecht in der Vollstreckung

1. Funktion der Strafgesetze in der Vollstreckung

390 Am Vollstreckungsverfahren sind beteiligt
- Schuldner
- Gläubiger
- dritte Personen (z.B. Familienangehörige, Drittschuldner etc.)
- Behörden, vor allem der Gerichtsvollzieher und der Rechtspfleger

Im StGB und im OWiG finden sich eine Reihe von Vorschriften, die sicherstellen sollen, daß
- der massive Eingriff, den die Vollstreckung gegenüber dem Schuldner bedeutet, auf das unbedingt notwendige beschränkt bleibt
- der Schuldner sich der Vollstreckung nicht mit unlauteren Mittel entzieht
- die Rechtssphäre Dritter gewahrt bleibt.

1.1 Strafdrohungen gegenüber dem **Gläubiger**

1.1.1 Anstiftung und Beihilfe zur Gläubigerbegünstigung, § 283 c StGB

391 Der Schuldner darf im Zustand der Zahlungsunfähigkeit einen Gläubiger nicht grundlos vor anderen Gläubigern besser behandeln.

Abgesehen von der Anfechtbarkeit solcher Tatbestände (§§ 3, 7 AnfG) ist die Gläubigerbegünstigung, die der Schuldner begeht, strafbar. Wenn der Gläubiger den Schuldner überredet, solche Handlungen vorzunehmen, kann er sich der Anstiftung oder Beihilfe schuldig machen.

1.1.2 Hausfriedensbruch, § 123 StGB

392 Auch ein noch so unangenehmer Schuldner hat das verfassungsrechtlich geschützte Hausrecht, in welchem ihn der Gläubiger nicht beeinträchtigen darf. Nur der Gerichtsvollzieher darf als Amtsperson dieses Hausrecht brechen, nicht aber der Gläubiger selbst.

1.1.3 Nötigung, § 240 StGB

393 Manchmal ergibt sich aus dem Verhalten des Schuldners vor oder nach Erwirkung des Titels der Verdacht einer strafbaren Handlung. Das kann die Vermutung sein, der Schuldner habe sich ein Darlehen mit falschen Angaben erschlichen oder Vermögensgegenstände vor dem Gerichtsvollzieher in Sicherheit gebracht.

In solchen Fällen ist man als Gläubiger geneigt, dem Schuldner mit Strafanzeige zu drohen, wenn er den Schaden nicht sofort durch Zahlung wieder gut macht. Nicht selten erhält man dann die Antwort, man habe sich dadurch einer Nötigung schuldig gemacht und in Extremfällen will der

XXVII. Strafrecht in der Vollstreckung

großzügige Schuldner nun seinerseits von Strafanzeige absehen, wenn man auf die Forderung verzichtet.

Grundsätzlich darf der Gläubiger mit Strafanzeige drohen, wenn
- ein begründeter zivilrechtlicher Anspruch besteht (OLG Koblenz, JR 1976, 69). Vor Titulierung dürfen also keine ernst zu nehmenden Gegenargumente bekannt sein.
- ein innerer Zusammenhang der Strafanzeige mit der zivilrechtlichen Schuld besteht (BGHSt 5, 254 (258)): Man darf also dem Schuldner nicht mit Anzeige wegen eines zufällig beobachteten Ladendiebstahls drohen, wenn man von ihm in anderer Sache Geld zu bekommen hat.
- Die Richtung und die äußere Form der Drohung muß der Höhe der Forderung und den gesamten Umständen angemessen sein, da sie sonst „zu dem angestrebten Zweck als **verwerflich** anzusehen" wäre.

Das gilt etwa von der Drohung, in einer Zeitungsannonce die Schulden bekannt zu machen oder dem Mieter, der trotz Räumungsurteil nicht räumt, Strom oder Wasser abzudrehen.

Wenn man die Rechtsprechung zur Nötigung ernstnähme, die beim Sitzstreik im Rahmen politischer Demonstrationen entstanden ist, dann müßte der Gläubiger hier äußerst vorsichtig sein. Wahrscheinlich werden sich die Gerichte aber mit der Einschränkung des Demonstrationsrechts begnügen.

1.2 Gerichtsvollzieher

Auch der GVZ kann sich strafbar machen, und zwar zunächst in dem Bereich, in dem es auch für den Gläubiger riskant ist. Auch er darf nicht ohne richterlichen Durchsuchungsbefehl eine Wohnung betreten, wenn der Schuldner sich dagegen verwahrt. Daneben gibt es aber besondere Straftatbestände, die den GVZ gerade deshalb treffen, weil er eine Amtsperson ist. Das sind:
- Bestechlichkeit, §§ 332, 334, 335 StGB
- Körperverletzung im Amt, § 340 StGB
- Gebührenüberhebung, § 352 StGB

394

1.3 Mögliche Straftaten des **Schuldners**

1.3.1 Verstrickungsbruch, § 136 StGB

Der Schuldner wird bestraft, wenn er das Pfandsiegel zerstört, beschädigt oder unbrauchbar macht oder eine gepfändete Sache aus der Wohnung schafft oder sogar innerhalb der Wohnung unauffindbar versteckt. Er hat dann die „Verstrickung" gebrochen. Die Versuchung für den Schuldner ist groß, weil die Sachen meistens in seinem Besitz verbleiben. Daher die strafrechtliche Absicherung.

395

1.3.2 Widerstand gegen Vollstreckungsbeamte, § 113 StGB

Wenn der Schuldner sich mit Gewalt gegen die Pfändung wehrt, dann ist meistens auch Widerstand gegen Vollstreckungsbeamte gegeben. Drohung mit Gewalt reicht aus.

396

1.3.3 Vollstreckungsvereitelung, § 288 StGB

397 Diese Vorschrift wird mit ganz hoher Dunkelziffer jeden Tag viele hundert Male verletzt, aber trotzdem nur selten verfolgt, weil der Verstoß schwer zu beweisen ist. Der Schuldner darf, sobald ihm eine Zwangsvollstreckung droht, Bestandteile seines Vermögens nicht veräußern oder beiseite schaffen. Strafdrohung: Freiheitsstrafe bis zu 2 Jahre oder Geldstrafe. Die Vorschrift wird sehr weit ausgelegt, es ist nicht einmal ein Titel erforderlich, das Bestehen einer fälligen Forderung genügt.

Entscheidende Voraussetzung ist, daß der Schuldner nicht den vollen Gegenwert für eine weggeschaffte oder veräußerte Sache bekommt. Die meisten Schuldner schließen Scheinverträge ab, in denen ein Gegenwert genannt ist und treiben ihn nicht bei. Wegen der schwierigen Beweislage und der ohnehin vorhandenen Überlastung der Staatsanwaltschaft verliert man als Gläubiger recht bald die Lust, Strafanzeigen nach § 288 abzusenden. Trotzdem wäre die Vorschrift theoretisch sehr wohl geeignet, den Gläubiger wirksam zu schützen.

1.3.4 Pfandkehr, § 289 StGB

398 Wenn der Schuldner Sachen, die dem Vermieter- oder dem Verpächterpfandrecht unterliegen, wegschafft, macht er sich ebenfalls strafbar.

1.3.5 Bankrottstraftaten, § 283 StGB

399 Schlampereien und Angebereien sind normalerweise nicht strafbar. Anders ist es, wenn dem Schuldner Zahlungsunfähigkeit droht oder er seine Zahlungen sogar schon eingestellt hat. Dann verlangt das Gesetz von ihm unter Strafdrohung, seine Handelsbücher ordentlich zu führen, die Bilanzen fristgerecht abzugeben und vor allem sparsam zu leben.

In der Praxis ist das genaue Gegenteil der Fall: Der drohende Untergang wird mit Champagner begossen und kurz vor Toresschluß werden teure Autos geleast, damit man standesgemäß zum Konkursrichter fahren kann. Das Argument ist meistens: Ohne solchen Aufwand hätte man keinen Kredit mehr bekommen!

Die Dunkelziffer ist sehr hoch, obgleich die Staatsanwaltschaft in jeder Konkursakte nach Abschluß des Konkursverfahrens nach solchen Delikten ermittelt.

1.3.6 Verletzung der Buchführungspflicht, § 283 b StGB

400 Wer seine Bücher schlampig führt, Aufzeichnungen oder Belege wegwirft oder Bilanzen verspätet aufstellt, macht sich auch dann strafbar, wenn es der Firma im übrigen gut geht, falls er nur **später** die Zahlungen einstellen muß (Zeitraum in der Regel: zwei Jahre). Das weiß fast kein Mensch und anscheinend auch nur wenige Steuerberater, die die Bilanzen entweder rechtzeitig vorlegen oder ihren Mandanten auf den Straftatbestand aufmerksam machen müssen. Normalerweise beträgt für die GmbH wie für die Einzelfirma die Bilanzierungsfrist drei Monate nach dem Bi-

XXVII. Strafrecht in der Vollstreckung

lanzstichtag (üblicherweise das Jahresende), sie kann auf höchstens sechs Monate ausgedehnt werden.

Wer aufgrund von §§ 283 f. als Geschäftsführer einer GmbH vorbestraft ist, darf fünf Jahre lang dieses Amt nicht übernehmen.

1.3.7 Falsche eidesstattliche Versicherung (§§ 156, 163 I StGB)

Bei der Offenbarungsversicherung ist die vorsätzliche (§ 156 StGB), aber auch die fahrlässig falsche oder unvollständige Angabe (§ 163 Abs.1 StGB) strafbar. **401**

Es dürfte kaum ein Vollstreckungsprotokoll ohne Unrichtigkeiten geben und die Rechtsprechung sieht auf den ersten Blick so aus, als wären diese falschen Angaben ohne weiteres strafbar (Übersicht bei Schönke/-Schröder, Kommentar zum StGB, 22. Auflage 1985, Rdnr. 22 f zu § 156 StGB). Die Praxis sieht anders aus: Die Gerichte prüfen in aller Regel auch, ob das konkrete Vollstreckungsinteresse des Gläubigers durch die falsche Angabe verletzt wurde (dazu Prinzing, NJW 62, 567), darüber hinaus wird der Schuldner sich oft herausreden können, die falsche Angabe beruhe auf verzeihlicher Schlamperei oder falscher Interpretation des Umfangs der Offenbarungspflicht, deren Grenzen wirklich nicht ganz einfach zu bestimmen sind. Das Gegenteil kann man selten beweisen. Ein ziemlich stumpfes Schwert.

1.3.8 Betrug, § 263 StGB

Bei vielen der vorgenannten Delikte muß der Schuldner, um zum Ziel zu kommen, gleichzeitig eine Person **täuschen.** Da alle Schuldnerhandlungen dem Ziel dienen, die Vollstreckung durch den Gläubiger zu erschweren, erleidet dieser z.B. durch Rangverlust auch einen wirtschaftlichen Nachteil. Andernfalls liegt immerhin Versuch vor. Zur Erfüllung des Betrugtatbestandes ist allerdings auch noch eine **Vermögensverfügung** erforderlich, d.h. also eine konkrete Entscheidung des Gläubigers oder einer von ihm beauftragten Person, eine bestimmte Vollstreckungsmaßnahme zu unterlassen. **402**

Der Schuldner behauptet, ein Bild, das der Gerichtsvollzieher pfänden will, gehöre in Wirklichkeit seinem Onkel und legt zum Beweis einen „Kaufvertrag" vor. Obwohl der Gerichtsvollzieher eigentlich pfänden müßte, unterläßt er es. Anderntags ist das Bild verschwunden, der Kaufvertrag erweist sich als gefälscht. Hier ist neben der Urkundenfälschung auch Betrug gegeben.

1.3.9 Verletzung der Unterhaltspflicht, § 170 b StGB

Wenn der Schuldner seine Unterhaltsverpflichtungen nicht erfüllt und dadurch der Lebensunterhalt der Unterhaltsberechtigten (Ehefrau, Kinder ect.) gefährdet **ist** oder gefährdet **wäre,** macht sich der Schuldner strafbar. Das Problem im Strafverfahren ist es, dem Schuldner nachzuweisen, daß er zu Unterhaltsleistung tatsächlich imstande ist. Dazu hat der Staatsanwalt erheblich bessere Ermittlungsmöglichkeiten, als der Gläubiger sie hat. Die- **403** se Strafanzeige ist ein sehr wirksames Mittel (manchmal das einzige) bei der Vollstreckung von Unterhaltsansprüchen.

1.3.10 Verletzung von Meldegesetzen

404 In jedem Bundesland gibt es Gesetze, die das Meldewesen regeln. Wer sich an seinem Wohnsitz nicht, verspätet oder mit falscher Bezeichnung anmeldet, begeht immer eine Ordnungswidrigkeit. Die einzelnen Meldegesetze sind abgedruckt in Erbs-Kohlhaas, „Strafrechtliche Nebengesetze", RegisterBd. Rdnr. 535.

Gegen die Meldegesetze wird täglich tausendfach verstoßen, die Täter werden aber sehr selten bestraft und schon gar nicht von Amts wegen ermittelt. Verliert der Gläubiger einmal die Geduld und stellt eine Strafanzeige, dann erhält er gelegentlich einen Formbrief mit folgendem wertvollen Hinweis: „Der von Ihnen angezeigte Verstoß gegen das Meldegesetz kann nicht verfolgt werden, weil der Schuldner unbekannt verzogen ist". Eben!

2. Antrag

405 In jeder Strafanzeige steckt das Risiko einer falschen Anschuldigung (§ 164 StGB). Deshalb muß man darauf achten, nur Tatsachen mitzuteilen, die man selbst erlebt hat, oder anzugeben, von wem man sie erfahren hat. Der Antrag ist formlos. Er lautet:

„*Ich erhebe Strafanzeige gegen ... wohnhaft in ... und bitte, die Ermittlung wegen des folgenden Sachverhalts aufzunehmen:*
..."

Danach schildert man die Dinge so, wie sie vorgefallen sind. Einen Paragraphen, der verletzt worden ist, muß man nicht angeben, darüber macht sich der Staatsanwalt Gedanken.

3. Sachbehandlung

406 Der Staatsanwalt prüft zunächst, ob durch die Tat tatsächlich ein Strafgesetz verletzt sein kann. Ist das der Fall, beauftragt er die Kriminalpolizei mit weiteren Ermittlungen. Dabei wird zunächst der Gläubiger als Zeuge gehört, dann ggf. weitere Personen. Urkunden werden eingezogen oder beschlagnahmt, auf Echtheit überprüft etc. Bei kleineren Delikten beantragt der Staatsanwalt Erlaß eines Strafbefehls, über den der Amtsrichter beim Strafgericht entscheidet, in größeren Sachen wird eine förmliche Anklageschrift verfaßt und in der Hauptverhandlung Schuld- oder Freispruch verkündet. Der Gläubiger hat ein Recht, über den Gang des Verfahrens informiert zu werden (§ 185 III, IV der Richtlinien für das Straf- und Bußgeldverfahren).

4. Kosten

Für den Gläubiger ist die Erhebung der Strafanzeige kostenlos. Läßt er **407**
sie durch seinen Anwalt machen, dann beträgt ohne besondere Vereinbarung eine Gebühr ca. DM 140,00 (Mittelgebühr § 91 Ziffer 1 BRAGO).

5. Taktik

Manchmal ist die Erhebung einer Strafanzeige ein wirksames Mittel, um **408**
den Schuldner zur Raison zu bringen. Vor allem erfahrene Schuldner, die nie auf einen konsequent vollstreckenden Gläubiger gestoßen sind, haben einen sportlichen Spaß daran, alle möglichen fingierten Verträge, Strohmannkonstruktionen etc. zu nutzen, um den Gläubiger zu ärgern. Einige Vorschriften, so vor allem die Bankrottstraftaten (§ 283 StGB) und die Vollstreckungsvereitelung (§ 288 StGB), können in der Hand eines konsequenten Gläubigers wirksame Mittel sein, um dem Schuldner das abzugewöhnen.

Trotzdem sollte man mit der Strafanzeige sparsam umgehen: Wenn nicht gerade schwere Bankrott- oder Beamtendelikte vorliegen, betrachtet die Staatsanwaltschaft die meisten Verstöße als Kleinkriminalität und setzt sich nicht besonders ein, weil es nicht ihre Aufgabe sei, die zivilrechtlichen Ansprüche eines Gläubigers mit Nachdruck zu verfolgen. Beschränkt man sich auf wirklich gravierende Fälle und grobe Verstöße, dann kann man der Staatsanwaltschaft klar machen, daß in diesem Einzelfall wirklich etwas passieren muß.

6. Checkliste

Die Überprüfung nach möglichen Straftaten kann leicht anhand dieses **409**
Kapitels (Ziffern 1.3.1 bis 1.3.10) vorgenommen werden. Unerläßlich ist es allerdings, die Gesetzestexte im StGB genau zu prüfen. Anwaltliche Hilfe ist meistens notwendig, um der Gefahr der falschen Anschuldigung (§ 164 StGB) zu entgehen.

Die Prüfung des Schuldnerverhaltens auf Straftaten ist vorzunehmen, wenn
- das Gerichtsvollzieherprotokoll
- das OV-Protokoll
- die Drittschuldnererklärung

beim Gläubiger eingehen.

XXVIII. Organisation

1. Allgemeines

410 Schnelle und richtige Sachbearbeitung hängt nicht zuletzt davon ab, ob das Zwangsvollstreckungsreferat beim Gläubiger, bei seinem Anwalt oder dem Inkassounternehmen ordentlich organisiert ist. Wer bei jedem Antrag die Forderung neu durchrechnen muß oder bei Standardanträgen auf Formulare verzichtet, vergeudet wertvolle Zeit. Andere Gläubiger werden das ausnutzen, um einen besseren Rang oder gar den einzigen Vermögenswert des Schuldners zu verwerten, der noch verblieben ist.

2. Formulare

Die wichtigsten Hilfsmittel sind:

2.1 Vorgedruckte Anträge

411 Die Formularverlage (z.B. Boorberg Verlag, der den Abdruck der hier verwendeten Formulare freundlicherweise gestattete, Hans Soldan Stiftung, Dreske & Krüger) haben ein umfangreiches Angebot an Formularen für alle Standardtätigkeiten in der Zwangsvollstreckung. Die Verlage versenden gratis oder gegen Schutzgebühr Musterbücher, in denen je ein Exemplar der angebotenen Formulare enthalten ist. Nach diesen Mustern kann nachbestellt werden.

2.2 Vorformulierte Anträge

412 In vielen Praxishandbüchern, so vor allem bei Gross-Waigel-Diepold, bei Stöber, bei Haegele/David, bei Peter und auch in diesem Buch, befinden sich Formulierungsvorschläge für bestimmte Anträge, andere wird man sich selbst entwickeln. Wenn z.B. die Pfändung eines Lebensversicherungsvertrages oder eines Gesellschaftsanteils oder eines Bankkontos häufiger vorkommen, dann ist es am praktischsten, sich diese Vorschläge mit Schreibmaschine auf einem separaten Blatt abzuschreiben und im Grundformular für die Pfändung auf das Beiblatt zu verweisen. Mit diesen selbstgeschriebenen Mustern, die in einer Ablage alphabetisch geordnet werden, kann man dann, ohne immer neu formulieren zu müssen, auch seltenere Anträge richtig und vollständig stellen.

2.3 Textbausteine

Wer EDV einsetzt, kann diese Texte dann unmittelbar als Textbausteine übernehmen. Textverarbeitung in der EDV hat den Vorteil, daß die Texte unschwer auf dem neuesten Stand gehalten werden können, in dem z.B.

XXVIII. Organisation

die neueste Rechtsprechung ohne weitere Umstände in die Formulare eingearbeitet werden kann. Leider gibt es jetzt noch kein vorgedrucktes Formularhandbuch für das gesamte Vollstreckungswesen, wie es vergleichbar im Scheidungs- und Verkehrsunfallrecht schon existiert. In den meisten Fällen wird der Gläubiger es aber ohnehin vorziehen, seine eigenen Texte individuell zu gestalten.

3. Zustellungsprobleme

Ein täglich auftauchendes Problem ist
- die Ermittlung der Adresse des Schuldners und anderer Personen;
- die Ermittlung des zuständigen Vollstreckungsgerichts und seine Adresse;
- die Ermittlung des Widerspruchsgerichts beim Mahnbescheid

Dazu braucht man ein **Ortsverzeichnis,** in welchem auch Gemeinden mit den zuständigen Amts-, Familien-, Arbeits- und Landgerichten (Beschwerdesachen!) aufgeführt sind. Empfehlenswert ist das Ortsverzeichnis für die Bundesrepublik Deutschland einschließlich der neuen Bundesländer, Juristischer Fachbuchverlag GmbH Essen, zu beziehen über die Hans Soldan Stiftung, Postfach 1103 51, 45333 Essen, Tel. 02 01-6 34 03-0

Dieses Ortsverzeichnis enthält allerdings nicht alle kleineren Orte. Vollständig ist

Müllers Großes Deutsches Ortsbuch, 21. Auflage 1985, ebenfalls über die Hans Soldan Stiftung zu beziehen.

Eine größere Vollstreckungsabteilung wird sich daneben gegebenenfalls für das Gebiet der gesamten Bundesrepublik Adreßbücher, Telefonbücher und Branchenverzeichnisse zulegen.

Ein Tip für den Notfall: Wenn man an Behörden schreibt, dann genügt meistens die bloße Angabe „Postfach", wenn man in der Eile die Adresse nicht findet (z.B. „An das Landratsamt Ebersberg, Postfach").

4. Literatur, Kostentabellen

Hierzu verweise ich auf das Literaturverzeichnis.

5. Forderungsberechnung

Die Anforderungen an die Forderungsübersicht habe ich oben ausführlich erläutert. Sie können nur mit einem leistungsfähigen Rechner (mit Papierstreifen!) erfüllt werden, bei dem man seine Rechenergebnisse auch nachträglich kontrollieren kann.

Nützlich ist hierbei ein Rechner, der nach Wahl nach jedem Rechenschritt Zwischensummen zieht.

Einige Hersteller haben zwischenzeitlich Rechner entwickelt, die die

XXVIII. Organisation

Grenze zu Kleincomputern überschreiten und bei denen z.B. die gesamten Anwaltsgebühren etc. gespeichert sind. Hier ist vor allem auf das Angebot der Hans Soldan Stiftung zu verweisen.

6. Computer

415 Der Einsatz von EDV im Vollstreckungsbereich war früher wegen der hohen Preise für solche Anlagen nur möglich, wenn entsprechend viele Vollstreckungsaufträge vorlagen. Der Computermarkt ändert sich ungewöhnlich schnell, das Risiko einer Fehlentscheidung ist aber durch die erheblich niedrigeren Preise im Gegensatz zu früher stark gesunken. Trotzdem ist nicht zu übersehen, daß eine Rationalisierung der täglichen Arbeit nicht schon dann erreicht wird, wenn der Computer eingesetzt wird – ein solcher Einsatz erfordert vielmehr ein grundsätzliches Durchdenken der Büroorganisation und ist mit einer Fülle von Begleitkosten verbunden, die man sich gut überlegen muß.

Das Institut der Anwaltschaft gibt Marktübersichten über praktisch alle Anbieter von EDV-Hardware und -Software nach einem einheitlichen Checklistensystem heraus. Im Oldenbourg-Verlag ist schon in der 2. Auflage das EDV-CHECKBUCH für Rechtsanwälte und Notare erschienen, das neben Marktübersichten vor allem Hinweise für das richtige Vorgehen bei der Auswahl des geeigneten Systems enthält.

Eine individuelle Beratung über diese Fragen vermittelt das Institut der Anwaltschaft (Adresse: *Adenauer-Allee 118, 53113 Bonn, Tel. 0228/260786, Telex 8869691, Telefax 0228-213707*).

7. Rechenzentren

416 Das Rechenwerk in der Zwangsvollstreckung kann man sich auch auswärts erstellen lassen. Diese Überlegung liegt nahe, wenn auch die Buchhaltung bei einem auswärtigen Rechenzentrum erledigt wird oder die Massenbeitreibung über eine eigene EDV nicht kostengünstig betrieben werden kann. Auskunft geben die Hans Soldan Stiftung, die Firma Reno Pölkner, Winterhuderweg 29, 22085 Hamburg, Tel. 040/2201661 und AIS Hamburg, Billhorner Deich 94–96, 20539 Hamburg, Tel. 040/7892643.

8. Fortbildung

417 Fortbildungsseminare werden durchgeführt vom:
Deutschen Anwaltverein, Adenauer Allee 106, 5300 Bonn 1, Tel. 0228/26070,
der
Deutschen Vereinigung der Rechtsanwalts- und Notariatsangestellten e.V., Corneliusstr. 76, 40215 Düsseldorf, Tel. 0211/3840954
und der

Rudolf Haufe Verlag, Postfach 740, 79007 Freiburg, Tel.: 0761-31560, ⟨3683-07⟩.

Diese Veranstaltungen sind sehr zu empfehlen, weil im Erfahrungsaustausch mit anderen Kollegen viele Dinge zu lernen sind, die man nicht in Büchern nachlesen kann.

XXIX. Gesamtvollstreckung – Insolvenzordnung

1. Die Gesamtvollstreckungsordnung (GesO)

Durch den Einigungsvertrag vom 31.08.1990 gilt in den neuen Ländern anstelle der Konkurs- und Vergleichsordnung die Gesamtvollstreckungsordnung. Dort sind sehr viele Punkte (sowohl verfahrensrechtlicher als auch materieller Art) anders geregelt.

So gelten z.B. Kredite nicht automatisch mit Verfahrenseröffnung als fällig (anders als in § 65 Abs.1 KO) und es müssen gegen den Schuldner eingeleitete Vollstreckungsmaßnahmen beendet sein, da sie sonst nach § 7 Abs.3 GesO ihre Wirksamkeit verlieren (Rückschlagsperre).

Ein wesentlicher Unterschied liegt auch darin, daß nach § 14 Abs.1 GesO eine verschuldet verspätet angemeldete Forderung am Verfahren nicht teilnimmt (anders als in § 142 Abs.1 KO). Um eine rechtzeitige Forderungsanmeldung in einem Gesamtvollstreckungsverfahren zu gewährleisten, sollten entsprechende Veröffentlichungen im Bundesanzeiger und in Tageszeitungen/Amtsblättern (§ 6 GesO) regelmäßig ausgewertet werden.

Es gibt noch eine Menge anderer Unterschiede (z.B. die sogenannte Restschuldbefreiung), welche den Anfänger jedoch überfordern und den Rahmen dieses Buches sprengen würden.

418

2. Die Insolvenzordnung (InsO)

Mit Wirkung zum 01.01.1999 tritt zur Vereinheitlichung der derzeit in Deutschland unterschiedlich geregelten Insolvenzverfahren die Insolvenzordnung an die Stelle von Konkurs-/Vergleichs- und Gesamtvollstreckungsordnung. Die in diesem Zusammenhang entstehenden Neuerungen werden rechtzeitig in einer der folgenden Auflagen berücksichtigt.

419

Gerichtsvollziehergeschäftsanweisung (GVGA)

– Auszüge –

§ 6 Zeit der Erledigung des Auftrags

Die Erledigung der Aufträge darf nicht verzögert werden. Der Gerichtsvollzieher entscheidet nach pflichtgemäßem Ermessen, in welcher Reihenfolge die vorliegenden Aufträge nach ihrer Dringlichkeit zu erledigen sind. Er muß in jedem Fall besonders prüfen, ob es sich um eine Eilsache handelt oder nicht. Die Eilbedürftigkeit kann sich aus der Art der vorzunehmenden Amtshandlung ergeben; dies gilt insbesondere für die Vollziehung von Arresten oder einstweiligen Verfügungen, für Proteste, Benachrichtigungen des Drittschuldners nach § 845 ZPO und für Zustellungen, durch die eine Notfrist oder eine sonstige gesetzliche Frist gewahrt werden soll. Aufträge, deren eilige Ausführung von der Partei verlangt wird, müssen den für die besondere Beschleunigung maßgebenden Grund erkennen lassen.

§ 64 Frist für die Bearbeitung der Aufträge

Der Gerichtsvollzieher führt die Zwangsvollstreckung schnell und nachdrücklich durch. Die Frist für die Bearbeitung eines Vollstreckungsauftrags ergibt sich aus der Sachlage im Einzelfall; so kann es angebracht sein, einen Pfändungsauftrag umgehend auszuführen, um den Rang des Pfändungsrechts zu sichern.

Erfolgt die erste Vollstreckungshandlung nicht innerhalb von zwei Wochen, so ist der Grund der Verzögerung aktenkundig zu machen.

§ 119 Rechte Dritter an den im Gewahrsam des Schuldners befindlichen Gegenständen

1. Der Gerichtsvollzieher prüft im allgemeinen nicht, ob die im Gewahrsam des Schuldners befindlichen Sachen zu dessen Vermögen gehören. Dies gilt sowohl dann, wenn zugunsten einer dritten Person ein die Veräußerung hinderndes Recht in Anspruch genommen wird, als auch dann, wenn der Schuldner behauptet, daß er die tatsächliche Gewalt über die Sachen nur für den Besitzer ausübe oder daß er sein Besitzrecht von einem anderen ableite. Für den Gerichtsvollzieher kommt es hiernach nur auf den äußeren Befund an. Für ihn gilt als Vermögen des Schuldners alles, was sich in dessen Gewahrsam befindet.
2. Gegenstände, die offensichtlich zum Vermögen eines Dritten gehören, pfändet der Gerichtsvollzieher nicht, z.B. dem Handwerker zur Reparatur, dem Frachtführer zum Transport und dem Pfandleiher zum Pfand übergebene Sachen, Klagewechsel in den Akten eines Rechtsanwalts.

Anhang

Dies gilt nicht, wenn der Dritte erklärt, daß er der Pfändung nicht widerspreche oder wenn der Gläubiger die Pfändung ausdrücklich verlangt.
3. Im Handelsverkehr wird dem Käufer das für die Aufbewahrung oder den Versand der Ware erforderliche wertvollere Leergut häufig nur leihweise überlassen. Dies gilt insbesondere für Eisen-, Stahl-, Blei- und Korbflaschen, Kupfer- und Aluminiumkannen sowie Metallfässer bei Lieferung von Erzeugnissen der chemischen Industrie, für Fässer, Glas- und Korbflaschen sowie Flaschenkästen bei Lieferung von Flüssigkeiten und für wertvollere Kisten und Säcke bei Lieferungen sonstiger Art. Daß solches Leergut nur leihweise überlassen ist, ergibt sich oft aus den Angeboten und Rechnungen. Auch ist das Gut meist mit einem Metallschild oder einem Stempel versehen, der den Eigentümer näher bezeichnet oder auch den Vermerk „unverkäuflich" enthält.
Leergut, das mit einem solchen auf das Eigentum eines Dritten hinweisenden Zeichen versehen ist, pfändet der Gerichtsvollzieher nur, wenn keine anderen Pfandstücke in ausreichendem Maße vorhanden sind und wenn es der Gläubiger ausdrücklich verlangt. Dasselbe gilt, wenn dem Gerichtsvollzieher Verträge oder Rechnungen zum Nachweis dafür vorgelegt werden, daß das Leergut einem Dritten gehört. Der Gerichtsvollzieher teilt dem vermutlichen Eigentümer die Pfändung mit, sofern es sich nicht um Leergut von geringerem Wert handelt.
4. Will der Gerichtsvollzieher Einrichtungen für den Telegrafen- oder Fernsprechverkehr pfänden, so erkundigt er sich vorher bei der nächsten in Betracht kommenden Dienststelle der Bundespost, wem das Eigentum an den Einrichtungen zusteht. Hierzu darf er den beim Schuldner etwa vorhandenen Fernsprecher benutzen. Die Erkundigung ist ohne Rücksicht darauf einzuziehen, welche Angaben der Schuldner oder dessen Angehörige oder Bedienstete über das Eigentum an den Einrichtungen machen. Erhält der Gerichtsvollzieher die Auskunft, daß die Gegenstände der Bundespost gehören, so pfändet er sie nur, wenn keine anderen Pfandstücke in ausreichendem Maße vorhanden sind und wenn es der Gläubiger ausdrücklich verlangt; er benachrichtigt die zuständige Dienststelle der Bundespost von der Pfändung.
Kann die Auskunft der Bundespost aus besonderen Gründen nicht sofort eingeholt werden, so beschränkt sich der Gerichtsvollzieher auf die Pfändung und benachrichtigt alsbald die zuständige Dienststelle der Bundespost.
Einrichtungen, die mit einer Leitung der Bundespost in Verbindung stehen, darf der Gerichtsvollzieher stets nur mit Zustimmung der zuständigen Dienststelle der Bundespost entfernen.

§ 131 Aufsuchen und Auswahl der Pfandstücke

1. Bleibt die Aufforderung zur Leistung (§ 105 Nr. 2) ohne Erfolg, so fordert der Gerichtsvollzieher den Schuldner auf, ihm seine bewegliche Habe vorzuzeigen und – soweit der Zweck der Vollstreckung es erfordert – seine Zimmer, Keller, Böden und anderen Räume sowie die dar-

in befindlichen Schränke, Kästen und anderen Behältnisse zu öffnen. Trifft der Gerichtsvollzieher den Schuldner nicht an, so richtet er eine entsprechende Aufforderung an eine zur Familie des Schuldners gehörige oder beim Schuldner beschäftigte erwachsene Person, die er in der Wohnung oder in den Geschäftsräumen antrifft. Werden die Behältnisse nicht freiwillig geöffnet oder trifft der Gerichtsvollzieher weder den Schuldner noch eine der vorstehend bezeichneten Personen an, so wendet er Gewalt an und verfährt dabei nach den §§ 107, 108 (§§ 758, 759 ZPO).

2. Bei der Auswahl der zu pfändenden Gegenstände sieht der Gerichtsvollzieher darauf, daß der Gläubiger auf dem kürzesten Wege befriedigt wird, ohne daß der Hausstand des Schuldners unnötig beeinträchtigt wird. Der Gerichtsvollzieher richtet daher die Pfändung in erster Linie auf Geld, Kostbarkeiten oder solche Wertpapiere, die den Vorschriften über die Zwangsvollstreckung in bewegliche körperliche Sachen unterliegen (vgl. §§ 154–156), sowie auf die Sachen, die der Schuldner sonst am ehesten entbehren kann. Sachen, deren Aufbewahrung, Unterhaltung oder Fortschaffung unverhältnismäßig hohe Kosten verursachen oder deren Versteigerung nur mit großem Verlust oder mit großen Schwierigkeiten möglich sein würde, pfändet er nur, wenn keine anderen Pfandstücke in ausreichendem Maße vorhanden sind. Ist es zweifelhaft, ob die Pfändung eines im Besitz des Schuldners befindlichen Wertpapiers durch den Gerichtsvollzieher zulässig ist, und sind keine anderen geeigneten Pfandstücke vorhanden, so pfändet der Gerichtsvollzieher das Papier einstweilen und überläßt es dem Gläubiger, den notwendigen Gerichtsbeschluß herbeizuführen.

§ 132 Vollziehung der Pfändung (§§ 808, 813 ZPO)

1. Die Pfändung körperlicher Sachen und der im § 154 bezeichneten Wertpapiere sowie die Pfändung von Forderungen aus Wechseln und anderen Papieren, die durch Indossament übertragen werden können, und aus Postsparbüchern (vgl. § 175) wird dadurch bewirkt, daß der Gerichtsvollzieher die Sachen oder Papiere in Besitz nimmt. Geld, Kostbarkeiten und Wertpapiere nimmt der Gerichtsvollzieher sogleich an sich. Andere Pfandstücke beläßt er im Gewahrsam des Schuldners, sofern hierdurch die Befriedigung des Gläubigers nicht gefährdet wird (§ 808 Abs. 2 ZPO). Ob eine solche Gefährdung vorliegt oder nach der Pfändung einzutreten droht, beurteilt der Gerichtsvollzieher nach Prüfung aller Umstände selbständig. Er nimmt die Pfandstücke nachträglich an sich, wenn eine Gefährdung erst nach der Pfändung erkennbar wird. Wegen der Wegnahme der Pfandstücke bei der Austauschpfändung und beim künftigen Wegfall der Unpfändbarkeit vgl. §§ 122 bis 124.

2. Werden die Pfandstücke im Gewahrsam des Schuldners belassen, so ist die Pfändung nur wirksam, wenn sie kenntlich gemacht ist. Dies gilt auch dann, wenn die Fortschaffung nur aufgeschoben wird. Die Pfändung ist so kenntlich zu machen, daß sie jedem Dritten, der die im

Anhang

Verkehr übliche Sorgfalt aufwendet, erkennbar ist. Der Gerichtsvollzieher versieht daher in der Regel jedes einzelne Pfandstück an einer in die Augen fallenden Stelle mit einer Siegelmarke oder einem sonst geeigneten Pfandzeichen. Das Pfandzeichen muß mit dem Pfandstück mechanisch verbunden sein. Es ist so anzubringen, daß die Sache dadurch nicht beschädigt wird. Das Dienstsiegel oder der Dienststempel ist zur Kennzeichnung gepfändeter Gegenstände nur dann zu verwenden, wenn die Anbringung von Siegelmarken oder anderen Pfandzeichen unmöglich oder unzweckmäßig ist. Für eine Mehrzahl von Pfandstücken – insbesondere eine Menge von Waren oder anderen vertretbaren Sachen, die sich in einem Behältnis oder in einer Umhüllung befinden oder mit Zustimmung des Schuldners in einem abgesonderten Raum untergebracht werden – genügt ein gemeinschaftliches Pfandzeichen, wenn es so angelegt wird, daß kein Stück aus dem Behältnis, der Umhüllung oder dem Raum entfernt werden kann, ohne daß das Pfandzeichen zerstört wird. Den Schlüssel zu versiegelten Behältnissen oder Räumen nimmt der Gerichtsvollzieher an sich.

3. Die Pfändung kann auch durch eine Pfandanzeige erkennbar gemacht werden. Der Gerichtsvollzieher bringt in diesem Fall an dem Ort, an dem sich die Pfandstücke befinden (z.B. dem Lagerboden, dem Speicher, dem Viehstall), ein Schriftstück an, das auf die Pfändung hinweist. Das Schriftstück ist so anzubringen, daß jedermann davon Kenntnis nehmen kann. Es ist mit der Unterschrift und dem Abdruck des Dienststempels des Gerichtsvollziehers zu versehen und soll die Pfandstücke genau bezeichnen. Werden Vorräte gepfändet, so ist der dem Schuldner belassene Teil der Vorräte von dem gepfändeten Teil äußerlich zu trennen. Wenn die Umstände es erfordern, ist für die Pfandstücke ein Hüter zu bestellen.

4. Beläßt der Gerichtsvollzieher Tiere im Gewahrsam des Schuldners, so kann er mit dem Schuldner vereinbaren, daß dieser befugt sein soll, die gewöhnlichen Nutzungen der Tiere (z.B. die Milch gepfändeter Kühe) als Entgelt für deren Fütterung und Pflege im Haushalt zu verbrauchen. Der Gerichtsvollzieher weist den Schuldner an, ihm eine Erkrankung der Tiere, insbesondere eine etwa erforderliche Notschlachtung, sofort anzuzeigen.

5. Der Gerichtsvollzieher eröffnet dem Schuldner oder in dessen Abwesenheit den im § 131 Nr.1 Satz 2 bezeichneten Personen, daß der Besitz der Pfandstücke auf ihn übergegangen sei. Er weist darauf hin,
   a) daß der Schuldner und jeder andere jede Handlung zu unterlassen haben, die diesen Besitz beeinträchtigt, wie etwa die Veräußerung, die Wegschaffung oder den Verbrauch der gepfändeten Sachen,
   b) daß jede Beschädigung oder Zerstörung der Pfandzeichen untersagt ist,
   c) daß Zuwiderhandlungen gegen diese Bestimmungen strafbar sind.

6. Nach den Vorschriften zu Nrn.2–5 verfährt der Gerichtsvollzieher auch, wenn er dem Schuldner Pfandstücke, die nicht in dessen Gewahrsam waren oder belassen sind, nachträglich unter Aufrechterhaltung der

Gerichtsvollziehergeschäftsanweisung

Pfändung herausgibt. Eine Herausgabe ohne Anbringung von Pfandzeichen bringt das Pfändungspfandrecht zum Erlöschen.
7. Die Pfändung darf nicht weiter ausgedehnt werden, als es zur Befriedigung des Gläubigers und zur Deckung der Kosten der Zwangsvollstreckung notwendig ist (§ 803 Abs. 1 Satz 2 ZPO). Der Gerichtsvollzieher rechnet deshalb den von ihm geschätzten voraussichtlichen Erlös der Pfandstücke zusammen, um eine Überpfändung zu vermeiden.
8. Der Gerichtsvollzieher schätzt die Sachen bei der Pfändung auf ihren gewöhnlichen Verkaufswert und trägt das Ergebnis der Schätzung in das Pfändungsprotokoll ein. Ist die Schätzung bei der Pfändung nicht möglich, so ist sie unverzüglich nachzuholen und ihr Ergebnis nachträglich im Pfändungsprotokoll zu vermerken. Die Schätzung von Kostbarkeiten überträgt der Gerichtsvollzieher einem Sachverständigen; sofern es sich um Gold- und Silbersachen handelt, läßt er hierbei sowohl den Gold- und Silberwert als auch den gewöhnlichen Verkaufswert schätzen. Der Sachverständige hat die Schätzung schriftlich oder zu Protokoll des Gerichtsvollziehers abzugeben. Das Ergebnis der Schätzung ist den Parteien rechtzeitig mitzuteilen. Wird der gewöhnliche Verkaufswert der Pfandstücke nachträglich von dem Gerichtsvollzieher oder einem Sachverständigen (vgl. auch § 813 Abs. 1 Satz 3 ZPO) geringer geschätzt, so vermerkt der Gerichtsvollzieher dies im Protokoll und teilt es den Parteien mit. Für die Vergütung des Sachverständigen gilt § 150 Nr. 4 entsprechend.
9. Erscheint dem Gerichtsvollzieher nach einer Neuschätzung die volle Befriedigung des Gläubigers nicht mehr gesichert, so führt er eine weitere Pfändung durch.
10. Sind die Vorkehrungen, die dazu dienten, die Pfändung erkennbar zu machen, später beseitigt oder sind die angebrachten Siegelmarken abgefallen, so sorgt der Gerichtsvollzieher, sobald er davon Kenntnis erhält, für die Erneuerung. Er prüft dabei auch, ob die Befriedigung des Gläubigers gefährdet wird, wenn er die Pfandstücke weiter im Gewahrsam des Schuldners beläßt; ist eine Gefährdung gegeben, so entfernt er die Pfandstücke nachträglich aus dem Gewahrsam des Schuldners.
11. Bei Verstrickungsbruch und Siegelbruch (§ 136 StGB) und bei Vereiteln der Zwangsvollstreckung (§ 288 StGB) hat der Gerichtsvollzieher keine Anzeigepflicht, sofern nicht allgemein oder für den besonderen Fall etwas Abweichendes angeordnet ist; er hat jedoch in jedem Fall den Gläubiger zu benachrichtigen.

§ 135 Besondere Vorschriften über das Pfändungsprotokoll (§§ 762, 763 ZPO)

1. Das Pfändungsprotokoll muß enthalten:
   a) ein genaues Verzeichnis der Pfandstücke unter fortlaufender Nummer, geeignetenfalls mit Angabe der Zahl, des Maßes, des Gewichts, der besonderen Merkmale und Kennzeichen der gepfändeten Sachen (z.B. Fabrikmarke, Baujahr, Typ, Fabriknummer und dgl.) nebst den

Anhang

vom Gerichtsvollzieher oder einem Sachverständigen geschätzten gewöhnlichen Verkaufswerten;
b) eine Beschreibung der angelegten Pfandzeichen;
c) den wesentlichen Inhalt der Eröffnungen, die dem Schuldner oder den in § 131 Nr. 1 bezeichneten Personen gemacht sind.
Es soll ferner den Inhalt der angebrachten Pfandanzeigen sowie den Inhalt der Vereinbarungen wiedergeben, die mit einem Hüter (§ 132 Nr. 3) getroffen sind.
2. Werden Pfandstücke aus dem Gewahrsam des Schuldners entfernt, so ist dies im Protokoll zu begründen. Auch ist anzugeben, welche Maßnahmen für die Verwahrung der Pfandstücke getroffen sind (vgl. auch § 139 Nr. 2).
3. Das Protokoll hat auch die Angabe der Zeit und des Ortes des Versteigerungstermins oder die Gründe zu enthalten, aus denen die sofortige Ansetzung des Versteigerungstermins unterblieben ist (vgl. § 142).
4. Sind dieselben Sachen gleichzeitig für denselben Gläubiger gegen denselben Schuldner auf Grund mehrerer Schuldtitel gepfändet, so ist nur ein Protokoll aufzunehmen. In diesem sind die einzelnen Schuldtitel genau zu bezeichnen.
5. Eine Abschrift des Pfändungsprotokolls ist dem Gläubiger und dem Schuldner zu erteilen, wenn sie es verlangen; dem Schuldner jedoch auch dann, wenn die Vollstreckung in seiner Abwesenheit stattgefunden hat. Die Absendung ist auf dem Protokoll zu vermerken.
6. Kann eine Pfändung überhaupt nicht oder nicht in Höhe der beizutreibenden Forderung erfolgen, weil die beim Schuldner vorgefundenen Sachen zu denjenigen gehören, die nicht gepfändet werden dürfen oder nicht gepfändet werden sollen, so sind im Protokoll die vorgefundenen, aber nicht gepfändeten Sachen ihrer Art, ihrer Beschaffenheit und – soweit § 803 Abs. 2 oder § 812 ZPO in Frage kommt – auch ihrem Wert nach wenigstens im allgemeinen so zu bezeichnen, daß daraus ein Anhalt für die Beurteilung der Frage gegeben wird, ob ihre Pfändung mit Recht unterlassen ist. Die an sich pfändbaren Sachen sind einzeln aufzuführen; sonst genügt die Bezeichnung der Gegenstände nach Art und Zahl. Bei Vorräten, von denen das Gesetz dem Schuldner eine bestimmte Menge freiläßt (§ 811 Nr. 2–5 ZPO), ist im Protokoll festzustellen, daß ein größerer als der im Gesetz bezeichnete Vorrat nicht vorhanden war.
Der Gerichtsvollzieher darf sich im Protokoll mit der allgemeinen Bemerkung begnügen, daß der Schuldner keine Sachen oder nur Sachen besitzt, die der Pfändung nicht unterworfen sind, oder von deren Verwertung kein Überschuß über die Kosten der Zwangsvollstreckung zu erwarten ist, wenn nicht der Gläubiger von vornherein eine vollständige Ausfüllung des Pfändungsprotokolls verlangt hat oder besondere Umstände vorliegen, die eine Nachprüfung der in den §§ 803 Abs. 2, 807 Abs. 1, 810 Abs. 1 Satz 2, 811, 811 a, c, 812, 813 ZPO genannten Voraussetzungen durch den Gläubiger wahrscheinlich erscheinen lassen.
Sind bereits Entscheidungen des Vollstreckungsgerichts ergangen, die sich mit der Unpfändbarkeit der vorgefundenen Sachen befassen, so

soll sie der Gerichtsvollzieher im Protokoll erwähnen, soweit sie für den Gläubiger von Belang sind.

§ 156 Hilfspfändung

Papiere, die nur eine Forderung beweisen, aber nicht Träger des Rechts sind (z.B. Sparkassenbücher, Pfandscheine, Versicherungsscheine und Depotscheine, ferner Hypotheken- und solche Grundschuld- und Rentenschuldbriefe, die nicht auf den Inhaber lauten), sind nicht Wertpapiere im Sinne des § 154. Sie können deshalb auch nicht nach den Vorschriften über die Zwangsvollstreckung in bewegliche körperliche Sachen gepfändet werden. Der Gerichtsvollzieher kann aber diese Papiere vorläufig in Besitz nehmen (Hilfspfändung). Er teilt dem Gläubiger die vorläufige Wegnahme unverzüglich mit und bezeichnet die Forderungen, auf die sich die Legitimationspapiere beziehen. Die Papiere sind jedoch dem Schuldner zurückzugeben, wenn der Gläubiger nicht alsbald, spätestens binnen zwei Wochen, den Pfändungsbeschluß über die Forderung vorlegt, die dem Papier zugrunde liegt. Die in Besitz genommenen Papiere sind im Pfändungsprotokoll genau zu bezeichnen.

Grund- und Rentenschuldbriefe, die auf den Inhaber lauten, werden nach § 154 gepfändet.

f) Pfändung bereits gepfändeter Sachen

§ 167 (§§ 826, 827 ZPO)

1. Die Pfändung bereits gepfändeter Sachen muß in derselben Form wie eine Erstpfändung erfolgen, wenn sie sich gegen einen anderen Schuldner als den der Erstpfändung richtet (sog. Doppelpfändung). Der Gerichtsvollzieher vermerkt in diesem Fall in den Akten über beide Pfändungen, daß und wann er die Sache auch gegen den anderen Schuldner gepfändet hat.
2. In den übrigen Fällen kann die weitere Pfändung in der Form einer Erstpfändung vorgenommen werden. Zur Bewirkung der Pfändung genügt aber auch die Erklärung des Gerichtsvollziehers, daß er die schon gepfändeten Sachen für seinen Auftraggeber gleichfalls pfände (Anschlußpfändung). Die Erklärung ist unter genauer Bezeichnung der Zeit, zu der sie abgegeben wird, in das Pfändungsprotokoll aufzunehmen. War die Erstpfändung von einem anderen Gerichtsvollzieher bewirkt, so ist diesem eine Abschrift des Pfändungsprotokolls zuzustellen. Die Anschlußpfändung ist mit der sie vollziehenden Erklärung bewirkt. Hat derselbe Gerichtsvollzieher die erste Pfändung und die Anschlußpfändung bewirkt, so muß er sicherstellen, daß bei der weiteren Bearbeitung, insbesondere bei der Versteigerung, keine der Pfändungen übersehen werden kann. Insbesondere muß der Gerichtsvollzieher darauf achten, daß Pfändungspfandrechte ruhender Vollstreckungen nicht gefährdet werden.

Anhang

3. Die Anschlußpfändung setzt zu ihrer Wirksamkeit das Bestehen einer staatlichen Verstrickung voraus. Der Gerichtsvollzieher vergewissert sich deshalb, daß die erste Pfändung eine wirksame Verstrickung herbeigeführt hat und daß diese noch besteht. Er sieht in der Regel das Protokoll ein, das über die erste Pfändung aufgenommen ist. Bei Pfandstücken, die sich im Gewahrsam des Schuldners oder eines anderen befinden, sieht der Gerichtsvollzieher an Ort und Stelle nach, ob die Pfandstücke noch vorhanden sind und ob die Pfändung noch ersichtlich ist. Bei der Anschlußpfändung von Sachen im Gewahrsam eines Dritten ist dessen Herausgabebereitschaft (vgl. § 118 Nr. 2) erneut festzustellen. Den Wert der Pfandstücke prüft der Gerichtsvollzieher nach. Hat sich der Wert verändert, so gibt er den Wert z.Z. der Anschlußpfändung an.

4. Der Gerichtsvollzieher soll schon gepfändete Sachen regelmäßig durch Anschlußpfändung und nicht in den Formen einer Erstpfändung pfänden, es sei denn, daß die Rechtsgültigkeit oder das Fortbestehen der vorangegangenen Pfändung zweifelhaft oder die Wirksamkeit einer durch bloße Erklärung bewirkten Anschlußpfändung aus sonstigen Gründen fraglich erscheint.

5. Die Pfändung bereits gepfändeter Gegenstände ist ohne Rücksicht darauf vorzunehmen, ob sich nach Befriedigung der Ansprüche des Gläubigers der Erstpfändung und der Kosten der ersten Vollstreckung noch ein Überschuß erwarten läßt. Eine solche Pfändung soll jedoch nur erfolgen, wenn die Befriedigung des Gläubigers aus anderen Pfandstüccken nicht erlangt werden kann oder wenn sie entweder vom Gläubiger ausdrücklich verlangt wird oder aus besonderen Gründen zweckentsprechender erscheint als die Pfändung anderer, noch nicht gepfändeter Sachen.

6. Der Auftrag des Gläubigers, für den eine Anschlußpfändung bewirkt ist, geht kraft Gesetzes auf den Gerichtsvollzieher über, der die Erstpfändung durchgeführt hat (§ 827 Abs. 1 ZPO). Daher ist dem Gerichtsvollzieher, der die Erstpfändung durchgeführt hat, der Schuldtitel nebst den sonstigen für die Vollstreckung erforderlichen Urkunden auszuhändigen, sofern nicht das Vollstreckungsgericht die Verrichtungen dieses Gerichtsvollziehers einem anderen überträgt (§ 827 Abs. 1 ZPO). Dem Auftraggeber und dem Schuldner ist hiervon Kenntnis zu geben. Der Gerichtsvollzieher, dem die Fortsetzung der Vollstreckung obliegt, hat sich als von allen Gläubigern beauftragt zu betrachten.

7. Die Versteigerung erfolgt durch den hiernach zuständigen Gerichtsvollzieher für alle beteiligten Gläubiger. Reicht der Erlös zur Deckung sämtlicher Forderungen nicht aus, so ist er nach der Reihenfolge der Pfändungen zu verteilen. Verlangt ein Gläubiger ohne Zustimmung der übrigen Gläubiger eine andere Art der Verteilung, so ist nach § 827 Abs. 2 ZPO zu verfahren.

8. Die Stundung seitens eines der Gläubiger oder die Einstellung des Verfahrens gegenüber einem der Gläubiger hat auf die Fortsetzung der Vollstreckung für die anderen Gläubiger keinen Einfluß. Wird die Voll-

streckung fortgesetzt, so ist der Gläubiger, der gestundet hat oder demgegenüber die Vollstreckung eingestellt ist, zur Wahrung seiner Interessen ohne Verzug zu benachrichtigen. Der auf diesen Gläubiger entfallende Betrag ist zu hinterlegen, und zwar im Fall der Einstellung unter Vorbehalt einer anderweitigen Überweisung, falls der Anspruch des Gläubigers ganz oder teilweise wegfallen sollte. Im Fall der Stundung bedarf es beim Einverständnis des Schuldners mit der Zahlung nicht der Hinterlegung, sofern sie nicht aus anderen Gründen zu erfolgen hat.

9. Wenn ein anderer Gerichtsvollzieher als derjenige, der die Erstpfändung vorgenommen hat, bei der weiteren Pfändung noch pfandfreie Gegenstände pfändet, so hat er geeignetenfalls bei seinem Auftraggeber nachzufragen, ob dieser mit der Erledigung des ganzen Vollstreckungsauftrags – also auch wegen der neu gepfändeten Sachen – durch den Gerichtsvollzieher einverstanden ist, dem die Versteigerung der früher gepfändeten Sachen zusteht. Wird dieses Einverständnis erteilt, so ist der Auftrag wegen der neu gepfändeten Sachen an den anderen Gerichtsvollzieher abzugeben.

10. Ist derselbe Gegenstand im Verwaltungsvollstreckungsverfahren oder zur Beitreibung von Abgaben und durch Gerichtsvollzieher für andere Auftraggeber gepfändet, so sind die besonderen Bestimmungen zu beachten, die hierfür in Betracht kommen (§ 6 der Justizbeitreibungsordnung, die noch anzuwendenden landesrechtlichen Vorschriften, §§ 307, 308 AO).
Ist die erste Pfändung im Wege der Verwaltungsvollstreckung erfolgt, so hat der Gerichtsvollzieher bei einer folgenden Vollstreckung nach der Zivilprozeßordnung die Form der Erstpfändung (§ 808 ZPO) zu wählen.

g) Gleichzeitige Pfändung für mehrere Gläubiger

§ 168 (§ 827 Abs. 3 ZPO)

1. Ein Gerichtsvollzieher, der vor Ausführung einer ihm aufgetragenen Pfändung von anderen Gläubigern mit der Pfändung gegen denselben Schuldner beauftragt wird, muß alle Aufträge als gleichzeitige behandeln und deshalb die Pfändung für alle beteiligten Gläubiger zugleich bewirken. Auf die Reihenfolge, in der die Vollstreckungsaufträge an den Gerichtsvollzieher gelangt sind, kommt es nicht an, sofern nicht die Pfändung auf Grund eines früheren Auftrags schon vollzogen ist; denn der Eingang des Vollstreckungsauftrags für sich allein begründet kein Vorzugsrecht des Gläubigers vor anderen Gläubigern. Steht der Vollziehung eines oder einzelner Aufträge ein Hindernis entgegen, so darf die Erledigung der anderen Aufträge deshalb nicht verzögert werden.
2. Will der Schuldner vor der Pfändung einen Geldbetrag freiwillig leisten, der die Forderungen sämtlicher Gläubiger nicht deckt, so darf der Gerichtsvollzieher diesen Betrag nur dann als Zahlung annehmen, wenn

Anhang

der Schuldner damit einverstanden ist, daß der Betrag unter alle Gläubiger nach dem Verhältnis der beizutreibenden Forderungen (Nr. 5 Satz 2) verteilt wird. Willigt der Schuldner hierin nicht ein, so ist das Geld für sämtliche Gläubiger zu pfänden.
3. Über die gleichzeitige Pfändung für mehrere Gläubiger ist nur ein Pfändungsprotokoll aufzunehmen; dieses muß die beteiligten Gläubiger und ihre Schuldtitel bezeichnen und die Erklärung enthalten, daß die Pfändung gleichzeitig für alle bewirkt ist.
4. Alle zu pfändenden Sachen sind für alle beteiligten Gläubiger zu pfänden, sofern nicht ein Gläubiger bestimmte Sachen ausgeschlossen hat.
5. Die Versteigerung erfolgt für alle beteiligten Gläubiger. Der Erlös ist nach dem Verhältnis der beizutreibenden Forderungen zu verteilen, wenn er zur Deckung der Forderungen aller Gläubiger nicht ausreicht. Verlangt ein Gläubiger ohne Zustimmung der übrigen Gläubiger eine andere Art der Verteilung, so ist nach § 827 Abs. 2 ZPO zu verfahren. Im übrigen gilt § 167 Nr. 8 entsprechend.
6. Hat der Gerichtsvollzieher für einen Gläubiger ganz oder teilweise erfolglos vollstreckt und findet er bei der Erledigung des Auftrags eines anderen Gläubigers weitere pfändbare Sachen vor, so verfährt er nach den Bestimmungen zu Nr. 1–5, sofern der Auftrag des ersten Gläubigers noch besteht. Dies gilt nicht, wenn der Gerichtsvollzieher den Schuldtitel dieses Gläubigers nicht mehr besitzt.
7. Hat der Gerichtsvollzieher eine Pfändung im Verwaltungsvollstreckungsverfahren und im Auftrag eines anderen Gläubigers durchzuführen, so finden die Nrn. 1–6 entsprechende Anwendung.

§ 173 Zustellung des Pfändungs- und Überweisungsbeschlusses (§§ 829, 835, 840, 857 ZPO)

1. Die Pfändung einer Forderung ist mit der Zustellung des Pfändungsbeschlusses an den Drittschuldner als bewirkt anzusehen (§ 829 Abs. 3 ZPO). Die Zustellung an den Drittschuldner ist daher regelmäßig vor der Zustellung an den Schuldner durchzuführen, wenn nicht der Auftraggeber ausdrücklich etwas anderes verlangt (vgl. Nr. 3). Diese Zustellung ist zu beschleunigen; in der Zustellungsurkunde ist der Zeitpunkt der Zustellung nach Stunde und Minute anzugeben. Bei Zustellung durch die Post ist nach § 41 zu verfahren. Ist der Gerichtsvollzieher mit der Zustellung mehrerer Pfändungsbeschlüsse an denselben Drittschuldner beauftragt, so stellt er sie alle in dem gleichen Zeitpunkt zu und vermerkt in den einzelnen Zustellungsurkunden, welche Beschlüsse er gleichzeitig zugestellt hat. Läßt ein Gläubiger eine Forderung pfänden, die dem Schuldner gegen ihn selbst zusteht, so ist der Pfändungsbeschluß dem Gläubiger wie einem Drittschuldner zuzustellen.
2. Auf Verlangen des Gläubigers fordert der Gerichtsvollzieher den Drittschuldner bei der Zustellung des Pfändungsbeschlusses auf, binnen zwei Wochen, von der Zustellung an gerechnet, dem Gläubiger zu erklären:

a) ob und inwieweit er die Forderung anerkenne und Zahlung zu leisten bereit sei,
b) ob und welche Ansprüche andere Personen an die Forderung erheben,
c) ob und wegen welcher Ansprüche die Forderung bereits für andere Gläubiger gepfändet sei.

Die Aufforderung zur Abgabe dieser Erklärungen muß in die Zustellungsurkunde aufgenommen werden (§ 840 ZPO). Die Zustellung an den Drittschuldner kann in solchen Fällen nur im Wege der gewöhnlichen Zustellung bewirkt werden. Eine Erklärung, die der Drittschuldner bei der Zustellung abgibt, ist in die Zustellungsurkunde aufzunehmen und von dem Drittschuldner nach Durchsicht oder nach Vorlesung zu unterschreiben. Gibt der Drittschuldner keine Erklärung ab oder verweigert er die Unterschrift, so ist dies in der Zustellungsurkunde zu vermerken. Eine Erklärung, die der Drittschuldner später dem Gerichtsvollzieher gegenüber abgibt, ist ohne Verzug dem Gläubiger zu übermitteln und, soweit sie mündlich erfolgt, zu diesem Zweck durch ein Protokoll festzustellen.

Sollen mehrere Drittschuldner, die in verschiedenen Amtsgerichtsbezirken wohnen, aber in einem Pfändungsbeschluß genannt sind, zur Abgabe der Erklärungen aufgefordert werden, so führt zunächst der für den zuerst genannten Drittschuldner zuständige Gerichtsvollzieher die Zustellung an die in seinem Amtsgerichtsbezirk wohnenden Drittschuldner aus (vgl. § 20 Abs.1). Hiernach gibt er den Pfändungsbeschluß an den Gerichtsvollzieher ab, der für die Zustellung an die im nächsten Amtsgerichtsbezirk wohnenden Drittschuldner zuständig ist. Dieser verfährt ebenso, bis an sämtliche Drittschuldner zugestellt ist. Die Zustellung an den Schuldner (vgl. die folgende Nr.3) nimmt der zuletzt tätig gewesene Gerichtsvollzieher vor.

3. Nach der Zustellung an den Drittschuldner stellt der Gerichtsvollzieher den Pfändungsbeschluß mit einer beglaubigten Abschrift der Urkunde über die Zustellung an den Drittschuldner – im Fall der Zustellung durch die Post mit einer beglaubigten Abschrift der Postzustellungsurkunde – auch ohne besonderen Auftrag sofort dem Schuldner zu. Muß diese Zustellung im Auslande bewirkt werden, so geschieht sie durch Aufgabe zur Post. Die Zustellung an den Schuldner unterbleibt, wenn eine öffentliche Zustellung erforderlich sein würde. Ist auf Verlangen des Gläubigers die Zustellung an den Schuldner erfolgt, bevor die Zustellung an den Drittschuldner stattgefunden hat oder ehe die Postzustellungsurkunde dem Gerichtsvollzieher zugegangen ist, so stellt der Gerichtsvollzieher dem Schuldner die Abschrift der Zustellungsurkunde nachträglich zu. Ist ein Drittschuldner nicht vorhanden (z.B. bei Pfändung von Urheber- und Patentrechten), so ist die Pfändung mit der Zustellung des Pfändungsbeschlusses an den Schuldner erfolgt (§ 857 ZPO).

4. Wird neben dem Pfändungsbeschluß ein besonderer Überweisungsbeschluß erlassen, so ist dieser ebenfalls dem Drittschuldner und sodann unter entsprechender Anwendung der Vorschriften zu Nr.3 dem Schuldner zuzustellen (§ 835 Abs.3 ZPO).

Anhang

5. Hat der Gerichtsvollzieher die Zustellung im Fall der Nr.1 durch die Post bewirken lassen, so überprüft er die Zustellungsurkunde an den Drittschuldner nach ihrem Eingang und achtet darauf, ob die Zustellung richtig durchgeführt und mit genauer Zeitangabe beurkundet ist. Ist die Zustellung durch die Post fehlerhaft, so stellt er umgehend erneut zu. Sofern es die Umstände erfordern, wählt er dabei die gewöhnliche Zustellung.

Lohnpfändungstabelle

Anlage
(zu Artikel 1 Nr. 5)

Anlage 2
(zu § 850c)

Nettolohn monatlich	Pfändbarer Betrag bei Unterhaltspflicht*) für					
	0	1	2	3	4	5 und mehr Personen
	in DM					
bis 1 219,99	—	—	—	—	—	—
1 220,00 bis 1 239,99	7,70	—	—	—	—	—
1 240,00 bis 1 259,99	21,70	—	—	—	—	—
1 260,00 bis 1 279,99	35,70	—	—	—	—	—
1 280,00 bis 1 299,99	49,70	—	—	—	—	—
1 300,00 bis 1 319,99	63,70	—	—	—	—	—
1 320,00 bis 1 339,99	77,70	—	—	—	—	—
1 340,00 bis 1 359,99	91,70	—	—	—	—	—
1 360,00 bis 1 379,99	105,70	—	—	—	—	—
1 380,00 bis 1 399,99	119,70	—	—	—	—	—
1 400,00 bis 1 419,99	133,70	—	—	—	—	—
1 420,00 bis 1 439,99	147,70	—	—	—	—	—
1 440,00 bis 1 459,99	161,70	—	—	—	—	—
1 460,00 bis 1 479,99	175,70	—	—	—	—	—
1 480,00 bis 1 499,99	189,70	—	—	—	—	—
1 500,00 bis 1 519,99	203,70	—	—	—	—	—
1 520,00 bis 1 539,99	217,70	—	—	—	—	—
1 540,00 bis 1 559,99	231,70	—	—	—	—	—
1 560,00 bis 1 579,99	245,70	—	—	—	—	—
1 580,00 bis 1 599,99	259,70	—	—	—	—	—
1 600,00 bis 1 619,99	273,70	—	—	—	—	—
1 620,00 bis 1 639,99	287,70	—	—	—	—	—
1 640,00 bis 1 659,99	301,70	—	—	—	—	—
1 660,00 bis 1 679,99	315,70	—	—	—	—	—
1 680,00 bis 1 699,99	329,70	1,50	—	—	—	—
1 700,00 bis 1 719,99	343,70	11,50	—	—	—	—
1 720,00 bis 1 739,99	357,70	21,50	—	—	—	—
1 740,00 bis 1 759,99	371,70	31,50	—	—	—	—
1 760,00 bis 1 779,99	385,70	41,50	—	—	—	—
1 780,00 bis 1 799,99	399,70	51,50	—	—	—	—
1 800,00 bis 1 819,99	413,70	61,50	—	—	—	—
1 820,00 bis 1 839,99	427,70	71,50	—	—	—	—
1 840,00 bis 1 859,99	441,70	81,50	—	—	—	—
1 860,00 bis 1 879,99	455,70	91,50	—	—	—	—
1 880,00 bis 1 899,99	469,70	101,50	—	—	—	—
1 900,00 bis 1 919,99	483,70	111,50	—	—	—	—
1 920,00 bis 1 939,99	497,70	121,50	—	—	—	—
1 940,00 bis 1 959,99	511,70	131,50	—	—	—	—
1 960,00 bis 1 979,99	525,70	141,50	—	—	—	—
1 980,00 bis 1 999,99	539,70	151,50	—	—	—	—
2 000,00 bis 2 019,99	553,70	161,50	—	—	—	—
2 020,00 bis 2 039,99	567,70	171,50	—	—	—	—
2 040,00 bis 2 059,99	581,70	181,50	4,80	—	—	—
2 060,00 bis 2 079,99	595,70	191,50	12,80	—	—	—
2 080,00 bis 2 099,99	609,70	201,50	20,80	—	—	—
2 100,00 bis 2 119,99	623,70	211,50	28,80	—	—	—
2 120,00 bis 2 139,99	637,70	221,50	36,80	—	—	—
2 140,00 bis 2 159,99	651,70	231,50	44,80	—	—	—
2 160,00 bis 2 179,99	665,70	241,50	52,80	—	—	—
2 180,00 bis 2 199,99	679,70	251,50	60,80	—	—	—
2 200,00 bis 2 219,99	693,70	261,50	68,80	—	—	—
2 220,00 bis 2 239,99	707,70	271,50	76,80	—	—	—
2 240,00 bis 2 259,99	721,70	281,50	84,80	—	—	—
2 260,00 bis 2 279,99	735,70	291,50	92,80	—	—	—
2 280,00 bis 2 299,99	749,70	301,50	100,80	—	—	—

*) Zu berücksichtigen sind Unterhaltsleistungen des Schuldners gegenüber seinem Ehegatten, einem früheren Ehegatten, einem Verwandten oder der Mutter eines nichtehelichen Kindes nach §§ 1615l, 1615n des Bürgerlichen Gesetzbuchs.

Anhang

Nettolohn monatlich	Pfändbarer Betrag bei Unterhaltspflicht*) für					5 und mehr Personen
	0	1	2	3	4	
	in DM					
2 300,00 bis 2 319,99	763,70	311,50	108,80	—	—	—
2 320,00 bis 2 339,99	777,70	321,50	116,80	—	—	—
2 340,00 bis 2 359,99	791,70	331,50	124,80	—	—	—
2 360,00 bis 2 379,99	805,70	341,50	132,80	—	—	—
2 380,00 bis 2 399,99	819,70	351,50	140,80	0,30	—	—
2 400,00 bis 2 419,99	833,70	361,50	148,80	6,30	—	—
2 420,00 bis 2 439,99	847,70	371,50	156,80	12,30	—	—
2 440,00 bis 2 459,99	861,70	381,50	164,80	18,30	—	—
2 460,00 bis 2 479,99	875,70	391,50	172,80	24,30	—	—
2 480,00 bis 2 499,99	889,70	401,50	180,80	30,30	—	—
2 500,00 bis 2 519,99	903,70	411,50	188,80	36,30	—	—
2 520,00 bis 2 539,99	917,70	421,50	196,80	42,30	—	—
2 540,00 bis 2 559,99	931,70	431,50	204,80	48,30	—	—
2 560,00 bis 2 579,99	945,70	441,50	212,80	54,30	—	—
2 580,00 bis 2 599,99	959,70	451,50	220,80	60,30	—	—
2 600,00 bis 2 619,99	973,70	461,50	228,80	66,30	—	—
2 620,00 bis 2 639,99	987,70	471,50	236,80	72,30	—	—
2 640,00 bis 2 659,99	1 001,70	481,50	244,80	78,30	—	—
2 660,00 bis 2 679,99	1 015,70	491,50	252,80	84,30	—	—
2 680,00 bis 2 699,99	1 029,70	501,50	260,80	90,30	—	—
2 700,00 bis 2 719,99	1 043,70	511,50	268,80	96,30	—	—
2 720,00 bis 2 739,99	1 057,70	521,50	276,80	102,30	—	—
2 740,00 bis 2 759,99	1 071,70	531,50	284,80	108,30	2,00	—
2 760,00 bis 2 779,99	1 085,70	541,50	292,80	114,30	6,00	—
2 780,00 bis 2 799,99	1 099,70	551,50	300,80	120,30	10,00	—
2 800,00 bis 2 819,99	1 113,70	561,50	308,80	126,30	14,00	—
2 820,00 bis 2 839,99	1 127,70	571,50	316,80	132,30	18,00	—
2 840,00 bis 2 859,99	1 141,70	581,50	324,80	138,30	22,00	—
2 860,00 bis 2 879,99	1 155,70	591,50	332,80	144,30	26,00	—
2 880,00 bis 2 899,99	1 169,70	601,50	340,80	150,30	30,00	—
2 900,00 bis 2 919,99	1 183,70	611,50	348,80	156,30	34,00	—
2 920,00 bis 2 939,99	1 197,70	621,50	356,80	162,30	38,00	—
2 940,00 bis 2 959,99	1 211,70	631,50	364,80	168,30	42,00	—
2 960,00 bis 2 979,99	1 225,70	641,50	372,80	174,30	46,00	—
2 980,00 bis 2 999,99	1 239,70	651,50	380,80	180,30	50,00	—
3 000,00 bis 3 019,99	1 253,70	661,50	388,80	186,30	54,00	—
3 020,00 bis 3 039,99	1 267,70	671,50	396,80	192,30	58,00	—
3 040,00 bis 3 059,99	1 281,70	681,50	404,80	198,30	62,00	—
3 060,00 bis 3 079,99	1 295,70	691,50	412,80	204,30	66,00	—
3 080,00 bis 3 099,99	1 309,70	701,50	420,80	210,30	70,00	—
3 100,00 bis 3 119,99	1 323,70	711,50	428,80	216,30	74,00	1,90
3 120,00 bis 3 139,99	1 337,70	721,50	436,80	222,30	78,00	3,90
3 140,00 bis 3 159,99	1 351,70	731,50	444,80	228,30	82,00	5,90
3 160,00 bis 3 179,99	1 365,70	741,50	452,80	234,30	86,00	7,90
3 180,00 bis 3 199,99	1 379,70	751,50	460,80	240,30	90,00	9,90
3 200,00 bis 3 219,99	1 393,70	761,50	468,80	246,30	94,00	11,90
3 220,00 bis 3 239,99	1 407,70	771,50	476,80	252,30	98,00	13,90
3 240,00 bis 3 259,99	1 421,70	781,50	484,80	258,30	102,00	15,90
3 260,00 bis 3 279,99	1 435,70	791,50	492,80	264,30	106,00	17,90
3 280,00 bis 3 299,99	1 449,70	801,50	500,80	270,30	110,00	19,90
3 300,00 bis 3 319,99	1 463,70	811,50	508,80	276,30	114,00	21,90
3 320,00 bis 3 339,99	1 477,70	821,50	516,80	282,30	118,00	23,90
3 340,00 bis 3 359,99	1 491,70	831,50	524,80	288,30	122,00	25,90
3 360,00 bis 3 379,99	1 505,70	841,50	532,80	294,30	126,00	27,90
3 380,00 bis 3 399,99	1 519,70	851,50	540,80	300,30	130,00	29,90

*) Zu berücksichtigen sind Unterhaltsleistungen des Schuldners gegenüber seinem Ehegatten, einem früheren Ehegatten, einem Verwandten oder der Mutter eines nichtehelichen Kindes nach §§ 1615l, 1615n des Bürgerlichen Gesetzbuchs.

Lohnpfändungstabelle

Nettolohn monatlich	Pfändbarer Betrag bei Unterhaltspflicht*) für					
	0	1	2	3	4	5 und mehr Personen
	in DM					
3 400,00 bis 3 419,99	1 533,70	861,50	548,80	306,30	134,00	31,90
3 420,00 bis 3 439,99	1 547,70	871,50	556,80	312,30	138,00	33,90
3 440,00 bis 3 459,99	1 561,70	881,50	564,80	318,30	142,00	35,90
3 460,00 bis 3 479,99	1 575,70	891,50	572,80	324,30	146,00	37,90
3 480,00 bis 3 499,99	1 589,70	901,50	580,80	330,30	150,00	39,90
3 500,00 bis 3 519,99	1 603,70	911,50	588,80	336,30	154,00	41,90
3 520,00 bis 3 539,99	1 617,70	921,50	596,80	342,30	158,00	43,90
3 540,00 bis 3 559,99	1 631,70	931,50	604,80	348,30	162,00	45,90
3 560,00 bis 3 579,99	1 645,70	941,50	612,80	354,30	166,00	47,90
3 580,00 bis 3 599,99	1 659,70	951,50	620,80	360,30	170,00	49,90
3 600,00 bis 3 619,99	1 673,70	961,50	628,80	366,30	174,00	51,90
3 620,00 bis 3 639,99	1 687,70	971,50	636,80	372,30	178,00	53,90
3 640,00 bis 3 659,99	1 701,70	981,50	644,80	378,30	182,00	55,90
3 660,00 bis 3 679,99	1 715,70	991,50	652,80	384,30	186,00	57,90
3 680,00 bis 3 699,99	1 729,70	1 001,50	660,80	390,30	190,00	59,90
3 700,00 bis 3 719,99	1 743,70	1 011,50	668,80	396,30	194,00	61,90
3 720,00 bis 3 739,99	1 757,70	1 021,50	676,80	402,30	198,00	63,90
3 740,00 bis 3 759,99	1 771,70	1 031,50	684,80	408,30	202,00	65,90
3 760,00 bis 3 779,99	1 785,70	1 041,50	692,80	414,30	206,00	67,90
3 780,00 bis 3 796,00	1 799,70	1 051,50	700,80	420,30	210,00	69,90

Der Mehrbetrag über 3 796,00 DM ist voll pfändbar.

*) Zu berücksichtigen sind Unterhaltsleistungen des Schuldners gegenüber seinem Ehegatten, einem früheren Ehegatten, einem Verwandten oder der Mutter eines nichtehelichen Kindes nach §§ 1615l, 1615n des Bürgerlichen Gesetzbuchs.

Anhang

Nettolohn wöchentlich	Pfändbarer Betrag bei Unterhaltspflicht*) für in DM					
	0	1	2	3	4	5 und mehr Personen
bis 279,99	—	—	—	—	—	—
280,00 bis 284,99	0,70	—	—	—	—	—
285,00 bis 289,99	4,20	—	—	—	—	—
290,00 bis 294,99	7,70	—	—	—	—	—
295,00 bis 299,99	11,20	—	—	—	—	—
300,00 bis 304,99	14,70	—	—	—	—	—
305,00 bis 309,99	18,20	—	—	—	—	—
310,00 bis 314,99	21,70	—	—	—	—	—
315,00 bis 319,99	25,20	—	—	—	—	—
320,00 bis 324,99	28,70	—	—	—	—	—
325,00 bis 329,99	32,20	—	—	—	—	—
330,00 bis 334,99	35,70	—	—	—	—	—
335,00 bis 339,99	39,20	—	—	—	—	—
340,00 bis 344,99	42,70	—	—	—	—	—
345,00 bis 349,99	46,20	—	—	—	—	—
350,00 bis 354,99	49,70	—	—	—	—	—
355,00 bis 359,99	53,20	—	—	—	—	—
360,00 bis 364,99	56,70	—	—	—	—	—
365,00 bis 369,99	60,20	—	—	—	—	—
370,00 bis 374,99	63,70	—	—	—	—	—
375,00 bis 379,99	67,20	—	—	—	—	—
380,00 bis 384,99	70,70	—	—	—	—	—
385,00 bis 389,99	74,20	—	—	—	—	—
390,00 bis 394,99	77,70	1,50	—	—	—	—
395,00 bis 399,99	81,20	4,00	—	—	—	—
400,00 bis 404,99	84,70	6,50	—	—	—	—
405,00 bis 409,99	88,20	9,00	—	—	—	—
410,00 bis 414,99	91,70	11,50	—	—	—	—
415,00 bis 419,99	95,20	14,00	—	—	—	—
420,00 bis 424,99	98,70	16,50	—	—	—	—
425,00 bis 429,99	102,20	19,00	—	—	—	—
430,00 bis 434,99	105,70	21,50	—	—	—	—
435,00 bis 439,99	109,20	24,00	—	—	—	—
440,00 bis 444,99	112,70	26,50	—	—	—	—
445,00 bis 449,99	116,20	29,00	—	—	—	—
450,00 bis 454,99	119,70	31,50	—	—	—	—
455,00 bis 459,99	123,20	34,00	—	—	—	—
460,00 bis 464,99	126,70	36,50	—	—	—	—
465,00 bis 469,99	130,20	39,00	—	—	—	—
470,00 bis 474,99	133,70	41,50	0,80	—	—	—
475,00 bis 479,99	137,20	44,00	2,80	—	—	—
480,00 bis 484,99	140,70	46,50	4,80	—	—	—
485,00 bis 489,99	144,20	49,00	6,80	—	—	—
490,00 bis 494,99	147,70	51,50	8,80	—	—	—
495,00 bis 499,99	151,20	54,00	10,80	—	—	—
500,00 bis 504,99	154,70	56,50	12,80	—	—	—
505,00 bis 509,99	158,20	59,00	14,80	—	—	—
510,00 bis 514,99	161,70	61,50	16,80	—	—	—
515,00 bis 519,99	165,20	64,00	18,80	—	—	—
520,00 bis 524,99	168,70	66,50	20,80	—	—	—
525,00 bis 529,99	172,20	69,00	22,80	—	—	—
530,00 bis 534,99	175,70	71,50	24,80	—	—	—
535,00 bis 539,99	179,20	74,00	26,80	—	—	—
540,00 bis 544,99	182,70	76,50	28,80	—	—	—
545,00 bis 549,99	186,20	79,00	30,80	—	—	—

*) Zu berücksichtigen sind Unterhaltsleistungen des Schuldners gegenüber seinem Ehegatten, einem früheren Ehegatten, einem Verwandten oder der Mutter eines nichtehelichen Kindes nach §§ 1615l, 1615n des Bürgerlichen Gesetzbuchs.

Lohnpfändungstabelle

Nettolohn wöchentlich	Pfändbarer Betrag bei Unterhaltspflicht*) für					
	0	1	2	3	4	5 und mehr Personen
	in DM					
550,00 bis 554,99	189,70	81,50	32,80	0,30	—	—
555,00 bis 559,99	193,20	84,00	34,80	1,80	—	—
560,00 bis 564,99	196,70	86,50	36,80	3,30	—	—
565,00 bis 569,99	200,20	89,00	38,80	4,80	—	—
570,00 bis 574,99	203,70	91,50	40,80	6,30	—	—
575,00 bis 579,99	207,20	94,00	42,80	7,80	—	—
580,00 bis 584,99	210,70	96,50	44,80	9,30	—	—
585,00 bis 589,99	214,20	99,00	46,80	10,80	—	—
590,00 bis 594,99	217,70	101,50	48,80	12,30	—	—
595,00 bis 599,99	221,20	104,00	50,80	13,80	—	—
600,00 bis 604,99	224,70	106,50	52,80	15,30	—	—
605,00 bis 609,99	228,20	109,00	54,80	16,80	—	—
610,00 bis 614,99	231,70	111,50	56,80	18,30	—	—
615,00 bis 619,99	235,20	114,00	58,80	19,80	—	—
620,00 bis 624,99	238,70	116,50	60,80	21,30	—	—
625,00 bis 629,99	242,20	119,00	62,80	22,80	—	—
630,00 bis 634,99	245,70	121,50	64,80	24,30	—	—
635,00 bis 639,99	249,20	124,00	66,80	25,80	1,00	—
640,00 bis 644,99	252,70	126,50	68,80	27,30	2,00	—
645,00 bis 649,99	256,20	129,00	70,80	28,80	3,00	—
650,00 bis 654,99	259,70	131,50	72,80	30,30	4,00	—
655,00 bis 659,99	263,20	134,00	74,80	31,80	5,00	—
660,00 bis 664,99	266,70	136,50	76,80	33,30	6,00	—
665,00 bis 669,99	270,20	139,00	78,80	34,80	7,00	—
670,00 bis 674,99	273,70	141,50	80,80	36,30	8,00	—
675,00 bis 679,99	277,20	144,00	82,80	37,80	9,00	—
680,00 bis 684,99	280,70	146,50	84,80	39,30	10,00	—
685,00 bis 689,99	284,20	149,00	86,80	40,80	11,00	—
690,00 bis 694,99	287,70	151,50	88,80	42,30	12,00	—
695,00 bis 699,99	291,20	154,00	90,80	43,80	13,00	—
700,00 bis 704,99	294,70	156,50	92,80	45,30	14,00	—
705,00 bis 709,99	298,20	159,00	94,80	46,80	15,00	—
710,00 bis 714,99	301,70	161,50	96,80	48,30	16,00	—
715,00 bis 719,99	305,20	164,00	98,80	49,80	17,00	0,40
720,00 bis 724,99	308,70	166,50	100,80	51,30	18,00	0,90
725,00 bis 729,99	312,20	169,00	102,80	52,80	19,00	1,40
730,00 bis 734,99	315,70	171,50	104,80	54,30	20,00	1,90
735,00 bis 739,99	319,20	174,00	106,80	55,80	21,00	2,40
740,00 bis 744,99	322,70	176,50	108,80	57,30	22,00	2,90
745,00 bis 749,99	326,20	179,00	110,80	58,80	23,00	3,40
750,00 bis 754,99	329,70	181,50	112,80	60,30	24,00	3,90
755,00 bis 759,99	333,20	184,00	114,80	61,80	25,00	4,40
760,00 bis 764,99	336,70	186,50	116,80	63,30	26,00	4,90
765,00 bis 769,99	340,20	189,00	118,80	64,80	27,00	5,40
770,00 bis 774,99	343,70	191,50	120,80	66,30	28,00	5,90
775,00 bis 779,99	347,20	194,00	122,80	67,80	29,00	6,40
780,00 bis 784,99	350,70	196,50	124,80	69,30	30,00	6,90
785,00 bis 789,99	354,20	199,00	126,80	70,80	31,00	7,40
790,00 bis 794,99	357,70	201,50	128,80	72,30	32,00	7,90
795,00 bis 799,99	361,20	204,00	130,80	73,80	33,00	8,40
800,00 bis 804,99	364,70	206,50	132,80	75,30	34,00	8,90
805,00 bis 809,99	368,20	209,00	134,80	76,80	35,00	9,40
810,00 bis 814,99	371,70	211,50	136,80	78,30	36,00	9,90
815,00 bis 819,99	375,20	214,00	138,80	79,80	37,00	10,40
820,00 bis 824,99	378,70	216,50	140,80	81,30	38,00	10,90

*) Zu berücksichtigen sind Unterhaltsleistungen des Schuldners gegenüber seinem Ehegatten, einem früheren Ehegatten, einem Verwandten oder der Mutter eines nichtehelichen Kindes nach §§ 1615l, 1615n des Bürgerlichen Gesetzbuchs.

Anhang

Nettolohn wöchentlich	Pfändbarer Betrag bei Unterhaltspflicht*) für					
	0	1	2	3	4	5 und mehr Personen
	in DM					
825,00 bis 829,99	382,20	219,00	142,80	82,80	39,00	11,40
830,00 bis 834,99	385,70	221,50	144,80	84,30	40,00	11,90
835,00 bis 839,99	389,20	224,00	146,80	85,80	41,00	12,40
840,00 bis 844,99	392,70	226,50	148,80	87,30	42,00	12,90
845,00 bis 849,99	396,20	229,00	150,80	88,80	43,00	13,40
850,00 bis 854,99	399,70	231,50	152,80	90,30	44,00	13,90
855,00 bis 859,99	403,20	234,00	154,80	91,80	45,00	14,40
860,00 bis 864,99	406,70	236,50	156,80	93,30	46,00	14,90
865,00 bis 869,99	410,20	239,00	158,80	94,80	47,00	15,40
870,00 bis 874,99	413,70	241,50	160,80	96,30	48,00	15,90
875,00 bis 876,00	417,20	244,00	162,80	97,80	49,00	16,40
Der Mehrbetrag über 876,00 DM ist voll pfändbar.						

*) Zu berücksichtigen sind Unterhaltsleistungen des Schuldners gegenüber seinem Ehegatten, einem früheren Ehegatten, einem Verwandten oder der Mutter eines nichtehelichen Kindes nach §§ 1615l, 1615n des Bürgerlichen Gesetzbuchs.

Lohnpfändungstabelle

Nettolohn täglich	Pfändbarer Betrag bei Unterhaltspflicht*) für					
	0	1	2	3	4	5 und mehr Personen
	in DM					
bis 55,99	—	—	—	—	—	—
56,00 bis 56,99	0,14	—	—	—	—	—
57,00 bis 57,99	0,84	—	—	—	—	—
58,00 bis 58,99	1,54	—	—	—	—	—
59,00 bis 59,99	2,24	—	—	—	—	—
60,00 bis 60,99	2,94	—	—	—	—	—
61,00 bis 61,99	3,64	—	—	—	—	—
62,00 bis 62,99	4,34	—	—	—	—	—
63,00 bis 63,99	5,04	—	—	—	—	—
64,00 bis 64,99	5,74	—	—	—	—	—
65,00 bis 65,99	6,44	—	—	—	—	—
66,00 bis 66,99	7,14	—	—	—	—	—
67,00 bis 67,99	7,84	—	—	—	—	—
68,00 bis 68,99	8,54	—	—	—	—	—
69,00 bis 69,99	9,24	—	—	—	—	—
70,00 bis 70,99	9,94	—	—	—	—	—
71,00 bis 71,99	10,64	—	—	—	—	—
72,00 bis 72,99	11,34	—	—	—	—	—
73,00 bis 73,99	12,04	—	—	—	—	—
74,00 bis 74,99	12,74	—	—	—	—	—
75,00 bis 75,99	13,44	—	—	—	—	—
76,00 bis 76,99	14,14	—	—	—	—	—
77,00 bis 77,99	14,84	—	—	—	—	—
78,00 bis 78,99	15,54	0,30	—	—	—	—
79,00 bis 79,99	16,24	0,80	—	—	—	—
80,00 bis 80,99	16,94	1,30	—	—	—	—
81,00 bis 81,99	17,64	1,80	—	—	—	—
82,00 bis 82,99	18,34	2,30	—	—	—	—
83,00 bis 83,99	19,04	2,80	—	—	—	—
84,00 bis 84,99	19,74	3,30	—	—	—	—
85,00 bis 85,99	20,44	3,80	—	—	—	—
86,00 bis 86,99	21,14	4,30	—	—	—	—
87,00 bis 87,99	21,84	4,80	—	—	—	—
88,00 bis 88,99	22,54	5,30	—	—	—	—
89,00 bis 89,99	23,24	5,80	—	—	—	—
90,00 bis 90,99	23,94	6,30	—	—	—	—
91,00 bis 91,99	24,64	6,80	—	—	—	—
92,00 bis 92,99	25,34	7,30	—	—	—	—
93,00 bis 93,99	26,04	7,80	—	—	—	—
94,00 bis 94,99	26,74	8,30	0,16	—	—	—
95,00 bis 95,99	27,44	8,80	0,56	—	—	—
96,00 bis 96,99	28,14	9,30	0,96	—	—	—
97,00 bis 97,99	28,84	9,80	1,36	—	—	—
98,00 bis 98,99	29,54	10,30	1,76	—	—	—
99,00 bis 99,99	30,24	10,80	2,16	—	—	—
100,00 bis 100,99	30,94	11,30	2,56	—	—	—
101,00 bis 101,99	31,64	11,80	2,96	—	—	—
102,00 bis 102,99	32,34	12,30	3,36	—	—	—
103,00 bis 103,99	33,04	12,80	3,76	—	—	—
104,00 bis 104,99	33,74	13,30	4,16	—	—	—
105,00 bis 105,99	34,44	13,80	4,56	—	—	—
106,00 bis 106,99	35,14	14,30	4,96	—	—	—
107,00 bis 107,99	35,84	14,80	5,36	—	—	—
108,00 bis 108,99	36,54	15,30	5,76	—	—	—
109,00 bis 109,99	37,24	15,80	6,16	—	—	—

*) Zu berücksichtigen sind Unterhaltsleistungen des Schuldners gegenüber seinem Ehegatten, einem früheren Ehegatten, einem Verwandten oder der Mutter eines nichtehelichen Kindes nach §§ 1615I, 1615n des Bürgerlichen Gesetzbuchs.

Anhang

Nettolohn täglich	Pfändbarer Betrag bei Unterhaltspflicht*) für					
	0	1	2	3	4	5 und mehr Personen
	in DM					
110,00 bis 110,99	37,94	16,30	6,56	0,06	—	—
111,00 bis 111,99	38,64	16,80	6,96	0,36	—	—
112,00 bis 112,99	39,34	17,30	7,36	0,66	—	—
113,00 bis 113,99	40,04	17,80	7,76	0,96	—	—
114,00 bis 114,99	40,74	18,30	8,16	1,26	—	—
115,00 bis 115,99	41,44	18,80	8,56	1,56	—	—
116,00 bis 116,99	42,14	19,30	8,96	1,86	—	—
117,00 bis 117,99	42,84	19,80	9,36	2,16	—	—
118,00 bis 118,99	43,54	20,30	9,76	2,46	—	—
119,00 bis 119,99	44,24	20,80	10,16	2,76	—	—
120,00 bis 120,99	44,94	21,30	10,56	3,06	—	—
121,00 bis 121,99	45,64	21,80	10,96	3,36	—	—
122,00 bis 122,99	46,34	22,30	11,36	3,66	—	—
123,00 bis 123,99	47,04	22,80	11,76	3,96	—	—
124,00 bis 124,99	47,74	23,30	12,16	4,26	—	—
125,00 bis 125,99	48,44	23,80	12,56	4,56	—	—
126,00 bis 126,99	49,14	24,30	12,96	4,86	—	—
127,00 bis 127,99	49,84	24,80	13,36	5,16	0,20	—
128,00 bis 128,99	50,54	25,30	13,76	5,46	0,40	—
129,00 bis 129,99	51,24	25,80	14,16	5,76	0,60	—
130,00 bis 130,99	51,94	26,30	14,56	6,06	0,80	—
131,00 bis 131,99	52,64	26,80	14,96	6,36	1,00	—
132,00 bis 132,99	53,34	27,30	15,36	6,66	1,20	—
133,00 bis 133,99	54,04	27,80	15,76	6,96	1,40	—
134,00 bis 134,99	54,74	28,30	16,16	7,26	1,60	—
135,00 bis 135,99	55,44	28,80	16,56	7,56	1,80	—
136,00 bis 136,99	56,14	29,30	16,96	7,86	2,00	—
137,00 bis 137,99	56,84	29,80	17,36	8,16	2,20	—
138,00 bis 138,99	57,54	30,30	17,76	8,46	2,40	—
139,00 bis 139,99	58,24	30,80	18,16	8,76	2,60	—
140,00 bis 140,99	58,94	31,30	18,56	9,06	2,80	—
141,00 bis 141,99	59,64	31,80	18,96	9,36	3,00	—
142,00 bis 142,99	60,34	32,30	19,36	9,66	3,20	—
143,00 bis 143,99	61,04	32,80	19,76	9,96	3,40	0,08
144,00 bis 144,99	61,74	33,30	20,16	10,26	3,60	0,18
145,00 bis 145,99	62,44	33,80	20,56	10,56	3,80	0,28
146,00 bis 146,99	63,14	34,30	20,96	10,86	4,00	0,38
147,00 bis 147,99	63,84	34,80	21,36	11,16	4,20	0,48
148,00 bis 148,99	64,54	35,30	21,76	11,46	4,40	0,58
149,00 bis 149,99	65,24	35,80	22,16	11,76	4,60	0,68
150,00 bis 150,99	65,94	36,30	22,56	12,06	4,80	0,78
151,00 bis 151,99	66,64	36,80	22,96	12,36	5,00	0,88
152,00 bis 152,99	67,34	37,30	23,36	12,66	5,20	0,98
153,00 bis 153,99	68,04	37,80	23,76	12,96	5,40	1,08
154,00 bis 154,99	68,74	38,30	24,16	13,26	5,60	1,18
155,00 bis 155,99	69,44	38,80	24,56	13,56	5,80	1,28
156,00 bis 156,99	70,14	39,30	24,96	13,86	6,00	1,38
157,00 bis 157,99	70,84	39,80	25,36	14,16	6,20	1,48
158,00 bis 158,99	71,54	40,30	25,76	14,46	6,40	1,58
159,00 bis 159,99	72,24	40,80	26,16	14,76	6,60	1,68
160,00 bis 160,99	72,94	41,30	26,56	15,06	6,80	1,78
161,00 bis 161,99	73,64	41,80	26,96	15,36	7,00	1,88
162,00 bis 162,99	74,34	42,30	27,36	15,66	7,20	1,98
163,00 bis 163,99	75,04	42,80	27,76	15,96	7,40	2,08
164,00 bis 164,99	75,74	43,30	28,16	16,26	7,60	2,18

*) Zu berücksichtigen sind Unterhaltsleistungen des Schuldners gegenüber seinem Ehegatten, einem früheren Ehegatten, einem Verwandten oder der Mutter eines nichtehelichen Kindes nach §§ 1615l, 1615n des Bürgerlichen Gesetzbuchs.

Lohnpfändungstabelle

Nettolohn täglich	Pfändbarer Betrag bei Unterhaltspflicht*) für					
	0	1	2	3	4	5 und mehr Personen
	in DM					
165,00 bis 165,99	76,44	43,80	28,56	16,56	7,80	2,28
166,00 bis 166,99	77,14	44,30	28,96	16,86	8,00	2,38
167,00 bis 167,99	77,84	44,80	29,36	17,16	8,20	2,48
168,00 bis 168,99	78,54	45,30	29,76	17,46	8,40	2,58
169,00 bis 169,99	79,24	45,80	30,16	17,76	8,60	2,68
170,00 bis 170,99	79,94	46,30	30,56	18,06	8,80	2,78
171,00 bis 171,99	80,64	46,80	30,96	18,36	9,00	2,88
172,00 bis 172,99	81,34	47,30	31,36	18,66	9,20	2,98
173,00 bis 173,99	82,04	47,80	31,76	18,96	9,40	3,08
174,00 bis 174,99	82,74	48,30	32,16	19,26	9,60	3,18
175,00 bis 175,20	83,44	48,80	32,56	19,56	9,80	3,28
Der Mehrbetrag über 175,20 DM ist voll pfändbar.						

*) Zu berücksichtigen sind Unterhaltsleistungen des Schuldners gegenüber seinem Ehegatten, einem früheren Ehegatten, einem Verwandten oder der Mutter eines nichtehelichen Kindes nach §§ 1615l, 1615n des Bürgerlichen Gesetzbuchs.

Stichwortverzeichnis

Die Zahlen verweisen auf die Randnummern.

Abgabe einer Willenserklärung, Titel auf 36, 73, 74, 127, 344, 348
Abgabe ins streitige Verfahren, Antrag 24
Ablösung 279, 319
Abmahnung, außergerichtliche 133
Abquittieren von Vollstreckungstiteln 311
Absonderungsrecht im Konkurs 369
Abtretung
- der titulierten Forderung 45
- des Arbeitslohns 118, 122
Adresse, zustellungsfähige 14, 55
Adressanfrage 14
Adressenermittlung 14, 38
ALEXIS Mailboxsystem 14
Amtsärztliche Untersuchung des Schuldners 181
Anerkenntnis, außergerichtliches 115
Anfechtung nach AnfG 3, 162, 174, 176, 183
Anfechtung im Konkurs 372
Anleitung für MB 22, 24
Annahmeverweigerung bei Zustellung 57
Anordnungen, einstweilige 92
Anschlußpfändung 125, 137, 158
Ansprüche des Schuldners 188
Anspruchsbegründung im MB 24
Anteile an Gesellschaften, Pfändung 209 ff.
Anträge, vorformulierte 412
Anwaltsgebühren (siehe Kosten)
Anwartschaftsrecht, Pfändung 208
Anweisungen an den GVZ 135 ff.
Anwesenheit des Gläubigers bei Pfändung 145, 160
Anzeige einer Straftat 405
Arbeitnehmersparzulage, Pfändung 220
Arbeitseinkommen, Pfändung 192, 198, 222 (siehe auch Lohnpfändung)
Arbeitsgerichtliches Verfahren 23, 64
Arbeitslosengeld, Pfändung 218
Arrest 351 ff.
- Antrag 352
- Frist 351
- persönlicher 356
- Rechte Dritter 357
- Rechtsmittel 356
- Sachbehandlung 355
- Taktik 358
- Verhalten des Schuldners 356
- Voraussetzungen 353
- Zuständigkeit 354

Art und Weise der ZV 86
Aufgebotsverfahren 44
Aufrechnung durch den Drittschuldner 230
Ausbietungsvereinbarung/Ausfallgarantie 318
Ausfertigung
- mehrere A. des Titels 39 ff.
Ausfüllen
- der Forderungsübersicht 99 ff.
- des MB 24 ff., 27
- OV-Antrag 168, 170
- Pfüb 221 ff.
- Sachpfändungsauftrag 135 ff.
- VB 27 ff.
- Vorpfändung 238 ff.
Aushändigung des Titels 44, 139
Auskunft
- vom Einwohnermeldeamt 14, 57
- Gewerbeamt 14
- über Grundstücksdaten 273
- Handwerkskammer 14
- Industrie- und Handelskammer 17
- über Kaufleute 14
- Post 14
- SCHUFA 16
Auskunft aus dem Schuldnerverzeichnis 14, 163
Auskunft vom Standesamt 35, 57
Auskunfteien 5, 15, 18
- Löschung der Eintragung 106, 163
Auskunftspflicht
- des Drittschuldners bei Pfüb 230, 233
- des Mieters 339
Auskunftsrecht des Gläubigers
- als Vermieter 339
Ausland
- Sitz des Gläubigers 23
Ausländische Titel 31
Ausländische Währungen 102
Außergerichtliche Abmahnung 114, 133
Aussonderungsrecht im Konkurs 369
Austauschpfändung 147
Auswahl der Vollstreckungsmaßnahmen 7, 127 ff.
Auswahl der Vollstreckungsmaßnahmen
- bei mehreren Vollstreckungsmöglichkeiten 132
Auszug aus der Konkurstabelle 30
Automatisiertes Mahnverfahren 25

219

Stichwortverzeichnis

Bagatellforderungen 105
Bankgeheimnis
- bei Drittschuldnererklärung 230
Bankkonto, Pfändung 202 ff., 223
Bankrottstraftaten 380, 399
Bankspesen 107
Bearbeitungszeit für Vollstreckungsauftrag 94
Befangenheit von Vollstreckungsorganen 95
Befriedigung, bevorzugte, im Konkurs 369
Begleitschäden d. Vollstreckung 382 ff.
Beischreibung eines Namens in d. Klausel 57
Berechnung
- ausländischer Währungen 102
- der Forderungshöhe 96 ff.
Berechnung von Zinsen 101
Berechtigung der ZV 19
Bereicherungsanspruch
- des Abtretungsempfängers gegen den Pfandgläubiger 158
Berufungsurteil in der ZV 36
Beschlagnahme
- von Forderungen 229 (siehe auch: Verstrickung)
- Grundstück 284, 320
- von Sachen 134 (siehe auch: Verstrickung)
Beschränkung d. Vollstreckung
- bei Pfüb 196
Beschwerde, sofortige 88
Bestechlichkeit 394
Bestehenbleibende Rechte 279, 306
Bestrangig betreibender Gläubiger 279, 319
Betretungsrecht des Gläubigers als Vermieter 339
Betrug 162, 402
Beweiserleichterung beim MB-Verfahren 22 ff.
Beweislast
- bei Arrest 356
Bezeichnung des Anspruchs
- bei Pfüb 220 ff.
- im Titel 36
Bezeichnung
- einer Firma im Titel 35
- des Gläubigers im Titel 35
- des Schuldners im Titel 35
- des Schuldners im OV-Antrag 169
Bezugrecht einer Lebensversicherung 207
BGB-Gesellschaft
- Pfändung der Anteile 210
BGB-Gesellschaft, Titel gegen 35
Bieterstunde 294 ff.
Billigkeitsprüfung
- bei Taschengeldpfändung 217
Briefhypothek, Pfändung 216
Buchführungspflicht, Verletzung 400
Bürgschaft als Sicherheitsleistung 66
Büroorganisation 410 ff.
Buchhypothek, Pfändung 216

Checkliste
- Forderungspfändung 197, 237
- Haftung für Vollstreckungsmaßnahmen 389
- OV 186
- Sachpfändung 161
- Sicherungsvollstreckung 254
- Strafbare Handlungen 409
- Voraussetzungen der ZV 62
- Vorpfändung 248
- Zahlungen des Schuldners 108
- Zustellung 60
Computer, Einsatz in der ZV 14, 415

Dauer der Vollstreckung 381
Deckungsgrundsatz 277
Definition der ZV 1
Detektive 75, 80, 220, 237
Dienstaufsichtsbeschwerde 94
Dividende, Pfändung 188
Dritteigentum 157
Drittschuldner 189, 194 f., 230
- Auskunftspflicht 230, 233
- Rechte bei Pfüb 233
- Schadensersatz für 386
Drittschuldnerklage 231, 236
Dritschuldnerlose Rechte 227
Drittwiderspruchsklage 93, 157
Drohung mit Strafanzeige 393
Druckmittel
- gegen GmbH 376
- bei Teilzahlungsvergleich 116, 121, 140
- bei Zwangssicherungshypothek 261, 262
- im Zwangsversteigerungsverfahren 317
- im Zwangsverwaltungsverfahren 323
Duldungstitel 261, 302, 340, 342
Durchsuchung der Schuldnerwohnung 143, 145, 153
Durchsuchung 145
- bei Wohngemeinschaft 156
Durchsuchungsbeschluß 143, 153, 159

EDV-Einsatz 14, 415
Ehegatten
- Mitbesitz 336
- Miteigentum 269, 302
Eidesstattliche Versicherung 162 ff.
- falsche 380, 401
- freiwillige 164
Eigenmacht, verbotene 328
Eigentümergrundschuld, Pfändung 274
Eigentum Dritter 157
Eilgerichtsvollzieher 6
Eilfälle beim MB 24
Einkommensteuer
- Pfändung des Erstattungsanspruchs 219, 225
Einlagerungskosten 338
Einschaffung 150
Einschätzung des Schuldners 7

220

Zahlen = Randnummern

Einsicht
- in Register 5
- in das Schuldnerverzeichnis 163
Einstweilige Anordnungen 92
Einstweilige Einstellung der ZV 124
- im Zwangsversteigerungsverfahren 286, 300
Einstellung des Konkursverfahrens 369
Einstweilige Verfügung 351 ff.
- Antrag 352
- Frist 352
- Rechte Dritter 357
- Rechtsmittel 356
- Sachbehandlung 355
- Taktik 358
- Verhalten des Schuldners 356
- Voraussetzungen 353
- Zuständigkeit 354
Einwohnermeldeauskunft 14, 57
Einzelkaufmann
- Konkurs 375
- Titel gegen 35
Ende der Vollstreckung 381
Erbschaft
- bei Herausgabetitel 335
- Titelumschreibung 50
Erbschein 335
Erfahrungsaustausch 417
Erfindungsreichtum in der ZV 11, 197
Erfolgsstatistik 381
Erfüllung der Forderung 93, 141, 103 ff.
Ergänzung der OV 168, 177
Erhöhungsgebühr 82
Erinnerung 85
Erlaß der Forderung
- im Vergleichsverfahren 377
Erlösauskehrung nach Rang 3
Erlöschen der Forderung 103 ff.
Ermittlung
- von Grundstücksdaten 273
Ermittlungen über den Schuldner 5, 8, 13 ff.
Ersatzzustellung 57
Erstattung von Kosten 71, 77 ff.
Erteilung der Vollstreckungsklausel 49
Erwirkung des Titels
- Probleme 34 ff.
Erzwingung der OV 179

Falsche eidesstattliche Versicherung 401
Fehler
- bei der Aushändigung des Titels 44
- bei Forderungspfändung 220 ff.
- bei Herausgabetitel 328
- bei Kosten der ZV 82
- bei der Lohnpfändung 201
- beim MB 22, 24
- bei Räumungstitel 336
- bei der Sicherheitsleistung 67 f.
- bei der Zustellung 55
- bei Zwangssicherungshypothek 269, 271

Fehler in der ZV
- taktisch 9
Forderung
- Aufstellung der Entwicklung 97
- in ausländischer Währung 102
- Eintragung in Konkurstabelle 361
- Erfüllung 103 ff.
- geringfügige 105
- Verrechnung von Teilzahlungen 104
- Zusammensetzung 96
Forderungsberechnung 96 ff., 414
- bei Grundschulden 316
Forderungspfändung 188 ff.
- Ansprüche des Schuldners 188
- Antrag/Anlagen 220 ff.
- Anwartschaftsrechte 208
- Arbeitnehmersparzulage 220
- Arbeitslohn 222
- Arbeitslosengeld 218
- Auskunftspflicht des Drittschuldners 189, 230 f., 233
- Bankkonten 202, 204 f., 223
- Beschlagnahme 229
- Checkliste 237
- Checkliste der Ansprüche 197
- Drittschuldner 189, 194, 230, 233
- Drittschuldnerklage 231, 236
- drittschuldnerlose Rechte 227
- Eigentümergrundschuld 274
- Fehlerquellen 220 ff.
- fiktiver Charakter 191
- fiktiver Lohnanspruch 199
- Formulare 221 ff.
- genaue Bezeichnung des Anspruchs 220
- Gesellschaftsanteile 209 ff.
- Grundstücksrechte 213 ff.
- Haftung des Drittschuldners 233
- Hypothekenforderung 215 f.
- Klage auf Auskunft des Drittschuldners 231
- Kollision mit Abtretung 191
- Kollision mit Arbeitgeberdarlehen 200
- Kosten 235
- Kreditlinie 205, 223
- künftiger Ansprüche 190, 204
- mehrfache Pfändungen 193, 195
- Mieten bei dinglichem Titel 326
- Rangprobleme 192 f., 234
- Rechte anderer Gläubiger 234
- Rechte Dritter 233
- rechtliches Gehör 228
- Renten 218
- Rückübertragungsansprüche 208, 274
- Ruhen 196
- Sachbehandlung 226
- sozial gesicherter Ansprüche 218
- Sozialhilfe 218
- Sparbücher 203, 223
- Steuerrückerstattungsansprüche 219, 225
- Taktik 236

221

Stichwortverzeichnis

- Taschengeldanspruch 197, 217
- Umfang 190
- bei Unterhaltsverpflichtung 201
- Verhalten des Schuldners 232
- Versicherungsansprüche 197, 206 f.
- Verstrickung 229
- Verwertung 194
- Zahlung an den Schuldner 194
- Zusammenstellung pfändbarer Ansprüche 197, 237

Forderungsübersicht 96 ff.
- Formular 98

Formel
- für Zinsberechnung 101

Formular
- Antrag auf OV 168
- Forderungsübersicht 98
- Forderungsübersicht bei ausländischer Währung 102
- Herausgabe von Sachen 330
- Hinterlegungsantrag 67
- Konkursantrag 364
- Kontenpfändung 223
- Lohnpfändung 222
- Pfüb 221 ff.
- Sachpfändungsantrag 135
- Teilzahlungsvergleich 115

Formular für Mahnbescheid 22, 24

Formulare
- vorgedruckte 411 f.

Fortbildung 417

Freigabeerklärung bei Hinterlegung 69 f.

Freigabeverlangen Dritter 154

freihändiger Verkauf 152
- eines Grundstücks 261, 286

Freistellungsanspruch 341

Frist
- bei Vorpfändung 240
- bei Arrest 351

Funktion der ZV 1

Funktion des Staats in der ZV 2

Fürsorgepflicht des Gläubigers 385

Gebot 294

Gebühren (siehe Kosten)

Gebührenüberhebung 394

Gerichtsvollzieher 6
- strafbare Handlungen 394
- Umgang mit dem 136 ff.

Geringstes Gebot 279

Gesamtschuldner 82

Gesamtvollstreckungsordnung 418

Geschäftssitz des Schuldners
- Ermittlung 14 f.

Gesellschafterliste 14

Gesellschaftsanteile, Pfändung von 209 ff.

Gewahrsamsinhaber
- Räumung gegen 337

Gewerbeamt
- Anzeige gegen Schuldner 212

Gewerbeanfrage 5, 6, 14

Gewinnanspruch, Pfändung 188

Girokonto, Pfändung 202, 204, 223

Gläubiger
- Fürsorgepflicht 384
- strafbare Handlungen 391 ff.
- Tod 61
- Zusagen 385

Gläubigeranfechtung 3, 174, 176

Gläubigerbegünstigung 391

Gläubigerversammlung im Vergleichsverfahren 359

GmbH
- Konkurs, Löschung 376
- Pfändung der Anteile 212

GmbH, Zustellung bei 56

Grundbuch 5, 264 ff., 273, 284

Grundbucheinsicht 6

Grundideen der ZV 1 ff.

Grundpfandrechte
- Pfändung der Rückübertragungsansprüche 208, 274

Grundrechtseingriffe in der ZV 2, 6, 134, 392

Grundschuldforderung, Pfändung 215 f.

Grundstück
- Pfändung mehrerer 132
- Pfändung Zubehör 255

Grundstücke (siehe auch Zwangsversteigerung)
- Räumung 314, 332
- Rechte Dritter bei Vollstreckung 274
- Taktik bei Vollstreckung 325
- Verhalten des Schuldners bei Vollstreckung 261
- Vollstreckung 255 ff.
- Vollstreckung in mehrere 265, 267, 268

Grundstückseigentum des Schuldners 213 f., 255 ff., 303

Grundstücksrechte, Pfändung 213 ff.

Grundstückswerte, Berechnung 287

Gütertrennung 137, 161

Haftbefehl
- zeitliche Gültigkeit 187

Haftbefehl G 187

Haftung
- Checkliste 389
- bei Drittwiderspruchsklage 154
- des Drittschuldners 233
- des Erben 335
- des Geschäftsführers im Konkurs 380
- bei Informationssammlung 5
- bei Lohnpfändung 198
- bei Löschung aus dem Schuldnerverzeichnis 106
- bei rechtskräftigem Titel 384 ff.
- bei Sicherungsvollstreckung 253
- Taktik 388

Zahlen = Randnummern

- für unberechtigte Vollstreckungsmaßnahmen 382 ff.
- bei Unklarheiten im MB 34
- bei vorläufiger Vollstreckbarkeit 383
- bei Vorpfändung 241
Handelsregisteranfrage 14
Handlungen 340 ff.
- vertretbare 341, 345
- Vornahme von 36, 127, 340 f.
- unvertretbare 341, 346
Handlungstitel 36, 127, 340, 341
Handlungsvollstreckung
- Antrag 341 f.
- Sachbehandlung 349
- Taktik 350
Handwerkskammer 5, 17
Härte in der ZV 9
Hausfriedensbruch 392
Hausgenosse
- Mitbesitz 336
Hausrat, Herausgabe von 33
Hebegebühr 82
Herausgabe des Titels 44, 139
Herausgabe von Sachen 327 ff.
- Anspruchsformulierung 328
- Antrag/Anlagen 330
- Anwesenheit des Gläubigers 277, 331
- durch Dritte 335
- genaue Bezeichnung 328
- Grundstücksräumung 314, 332
- Kosten 338
- Mitbesitz 336 f.
- Rechte Dritter 335 ff.
- Rechtsmittel 334
- Rechtsnachfolge 335
- Sachbehandlung 331
- Taktik 339
- Verhalten des Schuldners 334
- Wohnungen 333
Herausgabevollstreckung 327 ff. (siehe auch Herausgabe von Sachen)
Hilfspfändung 137, 203, 207
Hinterlegung als Sicherheitsleistung 66, 67
Hinterlegungsschein 67
Hinweise für den GVZ 160
Hinterlegung
- bei Forderungspfändung 195
Hypothek
- Zwangssicherungshypothek 130, 258 f.
Hypothekenbrief
- unauffindbar 216
Hypothekenforderung, Pfändung 215 ff.
Hypothekenklage 343

Identität des Schuldners, Unsicherheit 57
Industrie- und Handelskammer 17
Information über andere haftende Personen 5
Information über den Schuldner 5, 13 ff.

Inhalt, vollstreckungsfähiger (eines Titels) 29, 36, 45
Inkassobürokosten 80
Inkongruente Deckung 373
Insolvenzrechtsreform/-ordnung 419
Insolvenzverfahren 359 ff.
Internationales Privatrecht 31
Investitionszulagen, Pfändung 219
Irrtum bei der Drittschuldnererklärung 233
Irrtum des Gläubigers 385

Kapitalversicherungen, Pfändung 207
Kasse, Pfändung der 105
Katasteramt 273
KG (Kommanditgesellschaft)
- Pfändung der Anteile 211
- Titel gegen 35
- Zustellung bei 56
Klage
- gegen Drittschuldner 231, 236
Klausel
- Erteilungsverfahren 45 ff.
- Verzicht auf 45
Klauselerteilung 45 ff.
- Antrag, Anlagen, Fehlerquellen 49
Konkurs 359 ff.
- Anfechtung im 373
- Bankrottstraftaten 373
- Eröffnung 359
- Fortsetzung der Einzelvollstreckung 374
- Kosten 379
- Löschung einer GmbH 376
- Sachbehandlung 368
- Taktik 380
- Verbot der Einzelzwangsvollstreckung 359, 372
- Verhalten des Schuldners 378
- Vermögensaufstellung 369
- Zweck 359
Konkursantrag 359, 360, 364 ff.
Konkursgericht
- Auskunft 14
Konkursquote 30, 362
Konkurstabelle 30, 362, 366
Konkursverwalter 361 f., 369, 373, 378
Konsequenz in der ZV 9
Kontopfändung 202 ff., 223
Kooperation der Gläubiger 8
- mit dem Gericht 8
- mit dem GVZ 8
Körperverletzung im Amt 394
Kosten
- außergerichtliche Abmahnung 133
- außerhalb der ZV 80
- bei Bankbürgschaft 70 f.
- Berechnung des Streitwertes 99 f.
- Fehler bei der Geltendmachung 82, 100
- Herausgabevollstreckung 338
- bei Hinterlegung 70
- der Klauselerteilung 53

223

Stichwortverzeichnis

- Konkursantrag 365, 379
- des Notars 33
- bei OV 174, 184
- Pfüb 235
- Sachpfändung 159
- Sicherungsvollstreckung 252
- Strafanzeige 407
- Taktik 10, 83
- Teilzahlungsvergleich 123
- für unzulässige oder aussichtslose Maßnahmen 78
- bei Vollstreckung in Grundstücke 260
- bei Vorpfändung 246
- bei Zahlungen des Schuldners 108
- bei Zug-um-Zug-Leistung 76
- Zurückbehaltungsrecht bei Räumung 279
- Zwangssicherungshypothek 272
- Zwangsversteigerung 278, 287, 317
- Zwangsverwaltung 323
- für zwecklose Maßnahmen 79

Kostenerstattung im Vollstreckungsverfahren 71, 77 ff.

Kostenfestsetzung
- in der ZV 81
- Zuständigkeit 81

Kostenfestsetzungsbeschluß 19, 28
Kostentabellen 413
Kostenverteilung
- Schuldner, Gläubiger 77 ff.
- bei Gesamtschuldnern 82

Kostenvorschuß
- Auslagen für Gutachten 287
- bei Herausgabetitel 331
- bei Konkursantrag 379
- für Räumung 338

Krankheit des Schuldners bei OV-Termin 181
Kreativität in der ZV 11
Kreditlinie, Pfändung 205, 223
Kreditwürdigkeit
- Beeinträchtigung 388

Kriminelle Handlungen 390 ff. (siehe auch Strafbare Handlungen)
Kuckuck 145
Kündigung der Geschäftsverbindung durch Banken 205, 383
Künstlername 57

Lebensgemeinschaft, nichteheliche
- Herausgabe von Sachen 336
- Räumungstitel 337

Lebensversicherung, Pfändung 206 f.
Liegenbelassung von Grundpfandrechten 306
Liegenschaftsamt 273
Literatur 413
Löschung
- aus dem Schuldnerverzeichnis 106
- bei Auskunfteien 106
- einer GmbH nach Konkurs 376

Löschung vorrangiger Rechte/Löschungsanspruch
- bei Zwangssicherungshypothek 259
- Anmeldung im Zwangsversteigerungsverfahren 289

Lohnabtretung 118, 122, 192
Lohnpfändung 192, 198 ff.
- und Arbeitgeberdarlehen 200
- Formular 222
- bei verschleiertem Einkommen 199

Lohnpfändungstabellen 413
Lohnsteuer
- Pfändung der Erstattungsansprüche 219, 225

Mahnbescheid 19, 22
- Anspruchsbegründung 24, 36
- Antrag 22, 24
- in der EDV 22
- Fehlerquellen 22, 24, 35, 36
- Formular 22, 24
- gegen mehrere Schuldner 24
- Muster 27
- öffentliche Zustellung 57
- gegen Schuldner im Ausland 27
- Sonderformen (Scheck/Urkunden/Wechsel MB) 26
- Zinsen (Aufschlüsselung) 24
- Zustellung 24
- zuständiges Gericht 22

Mahnverfahren
- automatisiertes 25

Mängelrügen 114 ff.
Mehrere Ausfertigungen des Titels 39 ff.
Mehrfachpfändung
- von Forderungen 193, 195, 234
- von Sachen 137, 158

Mehrheit
- von Gläubigern 3, 82, 267
- von Schuldnern 41, 82

Meldeauskunft 14
Meldegesetze, Verletzung 404
Minderjährige, Titel gegen 35
Mindestgebot 151
Mitbesitz
- an Gegenständen 336
- an Räumen 337

Mitbewohner der Schuldnerwohnung 156
Miteigentum an Grundstück, Pfändung 214
Motive des Schuldners 389

Nachbesserung der OV 167, 177
Nachtzeit
- Pfändung 148 f.
- Zustellung 57

Nähe zum Schuldner 7
Namenswechsel beim Schuldner 35, 57
Notarielle Beglaubigung
- Kosten 107

Zahlen = Randnummern

Notarielle Urkunde 19, 29, 279
- Zustellung 54
Notarkosten 33
Notgeschäftsführer 56
Nötigung 393

Offenbarungsversicherung 6, 162 ff.
Öffentlich-rechtliche Titel 32
Öffentliche Lasten 278
OHG
- Titel gegen 35
- Pfändung der Anteile 211
- Zustellung bei 56
Organisation 410 ff.
- Forderungsberechnung 414
- Formularvordrucke 411
- Textbausteine 412
- der Zustellung 413
Ortsverzeichnis 413
OV
- Abgabe für oHG/KG/GmbH 169
- Anfrage nach früherer 166
- Angaben in der 172 f.
- Antrag, Anlagen 165 ff.
- Anwesenheit des Gläubigers 174
- Auswertung 175, 176
- Checkliste 186
- Ergänzung 168, 178
- Fehlerquellen 165 ff.
- Haftbefehl 179
- Kosten 174, 184
- Krankheit des Schuldners 181
- bei mehreren Gläubigern 175
- Muster für Antrag 170
- Nachbesserung 167, 177
- Protokoll 175
- Rechte Dritter 183
- Sachbehandlung 171 ff.
- Schuldner mit wechselnden Auftraggebern 173
- strafbare Handlungen 401
- Taktik 185
- Unrichtigkeit des Protokolls 401
- unvollständige Angaben 167, 172, 173
- Verhalten des Schuldners 172, 179 ff.
- Vertagung des Termins 180
- Verzicht auf 164
- Voraussetzungen 170
- Wiederholung 177
- Zweck 162

Parteibezeichnung im Titel 35
Persönlicher Arrest 356
Pfandabstand 79, 141, 170
Pfandabstandsprotokoll 141, 170
Pfandkehr 398
Pfandsiegel 134, 145, 341
Pfändung
- von Forderungen (siehe auch Forderungspfändung) 188 ff.
- beweglicher Sachen (siehe auch Sachpfändung) 134 ff.
- von Grundstücken 255 ff.
- mehrerer Grundstücke 132
Pfändungsfreigrenzen
- bei Unterhaltsberechtigten 201
Pfandverwertung (siehe Verwertung)
Pfüb 132, 188 ff., 194 (siehe auch Forderungspfändung)
- Antrag/Anlagen 220 ff.
- Fehlerquellen 220 ff.
- Sachbehandlung 226 f.
Phantasie in der ZV 11, 197
Postanfrage 14
Probleme bei der Erwirkung des Titels 34 ff.
Protokoll der OV 175
Prozeßvergleich 19
Prozeßvoraussetzungen, allgemeine 61

Quittung über Zahlungen 103, 106
Quote im Konkurs 361

Rang(prinzip) 3
Rang
- beim Arbeitgeberdarlehen 200
- außerhalb des Konkurses 3
- bei Forderungspfändung 192 f., 196, 234
- bei mehreren Gläubigern 158
- im Rechtsmittelverfahren 91
- bei Vollstreckung in Grundstücken 258, 259
- bei Vollstreckung für Teilforderung 83
- bei Vorpfändung 238
Rangklassen im Zwangsversteigerungsverfahren 278
Rangrücktrittsvereinbarung 3
Ratenhöhe
- beim Teilzahlungsvergleich 121
Ratenzahlung durch den Schuldner 115 ff., 164, 182
Ratenzahlungen
- bei OV 164, 182
Ratenzahlungsvergleich 115 ff., 164
Räumung
- von Grundstücken 314, 332
- von Wohnungen 333
Räumungskosten
- Zurückbehaltungsrecht des GVZ 268, 333
Rechenzentren 416
Rechner für Kostenrechnungen 414
Rechte, absolute, Verletzung 386
Rechte Dritter
- bei Arrest 357
- bei einstweiliger Verfügung 357
- bei Herausgabevollstreckung 335 ff.
- bei OV 183
- bei Pfändung einer Lebensversicherung 207
- bei Pfüb 233
- bei Sachpfändung 137, 155

225

Stichwortverzeichnis

Rechte des Schuldners 2, 134
Rechtliches Gehör 228
Rechtsbehelfe
- Allgemeines 84 f.
- gegen Arrest 356
- einstweilige Anordnungen 92
- gegen einstweilige Verfügung 356
- gegen Entscheidung des Grundbuchamts 89
- gegen GVZ-Maßnahme 85 f.
- bei Herausgabevollstreckung 334
- im Mahnverfahren 23
- Rangprobleme 91
- gegen Rechtspflegerentscheidung 87
- gegen richterliche Entscheidung 88
- im streitigen Verfahren 21
- gegen Zuschlagsbeschluß 301
- in der ZV 84 ff.
Rechtsfrieden und ZV 1
Rechtskraftvermerk 344
Rechtsmittel in der ZV 84 ff.
Rechtsmittelzug 90
Rechtsnachfolge
- bei Herausgabevollstreckung 335
- Titelumschreibung bei 45 f., 335
Rechtspflegeerinnerung 86 f.
Rechtsschutzbedürfnis 105
Reihenfolge der Pfändung 3
Renten, Pfändung 218
Risiko
- bei vorläufiger Vollstreckbarkeit 383
Risikoversicherung, Pfändung 206
Rückerstattung von Gegenständen nach Gläubigeranfechtung 162
Rückkaufswert der Lebensversicherung bei Pfändung 207
Rücknahme von Anträgen 124
Rückübertragungsansprüche, Pfändung 146, 208, 274
Ruhen des Vollstreckungsauftrages 140
Ruhenlassen der Forderungspfändung 196

Sachbezeichnung im Titel 36
Sachen
- bewegliche 327
- Herausgabetitel 327 ff. (siehe auch Herausgabe von Sachen)
- in Mitbesitz 336
- Unauffindbarkeit 216, 334
- unbewegliche 327
Sachpfändung 134 ff.
- Abwesenheit des Schuldners 142 f.
- Antrag 135
- Anweisungen an den GVZ 136 ff.
- Anwesenheit des Gläubigers 160
- Bekleidung 146
- Checkliste 161
- Durchführung 141 ff.
- Durchsuchung 142, 145
- bei Ehegatten 137, 161

- Fehler 135 ff.
- Formular 135
- bei gleichzeitigen weiteren Maßnahmen 139
- Grundstückszubehör 255
- von Handelsware 137
- Kfz 146
- Kosten 159
- Ladenkasse 105
- für mehrere Gläubiger 158
- zur Nachtzeit 148, 149 f.
- Rechte Dritter 137, 155
- Rechtsmittel 153 ff.
- Ruhen des Auftrags 140
- Sachbehandlung 141 ff.
- schuldnerfremder Sachen 155
- Taktik 160
- Urkunden 137
- Verhalten des Schuldners 153 ff.
- Versteigerung 150
- bei Wohngemeinschaft 156
- Zweck 134
Sanierung von Unternehmen im Konkurs 373
Schadensersatz bei Herausgabevollstreckung 334
- für Vollstreckungsmaßnahmen 382 ff.
Scheck MB 26
Scheingewahrsam 153
Scheinverträge des Schuldners 154 f., 236, 397, 408
Schneller Zugriff bei Sicherungsvollstreckung 249
Schnelligkeit der ZV 4
SCHUFA
- Auskunft 16
- Löschung der Eintragung 106
Schuldanerkenntnis
- durch Drittschuldner 233
- vor Notar 29
Schuldner
- Abgabe der OV 162
- Adresse 14 ff., 38
- im Ausland 27
- mehrere 41
- Motive 389
- strafbare Handlungen 162, 163 176, 201, 378, 395 ff.
- Tod 48, 61, 281
- Vereinbarung mit dem 109 ff.
Schuldnerbezeichnung
- bei OV-Antrag 169
Schuldnerschutz 6, 134
Schuldnerverzeichnis 14, 163
- Löschung 106
Schwarzarbeit des Schuldners 201
„Schwarze Liste" 163 (siehe auch Schuldnerverzeichnis)
Schwierigkeiten bei der ZV 4
Seemannsamt 33

Zahlen = Randnummern

Sequester 351
Sicherheiten bei Teilzahlungsvergleich 118, 122
Sicherheitsleistung
– Antrag 67 f.
– Art und Weise 66 ff.
– Auszahlung an Gläubiger 69
– Bankbürgschaft 68 f.
– Fehlerquellen/Formular 67
– Freigabe an den Schuldner 70
– bei Geboten im Zwangsversteigerungstermin 294
– Hinterlegungsverfahren 67
– Kosten 70, 71
– im KFB 28
– Sicherungsvollstreckung 249 ff.
– Taktik 72
– Zweck 63 ff.
Sicherungseigentum
– Pfändung des Rückübertragungsanspruchs 208
Sicherungshypothek 130, 258 f., 266, 267, 268
Sicherungsrechte Dritter 157
Sicherungsübereignung 146
Sicherungsvollstreckung 249 ff.
– Abwendung durch den Schuldner 251
– Antrag 250
– Checkliste 254
– Frist 250
– Kosten 252
– Sachbehandlung 251
– Taktik 253
Sofortige Beschwerde 88
Sozialhilfe, Pfändung 218
Sozialversicherungsansprüche 218
Sparbuchpfändung 203, 223
Spediteurkosten 331, 338
Staat als Vollstreckungsgläubiger 32
Staatsanwaltschaft
– Ermittlungen nach Konkurs 380
Standesamt, Auskunft vom 35, 57
Statistik des Vollstreckungserfolgs 381
Steuerrückerstattung, Pfändung 219
Strafanzeige
– Antrag 405
– Drohung mit 393
– Kosten 407
– Sachbehandlung 406
– Taktik 408
– Checkliste 409
Strafbare Handlungen
– des GVZ 394
– des Schuldners 162, 163, 176, 201, 378, 395 ff.
– des Gläubigers 337 ff., 391 ff.
Strafgesetze in der Vollstreckung 390 ff.
Strafrecht in der ZV 390
Strohmannkonstruktionen 154, 236, 397, 408

Stundung 114 ff.
Summarisches Verfahren 351 ff.

Tagessaldo, Pfändung 204, 223
Taktik bei der ZV 4, 7, 9, 10, 12, 59, 72, 83, 160, 185, 236, 247, 253, 275 ff., 312 ff., 325 ff., 339, 350, 358, 380, 388, 408
Taschengeldpfändung 217
Taschenpfändung 144
Täuschung des Gläubigers 402
Teilforderung 96, 97
Teilleistungen des Schuldners 9
Teilungsplan 304 ff., 322
Teilzahlungen
– Angebot bei OV 182
– Verrechnung 96
Teilzahlungsvergleich (siehe auch Vereinbarungen mit dem Schuldner) 7, 109 ff.
Textbausteine 412
Tilgungsbestimmung 104
Titel 19 ff.
– auf Abgabe einer Willenserklärung 36, 73, 74, 127, 344, 348
– Arten 19
– gegen BGB-Gesellschaft 35
– auf Duldung der ZV 261, 279
– auf Herausgabe von Sachen 36, 73, 74, 127, 327 ff.
– irrtümlich ausgehändigt 44
– mehrere Ausfertigungen 39 ff.
– gegen Minderjährige 35
– öffentlich-rechtliche 32
– gegen oHG/KG 35
– richtiger Inhalt 36
– sachlich unrichtig 92, 93
– sonstige 33
– Trennung verbundener 39, 41
– unleserlich 42
– auf Unterlassung 36, 127, 342, 347
– verlorengegangen 43
– auf Vornahme von Handlungen 36, 127, 341 ff., 345 f.
Titelberichtigung 25, 35
Titelumschreibung auf Konkursverwalter 362
Titelumschreibung bei Rechtsnachfolge 35, 45, 335, 337
Tod
– des Schuldners 46, 61, 335
– des Gläubigers 61

Überschuldung 360
Überweisungsbeschluß
– Beschränkung 196
Überziehungskredit, Pfändung 205, 223
Umgang mit dem GVZ 136 f.
Umschreibung des Titels 46 ff., 335, 337
– auf Konkursverwalter 362
Unauffindbarer Gegenstand
– bei Herausgabevollstreckung 334

227

Stichwortverzeichnis

Unauffindbarer Hypothekenbrief 216
Unklarheiten im Titel 34
Unleserlicher Titel 42
Unpfändbare Sache 134
Unpfändbarkeitsbescheinigung 170
Unpfändbarkeitsbestimmungen
- bei Herausgabetiteln 329
Unrichtigkeit des Titels
- Berücksichtigung in der Vollstreckung 92, 93
Unterhaltsansprüche, Pfändungsgrenzen 201
Unterhaltspflicht, Verletzung 403
Unterhaltssachen, vorläufige Zahlung 351
Unterlassungstitel 342, 347
Unterlassungsvollstreckung
- Antrag 347
- Sachbehandlung 349
- Taktik 350
Unterwerfung unter die ZV 29, 279
Unterwerfungsklausel 29
Unvertretbare Handlung 342, 346
Unzustellbarkeit 56
Urkunden, notarielle 19, 29, 279
Urkunden, öffentliche 75
- Sachpfändung 137
- MB 26
Urkundsprozeß 117
Urlaubsgeld, Pfändung 220
Urteil 19, 21

Verbotene Eigenmacht 274
Verbraucherkreditgesetz 23, 110 ff.
Verbundene Titel 39, 41
Vereinbarungen
- mit dem Schuldner 7, 9, 19, 109 ff., 124, 164
- außergerichtliches Anerkenntnis 115
- Druckmittel 116, 121
- bei Forderungspfändung 196
- Kosten 123
- Ratenhöhe 121
- Sicherheiten 118, 122
- vorgerichtlicher Vergleich 114
- nach Vorliegen eines Titels 119
- Zinsen 121
Vereitelung der Vollstreckung 153 f., 176
Verfahren
- bei Mahnbescheid 22
- bei Urteil 21
- summarisches 351
Verfahrensarten für ZV-Titel 21 ff.
Verfallklausel 116
Verfassungsrecht und ZV (oder verfassungsrechtliche Aspekte) 2
Verfügung, einstweilige 351 ff.
Vergleich
- vorgerichtlich 114
- als Titel 19, 21

Vergleich mit dem Schuldner 109 ff., 119
  (siehe auch Vereinbarungen mit dem Schuldner)
Vergleichsverfahren 359 ff., 363, 377 (siehe auch Konkurs)
Vergleichsverwalter 378
Verhaftungsauftrag 179
Verhältnismäßigkeit zwischen Aufwand und Erfolg 10, 384
Verhalten des Schuldners 7
Verhinderungsurteil 342
Verjährung 24
- von Ansprüchen 20
- Zinsforderungen 381
Verkauf, freihändiger 152
Verkauf von Grundstücken
- Verhinderung durch den Gläubiger 262
Verkauf von Sachen
- bei Herausgabevollstreckung 335
Verkehrswert
- Grundstück 287 ff., 315
- 5/10-7/10-Grenze 298 ff.
Verletzung der Buchführungspflicht 400
Verlust des Titels 43
Vermieterpfandrecht 398
Vermögensaufstellung im Konkurs 369
Vermögensverzeichnis (siehe auch OV) 162 ff.
Verrechnung von Teilzahlungen 96, 104
Verschleierung des Arbeitseinkommens 199
Versicherung, eidesstattliche (siehe auch OV) 162 ff.
Versicherungsansprüche, Pfändung 206 f.
Versteigerung
- von Sachen 150
- von Grundstücken (siehe auch Zwangsversteigerung) 276 ff., 290 ff.
Versteigerungsbedingungen 292
Versteigerungstermin 290 ff.
Verstrickung 134, 229, 395
- bei Forderungspfändung 190, 229
Verstrickungsbruch 395
Vertagung des OV-Termins 180 ff.
Verteilungsverfahren
- bei Forderungspfändung 195
- in der Zwangsversteigerung 304 ff.
- in der Zwangsverwaltung 322
Vertretbare Handlung 341, 345
Verwahrungskosten 338
Verwaltung als Vollstreckungskonkurrent 4, 32
Verwaltungsvollstreckung 4, 32
Verwertung
- gepfändeter Forderungen 194
- bei Sachpfändung 150 ff.
- bei Sicherungsvollstreckung 249
Vollmacht
- für Hinterlegungsverfahren 67
Vollstreckung
- bei Abtretung der Forderung 47

228

Zahlen = Randnummern

- aus Arrest 351 ff.
- Auswahl der richtigen Maßnahme 7, 127 f.
- Beschränkung bei Pfüb 196
- Dauer 381
- bei Dritten 335
- Duldungstitel 261, 279, 342
- aus einstweiliger Verfügung 351 ff.
- Ende 381
- gegen Erben des Schuldners 48
- in Forderungen (siehe auch Forderungspfändung) 188 ff.
- in Grundstücke (siehe auch Grundstücke/ Zwangsversteigerung) 255 ff.
- Haftung bei unberechtigten Maßnahmen 382 ff.
- Handlungstitel 341, 345 f.
- Herausgabe von Sachen, Grundstücken und Wohnungen (siehe auch Herausgabe von Sachen) 327 ff.
- im Konkurs des Schuldners 30
- Kostenerstattung 77 ff.
- aus KFB 28
- in mehrere Grundstücke 132, 265, 268
- in Mieteinnahmen 320 ff., 326
- zur Nachtzeit 57
- Organisation 410 ff.
- gegen Rechtsnachfolger 45 f.
- Ruhen des Auftrags 140
- in Sachen (siehe auch Sachpfändung) 134 ff.
- gegen Sicherheitsleistung (siehe auch Sicherheitsleistung) 28, 63 ff.
- Sicherungsvollstreckung 249 ff.
- sonstige Voraussetzungen 61 ff.
- strafrechtliche Betrachtung 390 ff.
- Teilbetrag 83, 96, 97
- Unterlassungstitel 342, 347
- Vereitelung durch Vermögensübertragung 154
- Verhältnismäßigkeit 384
- bei Zug-um-Zug-Leistungen 73 ff.

Vollstreckungsbescheid 19, 22 f.
- Antrag 24
- Muster 27

Vollstreckungsgegenklage 93
Vollstreckungsklausel (siehe auch Klausel) 45 ff.
- qualifizierte 46

Vollstreckungsorgane 6
Vollstreckungsschutz 92, 285, 300
- zwischenstaatliche 30, 31

Vollstreckungsverbot im Konkurs 372
Vollstreckungsvereitelung 397
Voraussetzungen der ZV 19 ff.
Vordrucke 411 f.
Vorgehen bei der ZV 9
Vorläufige Vollstreckbarkeit 63 ff.
- Haftung 383

Vorläufigkeit des Verfahrens 351

Vornahme von Handlungen
- Vollstreckung 340 f., 345 f.

Vorpfändung 131 f., 193, 238 ff.
- Antrag/Anlagen 242
- Checkliste 248
- Monatsfrist 240 f.
- Kosten 246
- Rechte Dritter 245
- Sachbehandlung 243
- Taktik 247
- Verhalten des Schuldners 244
- Voraussetzungen 239
- Zustellung 239, 242, 243
- Zweck 238

Vorrang bei mehreren Gläubigern 3
Vorschuß
- Kosten bei Herausgabevollstreckung 332
- im Zwangsverwaltungsverfahren 278, 320

Während, ausländische 102
Warnsignal für Gläubiger 9
Wartefristen 62
Wechsel – MB 26
Wechselnde Auftraggeber 173
Weihnachtsgeld, Pfändung 220
Wertberechnung
- Grundstücke 315 f.

Werterhöhung
- Grundstück 255

Wettrennen der Gläubiger (siehe auch Rang) 359
Widerstand gegen Vollstreckungsbeamte 396
Wiederholung der OV 177
Wiederversteigerung 310
Willenserklärung, Abgabe einer 36, 73, 74, 127, 355, 348

Wohngemeinschaft
- Durchsuchung bei 156
- Herausgabe von Sachen 336
- Räumungstitel 337

Wohnsitz des Schuldners
- Ermittlung 14 f.

Wohnungen, Räumung 333
Zahlung
- rechtliche Wirkung 103

Zahlungen des Schuldners 103 ff.
- Kosten 107
- Unterrichtung der Vollstreckungsorgane 108

Zahlungsansprüche
- Auswahl der richtigen Vollstreckungsmaßnahme 128 ff.

Zeitvorsprung
- bei Arrest 358
- bei einstweiliger Verfügung 358
- bei freiwilliger OV 164
- Sicherungsvollstreckung 249
- durch Vorpfändung 247

229

Stichwortverzeichnis

Zeugniserteilung, Vollstreckung 340, 341
Zinsanspruch, Pfändung 188
Zinsen
– Angabe im MB 24
– Berechnung 101
– Berechnung bei Grundpfandrechten 316
– Bewertung bei Grundpfandrechten 316
– im Konkurs 365
– Verjährung 113, 381
Zinsformel 101
Zinsverlust
– bei Teilzahlungsvergleich 114
Zubehör
– Pfändung bei Grundstücken 255
– in der Zwangsversteigerung 255, 284
Zugewinn beim Grundstück 255
Zug-um-Zug-Leistungen 73 ff.
– Angebot der Gegenleistung 74
– Kosten 76
Zurückbehaltungsrecht
– des GVZ bei Räumung 333
Zusagen des Gläubigers 385
Zusammenarbeit mit dem Gericht 8
Zusammenarbeit mit dem GVZ 8
Zuschlag
– bei Grundstücken 297 ff.
Zustellung 54 ff.
– Adressenermittlung 14 ff.
– Annahmeverweigerung 58
– Antrag/Anlagen 55
– von Anwalt zu Anwalt 54, 55, 67
– der Bankbürgschaft 686
– Checkliste 60
– an Ersatzpersonen 58
– Fehlerquellen 55
– bei der GmbH 56
– des Hinterlegungsscheins 67
– unter Künstlername 57
– Ladung zur OV 169
– des MB 23
– bei Namenswechsel 57

– bei notarieller Urkunde 54
– öffentliche 57
– bei der OHG/KG 56
– Organisation 413
– durch persönliche Übergabe 56
– Pfüb 226
– durch die Post 56
– bei Prozeßverfahren 54
– Rechte Dritter 58
– Rechtsmittel 57
– Sachbehandlung 56
– Taktik 59
– des Titels 28, 29, 54
– bei VB 54
– verbunden mit Pfändung 59
– Verhalten des Schuldners 57 f.
– der Vorpfändung 239, 242, 243
– Zweck 54
Zwangssicherungshypothek 130, 258 f.
– Antrag 264 ff.
– Anteilsverhältnis 267
– Höchstbetrag bei gleitenden Zinsen 271
– bei mehreren Grundstücken 265, 267 ff.
– Mindestbetrag 267, 270
Zwangsvergleich 369
Zwangsversteigerung 276 ff., 280
– Anmeldung 278, 289, 316
– Anordnung/Beitritt 282
– Antrag 280 ff.
– mehrere Grundstücke 302
– Taktik 312 ff.
– Termin 290 ff.
– Verteilung 304 ff.
ZV (siehe Vollstreckung)
– Zwangsversteigerungsvermerk 284
Zwangsverwaltung 320 ff.
Zweck der ZV 1
Zweitausfertigung des Titels 42, 43, 44, 49
Zwischenfeststellungsklage für Zug-um-Zug-Leistungen 75